PRÁTICA PROFISSIONAL

Direito Tributário

Alessandro Spilborghs

BF&A

Barros, Fischer & Associados

Barros, Fischer & Associados

Editores
Flávio Barros Pinto
Ricardo A. Fischer

PRÁTICA **PROFISSIONAL**

Direito Tributário

Direito Tributário faz parte da coleção *Prática Profissional*, editada pela Barros, Fischer & Associados, em parceria com o Exord – Instituto de Extensão em Direito.

Projeto gráfico
Maurício Cioffi

Ilustração da capa
Tide Hellmeister

Edição, preparação e revisão
Márcia Menin

Editoração eletrônica
DeAaZê Comunicação

2ª edição – maio de 2008

Endereços
Barros, Fischer & Associados Ltda.
Rua Ulpiano, 86
Lapa, São Paulo
CEP 05050-020
Tel./fax: 0 (xx) 11 3675-0508

Exord
Avenida Paulista, 171, 1º andar
Tel.: 0 (xx) 11 3372-2500
www.exord.com.br
exord@exord.com.br

Distribuição e vendas
Bafisa, tel.: 0(xx)11 3675-0508
www.bafisa.com.br
bafisa@uol.com.br

Impresso no Brasil
RR Donnelley

Sobre o autor:
Alessandro C. Spilborghs
é advogado, professor de Direito Tributário e de Prática Profissional em Direito Tributário para concursos públicos e exame da OAB, pós-graduado em Direito Tributário pela UniFMU e autor de *Processo Tributário*, da série Resumão Jurídico.

Dedicatória

A Erika, que se privou da minha presença horas a fio, como se eu não soubesse que a maior privação era a minha.

Aos meus pais, que dedicaram uma vida à minha formação acadêmica, mas que se superaram na minha formação como homem.

E, especialmente, a Lívia, minha maior realização.

SUMÁRIO

Introdução

Estado e cidadão (Fisco e contribuinte)

As relações jurídicas que envolvem Estado e cidadão são inúmeras, de modo que, necessariamente, o Direito, desde os romanos, foi dividido em Direito Público e Direito Privado. Tal distinção surgiu em face da tendência de fazer prevalecer os interesses do Estado ou, em certas situações, os interesses dos particulares.

Como se trata de uma relação histórica, sub-ramos do Direito Público e do Direito Privado apareceram, passando a regular os envolvimentos entre cidadãos e Estado e entre os próprios cidadãos. Os Direitos Constitucional, Administrativo, Tributário, Financeiro, Processual Civil e Processual Penal são exemplos típicos do primeiro envolvimento; já os Direitos Civil e Comercial fazem parte do segundo.

Percebe-se, assim, que o Estado, por meio de sua organização, tem o condão de cuidar de todos os cidadãos que nele estão presentes, estabelecendo regras que assegurem o convívio e mantenham a sociedade em harmonia. Entretanto, apenas isso não basta; é preciso, ainda, que o Estado ofereça condições mínimas para o desenvolvimento da população, zelando por seu bem-estar.

O Estado precisará, portanto, de muitos recursos financeiros para atingir seus objetivos, os quais, hoje, encontram-se relacionados na Constituição Federal brasileira: construir uma sociedade livre, justa e solidária; garantir o desenvolvimento nacional; erradicar a pobreza e a marginalização e reduzir as desigualdades sociais e regionais; e promover o bem de todos, sem preconceitos de origem, raça, sexo, cor, idade e quaisquer outras formas de discriminação (art. 3.º).

É certo que esses objetivos justificam a necessidade do dinheiro. No entanto, deve-se saber de quais meios o Estado se valerá para abastecer os cofres públicos. Para encontrar a resposta, vejamos um breve resumo histórico, partindo do Império Romano.

Em razão do regime despótico que vigorava à época e influenciados pela ganância de conquistar novos povos e províncias, sucessivamente os imperadores romanos exigiam de seus cidadãos uma contribuição extraordinária para arcar com os custos da guerra. Essa exação era denominada *tributum*.

O Império viu-se tão dependente do *tributum* que, entre os anos de 284 e 305 d.C., Diocleciano reestruturou a cobrança, a qual passou a ser exigida ainda que Roma não estivesse envolvida em guerra, ou seja, tornou-se uma prestação compulsória, aproximando-se das características atuais (Cais, Cleide Previtalli, *O processo tributário*, p. 138).

É verdade que, na época, o patrimônio do Império e o do imperador se confundiam, e assim permaneceu até que, em meados de 633, no Concílio de Toledo, a Igreja Católica considerou o rei como vigário de Deus e, logo, o patrimônio público tinha de ser governado para o povo, fazendo-se, portanto, a distinção entre os bens públicos e os particulares do rei (Guimarães, Ylves José de Miranda, *apud* Cais, Cleide Previtalli, *O processo tributário*, p. 138). Daí se tem um esboço do princípio da legalidade, uma vez que toda contribuição que fosse exigida deveria ser justificada; do contrário, os cidadãos se negavam a pagar.

Viu-se que o autoritarismo tributário do Estado não mais poderia prevalecer, sobretudo em 1215, data que coincide, provavelmente, com a primeira rebelião contra a arbitrariedade da carga tributária e a imposição do estatuto da Carta Magna, momento em que, na Inglaterra, só se aceitava a cobrança, desde que houvesse prévia autorização.

Os séculos passaram e, pouco antes de 1700, a Inglaterra foi palco de um novo e definitivo avanço para a cobrança tributária. O controle da receita e da despesa foi transferido do rei para o Parlamento e a população valeu-se ainda mais de seu direito de exigir limites às ações econômicas do Estado (revista *Veja*, ed. 1864, ano 37, n. 30, 28/7/2004, p. 47).

Os modelos de limitações foram sendo copiados por outros Estados até chegar à estrutura atual, em que o Estado, por meio de seu poder coercitivo, exige tributos da população, obedecendo a regras constitucionais que devem ser apreciadas como verdadeiras garantias dos contribuintes.

Pretensões opostas: a formação da lide

Como se depreende do item anterior, o princípio da legalidade é basilar ao Direito Tributário, primeiro, tendo em vista as conquistas no decorrer de anos da História e, segundo, porque, por se tratar de uma relação entre Estado e cidadão que envolve o pagamento de tributos, a prestação somente poderia ter característica compulsória quando regulada por lei. Assim, pode-se dizer que o Estado tem o direito de exigir tributos e o cidadão tem o dever de pagá-los. Conseqüentemente, os contribuintes cumprirão sua obrigação, desde que, claro, a cobrança venha pautada em lei.

O inciso II do artigo 5.º da Constituição de 1988 assevera que ninguém será obrigado a fazer ou deixar de fazer alguma coisa, senão em virtude de lei. Portanto, se a cobrança veio regulada pelo veículo adequado, o cidadão não tem como se negar a prestar contas ao Fisco.

Não se pode esquecer, no entanto, que o poder legiferante, ao criar o veículo (lei), deve, sem dúvida, observar os limites que a Lei Maior impõe e, obviamente, a hierarquia tem de ser obedecida, sob pena de ferimentos a princípios constitucionais.

Se a própria lei deve obedecer aos limites constitucionais ao ser estruturada, o que se dirá a respeito dos atos praticados pela Administração Pública. Estes, mais uma vez por lógica, observam a legalidade e serão praticados apenas quando a lei assim estipular e dentro de determinados limites.

Resumindo o raciocínio, Roque A. Carrazza foi cristalino:

> Melhor explicitando, é ponto bem investigado que o fim precípuo da Administração é agir *debaixo da lei*, cumprindo-a e fazendo com que seja bem cumprida, por seus servidores. De fato, o Poder Executivo, para a persecução dos fins públicos, deve procurar na lei (emanada do Poder Legislativo da pessoa política a que pertence) alguma determinação do que deve executar e de como vai executar. Podemos dizer, sem exagero, que a lei é o norte da função administrativa. Qualquer ligeiro desvio da rota legal e o Judiciário pode ser chamado a corrigi-lo. (*Curso de Direito Constitucional Tributário*, nota 4, p. 211.)

Assim, se o Fisco exige de um contribuinte ou de um grupo de contribuintes um tributo que não foi veiculado por lei, ou a lei pelo qual adveio não observou as limitações constitucionais, essa cobrança não deve prosperar.

Contudo, o problema surge quando o Fisco continua a exigir, fechando os olhos às eventuais ilegalidades. Nesse caso, o contribuinte (que em princípio tem obrigação de pagar um tributo) se recusará a fazê-lo. Ora, o que se apresenta é um conflito de interesses: de um lado, o Fisco, que pretende receber o tributo; de outro, o contribuinte, que se opõe ao pagamento. Não é possível ver as duas pretensões satisfeitas; portanto, verifica-se uma pretensão resistida, exsurgindo-se a lide.

Para solver o problema, o cidadão tem a sua disposição o Poder Judiciário, o qual deve ser provocado por aquele que tem legitimidade para fazer um pedido. Entretanto, a fim de ver seu pedido apreciado pelo Estado-juiz, o cidadão precisa utilizar o instrumento hábil, qual seja, o processo. É ele que será formado a partir de uma pretensão resistida, e seu desenvolvimento obedecerá a uma série de regras predefinidas.

Claro que, levando em conta que todas essas regras estão em lei, somente um profissional técnico do Direito, salvo em algumas poucas situações, é que terá capacidade para postular a pretensão de um cidadão em juízo. Será papel do advogado formular uma petição inicial (afinal, é o contribuinte o autor da ação), a qual será distribuída a um juiz, dando-se início ao processo.

Importante destacar que todos temos direito de receber uma manifestação do Judiciário; trata-se de um direito incondicionado. Por exemplo: mesmo quando apresentada uma petição inepta, sem, portanto, os requisitos básicos, o juiz receberá a petição e se manifestará no sentido de extinguir o processo, mas sem a resolução do mérito.

Outra é a situação quando a ação observou as formalidades essenciais a seu pleno desenvolvimento. Isso significa que o autor condicionou a ação às regras do processo, de modo que o réu será citado e posteriormente dar-se-á início à análise do mérito da lide.

Conclui-se que, para o autor, o processo forma-se quando sua petição inicial for distribuída e, para o réu, quando, após o despacho do juiz que deferiu a inicial, a citação se tornar válida.

Iniciado o processo, o advogado deve conhecer como ele caminhará, ou seja, por qual procedimento a seqüência de atos culminará em uma decisão judicial. Eis aqui mais uma indagação que poderá surgir para o advogado: onde encontrar as regras que dispõem a respeito do Direito Processual Tributário?

O Direito Civil, uma vez discutido em juízo, observa as regras do Código de Processo Civil. O Direito Penal segue o Código de Processo Penal. Para o Direito do Trabalho, a Consolidação das Leis Trabalhistas traz regras sobre seu processo. Para o Direito Tributário, não há um código específico que discipline o processo judicial tributário. O direito material tributário deve ser discutido observando-se as regras do Código de Processo Civil e, nesse sentido, os procedimentos aplicados poderão ser quaisquer daqueles dispostos pela legislação processual civil.

Assim, serão delineadas nesta obra as ações de iniciativa do contribuinte, como a declaratória, a anulatória, o mandado de segurança, a consignação em pagamento, a repetição do indébito e os embargos à execução fiscal. No entanto, o estudo extrapolará os passos iniciais do processo, de modo que serão analisados também os recursos cíveis cabíveis, desde a apelação até os recursos constitucionais, como o especial e o extraordinário.

Pretensão, Causa de Pedir e Pedido

Uma vez que deparamos com um contribuinte que já nos informa que não quer pagar determinado tributo ou que o Fisco está cobrando muito mais do que devia e, claro, ele só quer pagar o valor adequado, então acabamos de identificar qual é sua *pretensão*.

Indubitavelmente, o contribuinte pode apresentar outros interesses. Por vezes o pagamento de um tributo foi efetuado quando não precisaria ter sido feito; então o cidadão procura o advogado para conseguir o dinheiro de volta. Pode acontecer de o Fisco se recusar a receber o pagamento de um tributo alegando restrições administrativas; nesse caso, o contribuinte pede o auxílio do advogado porque, receoso de ver seu nome "sujo" na praça, não sabe como buscar outra forma de pagamento. Ou, ainda, o contribuinte, sobrecarregado com o ônus tributário, procura o advogado simplesmente para pagar menos impostos, taxas ou contribuições.

Para escolher como acionar o Poder Judiciário e esperar por uma decisão que vá ao encontro dos interesses de seu cliente, o advogado deve dar três passos:

1. Identificar, mediante todas as informações que o contribuinte (agora seu cliente) fornece, qual é o real interesse dele e daí buscar a exata pretensão.

2. Caracterizada a pretensão, verificar, por meio da análise de documentos, da legislação em vigor e de uma boa conversa com seu cliente, quais motivos levaram o contribuinte a ter a pretensão identificada. Alguns motivos levantados serão relevantes, outros não, porém é papel do advogado "filtrar" as informações e ter bem claro em sua mente o que poderia ensejar uma ação judicial.

3. Após essa segunda e talvez mais trabalhosa etapa, levar em conta a pretensão do cliente e pensar no pedido adequado a ser feito ao juiz que dará solução à causa.

Como visto no capítulo anterior, será por meio de um processo que o direito de ação encontrar-se-á exteriorizado, direito esse garantido pelo artigo 5.º da Constituição, ao dispor que "a lei não excluirá da apreciação do Poder Judiciário lesão ou ameaça a direito" (inc. XXXV).

Pretensão: como descobrir o procedimento

A pretensão é muito mais importante do que se imagina, pois não se trata apenas do primeiro passo do advogado ante seu cliente; será a pretensão que indicará por meio de qual procedimento o processo deverá caminhar, uma vez que, por ela, também será descoberta a matéria de direito.

Além disso, embora este tópico trate da pretensão, é difícil deixar de relacioná-la com o pedido, visto que é exatamente dessa forma que são classificados os tipos de ação, quais sejam: ações de conhecimento, de execução e cautelar.

Para as **ações de conhecimento**, "o autor pede uma decisão ou sentença ao juiz sobre o mérito de sua pretensão, para que outrem, o réu, seja compelido a submeter-se à vontade de lei que teria violado" (Greco Filho, Vicente, *Direito Processual Civil brasileiro*, v. I, p. 43). Esses processos, por sua vez, subdividem-se em:

- **Ação declaratória** – Quando tem por objetivo que o juiz declare a existência ou inexistência de uma relação jurídica. Portanto, pode ser positiva ou negativa. Ex.: ação declaratória de inexistência de relação jurídico-tributária.
- **Ação constitutiva** – Quando o autor busca a criação de uma relação jurídica, a extinção ou mesmo a modificação de uma relação jurídica já existente. Ex.: ação anulatória de débito fiscal.
- **Ação condenatória** – Quando o objetivo vai além da obtenção de uma certeza jurídica, também oferecendo ao autor a possibilidade de executar o réu, caso este resista ao cumprimento da sentença. É certo, assim, que a sentença poderá ser usada como um título executivo judicial, ensejando uma posterior ação. Ex.: ação de repetição do indébito.

Para todas essas ações, o procedimento utilizado é o comum. Ressalte-se que o Código de Processo Civil distingue os procedimentos em comum e especial; o procedimento comum é a regra, podendo ser utilizado para todas as lides, exceto para aquelas em que o próprio Código estipule procedimento especial.

Para as **ações de execução**, quando o autor se vale de um título executivo para satisfazer sua pretensão (ex.: ação de execução fiscal), há procedimentos distintos em razão das espécies de execução, conforme disposto a partir do artigo 612 do CPC e, para os casos de devedor insolvente, a partir do artigo 748 do mesmo diploma legal.

Por fim, para as **ações cautelares**, meio que busca evitar o perecimento de um direito pleiteado (ação cautelar inominada), utiliza-se o procedimento geral (arts. 792 a 813, CPC), mas também coexistem procedimentos específicos, como os empregados nos casos de arresto, seqüestro, caução e busca e apreensão.

O que se denota é que para cada tipo de ação (ou de processo, como alguns autores preferem) pode existir um procedimento diferenciado. Essa característica tem por objetivo especializar o procedimento de modo que as demandas se tornem cada vez mais céleres, buscando a efetividade do Poder Judiciário.

Vicente Greco Filho (*Direito Processual Civil brasileiro*, v. II) já dizia que para cada tipo de processo há uma variedade de procedimentos. Como o processo é instrumental, a lei prevê um procedimento adequado a determinadas espécies de questões de direito material, a fim de que, da melhor forma possível, respeitados certos princípios, possa a atividade jurisdicional dar atendimento à eventual lesão de direito alegada pelo autor.

Procedimento comum e seus ritos

O procedimento comum é utilizado para as ações de conhecimento, salvo, ressalte-se mais uma vez, para as lides em que a legislação preveja algum procedimento especial.

Agora, ao falar do procedimento comum, é preciso ter em mente que os atos nele praticados podem seguir por dois caminhos, denominados *ritos*. Trata-se dos ritos ordinário e sumário (ou sumaríssimo, conforme o CPC anteriormente o designava).

Rito ordinário

Deve ser aplicado quando não couber o rito sumário e quando não houver nenhum procedimento especial instituído. Assim, o legislador preocupou-se em estabelecer detalhadamente todas as regras a respeito do rito ordinário e, quanto aos demais procedimentos, apenas demonstrou as características peculiares de cada um (Barroso, Carlos Eduardo Ferraz de Mattos, *Teoria geral do processo e processo de conhecimento*, p. 115).

Nesse rito, é possível visualizar quatro fases bem distintas, as quais estão discriminadas na legislação processual pátria. São elas:

1. **Fase postulatória** – Quando se realizam a distribuição da petição inicial, a citação do réu e eventual contestação. Seus dispositivos encontram-se enunciados nos artigos 282 a 318 do CPC.
2. **Fase ordinatória** – Etapa em que pode ocorrer o julgamento do processo de acordo com a situação em que ele se encontrar. Resumidamente, pode efetuar-se a extinção do processo sem resolução do mérito nos casos do artigo 267 do CPC ou o julgamento antecipado da lide quando a questão de mérito for unicamente de direito, ou, sendo de direito e de fato, não houver necessidade de produzir provas em audiência, e, ainda, quando ocorrer a revelia (art. 330, CPC).* Nessa fase, pode também existir o despacho saneador, pelo qual o juiz proverá eventual correção ao processo ou simplesmente se atentará em sua regularidade. Essa segunda fase encontra-se disposta entre os artigos 319 e 331 do CPC.

* Conforme a Súmula 256 do já extinto Tribunal Federal de Recursos (TFR), "a falta de impugnação dos embargos do devedor não produz, em relação à Fazenda Pública, os efeitos da revelia". Isso significa que o embargante deverá comprovar o alegado produzindo as provas necessárias para tanto, uma vez que, nesse caso, simplesmente pela falta da impugnação, os fatos afirmados pelo embargante não se reputarão verdadeiros.

3. **Fase probatória** (ou **instrutória**) – Momento oportuno para o autor provar o alegado e o réu se defender. É aqui que, havendo necessidade, as provas periciais ou mesmo orais serão produzidas. As disposições estão entre os artigos 332 e 457 do CPC.
4. **Fase decisória** – Quando o procedimento será concluído logo que o juiz proferir sua decisão, colocando fim ao processo. Se não houver recurso de sua sentença, o processo estará definitivamente encerrado. Os dispositivos acerca da sentença e da coisa julgada estão relacionados entre os artigos 458 e 475 do CPC.

FASES DO RITO ORDINÁRIO

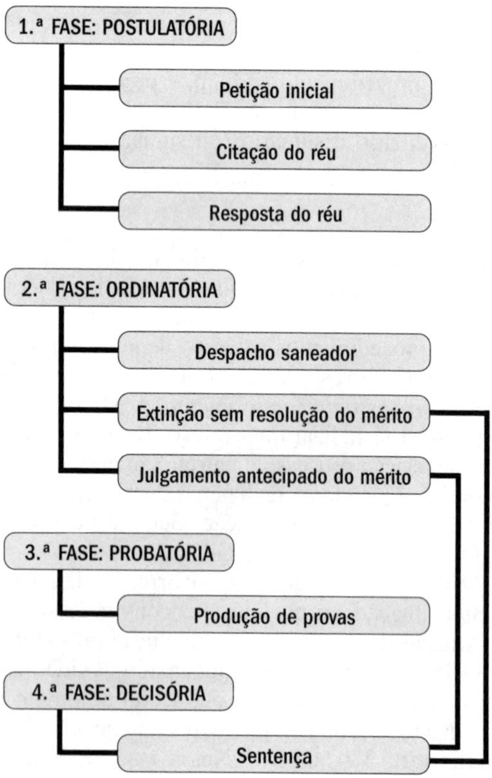

Rito sumário

O Código de Processo Civil descreve que o rito sumário será utilizado nas causas em que o valor não exceda a 60 vezes o valor do salário mínimo, o que significa que, independentemente da natureza do direito material, se o valor da causa na data da propositura da ação não ultrapassar o montante estipulado, então o rito sumário é que deverá ser obedecido (art. 275, I, CPC).

Por outro lado, em algumas causas taxativamente relacionadas, qualquer que seja o valor, também será dado andamento ao processo pelo rito sumário (art. 275, II, CPC). São as causas de:

a) arrendamento rural e de parceria agrícola;
b) cobrança ao condômino de quaisquer quantias devidas ao condomínio;
c) ressarcimento por danos em prédio urbano ou rústico;
d) ressarcimento por danos causados em acidente de veículo de via terrestre;
e) cobrança de seguro, relativamente aos danos causados em acidente de veículo, ressalvados os casos de processo de execução;
f) cobrança de honorários dos profissionais liberais, ressalvado o disposto em legislação especial;
g) nos demais casos previstos em lei, como no procedimento discriminatório judicial de terras (Lei 6.383/76).

Percebe-se, assim, que a lei se vale de dois critérios para que o rito sumário seja adotado: o valor da causa e a natureza da causa.

Rito do processo tributário

No que tange à matéria tributária, pode-se concluir que as ações seguirão, em regra, pelo rito ordinário, pois não há nenhuma causa tributária previamente estabelecida em lei que, necessariamente, deva correr pelo sumário. Claro que, excepcionalmente, se o valor da causa não alcançar o montante de 60 salários mínimos, então será o sumário o rito mais adequado para exteriorizar o processo.

Antes de encerrar este tópico, vale citar Vicente Greco Filho:

> É importante observar que, apesar de mais concentrado e da denominação, o procedimento sumário não é de cognição sumária, ou seja, superficial, e que geraria uma sentença sujeita a revisão. No sistema brasileiro o procedimento chamado sumário é também de cognição plena e produz sentença com a mesma força e mesma estabilidade da sentença produzida em procedimento ordinário. A diferença está, apenas, na concentração de atos e na maior ou menor variedade de atos procedimentais. Altera-se o modo de proceder, mas em nada o conteúdo do provimento jurisdicional. (*Direito Processual Civil brasileiro*, v. II, p. 89.)

Causa de pedir

Constituem a causa de pedir (em latim, *causa petendi*) os fatos e fundamentos jurídicos do pedido. Nesse segmento está a grande tarefa do advogado, pois causa de pedir, em outras palavras, significa ressaltar quais são ou quais foram os motivos que levarão a propor uma ação.

Pode-se dizer, ainda, do ponto de vista gramatical, que a causa de pedir será o tema da dissertação do advogado ou, como preferem alguns, sua tese jurídica.

Para verificar a causa de pedir, cabe ao advogado uma leitura atenta da situação-problema em que seu cliente se encontra. Muitas informações serão supérfluas ou mesmo indiferentes, porém não se pode deixar escorrer por entre os dedos aqueles dados precisos que justificam a pretensão e, melhor, fundamentam o pedido perante o juízo.

E como fazer para não perder nenhuma informação imprescindível? No início da advocacia tributária, o profissional do Direito deve, primeiro, estar amparado pela legislação atualizada e, se possível, munido de obras irreprocháveis sobre a matéria.

A segunda etapa envolve uma releitura do problema apresentado pelo cliente, passando a identificar a espécie do tributo, a competência para exigi-lo, se já foi constituído o crédito tributário, a data da ocorrência do fato gerador, quem está sendo cobrado, entre outros dados que podem variar de acordo com a complexidade da situação-problema.

Destacadas as informações, o advogado precisa localizar a situação-problema que lhe foi apresentada na legislação pertinente. Isso significa que ele deve consultar a Constituição Federal, o Código Tributário Nacional (CTN) e, caso necessário, alguma legislação específica. Talvez seja essa a peça-chave para a solução da questão: situar o problema na legislação em vigor.

Daí, dois caminhos devem ser percorridos. Primeiro, o caminho constitucional, pois, já que todo tributo depende de lei, os princípios da legalidade, igualdade, irretroatividade e anterioridade devem ser obedecidos. (Ressalte-se que tais princípios talvez sejam os que mais sofram violações por legislações descuidadas com a estrutura constitucional do estatuto do contribuinte, motivo pelo qual estão aqui elencados como exemplos. Obviamente, o advogado jamais pode cerrar os olhos ante os demais princípios também explicitados pela Carta Magna.)

Ainda no caminho constitucional, o advogado deve observar se o objeto tributado realmente pode ser alvo da exação apresentada, pois, caso não possa, estará configurada uma imunidade.

Trilhada a esteira da Lei Maior, se nenhuma violação se tornou aparente, então novo caminho deve ser percorrido, o da lei complementar (afinal, cabe à legislação complementar estabelecer normas gerais de Direito Tributário – art. 146, CF). Nesse sentido, invocou-se anteriormente o CTN, pois é a legislação complementar mais utilizada. Por esse caminho, sugere-se atenção especial à "vida útil" do tributo e suas peculiaridades. Aqui se devem verificar o fato gerador, o surgimento da obrigação tributária, a constituição do crédito por meio de um lançamento, o lapso temporal decorrido para a constituição do crédito e, se for o caso, o lapso decorrido até a propositura de uma eventual execução fiscal. (Novamente são citados apenas alguns exemplos relevantes ante várias outras hipóteses que podem ensejar uma cobrança tributária viciada.)

O trabalho a ser feito é de comparação. Compara-se como a legislação constitucional dispõe acerca da exação tributária e verifica-se se de fato os enunciados foram atendidos. O mesmo método pode ser utilizado perante a lei complementar. A comparação, portanto, é simples: como a lei dispõe que deve ser e como, de fato, ocorreu a cobrança. É o *dever ser* frente a frente com *o que foi*. Se houver alguma contradição, ela será encontrada.

Além de a causa de pedir ser requisito essencial de uma petição inicial, não se podem esquecer os elementos que a compõem: fato jurídico e fundamento jurídico.

Os fatos jurídicos são os acontecimentos, dentre aqueles narrados pelo cliente, aos quais o advogado, conhecedor das leis, proporcionará relevância em sua peça jurídica, dando amparo a sua tese.

Os fundamentos jurídicos fazem parte do encadeamento do raciocínio exteriorizado pelo advogado, o qual garantirá persuasão a seu texto, objetivando vencer a demanda. Os fundamentos jurídicos não se confundem com a fundamentação legal. Esta última diz respeito aos dispositivos legais que enunciam a matéria abordada. Não há necessidade de transcrever textos legais, mesmo porque o juiz é conhecedor do Direito. Ressalva deve ser feita quando se tratar de matéria muito específica acerca de um assunto. Nesse caso, a transcrição de um artigo ou outro, desde que essenciais à compreensão da tese jurídica, será bem-vinda e resultará em uma apreciação mais célere e eficaz pelo julgador.

Pedido

A atenção, aqui, tem de ser multiplicada, essencialmente porque o pedido deve ser a conseqüência lógica da pretensão do autor. Ambos, pretensão e pedido, estão intimamente ligados, e não poderia ser diferente. Se um contribuinte, por exemplo, pretende pagar um tributo que o Fisco se recusou a receber, seu pedido jamais pode ser por declarar a inexistência de uma relação jurídica. Do contrário, haveria um pedido ilógico e completamente desconexo com a causa de pedir.

Outrossim, além do absurdo apresentado, caso o pedido estruturado não decorra logicamente dos fatos narrados na inicial, essa petição será considerada inepta (art. 295, parágrafo único, II, CPC) e, por conseqüência, o juiz a indeferirá (art. 295, I, CPC). Portanto, ao indeferir a inicial, o juiz o fará por meio de uma sentença, extinguindo o feito sem resolução do mérito (art. 267, I, CPC). Isso significa que, se o autor pretende ver a ação prosperar, ser-lhe-á facultado apresentar recurso de apelação ou, se preferir, propor nova demanda.

Ademais, importante destacar que o pedido é feito com o intuito de que a parte contrária (o réu) fique submetida às exigências que o autor pretende, uma vez que este acredita possuir o direito a seu lado. Tal pedido é classificado pela doutrina como mediato. E por que mediato? Essa classificação ocorre porque, quando o autor pretende ver uma tutela jurisdicional concedida a seu favor, ele deve provocar o Poder Judiciário, o qual, por intermédio do Estado-juiz, se manifestará promovendo a justiça entre os litigantes.

Dessa feita, o pedido imediato é feito ao juiz e este, por sua vez, ao apreciar todas as informações que constituíram a lide, atenderá ou não ao pedido mediato do litigante-autor, conforme seu entendimento.

Pode-se facilmente verificar que o juiz somente pode manifestar-se de acordo com o pedido formulado. Ora, se essa manifestação do julgador vem por meio de uma sentença, logo, conclui-se que é o pedido que coloca limites à sentença. Cleucio Santos Nunes sintetizou o raciocínio em uma breve frase: o pedido dimensiona a prestação jurisdicional. E, se já não bastasse, completou o ensinamento ao asseverar que

> se a parte resolveu provocar o Judiciário foi porque não encontrou meios de solucionar o conflito, contando com a transigência espontânea da parte adversa (jurisdição como atividade secundária do Estado). Do mesmo modo, o Poder Judiciário só irá manifestar-se sobre o conflito de interesses caso seja provocado (inércia da jurisdição). Assim, para que emita sua decisão, é preciso que o demandante diga ao juiz o que quer (pretensão). Sobre esse objeto pedido é que o Poder Judiciário atuará, proferindo uma decisão válida, julgando ou não o mérito, e que terá por escopo dar uma solução ao que foi pedido. (*Teoria e prática do processo tributário*, p. 25.)

O pedido, aliás, é tão importante que, em regra, apenas poderá sofrer modificação até a citação do réu; após a citação, somente se a parte contrária consentir. Mas e a contestação, ela pode delimitar a sentença? Não. A contestação é uma das possíveis respostas do réu ante o pedido formulado na peça exordial. Então, a própria contestação somente resiste ao que está sendo pretendido. Não há razão para resistir a algo que não faz parte da pretensão do autor. O réu deve ir de encontro apenas quanto ao pedido na petição inicial, mesmo porque o juiz não pode manifestar-se diversamente ao que foi formulado. Para que não restem dúvidas, afirma Vicente Greco Filho:

> O pedido deve ser formulado claramente desde logo, na petição inicial, e estabelecerá perfeitamente a limitação objetiva da sentença. A contestação do réu não modifica nem determina esses limites, porque contestar é simplesmente resistir, opor-se. (*Direito Processual Civil brasileiro*, v. I, p. 90.)

Resta claro que a decisão do juiz é delimitada pelo pedido; ainda assim, pode acontecer de o julgador sentenciar sobre assuntos que sobrepujam o pedido (sentença *ultra petita*), julgar fora do pedido (sentença *extra petita*) ou, ainda, deixar de julgar acerca de algum pedido formulado (sentença *citra petita*).

Como descobrir qual ação intentar

Conclui-se, assim, que é por meio da tríade *pretensão–causa de pedir–pedido* que o advogado tem condições de optar pela ação que mais lhe convenha ou, se não houver opção, de identificar de plano a ação adequada a intentar perante o Poder Judiciário.

Bastante simples e lógico é o raciocínio. Se a pretensão do cliente é não pagar o tributo em razão de um ferimento às regras constitucionais (causa de pedir), o autor requererá que o juiz declare a certeza jurídica (pedido). Assim, a ação que deve ser o veículo adequado para esse tipo de pedido só poderá ser a declaratória.

Se a pretensão é de não pagar um tributo em decorrência de outro ferimento constitucional (causa de pedir), embora o cliente tenha sido autuado, o autor requererá que seja extinta a situação jurídica ou pelo menos modificada (pedido). Então, a ação que logicamente proporciona tal pedido será a anulatória.

Aos que estão se perguntando a respeito do mandado de segurança, o raciocínio deve ser o mesmo. Entretanto, o mandado de segurança não tem natureza declaratória, constitutiva ou condenatória; sua característica é mandamental, como o próprio nome da ação já evidencia. Esclarece Hugo de Brito Machado:

> No mandado de segurança não se pede ao juiz que anule ou que declare nulo um ato, e por isso se diz que a sentença não é constitutiva. Nem que declare existente ou inexistente uma relação jurídica, nem que lhe declare o alcance ou o modo de ser, e por isso se diz que a sentença não é declaratória. Nem que condene a autoridade impetrada a pagar ao impetrante determinada quantia ou a cumprir outras obrigações de dar, e por isso se diz que a sentença não é condenatória. (*Mandado de segurança em matéria tributária*, p. 103.)

A tríade *pretensão–causa de pedir–pedido* é mantida. No entanto, o pedido, diferentemente das ações supra-expostas, deve repercutir uma ordem, a qual, requerida ao juiz, este direcionará o ordenamento à autoridade coatora para que faça ou deixe de fazer alguma coisa.

Petição inicial

A tríade estudada é essencial para a elaboração da peça que inaugurará um processo. Isso se dá porque é possível considerar o elo *pretensão–causa de pedir–pedido* como a coluna vertebral da primeira petição encaminhada ao Poder Judiciário, que, portanto, dará sustento a toda a argumentação do advogado em prol de seu cliente.

Indubitavelmente, o Estado-juiz não poderia admitir que cada pedido que a ele chegasse tivesse um padrão. Para tanto, a legislação pátria que cuida da matéria estabeleceu que todas as petições primeiras que intencionam ver uma demanda solucionada devem obedecer a um modelo preestabelecido, ou melhor, conter certas formalidades que caracterizarão as iniciais dos processos. Trata-se dos famosos requisitos da petição inicial, os quais estão arrolados no artigo 282 do CPC e, portanto, deverão ser indicados na peça exordial:

- o juiz ou tribunal a que é dirigida;
- os nomes, prenomes, estado civil, profissão, domicílio e residência do autor e do réu;
- os fatos e os fundamentos jurídicos do pedido;
- o pedido, com suas especificações;
- o valor da causa;
- as provas com que o autor pretende demonstrar a verdade dos fatos alegados;
- o requerimento para a citação do réu.

Além da indicação dos requisitos, a peça haverá de ser instruída também com os documentos indispensáveis à propositura da ação (art. 283, CPC). Entretanto, nessa parte, a jurisprudência tem sido flexível em admitir a juntada de novos documentos após o protocolo da inicial, ressalvados os casos que prejudicam o adequado andamento do processo, segundo observações de Vicente Greco Filho (*Direito Processual Civil brasileiro*, v. II, p. 101).

Todas essas informações organizam-se com denominações diferentes, as quais, aliás, facilitam nosso estudo.

- **Endereçamento** – Alberga o primeiro requisito, ou seja, o juiz ou tribunal a que a petição é dirigida. Aqui, acima de tudo deve-se conhecer por qual justiça se está procurando: Justiça Federal (art. 109, CF) ou Justiça Comum (vale lembrar que é o mesmo que Justiça Estadual; usa-se, aqui, a denominação Comum para não suscitar a dúvida de uma possível Justiça Municipal, sendo certo que esta última não existe, pois está compreendida na Justiça Comum). Assim, primeiro, é preciso atentar à Justiça; depois, verificar se a causa pode ser proposta no domicílio do autor, no domicílio do réu, no local do ato ou fato coator, no local do pagamento, entre outras regras que serão vistas nesta obra conforme a ação escolhida.
- **Qualificação** – As partes envolvidas precisam ser conhecidas pelo juiz. Pelo menos deve-se tentar individualizar autor e réu, conforme as informações requeridas pelo CPC (estado civil, profissão, domicílio e residência) ou outras que o autor da demanda possuir ou achar necessárias. Contudo, sabe-se que nem sempre é possível obter todas as particularidades das partes; apesar disso, o juiz dará seguimento ao processo, desde que consiga identificar, de alguma forma, o autor e o réu.
- **Fatos** – Cabe aqui uma narração dos fatos ocorridos. O advogado tende a colocar o juiz a par do histórico, do que ocorreu para gerar a presente demanda. O desenvolvimento deve ser o mais claro possível para que o julgador consiga se situar no acontecido e, então, se manifeste da forma mais adequada.
- **Direito ou mérito** – Eis que surge o item que exige o talento do advogado. É o momento de utilizar a ferramenta mais valiosa do profissional do Direito: as palavras. Uma dissertação cuidadosa, valendo-se de técnicas redacionais e abusando do poder de persuasão, é a chave mestra para abrir portas e solucionar a demanda. Tendo em vista tal importância, dedica-se, a seguir, um tópico específico para o desenvolvimento da tese jurídica.
- **Pedido** – Apenas para efeitos didáticos, englobam-se aqui o pedido propriamente dito, aquele que satisfaz a pretensão do autor, com suas possíveis variações; os requerimentos, entre os quais a citação do réu, a produção de provas; e o valor da causa, que também varia de acordo com a ação proposta, porém, como regra, a causa terá o valor correspondente ao benefício que o autor pretende receber.

Tese jurídica

Comparando as divisões da peça com o corpo humano, pode-se dizer que a tese jurídica representa o coração. Será ela que dará vida ao desenvolvimento jurídico, que fará pulsar as idéias do subscritor, sempre pautada no ordenamento jurídico, oxigenando o entendimento do juiz, levando-o a respirar o mesmo ar e, por conseguinte, a dar provimento ao pedido estipulado.

Para que isso ocorra, valemo-nos de uma redação, redação essa com a mesma estrutura que aprendemos na escola primária. O texto deve conter começo, meio e fim. Claro que tal configuração parece um tanto infantil ante os olhos do leitor, mas não há como negar que os primórdios são esses.

Assim, para compor um texto, devemos deixar claro o que queremos salientar. Será a descrição de um objeto, a narração de um acontecimento ou a divulgação de uma idéia? Conforme a opção, estaremos desenvolvendo:

- **Descrição** – Redação centrada em um objeto. A finalidade é torná-lo identificável, demonstrando suas peculiaridades.
- **Narração** – Redação centrada em um fato ou conjunto de fatos. O intuito é dar vida ao acontecido, possibilitando ao leitor adentrar a história.
- **Dissertação** – Redação centrada na idéia. O objetivo é apresentar opiniões e defender o ponto de vista, tentando convencer o leitor a posicionar-se da mesma forma.

Ressalte-se que tais conceitos não têm o condão de se confrontarem com os de renomados estudiosos da língua portuguesa. Apenas sintetizam os ensinamentos dos gramáticos, que têm propriedade para discutir a matéria. As breves lições foram invocadas da obra *Português para concursos*, de Renato Aquino (p. 261, 262 e 266).

Dos estilos apresentados, a redação que prevalece para uma tese jurídica é a centrada nas idéias, ou seja, uma dissertação. Não que deixe de existir na tese esboços narrativos ou mesmo descritivos; estes carregam de propriedades o fio condutor do texto e tornam mais viva a argumentação. Apesar disso, ainda se trata de uma dissertação.

Para a estrutura dessa dissertação, devemos acima de tudo primar pela correção da linguagem e envolver os parágrafos desenvolvidos com a fundamentação fática, legal e jurídica intrínseca à situação-problema. Alcançar o texto coeso e compreensível, sem desperdiçar tempo, exige uma "tática" a ser adotada pelo advogado, ou, tecnicamente, como ensina Othon M. Garcia, exige método.

> Etimologicamente, método (*meta* = através de, *odos* = caminho) é o caminho através do qual se chega a um fim ou objetivo. Do ponto de vista da Lógica, é o conjunto dos meios ou processos empregados pelo espírito humano para a investigação, a descoberta e a comprovação da verdade. Método implica, assim, uma direção, um rumo, regularmente seguido nas operações mentais. (*Comunicação em prosa moderna*, p. 306.)

São exemplos o método de *indução*, que vai do particular para o geral, ou o de *dedução*, que vai do geral para o particular, à livre escolha do redator.

Quando deparamos com uma situação-problema por meio de um cliente, sabemos que, embora haja semelhanças com outras situações, cada caso é um caso. Assim, em Direito Tributário, como o Fisco deve obedecer aos princípios constitucionais para todos os casos (a lei dispõe de regras para toda a coletividade e não individualmente), mas para o problema que se apresenta isso não ocorreu, percebe-se que estamos trabalhando do geral para o particular, ou seja, com o método dedutivo. Então, o silogismo será aplicado, conforme sua estrutura:

- **Premissa maior:** "Todo homem é mortal" (verdade absoluta).
- **Premissa menor:** "Sócrates é homem" (fato).

- **Conclusão:** "Logo, Sócrates é mortal" (desfecho lógico).

Transportando o silogismo para o texto dissertativo, vamos retomar a estrutura básica (começo, meio e fim).

O **começo** nada mais é que um parágrafo introdutório, em que devemos situar o leitor no território por onde caminharemos, indicando o sentido correto. Exemplo:

INTRODUÇÃO (PRIMEIRO PARÁGRAFO)

A Constituição Federal recebeu a função de fixar os feixes de competência de cada um dos entes políticos. No entanto, ela própria também estabelece que a competência não poderá ser utilizada desordenadamente, pois limitações ao poder de tributar também são expostas pela Carta Magna, caracterizadas como princípios e imunidades.

O **meio** é o próprio desenvolvimento da tese. Aqui se dará o desenrolar da argumentação, apresentando-se sob a forma do silogismo. Exemplo:

PREMISSA MAIOR (SEGUNDO PARÁGRAFO)

Nesse sentido, encontramos o princípio da legalidade, que impõe, conforme o artigo 150, I, CF, que, em regra, todo tributo poderá ter sua carga tributária majorada, desde que o aumento se dê por meio de lei. Assim, o veículo adequado para validar a cobrança maior não pode ser outro senão lei.

PREMISSA MENOR (TERCEIRO PARÁGRAFO)

Entretanto, no caso em tela, embora o tributo aqui referido tenha seu ônus duplicado pelo ente político que detinha a competência para tanto, este o fez mediante ato do Poder Executivo, ou seja, valeu-se de decreto, quando, segundo regra constitucional, somente lei poderia fazer.

MOMENTO ADEQUADO PARA APOIAR A TESE COM CITAÇÃO (QUARTO PARÁGRAFO)

Outrossim, as palavras anteriormente desenvolvidas encontram amparo nas mais eminentes doutrinas, especialmente quando Hugo de Brito Machado ressalta:

*"Realmente, é induvidoso que, se somente a lei pode criar, somente a lei pode aumentar, a não ser nas hipóteses ressalvadas pela própria Constituição. Admitir, fora dessas hipóteses, que o tributo pode ser aumentado por norma inferior é admitir que essa norma inferior modifique o que em lei foi estabelecido, o que constitui evidente absurdo". (*Curso de Direito Tributário*, p. 40.)*

CONCLUSÃO (QUINTO PARÁGRAFO)

Dessa feita, percebe-se claramente que o ente político que pretendeu exigir o tributo do contribuinte, não obstante possuir competência para exigi-lo, utilizou-se de meios inadequados para instituir o aumento da exação, de modo que a cobrança não pode prosperar, como bem se observou no decorrer da tese.

Em cinco parágrafos, montamos uma tese jurídica, bastante simples, é verdade, mas que atende à estrutura redacional de uma dissertação e se vale da lógica do silogismo.

Destaque-se que o texto não se encontra em forma de tópicos; ele se apresenta como um conjunto, cada um dos parágrafos ligado ao outro por um elemento de conexão, imprescindível para dar coesão à tese.

Vejamos:

A Constituição Federal recebeu a função de fixar os feixes de competência de cada um dos entes políticos. No entanto, ela própria também estabelece que a competência não poderá ser utilizada desordenadamente, pois limitações ao poder de tributar também são expostas pela Carta Magna, caracterizadas como princípios e imunidades.

Elemento de conexão: *Nesse sentido.*

Nesse sentido, encontramos o princípio da legalidade, que impõe, conforme o artigo 150, I, CF, que, em regra, todo tributo poderá ter sua carga tributária majorada, desde que o aumento se dê por meio de lei. Assim, o veículo adequado para validar a cobrança maior não pode ser outro senão lei.

Elemento de conexão de oposição: *Entretanto.*

Entretanto, no caso em tela, embora o tributo aqui referido tenha seu ônus duplicado pelo ente político que detinha a competência para tanto, este o fez mediante ato do Poder Executivo, ou seja, valeu-se de decreto, quando, segundo regra constitucional, somente lei poderia fazer.

Fácil notar que entre o segundo e o terceiro parágrafos valemo-nos da comparação entre *como deve ser* (o que a Constituição dispõe) e *como foi* (os fatos acontecidos). Confrontar idéias é uma das formas mais utilizadas para demonstrar onde se encontra o equívoco e, depois, persuadir o leitor a concordar com o erro cometido.

Processo muito comum e muito eficaz de desenvolvimento é o que consiste em estabelecer confronto entre idéias, seres, fatos ou fenômenos. Suas formas habituais são o contraste (baseado nas dessemelhanças) e o paralelo (que se assenta nas semelhanças). (Garcia, Othon M. *Comunicação em prosa moderna*, p. 231.)

A seguir, com o intuito de dar ainda mais consistência à argumentação, citações doutrinárias e/ou jurisprudenciais são muito bem-vistas, demonstrando que o desenvolvimento do advogado está pautado em outras opiniões que conjugam com a sua.

Outrossim, as palavras anteriormente desenvolvidas encontram amparo nas mais eminentes doutrinas, especialmente quando Hugo de Brito Machado ressalta:

*"Realmente, é induvidoso que, se somente a lei pode criar, somente a lei pode aumentar, a não ser nas hipóteses ressalvadas pela própria Constituição. Admitir, fora dessas hipóteses, que o tributo pode ser aumentado por norma inferior é admitir que essa norma inferior modifique o que em lei foi estabelecido, o que constitui evidente absurdo". (*Curso de Direito Tributário, *p. 40.)*

Elemento de conexão de conclusão: *Dessa feita.*

Dessa feita, percebe-se claramente que o ente político que pretendeu exigir o tributo do contribuinte, não obstante possuir competência para exigi-lo, utilizou-se de meios inadequados para instituir o aumento da exação, de modo que a cobrança não pode prosperar, como bem se observou no decorrer da tese.

Ao final, como não poderia deixar de ser, elabora-se o parágrafo que dá desfecho ao raciocínio, demonstrando que outra conclusão senão a que encerrou o texto se apresentaria em desacordo com toda a lógica jurídica.

NÃO ESQUEÇA

1. Antes de identificar a medida judicial adequada, reconhece-se qual é a *pretensão* do cliente (contribuinte).
2. Reconhecida a pretensão, identificam-se quais são os motivos do cliente que justificam a pretensão, ou seja, determina-se qual a *causa de pedir*.
3. Passadas as duas primeiras etapas, desenvolve-se qual o pedido adequado, que será levado ao Poder Judiciário, o qual satisfará a pretensão inicial.
4. É a tríade *pretensão–causa de pedir–pedido* que funcionará como base para identificar a medida judicial adequada para cada caso.
5. A medida judicial escolhida para acionar o Poder Judiciário, por sua vez, restará caracterizada como ação de conhecimento, de execução ou cautelar.
6. Desenvolvido o pedido inicial (petição inicial), este inaugurará a fase processual postulatória, processo que caminhará de acordo com o procedimento especial (quando fixado pelo CPC) ou de acordo com o procedimento comum (em regra).
7. Se o procedimento adotado for o comum, um dos dois ritos será observado: ordinário ou sumário.
8. No entanto, independentemente do rito, é possível visualizar as quatro grandes fases do processo: postulatória, ordinatória, instrutória e decisória.
9. Adequadamente relacionados pretensão e pedido, cumprirá ao advogado desenvolver a causa de pedir.
10. A causa de pedir será identificada como a tese jurídica, a qual deverá ser apresentada na forma redacional de dissertação.

Do Surgimento à Extinção da Obrigação Tributária

O condão deste trabalho é facilitar a iniciação à prática tributária, expondo situações cotidianas nos meandros da disciplina e procurando orientar os interessados em encontrar possíveis violações à legislação. Embora, talvez, soem pretensiosas essas palavras, acreditamos que, ao compreender a lógica sistemática do Direito Tributário, todos serão capazes de identificar as saídas para cada situação.

Assim, como o grande objeto dessa ciência é o próprio tributo, então, devemos investir pelo menos um capítulo para que o leitor absorva o raciocínio basilar que demonstra como uma cobrança tributária deve chegar a nossas mãos e, caso não seja satisfeita, quais seriam as conseqüências. Ou seja, até onde o Fisco pode chegar para exigir o pagamento de um tributo e quais os meios que cabem a ele utilizar.

Entretanto, se a cobrança tributária se desviar dos caminhos legais, desde logo, visualizaremos os meios judiciais para corrigir a situação ou, se preciso, para frear o andamento da ilegalidade.

Fato gerador e hipótese de incidência

Conforme já demonstrado preambularmente neste trabalho, tributo (seja qual for sua espécie) deve vir regulado por lei. Entenda-se lei ordinária ou lei complementar, o que importa é que o veículo que transporta o tributo até o ordenamento jurídico e o torna exigível deve ser, necessariamente, a lei.

O Código Tributário Nacional já trazia, desde sua entrada em vigor, o conceito de tributo.

> Art. 3.º – Tributo é toda prestação pecuniária compulsória, em moeda ou cujo valor nela se possa exprimir, que não constitua sanção de ato ilícito, instituída em lei e cobrada mediante atividade administrativa plenamente vinculada.

Claro que ilustres doutrinadores questionam a precisão do conceito, mas não estamos aqui para acalorar os debates; vamos trabalhar com base na letra da lei.

Cumpre destacar duas expressões que para nós serão de enorme relevância: "prestação compulsória" e "instituída em lei".

O princípio da legalidade está em pauta novamente e a expressão "instituída em lei" não é desprezível, pois, como o tributo constitui-se em uma prestação compulsória, está afastada a facultatividade de seu pagamento. Ora, se não se trata de uma prestação facultativa, mas sim obrigatória, por que, pergunta-se o cidadão, surgiu essa obrigação em relação ao Fisco? A resposta é simples: por conta da lei.

Dentre as garantias constitucionais arroladas no artigo 5.º, é no inciso II que se encontra a justificativa da questão: "ninguém será obrigado a fazer ou deixar de fazer alguma coisa senão em virtude de lei". Em outras palavras, podemos fazer o que quisermos, desde que não seja proibido por lei. Ou, ainda, se formos obrigados a fazer alguma coisa, apenas a lei será o meio hábil para carregar essa exigência. E é exatamente assim que funciona no Direito Tributário.

Primeiro a lei é publicada, descrevendo uma situação hipotética que, caso venha a ocorrer no mundo real, obrigará aquele que praticou o fato a pagar determinado valor para quem de direito.

Por exemplo: **A lei dispõe que aquele que vender mercadorias pagará R$ 10,00 ao Estado**. *Supondo que João, comerciante, vende um armário para um cliente*, ele terá de pagar o tributo?

O **negrito** indica a **HIPÓTESE** que a lei descreve como suscetível de tributação; o *itálico*, o *FATO* ocorrido no mundo real. Se o que João praticou (vender um armário) se encaixar perfeitamente na hipótese descrita em lei (vender mercadorias), conclui-se que os R$ 10,00 serão devidos ao Estado. João poderia se negar a pagar o valor? Não, pois o que o está obrigando a pagar é a LEI, por conseqüência de seus atos praticados.

O que acabou de acontecer foi o encontro do *FATO* com a **NORMA** (lei). Esse encontro preciso e perfeito costuma ser denominado subsunção. Assim, uma vez que há a subsunção, aquele (contribuinte) que praticou o fato gerador da incidência de um tributo será obrigado a pagar determinado valor a quem possui o direito de receber. O saudoso professor Geraldo Ataliba precisamente dispôs:

> Subsunção é o fenômeno de um fato configurar rigorosamente a previsão hipotética da lei. Diz-se que um fato se subsume à hipótese legal quando corresponde completa e rigorosamente à descrição que dele faz a lei. (*Hipótese de incidência tributária*, p. 69.)

Toda situação descrita em lei como suscetível de tributação pode ser chamada **HIPÓTESE DE INCIDÊNCIA**; já o fato praticado por determinada pessoa que corresponda exatamente ao elucidado no texto legal é conhecido como *FATO GERADOR*.

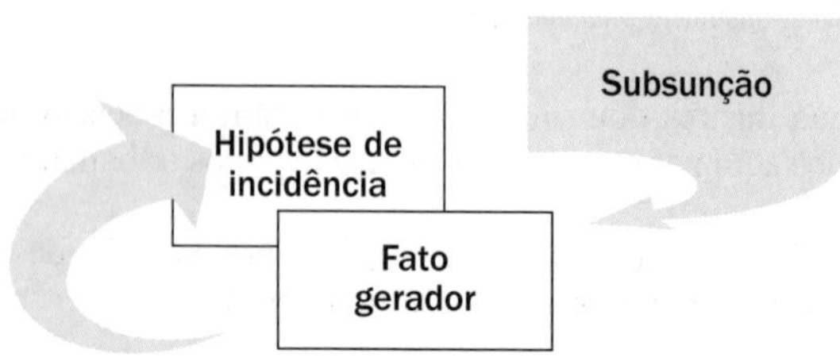

A mesma inteligência pode ser observada em Direito Penal. A lei descreve um tipo de crime; caso uma pessoa aja de modo idêntico ao descrito na lei, será ela obrigada a arcar com as conseqüências de seu ato.

Fazendo um paralelo com o Direito Tributário, o tipo de crime seria a hipótese de incidência; praticar os atos que correspondem ao crime, o fato gerador; e arcar com as conseqüências do ato, o pagamento do tributo. (A idéia é apenas elucidativa, buscando meios didáticos que facilitem o entendimento do leitor. Não se está querendo dizer que o pagamento do tributo corresponde a uma pena, mesmo porque tributo não constitui sanção a ato ilícito.)

Agora, tendo entendido que as expressões "hipótese de incidência" e "fato gerador", embora semelhantes, não possuem o mesmo significado, atenção para o próximo exemplo:

Lei estadual descreve que todo **proprietário de veículo automotor** será obrigado a pagar R$ 100,00 correspondentes a seu bem. Supondo que *Maria possui um barco a vela*, estará ela sujeita ao pagamento do imposto?

HIPÓTESE que a lei descreve: ser proprietário de veículo automotor.

FATO ocorrido: Maria proprietária de um barco a vela.

Será que o *FATO* corresponde à **HIPÓTESE**? Claramente não. A lei descreve que apenas os proprietários de veículos movidos a motor devem estar sujeitos ao imposto. Maria é proprietária de um veículo, mas este é movido a vela, e não a motor. Assim, se não houve a SUBSUNÇÃO, Maria não poderá ser obrigada a pagar o imposto.

Simples de observar a solução? O mesmo raciocínio pode e deve ser utilizado para todos os tributos. Será que o contribuinte realmente praticou o fato gerador? Quando acontece a prática do fato gerador? Onde ocorre o fato gerador? As respostas a todas essas indagações serão encontradas na lei que instituiu o tributo. Se o suposto contribuinte, por algum detalhe, não se encaixa adequadamente ao que a lei dispôs, então o tributo por ele não é devido.

Obrigação tributária

Por que surge uma obrigação acabamos de ver. Tudo depende da prática de fatos que a lei, anteriormente, já previa.

> Essas situações ou hipóteses constituem o fato tributável ou "fato gerador", comparado [...] ao fato delituoso, que sujeita alguém à ação penal. Não há pena ou crime sem que a lei defina a figura delituosa. Não há dívida de imposto sem que a lei estabeleça o fato gerador. (Aliomar Baleeiro citando o artigo "Fato gerador do imposto", de autoria de G. Jèze, traduzido por P. Mata Machado, *in Direito Tributário brasileiro*, p. 411.)

Contudo, uma obrigação pode ter diversas acepções; a que aqui nos interessa é aquela que faz surgir uma relação jurídica decorrente da prática de um fato gerador, envolvendo uma pessoa que tem o direito de receber e outra que tem o dever de pagar uma prestação pecuniária.

As pessoas envolvidas são denominadas *sujeito ativo* (aquela que tem o direito) e *sujeito passivo* (aquela que tem o dever), e o elo é justamente a obrigação tributária, que, por sua vez, pode assumir natureza prestacional de dar, fazer ou não fazer.

Quando uma pessoa se vê envolvida por uma obrigação tributária porque vendeu mercadorias a um terceiro, ela não só tem a obrigação de pagar um imposto (obrigação de dar), mas também cabe a ela a obrigação de emitir nota fiscal correspondente à mercadoria vendida (obrigação de fazer).

A obrigação de pagar (dar o dinheiro em pagamento) é intitulada *obrigação principal*, a qual decorre da prática do *fato gerador*.

Art. 113, § 1.º, CTN – A obrigação principal surge com a ocorrência do fato gerador, tem por objeto o pagamento de tributo ou penalidade pecuniária e extingue-se juntamente com o crédito dela decorrente.

Por outro lado, a obrigação de fazer ou não fazer (emitir nota fiscal) é reconhecida como *obrigação acessória*, a qual advém de dispositivos estabelecidos na *legislação tributária*.

Art. 113, § 2.º, CTN – A obrigação acessória decorre da legislação tributária e tem por objeto as prestações, positivas ou negativas, nela previstas no interesse da arrecadação ou da fiscalização dos tributos.

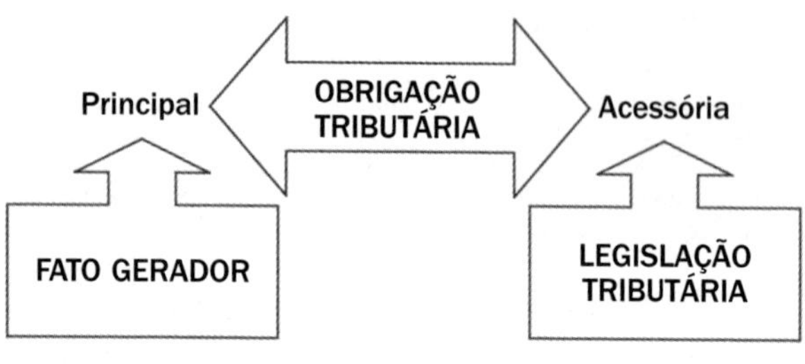

Importante lembrar, também, que a obrigação acessória subsiste ainda que a obrigação principal não precise ser cumprida. É o caso típico de uma pessoa que está isenta do imposto de renda, que, logo, não precisará pagar o imposto (obrigação principal). No entanto, embora não tenha de dar o dinheiro em pagamento, ela é obrigada a declarar sua situação de isenta (obrigação de fazer e, portanto, acessória). Nesse caso, se o contribuinte for negligente, deixando de declarar que é isento, a obrigação acessória não será cumprida e, uma vez isso ocorrido, ela será convertida em obrigação principal (afinal, descumprir uma obrigação pode gerar uma multa, a qual deve ser liquidada por meio do pagamento).

Art. 113, § 3.º, CTN – A obrigação acessória, pelo simples fato de sua inobservância, converte-se em obrigação principal relativamente a penalidade pecuniária.

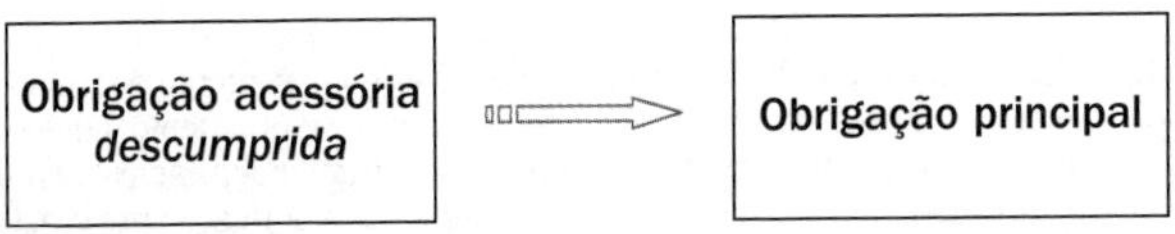

Lançamento

Antes de propriamente iniciarmos essa nova questão, precisamos refrescar a memória acerca do conceito de tributo: prestação pecuniária compulsória, em moeda ou cujo valor nela se possa exprimir, que não constitua sanção de ato ilícito, instituída em lei *e cobrada mediante atividade administrativa plenamente vinculada*.

Pois é o lançamento essa atividade administrativa realizada pelos agentes tributários que, obedecendo aos requisitos legais, propicia a cobrança de um tributo. Segundo se depreende do CTN, em seu artigo 142, o lançamento é privativo das autoridades administrativas, as quais, por meio dele, verificam a ocorrência do fato gerador da obrigação correspondente.

Art. 142, CTN – Compete privativamente à autoridade administrativa constituir o crédito tributário pelo lançamento, assim entendido o procedimento administrativo tendente a verificar o fato gerador da obrigação correspondente, determinar a matéria tributável, calcular o montante do tributo devido, identificar o sujeito passivo e, sendo o caso, propor a aplicação da penalidade cabível.

No entanto, como lembra Paulo de Barros Carvalho,

> caracterizar o lançamento como um procedimento, consoante a expressão do art. 142 do Código Tributário, é atuar com grande imprecisão. Se o procedimento se substancia numa série de atos, que se conjugam objetivamente, compondo um todo unitário para a consecução de um fim determinado, torna-se evidente que, ou escolhemos o ato final da série, resultado do procedimento, para identificar a existência da entidade, ou haveremos de reconhecê-lo, assim que instalado o procedimento, com a celebração dos primeiros atos. (*Curso de Direito Tributário*, p. 261.)

Assim, esse procedimento administrativo que é o lançamento não tem como objetivo apenas verificar uma possível ocorrência do *fato gerador*, mas também cabe a ele:

a) determinar a matéria tributável;
b) calcular o montante do tributo devido;
c) identificar o sujeito passivo;
d) propor a aplicação de penalidade, quando for o caso.

E por que tantas formalidades ao lançamento? Por que esse procedimento é tratado com tanto zelo pela legislação complementar? Porque seu papel fundamental é fazer com que aquela obrigação tributária, surgida após o fato gerador, se torne exigível. Para que isso ocorra, infalivelmente, surge a figura do lançamento que constituirá o crédito tributário.

Não obstante tal explicação, afirma Hugo de Brito Machado ao se enveredar por esse caminho:

> Em face da obrigação tributária o Estado ainda não pode exigir o pagamento do tributo. Também em face das obrigações acessórias não pode o Estado exigir o comportamento a que está obrigado o particular. Pode, isto, sim, tanto diante de uma obrigação tributária principal como diante de uma obrigação acessória descumprida, que por isto fez nascer uma obrigação principal (CTN, art. 113, § 3.º), fazer um lançamento, constituir um crédito a seu favor. Só então poderá exigir o objeto da prestação obrigacional, isto é, o pagamento. (*Curso de Direito Tributário*, p. 145.)

Fazendo um paralelo com o que já foi estudado, a obrigação tributária nasce pelo simples motivo de o fato gerador ter sido praticado; não há a necessidade da participação da autoridade administrativa. Por outra via, embora a obrigação tributária já se faça presente, o sujeito ativo que pretende ver seu direito satisfeito deverá, por intermédio de seus agentes administrativos, providenciar o lançamento, de modo que a obrigação possa ser exigida.

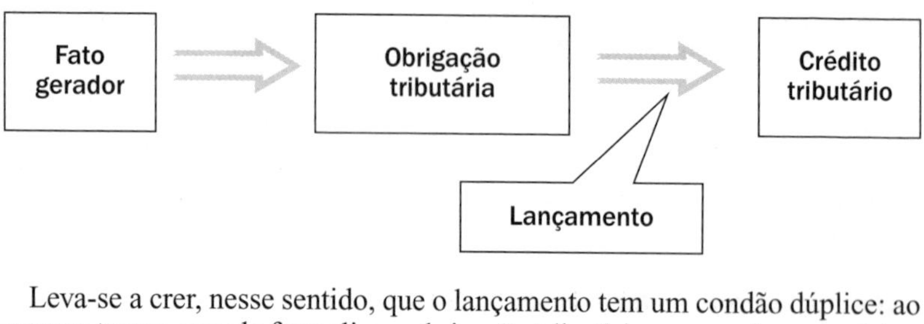

Leva-se a crer, nesse sentido, que o lançamento tem um condão dúplice: ao mesmo tempo que ele formaliza a obrigação tributária, proporciona, também, ao sujeito ativo exigir a prestação pecuniária que lhe cabe, tomando, assim, as características de crédito tributário. Afinal, se antes (quando da obrigação) falávamos em quem tem o direito e quem tem o dever, agora (quando do crédito) falamos em credor e devedor.

> A circunstância de a legislação ter criado o lançamento como ato de cuja realização depende a atuação de certos direitos do sujeito ativo fez que a doutrina se estendesse em intermináveis discussões sobre a natureza do lançamento, sustentando uns que ele é constitutivo da obrigação tributária, e afirmando outros que ele tem natureza meramente declaratória, não faltando quem procure um meio-termo entre ambas as posições. (Amaro, Luciano, *Direito Tributário brasileiro*, p. 326.)

Retornando nosso estudo à letra da lei, precisamente no capítulo do CTN que versa sobre a constituição do crédito tributário, o lançamento é identificado em três modalidades distintas. Essa classificação pode ser entendida conforme a participação do contribuinte no lançamento.

Lançamento direto ou de ofício

Esse lançamento encontra respaldo legal no artigo 149 do CTN. Será possível realizá-lo: quando a lei assim dispuser; quando a autoridade administrativa tiver condições de observar falhas, inexatidões ou omissões na declaração do responsável por prestá-las; ou quando se comprovar que em lançamento anterior ocorreu falta funcional ou fraude da autoridade que o efetuou. Contudo, o importante em qualquer das situações é que o lançamento poderá ser efetuado independentemente da participação do sujeito passivo.

Nesse caso, quando a participação do contribuinte é praticamente nula, diz-se que o lançamento é direto ou de ofício. É o exemplo típico do Imposto sobre a Propriedade Predial e Territorial Urbana (IPTU).

Lançamento misto ou por declaração

Fundamentado pelo artigo 147 do CTN, o lançamento é efetuado com base na declaração do sujeito passivo ou de terceiro, quando um ou outro, na forma da legislação tributária, presta à autoridade administrativa informações sobre matéria de fato, indispensáveis a sua efetivação.

Primeiro o Fisco aguarda as informações que serão prestadas pelo contribuinte e somente quando recebê-las as analisará e, com base nelas, apurará o montante do tributo a ser pago. Assim, apenas depois de ter as informações nas mãos é que o Fisco terá condições de efetuar o lançamento e, conseqüentemente, constituir o crédito tributário.

Fica claro que Fisco e contribuinte dividiram as tarefas, proporcionando, tão-somente cumpridas as obrigações de ambos, a constituição do crédito. Verifica-se essa modalidade no imposto de importação decorrente da declaração do passageiro chegado do exterior.

Autolançamento ou lançamento por homologação

> O lançamento por homologação também é conhecido como autolançamento. Mas, como o Código diz ser a atividade de lançamento privativa da autoridade administrativa, evidentemente não se pode cogitar de um lançamento feito pelo sujeito passivo. Embora faça ele todo o trabalho material, o lançamento, no caso, só se opera com a homologação. (Machado, Hugo de Brito, *Curso de Direito Tributário*, p. 153.)

Essa modalidade de lançamento costumeiramente recebeu e ainda recebe muitas críticas da doutrina, porém não há como negar que é a que mais agrada às autoridades administrativas. Não por outro motivo, é o lançamento mais utilizado para arrecadar tributos, especialmente impostos.

Com o dispositivo regulado pelo artigo 150 do CTN, o sujeito passivo, além de possuir a obrigação de prestar as informações ao Fisco, deve também fazer toda a apuração de sua atividade, calculando o montante do tributo devido e, concomitantemente, antecipar o pagamento, antes de qualquer prévia análise do agente administrativo.

Hugo de Brito Machado discorre que,

> antes, o pagamento era o meio pelo qual a autoridade tomava conhecimento da apuração, podendo haver então a homologação, expressa ou tácita. Agora, o conhecimento da apuração chega à autoridade administrativa com a informação que o sujeito passivo lhe presta nos termos da legislação que a tanto o obriga. A mudança na legislação favoreceu o Fisco, obrigando o contribuinte a dar-lhe conhecimento, antes do pagamento do tributo, da apuração do valor respectivo. O tomar conhecimento da apuração, porém, tem uma significativa conseqüência. Obriga o Fisco a movimentar-se, seja para recusar a apuração feita pelo sujeito passivo e lançar possível diferença, seja para homologar a atividade de apuração e cobrar o tributo apurado e não pago. (*Idem*, p. 152.)

Percebe-se, assim, o porquê da preferência do Fisco. Sem que realize qualquer tarefa, o sujeito ativo recebe as informações necessárias para análise, a apuração já feita e o pagamento efetuado. Resta para a autoridade administrativa a simples homologação do pagamento. É o que ocorre na maior parte dos impostos, como o imposto de renda.

Luciano Amaro, ao indicar algumas impropriedades a respeito da letra do § 1.º do artigo 150 do CTN, que descreve, por exemplo, sobre a homologação do lançamento, procura contemporizar alegando que

> a atividade aí referida outra não é senão a do pagamento, já que esta é a única providência do sujeito passivo tratada no texto. Melhor seria falar-se em "homologação do pagamento", se é isso que o Código parece ter querido dizer. (*Direito Tributário brasileiro*, p. 354.)

A homologação, representando a extinção do crédito tributário, pode darse de duas formas: expressa ou tacitamente.

Configura-se a *homologação expressa* quando o Fisco, ao receber o pagamento antecipado, pronuncia sua concordância explicitamente, maneira essa que chega ao conhecimento do sujeito passivo não pelo decurso do tempo, mas por meio de uma comunicação.

Diferentemente da expressa, a *homologação tácita* ocorre justamente por um lapso temporal decorrido. Segundo o CTN, esse tempo envolve o período de cinco anos, salvo se a lei dispuser de maneira contrária. Essa última regra é necessária, pois, se o contribuinte, com o passar dos anos, não recebesse qualquer comunicação do sujeito ativo, ficaria inseguro e desconheceria sua situação fiscal.

Outra conclusão que se pode retirar da inteligência da lei é que, se cinco anos constituem o período para o sujeito ativo verificar a exatidão das informações prestadas, acompanhadas do pagamento, então, é dentro desse mesmo período que pode o Fisco tomar alguma iniciativa administrativa (art. 145, III, CTN) para cobrar o que eventualmente deixou de ser liquidado.

Art. 149, parágrafo único, CTN – A revisão do lançamento só pode ser iniciada enquanto não extinto o direito da Fazenda Pública.

Essa cobrança será promovida por meio de um novo lançamento, só que agora de ofício, desde que obedeça a um dos seguintes casos (art. 149, CTN):

I – quando a lei assim determine;

II – quando a declaração não seja prestada, por quem de direito, no prazo e forma da legislação tributária;

III – quando a pessoa legalmente obrigada, embora tenha prestado declaração nos termos do inciso anterior, deixe de atender, no prazo e na forma da legislação tributária, a pedido de esclarecimento formulado pela autoridade administrativa, recuse-se a prestá-lo ou não o preste satisfatoriamente, a juízo daquela autoridade;

IV – quando se comprove falsidade, erro ou omissão quanto a qualquer elemento definido na legislação tributária como sendo de declaração obrigatória;

V – quando se comprove omissão ou inexatidão, por parte da pessoa legalmente obrigada, no exercício da atividade a que se refere o artigo seguinte;

VI – quando se comprove ação ou omissão do sujeito passivo, ou de terceiro legalmente obrigado, que dê lugar à aplicação de penalidade pecuniária;

VII – quando se comprove que o sujeito passivo, ou terceiro em benefício daquele, agiu com dolo, fraude ou simulação;

VIII – quando deva ser apreciado fato não conhecido ou não provado por ocasião do lançamento anterior;

IX – quando se comprove que, no lançamento anterior, ocorreu fraude ou falta funcional da autoridade que o efetuou, ou omissão, pela mesma autoridade, de ato ou formalidade essencial.

Crédito tributário

Ao falarmos do crédito tributário, devemos nos reportar, em princípio, a poucos artigos do Código Tributário, entre eles:

Art. 139 – O crédito tributário decorre da obrigação principal e tem a mesma natureza desta.

Aliomar Baleeiro comenta a respeito desse artigo:

O crédito tributário converte essa obrigação ilíquida em líquida e certa, exigível na data ou no prazo da lei, inclusive por execução expedita. (*Direito Tributário brasileiro,* p. 453.)

Vale dizer que o crédito é conseqüência mediata da obrigação tributária, pois quem o constitui é o lançamento (imediato). Decorre desse pensamento que o crédito tributário não existiria sem a obrigação; entretanto, a recíproca não é verdadeira, uma vez que pode existir uma obrigação sem que o crédito esteja constituído.

Embora estejam intrinsecamente ligados, obrigação tributária e crédito tributário, talvez por meio das relações jurídicas seja possível distingui-los.

Quando da obrigação tributária, o Fisco possui o direito a um crédito, mas ainda não pode exigi-lo. Já no crédito tributário, além de possuir o crédito (como o próprio nome diz), o Fisco também estará apto a exigi-lo. Tal raciocínio foi retirado das palavras de Américo Masset Lacombe, que alerta para que a obrigação não seja entendida apenas como uma relação de dever e o crédito como uma relação de poder, pois se poderia chegar à falsa conclusão de que na obrigação tributária

> teríamos um débito do lado passivo sem o correspondente crédito do lado ativo [...]. Surgindo o débito, surge inexoravelmente o crédito tributário. Se da ocorrência do fato imponível (fato gerador) resulta o débito do lado passivo, resultará imediatamente o crédito ao lado ativo. (*Comentários ao Código Tributário Nacional*, v. II, p. 293.)

Porém, àqueles que se vêem carentes de um conceito, urge destacarmos as palavras de Hugo de Brito Machado ao se referir ao crédito:

> É o vínculo jurídico, de natureza obrigacional, por força do qual o Estado (sujeito ativo) pode exigir do particular, o contribuinte ou responsável (sujeito passivo), o pagamento do tributo ou da penalidade pecuniária (objeto da relação obrigacional). (*Curso de Direito Tributário*, p. 146.)

Após essas primeiras considerações, fica fácil entender os dispositivos dos artigos 140 e 141 do CTN.

> Art. 140 – As circunstâncias que modificam o crédito tributário, sua extensão ou seus efeitos, ou as garantias ou os privilégios a ele atribuídos, ou que excluem sua exigibilidade, não afetam a obrigação tributária que lhe deu origem.

Nem poderia ser diferente, pois, como já exposto, a obrigação tributária subsiste sem o crédito tributário, mas um crédito tributário seria inócuo se, previamente, o contribuinte não tivesse praticado um fato gerador e, portanto, não houvesse surgido uma obrigação tributária.

> Art. 141 – O crédito tributário regularmente constituído somente se modifica ou extingue, ou tem sua exigibilidade suspensa ou excluída, nos casos previstos nesta Lei, fora dos quais não podem ser dispensadas, sob pena de responsabilidade funcional na forma da lei, a sua efetivação ou as respectivas garantias.

Esse artigo acaba sendo óbvio, tendo em vista que as causas de suspensão da exigibilidade do crédito tributário, de extinção do crédito tributário e de exclusão do crédito tributário encontram-se taxativamente dispostas nos artigos 151, 156 e 175 do CTN, respectivamente.

Não Esqueça

1. Tendo em vista a definição exposta pelo Código Tributário Nacional, o tributo, para ser exigido, deverá cumprir os ditames legais, sob pena de a exigência ser impugnada administrativa ou judicialmente.
2. Portanto, é imprescindível conhecer como se dá a cobrança tributária para, depois, identificar seus possíveis deslizes ou equívocos.
3. O tributo será instituído por lei, a qual desenhará as hipóteses em que haverá sua incidência.
4. O fato gerador da obrigação de pagar o tributo é a situação definida em lei como necessária e suficiente para sua ocorrência (art. 114, CTN).
5. A relação jurídica surgida em decorrência do fato gerador envolverá uma pessoa que tem o direito de receber e outra que tem o dever de pagar uma prestação pecuniária.
6. A obrigação tributária pode ser observada sob a forma principal ou acessória, sendo representada por meio de prestações de dar, fazer ou não fazer.
7. Para, então, exigir o pagamento do tributo, competirá a autoridade administrativa constituir o crédito tributário, pela prática do lançamento.
8. Além de constituir o crédito tributário, caberá ao lançamento determinar a matéria tributável, calcular o montante do tributo devido, identificar o sujeito passivo e propor a aplicação da penalidade, quando for o caso.
9. O lançamento, de acordo com o procedimento adotado e com o grau de participação do contribuinte, será classificado como direto ou de ofício, misto ou por declaração, autolançamento ou por homologação.
10. Seja qual for a modalidade de lançamento utilizada, restará constituído o crédito tributário.

Como Identificar Possíveis Problemas em uma Cobrança Tributária

O que se deseja nesta etapa do trabalho é iniciar o leitor nos trilhos que uma cobrança tributária deve percorrer para que tenha condições de observar algum acidente ou desvio, pois, muitas vezes, esses eventos podem passar despercebidos.

Nesse sentido, provavelmente não há melhor bússola para nos nortear que a estrutura lógico-racional traduzida na Regra Matriz de Incidência Tributária (RMIT), por meio de seus aspectos de incidência, amplamente conhecida por todos, mas que, às vezes, deixa de ser utilizada como símbolo orientador que é.

> Temos de considerar assim a hipótese das normas tributárias. Ao conceituar o fato que dará ensejo ao nascimento da relação jurídica ao tributo, o legislador também seleciona as propriedades que julgou importantes para caracterizá-lo. E, desse conceito, podemos extrair critérios que nos permitam reconhecê-lo toda vez que, efetivamente, aconteça. No enunciado hipotético vamos encontrar três critérios identificadores do fato: a) critério material; b) critério espacial; e c) critério temporal. (Carvalho, Paulo de Barros, *Curso de Direito Tributário*, p. 179.)

A nosso ver, dessa estrutura lógico-racional decorrem cinco aspectos:

1. aspecto pessoal;
2. aspecto material;
3. aspecto espacial;
4. aspecto temporal;
5. aspecto quantitativo.

A RMIT pode e deve ser relacionada a quaisquer das espécies tributárias: impostos, taxas, contribuições de melhoria, empréstimos compulsórios e contribuições especiais. (Embora o CTN se refira apenas a três espécies tributárias – impostos, taxas e contribuições de melhoria –, adota-se aqui a classificação constitucional qüinqüipartida, simplesmente pelo cunho didático.) Para encontrar os aspectos inerentes a ela, devemos fazer cinco perguntas:

1. Quem pode cobrar e quem deve pagar? – aspecto pessoal
2. Qual fato deve ser praticado ou qual situação deve se fazer presente? – aspecto material

3. Onde haverá a incidência? – aspecto espacial
4. Quando ocorrerá o fato gerador? – aspecto temporal
5. Quanto deve ser pago a título de tributo? – aspecto quantitativo

O aspecto pessoal pode ser traduzido em sujeito ativo (aquele que tem o direito de receber) e sujeito passivo (aquele que tem o dever de pagar).

O aspecto material deve ser caracterizado pela hipótese de incidência (H.I.) ou, como alguns preferem, pelo fato gerador (F.G.). (Utiliza-se a expressão “fato gerador” porque é a mesma apresentada pelo Código Tributário Nacional, muito embora ilibada doutrina prefira “fato imponível”.)

O aspecto espacial compreende o local, a área, dentro de quais limites territoriais poderá incidir determinado tributo.

O aspecto temporal aponta o momento da prática do fato gerador, possibilita identificarmos quando um fato gerador está consumado.

Por fim, o aspecto quantitativo, ou valorativo, representa a alíquota e a base de cálculo (segmento intrínseco ao fato gerador sobre o qual recairá a alíquota).

Diante desses aspectos, a partir de agora, será dada especial atenção aos sujeitos ativo e passivo e ao momento da ocorrência do fato gerador, tendo em vista que o aspecto material já foi tratado no capítulo que versou sobre hipótese de incidência, fato gerador e subsunção tributária.

Quando surge a obrigação tributária

Sabemos que a obrigação tributária decorre da prática do fato gerador e ela somente existirá se o fato praticado se subsumiu ao disposto na regra contida no ordenamento jurídico. Desse modo, aqui não cabe repisar o significado de subsunção, mas sim identificar em que momento, para a lei, o fato gerador considera-se consumado, acabado, praticado.

> [...] desponta a natural necessidade de que a norma tributária revele o marco de tempo em que se dá por ocorrido o fato, abrindo-se aos sujeitos da relação o exato conhecimento da existência de seus direitos e de suas obrigações. (Carvalho, Paulo de Barros, *Curso de Direito Tributário*, p. 185.)

Saber quando o fato gerador consuma-se é de suma importância, porque, invariavelmente, o próprio CTN (ou outra lei complementar), ao querer se referir à hipótese de incidência, acabou por discriminar o aspecto temporal. Foi o que aconteceu com o ICMS quando regulado pelo Decreto-Lei 406/68, porém, atualmente, com regras disciplinadas pela Lei Complementar 87/96.

> Art. 1.º, Decreto-Lei 406/68 – O Imposto sobre Operações Relativas à Circulação de Mercadorias tem como fato gerador:
>
> I – a saída de mercadorias de estabelecimento comercial, industrial ou produtor; [...]

A lei quis tratar da hipótese de incidência (aspecto material) do ICMS, mas acabou por dispor a respeito do momento em que o fato gerador se concretiza (aspecto temporal).

> Pode a lei mencionar uma data [...], uma circunstância determinável no tempo; isto se dá com o imposto sobre operações mercantis (ICMS). Sua h.i. é a realização, por comerciante ou equiparado, de operação jurídica mercantil que importe (impulsione, provoque) circulação – entendida juridicamente como mudança de titular – de mercadoria. O aspecto temporal da h.i. é explicitamente disposto pela lei como sendo a sua saída do estabelecimento do sujeito passivo. A referência à saída é uma indicação não da materialidade da h.i., mas do momento em que deve ser reputado consumado o fato imponível. Se a lei assim dispusesse expressamente, o momento a ser considerado seria o da prática do ato jurídico mercantil posto como aspecto material da h.i. (Ataliba, Geraldo, *Hipótese de incidência tributária*, p. 95.)

Por essa conjuntura, em função do momento da ocorrência do fato gerador, passou-se a classificar os fatos geradores em instantâneos, complexivos e continuados.

- **Fato gerador instantâneo** – Fato gerador que ocorre em certo e singular momento. Toda vez, então, que se dá esse momento, há um novo fato gerador e, conseqüentemente, nova obrigação tributária. Um bom exemplo se dá na venda de um bem imóvel (hipótese de incidência do Imposto sobre a Transmissão de Bens Imóveis – ITBI). Feita uma venda em um dia, gera-se uma obrigação; realizada outra venda, ainda que com o mesmo imóvel, no dia posterior, nova obrigação tributária surge.
- **Fato gerador complexivo, complexo ou periódico** – Fato gerador que se vê realizado apenas depois de transcorrido um lapso temporal. Significa que, por sua natureza, estará consumado somente depois de somados todos os fatos ocorridos dentro de determinado período. O imposto de renda serve de exemplo, pois rendas e proventos de qualquer natureza podem ser auferidos durante um ano inteiro (1.º de janeiro a 31 de dezembro), e o resultado do acréscimo patrimonial do contribuinte somente se dará ao final do período. Luciano Amaro, lecionando sobre o assunto, comparou:

> O fato gerador periódico é um acontecimento que se desenrola ao longo de um lapso de tempo, tal qual uma peça de teatro, em relação à qual não se pode afirmar que ocorra no fim do último ato; ela se completa nesse instante, mas ocorre ao longo do tempo, sendo inegável o relevo das várias situações desenvolvidas durante o espetáculo para a contextura da peça. (*Direito Tributário brasileiro*, p. 260.)

- **Fato gerador continuado** – Fato gerador que, geralmente, recai sobre o patrimônio. É o caso do IPTU, cuja hipótese de incidência é ser proprietário de imóvel urbano. O contribuinte, uma vez proprietário, sempre o será (enquanto for o dono do imóvel); assim, o fato gerador pode ser observado a qualquer instante, uma vez que perdura no tempo. Para resolver a questão, a lei estabelece uma data, ou um momento oportuno, para ver o fato gerador concretizado (por exemplo, o primeiro dia de cada ano).

Oportuno dizer que a classificação aqui exposta não comporta unanimidade na doutrina; entretanto, é um meio para realçar como um fato gerador podia ser tratado pela legislação tributária.

> À voga desse conceito, a autoridade de juristas de indiscutível valor fez prevalecer uma classificação dos fatos geradores, fundada nas variações que o político imprimia na construção do critério temporal das hipóteses. Tornou-se corrente a distinção entre fatos geradores instantâneos, continuados e complexivos, em grande parte pelo entusiasmo de Amílcar de Araújo Falcão, baseado nas lições de A. D. Giannini, E. Vanoni e Wilhelm Merk, no que foi seguido pela maioria dos autores contemporâneos. (Carvalho, Paulo de Barros, *Curso de Direito Tributário*, p. 188.)

Entrementes, discorremos amiúde sobre o assunto, pois nossa preocupação recai justamente naqueles tributos (especialmente impostos) cujo momento final do fato gerador se dá em um espaço de tempo distante quando comparado ao conceito jurídico da hipótese que a lei destacou. Exemplos:

Imposto de Importação
Hipótese de incidência: entrada de produtos estrangeiros em território nacional (art. 19, CTN).
Momento do fato gerador: não se dá quando realmente entra em território nacional, pois, se assim fosse, poderíamos considerar que um lote de mercadorias já teria ingressado no Brasil quando ultrapassasse 12 milhas marítimas* em relação à costa brasileira. Nesse caso, o fato gerador só ocorre na data do registro, na repartição aduaneira, da declaração de importação**, condição essa para o desembaraço dos produtos importados, desde que quitados os débitos.

ITBI
Hipótese de incidência: transmissão de bens imóveis por ato oneroso.
Momento do fato gerador: não se dá quando se firma o contrato de compromisso de compra e venda. O fato gerador só ocorre no momento em que se registra o título translativo no cartório competente (Melo, José Eduardo Soares de, *Impostos*, p. 242.)

Quem pode cobrar

O aspecto pessoal volta ao contexto quando nos questionamos quem pode cobrar um tributo. Para sermos mais técnicos, descobriremos quem possui competência tributária.

---

* "O mar territorial é a faixa de mar que se estende desde a linha de base até uma distância que não deve exceder 12 milhas marítimas da costa e sobre o qual o Estado exerce sua soberania, com algumas limitações determinadas pelo direito internacional." (Accioly, Hildebrando e Silva, Geraldo Eulálio do Nascimento, *Manual de Direito Internacional Público*, p. 243.)

** Decreto-Lei 37/66:

"Art. 23 – Quando se tratar de mercadoria despachada para consumo, considera-se ocorrido o fato gerador na data do registro, na repartição aduaneira, da declaração a que se refere o art. 44. [...]

Art. 44 – Toda mercadoria procedente do exterior por qualquer via, destinada a consumo ou a outro regime, sujeita ou não ao pagamento do imposto, deverá ser submetida a despacho aduaneiro, que será processado com base em declaração apresentada à repartição aduaneira no prazo e na forma prescritos em regulamento (redação dada pelo Decreto-Lei n.º 2.472/88)".

A competência está relacionada ao poder de tributar, um dos segmentos dispostos no Sistema Tributário Nacional, o qual é veiculado pela Constituição Federal. Daí se extrai a primeira conclusão: para descobrirmos quem é competente para instituir quais e tais tributos, devemos observar o texto constitucional.

Sim, cabe à Lei Maior estabelecer feixes de competência que serão outorgados aos entes políticos. Isso mesmo, o poder de tributar está estabelecido na Constituição, porém ela o outorga a determinadas pessoas, as quais não poderão ser outras senão as pessoas políticas.

E será que somente as pessoas políticas possuem competência tributária?

Sem dúvida, somente a União, os Estados membros, o Distrito Federal e os Municípios é que poderão, baseados em seu campo de competência, exigir tributos daqueles que porventura pratiquem os fatos geradores correspondentes.

> Aliás, para as pessoas políticas, a Constituição é a Carta das Competências. Ela indica o que podem, o que não podem e o que devem fazer, inclusive e principalmente em matéria tributária. (Carrazza, Roque A., *Curso de Direito Constitucional Tributário*, p. 436.)

A justificativa para afirmar que apenas os entes políticos poderiam receber poder para tributar se encontra no veículo hábil para instituir tributos, ou seja, a lei.

Mais uma vez há que se destacar o princípio da legalidade, pois tão-somente a lei é o meio eficaz para instituir tributos, sejam eles impostos, taxas, contribuições de melhoria, empréstimos compulsórios ou contribuições especiais. Claro que, por vezes, a lei adequada será lei complementar (sempre que a Constituição assim explicitar); por outras, bastará a lei ordinária. Entretanto, seja qual for o exemplo, o veículo que transportará o tributo será o mesmo: a lei.

Nesse sentido, se a lei é o único meio, então, precisamos saber a partir de onde uma lei é criada, quem tem poder para discutir, estruturar e aprovar uma lei. Claro, o Legislativo é esfera de poder que possui essas funções e, portanto, apenas aqueles que possuem o poder legiferante é que podem instituir leis e, conseqüentemente, tributos.

Facilmente entende-se, assim, por que a competência foi outorgada aos entes políticos; afinal, como todo tributo depende de lei e esta só pode ser criada por quem detém o poder legislativo, logo, apenas União, Estados, Distrito Federal e Municípios é que poderiam receber o poder para tributar.

Decorre também desse silogismo que, se a atividade de legislar é privativa de quem possui competência, esta infalivelmente é intransferível. Muito embora os entes políticos possam, além de legislar, também fiscalizar e arrecadar tributos de sua competência, a primeira atividade que lhes compete (legislar) é indelegável, apesar de facultativa. Isso significa que as demais atividades (arrecadar e fiscalizar) poderão ser delegadas a outras pessoas jurídicas de direito público, conforme sinaliza o CTN:

> Art. 7.º – A competência tributária é indelegável, salvo as atribuições das funções de arrecadar e fiscalizar tributos, ou de executar leis, serviços, atos ou decisões administrativas em matéria tributária, conferida por uma pessoa jurídica de direito público a outra, nos termos do parágrafo 3.º do art. 18 da Constituição.

Em comentário sobre esse dispositivo legal, afirma Aliomar Baleeiro:

> A Pessoa de Direito Público Interno beneficiada com a competência exclusiva para instituir o tributo não poderá delegar ou transferir a outra a atribuição de legislar sobre os elementos formadores da obrigação tributária, embora possa celebrar convênios para arrecadação, fiscalização ou execução de leis, serviços e atos administrativos fiscais. (*Direito Tributário brasileiro*, p. 74.)

Assim não poderia ser diferente; afinal, se cabe à Constituição fixar os feixes de competência, caso fosse permitido que os próprios entes políticos transferissem seu poder de tributar para outras pessoas, estar-se-ia concordando em modificar regras constitucionais por meio de normas infraconstitucionais. Já dizia Hugo de Brito Machado:

> Admitir a delegação de competência para instituir tributo é admitir seja a Constituição alterada por norma infraconstitucional. (*Curso de Direito Tributário*, p. 231.)

Por outro lado, ainda que se admita a delegação das atividades de arrecadar e fiscalizar, não se está querendo falar em delegação de competência, mas sim que, nesses casos, exsurge a figura da capacidade tributária ativa, a qual não se confunde com competência e que, portanto, poderá ser transferida, desde que, é claro, advenha lei daquele que possui competência, autorizando.

> Normalmente, os tributos são arrecadados pela própria pessoa política que os instituiu. Se dermos revista em nossa realidade jurídica, veremos que, no mais das vezes, a União arrecada os tributos que ela, por meio de lei, criou, o mesmo o fazendo os Estados membros, os Municípios e o Distrito Federal.
>
> Se o produto arrecadado volta para os cofres da pessoa tributante, ocorre o fenômeno jurídico que há nome "sujeição ativa auxiliar". O agente arrecadador, nesse caso, não passa de um substituto *ex lege* do sujeito ativo. Atua, como lecionava o saúdo mestre Gian Antonio Micheli "em nome e por conta da pessoa tributante".
>
> Já quando uma entidade diversa daquela que criou o tributo vem a arrecadá-lo, ficando com o produto arrecadado para si, a dizer, para o implemento de suas finalidades, dizemos que estamos diante de uma situação de *parafiscalidade*.
>
> Juridicamente, a parafiscalidade é apenas a atribuição, mediante lei, da capacidade tributária ativa que a pessoa política faz a outra pessoa (pública ou privada), que, por vontade desta mesma lei, passa a dispor do produto arrecadado, para a consecução de suas finalidades. (Carrazza, Roque A., *Curso de Direito Constitucional Tributário*, nota 44, p. 205.)

Até quando se pode constituir o crédito tributário

Conforme já se viu anteriormente, uma vez praticado o fato gerador, dando nascimento à obrigação tributária, em regra, cabe ao sujeito ativo cientificar o contribuinte de sua obrigação, exigindo o pagamento do tributo, uma vez que esse mesmo contribuinte deu causa à constituição do crédito tributário.

Esse procedimento administrativo tendente a verificar a prática do fato gerador (art. 142, CTN) recebe o nome de lançamento, o qual dará exigibilidade à obrigação (agora, constituída em crédito tributário).

A dúvida surge quando nos perguntamos se o sujeito ativo está limitado pelo tempo a constituir o crédito tributário. Certamente está, e esse prazo é denominado decadência.

Tendo em vista que o lançamento é requisito para atribuir exigibilidade ao crédito tributário, e se essa exigibilidade não for caracterizada dentro de determinado lapso temporal, logo, o crédito não mais poderá ser constituído e, portanto, o sujeito ativo não mais terá como cobrar a obrigação tributária do contribuinte.

Isso quer dizer que, com o exaurimento do prazo decadencial, o sujeito ativo perde o direito de constituir o crédito tributário. Como para constituir o crédito tributário o lançamento é essencial, poder-se-ia dizer que o sujeito ativo perde o próprio direito de lançar.

Para que outras dúvidas não pairem no ar, o CTN, em seu artigo 156, estabeleceu as modalidades extintivas do crédito tributário, dentre elas, taxativamente, está enumerada a decadência.

> A par disso, há a *incoerência interna* do Código Tributário Nacional. Se ele considera que o "crédito tributário" só nasce com o lançamento, a decadência (que implica a perda do direito de lançar) não poderia ser posta como causa de extinção do crédito tributário, ou seja, de algo que ainda não teria nascido e que, com a decadência, ficaria proibido de nascer [...].

A discussão aqui exposta encontra-se presente na doutrina. Se de um lado estão nomes como o de Luciano Amaro, o qual fez essa crítica (*Direito Tributário brasileiro*, p. 392.), de outro está Eurico Marcos Diniz de Santi, que procura destacar que a interpretação a ser dada, nesse caso, não deve ser meramente literal.

A seguir, a fim de facilitar o estudo, será apresentado um roteiro para identificar se ocorreu o exaurimento do prazo decadencial.

Decadência – roteiro de estudo

O Fisco tem cinco anos para constituir o crédito tributário, por meio do lançamento. Caso assim não aconteça, haverá a decadência (perecimento do direito).

Onde se encontra o instituto?

No CTN, art. 173, no capítulo da extinção do crédito tributário.

Qual é a regra?

Art. 173, I – O prazo decadencial se iniciará não no ano do fato gerador, mas no ano seguinte, ou seja, no primeiro dia do exercício seguinte àquele em que o lançamento poderia ter sido efetuado.

Exemplo

ISS – fato gerador = 1/1/1995
Prazo decadencial:
T^1 (termo inicial) = 1/1/1996
T^2 (termo final) = 31/12/2000
Logo, no dia 1/1/2001 já há a decadência.
Assim, se o lançamento se der em qualquer data posterior a T^2 (termo final), ocorrerá a extinção do crédito (decadência).

Existe outro caso?
Sim, quando estivermos falando de tributos sujeitos a lançamento por homologação (art. 150, § 4.º, CTN).
Assim, o prazo de contagem inicia-se a partir do fato gerador, pois no lançamento por homologação deve haver o pagamento antecipado.
A homologação poderá se dar de forma expressa ou tácita. O Fisco tem cinco anos para o exame do pagamento efetuado antecipadamente. Depois, o crédito será considerado homologado e, portanto, extinto. Exceção: caso haja dolo, fraude ou simulação no pagamento antecipado, a contagem será aquela do artigo 173, I, CTN, pois, de acordo com a parte final do § 4.º do artigo 150 do CTN, os cinco anos para a homologação do pagamento antecipado só serão contados da data da ocorrência do fato gerador se não houver dolo, fraude ou simulação.
Há controvérsias em dizer que a homologação tácita da antecipação do pagamento equivale à decadência. Segundo Sacha Calmon Navarro Coelho,

> a expressão *lançamento por homologação* somente faria sentido se fosse *conditio sine qua non* para a validação do pagamento. Isto não ocorre e por isso atribui-se à inação da Fazenda, no período de cinco anos, a pena de preclusão (o que veio a ser a tal homologação tácita do CTN). Ora, não existe homologação tácita, e sim preclusão do prazo para fazê-la, obrigando a Administração a respeitar a atividade do contribuinte antecipatória do pagamento. (*Liminares e depósitos antes do lançamento por homologação – decadência e prescrição*, p. 48.)

E quando, em um tributo sujeito ao lançamento por homologação, o contribuinte declara o tributo devido, mas não antecipa o pagamento?
Então, não há nada a ser homologado; logo, teremos a contagem a partir do primeiro dia do exercício seguinte da data da ocorrência do fato gerador (art. 173, I, CTN).

Exemplo 1

ICMS (lançamento por homologação) – houve pagamento antecipado.

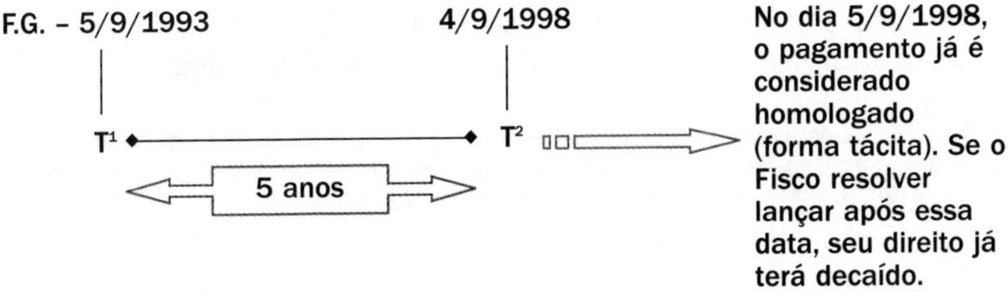

Exemplo 2

ICMS (lançamento por homologação) - não houve pagamento antecipado.

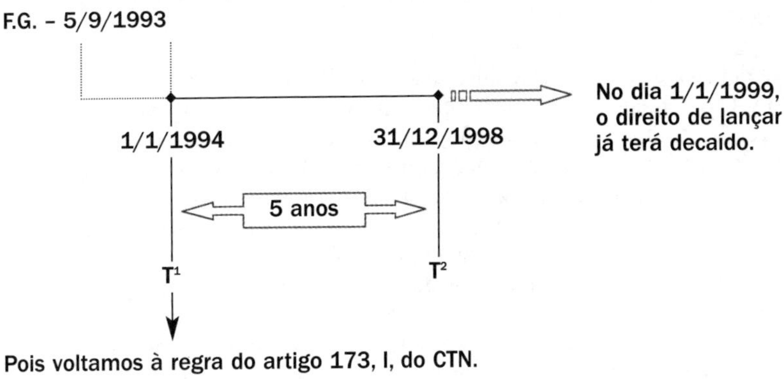

Existe causa de suspensão ou de interrupção do prazo decadencial?

Não há causa de suspensão nem de interrupção, apenas a data do início e a data final da contagem. Sustentamos as afirmações até mesmo nos valendo da regra do artigo 207 do Código Civil, que assevera:

> Art. 207 – Salvo disposição legal em contrário, não se aplicam à decadência as normas que impedem, suspendem ou interrompem a prescrição.

Mais uma vez, não se quer, aqui, acalorar os debates, porém cumpre destacar que a regra disposta no inciso II do artigo 173 do CTN é vista por muitos como verdadeira anomalia. Segundo Luciano Amaro, a regra ao mesmo tempo suspende, pois não há prosseguimento do prazo enquanto estiver em curso o processo que discute a nulidade do lançamento, e interrompe o prazo, pois o prazo recomeça a ser contado do início quando da decisão definitiva que houver anulado por vício formal o lançamento. (*Curso de Direito Tributário*, p. 394-5.)

Até quando se pode promover a execução fiscal?

Como já ensinava o professor Eurico Marcos Diniz de Santi,

> decadência e prescrição são mecanismos do sistema jurídico para absorção de incertezas, são limites impostos pelo próprio ordenamento à positivação do direito, seja mediante o exercício do próprio direito, decadência, ou o exercício da ação, prescrição. (*Curso de iniciação em Direito Tributário*, p. 82.)

Nesse sentido, quando ocorre a prescrição, o direito da Fazenda Pública estará intacto, embora já não mais poderá exigi-lo judicialmente – bastante diferente da decadência, em que o próprio direito sucumbe.

> Na Teoria Geral do Direito a prescrição é a morte da ação que tutela o direito, pelo decurso do tempo previsto em lei para esse fim. O direito sobrevive, mas sem proteção. Distingue-se, nesse ponto, da decadência, que atinge o próprio direito. (Machado, Hugo de Brito, *Curso de Direito Tributário,* p. 189.)

Ademais, de pronto, ao analisar o artigo 156 em conjunto com o artigo 174 do CTN, percebe-se facilmente que a prescrição não faz apenas com que a Fazenda perca seu direito de ação, mas também é modalidade que extingue o crédito tributário. Apesar de nessas primeiras linhas não haver tantos debates, o mesmo não se pode afirmar quanto ao início do prazo prescricional. Conforme o CTN, o início do prazo se dá no momento em que o crédito tributário se constitui definitivamente (art. 174).

Então, o questionamento é transferido para o momento em que o crédito tributário se torna definitivo. Há os que asseveram que o crédito tributário se constitui definitivamente na data em que não mais admita discussão administrativa pela Fazenda Pública (autores como Hugo de Brito Machado, *Curso de Direito Tributário*, p. 189) ou mesmo "objeto de recurso por parte do sujeito passivo" (Sacha Calmon Navarro Coelho, *Liminares e depósitos antes do lançamento por homologação – decadência e prescrição*, p. 64). Outros afirmam que o crédito tributário constituído já se dá por definitivo ainda que exista a possibilidade de o sujeito passivo questioná-lo. (Luciano Amaro expôs um rol de autores que comportam ambas as correntes, especialmente na nota 46, p. 401, de sua obra *Direito Tributário brasileiro*.) Para a última corrente, existem ponderações como a de Eurico Marcos Diniz de Santi, prosseguindo raciocínio de Paulo de Barros Carvalho:

> Para efeito de determinação do *dies a quo* do prazo prescricional, há de se entender a constituição definitiva do crédito como o momento da constituição do ato-norma, seja o administrativo efetuado pelo agente público competente, seja o editado pelo particular.

Em seguida, a ponderação:

> A suspensão da exigibilidade antes do vencimento do prazo para o pagamento faz que o *dies a quo* seja a data do desaparecimento jurídico do obstáculo à exigibilidade, e não mais a data da constituição do crédito.

> A suspensão da exigibilidade após o vencimento do prazo para o pagamento torna o crédito inexigível, de tal forma que não se poderá qualificar a conduta do Fisco como omissiva até que desapareça a cláusula suspensiva, momento em que se retomará a contagem do prazo de prescrição iniciado com a constituição definitiva do crédito. (*Curso de iniciação em Direito Tributário*, p. 86-7.)

Entretanto, uma vez que o escopo deste estudo é indicar um caminho a ser percorrido ante tantos posicionamentos, valeremo-nos de decisão da Suprema Corte, que entende que o crédito poderá se configurar como definitivo (1) quando após o prazo de vencimento do tributo o contribuinte não efetuou o pagamento nem ingressou com defesa administrativa ou, (2) tendo ingressado com defesa administrativa, esta não logrou êxito, proporcionando uma decisão administrativa irreformável, momento em que na data de sua publicação o crédito não mais poderá ser modificado.

> Com a lavratura do auto de infração consuma-se o lançamento tributário. Por outro lado, a decadência só é admissível no período anterior a essa lavratura.
>
> Depois, entre a ocorrência dela e até que flua o prazo para o recurso administrativo, ou enquanto não for decidido o recurso dessa natureza, de que se tenha valido o contribuinte, não mais corre o prazo para decadência e ainda não se iniciou o prazo para a prescrição.
>
> Decorrido o prazo para a interposição de recurso administrativo sem que ele tenha ocorrido, ou decidido o recurso administrativo interposto pelo contribuinte, há a constituição do crédito administrativo a que alude o art. 174, começando a fluir daí o prazo de prescrição da pretensão do Fisco. (ERE 94.462-1-SP, rel. min. Moreira Alves, j. de 17/12/1982.)

Concluindo o raciocínio, o prazo prescricional poderá ter sua contagem iniciada em dois momentos distintos. Primeiro, após a constituição do crédito tributário, em regra, o contribuinte possui 30 dias para, concordando com a cobrança, pagar o tributo (art. 160, CTN). Observe-se que

> muitas vezes a notificação fixa prazo para pagamento do débito. Nessa hipótese o prazo começa a correr do término desse prazo, isso porque a Fazenda, ou qualquer credor, não possui ação de cobrança (execução) enquanto não vencido o prazo para cumprimento da obrigação. (Fernandes, Odmir *et al.*, *Lei de Execução Fiscal comentada e anotada*, p. 54.)

Caso discorde da exigência, dentro desse mesmo prazo o contribuinte poderá ingressar com recurso ou reclamação administrativa (art. 151, III, CTN), da qual ensejará uma decisão, em dado momento, irreformável, ou seja, não mais poderá ser alvo de modificação. Se a decisão for favorável ao contribuinte, está claro que o crédito tributário restará extinto; se desfavorável ao contribuinte, a partir da data da publicação da decisão, o Fisco terá cinco anos para promover ação judicial adequada, cobrando a dívida.

Em face do exposto, não há como negar que o prazo prescricional pode ser suspenso, ou seja, a contagem fica parada enquanto houver o obstáculo que a lei estabeleceu. Assim que o obstáculo deixar de existir, o tempo restante será contado até que se atinja a totalidade do período qüinqüenal.

A necessidade da inscrição em dívida ativa (suspensão do prazo prescricional)

Iniciado o prazo para que a Fazenda Pública proponha a ação de cobrança da dívida, ela deverá providenciar para que o débito seja inscrito como dívida ativa, pois após a data do vencimento do tributo já constituído o contribuinte quedou-se inerte e sofrerá as conseqüências pelo inadimplemento da obrigação. Necessariamente a dívida será inscrita para figurar como ativa, de modo que se presumirá sua liquidez e certeza, tornando-a prova pré-constituída (art. 204, CTN).

A prova pré-constituída deve ser entendida como um título executivo, nesse caso extrajudicial, porém com as características de liquidez e certeza observadas sob uma presunção relativa. Isso significa que o título poderá ser ilidido por prova inequívoca, seja pelo próprio executado, seja por terceiro (art. 3.º, parágrafo único, Lei 6.830/80).

Se é a inscrição que dá forma ao título executivo, então pode-se dizer que esse ato é imprescindível; afinal, como poderia a Fazenda Pública querer promover uma ação de execução sem o próprio título executivo? Seria ilógico.

Ademais, é justamente o ato administrativo da inscrição que enseja mais um dos inúmeros benefícios da Fazenda. Ao se inscrever a dívida ativa, o prazo prescricional será suspenso por um período de até 180 dias ou até a distribuição da execução fiscal, conforme a Lei de Execução Fiscal (Lei 6.830/80).

> Art. 2.º, § 3.º – A inscrição, que se constitui no ato de controle administrativo da legalidade, será feita pelo órgão competente para apurar a liquidez e certeza do crédito e suspenderá a prescrição, para todos os efeitos de direito, por 180 (cento e oitenta) dias ou até a distribuição da execução fiscal, se esta ocorrer antes de findo aquele prazo.

Por se tratar de lei ordinária, a Lei de Execução Fiscal é muito criticada por oferecer a suspensão do prazo prescricional.

> A suspensão prevista no § 3.º deste art. 2.º, assim como a interrupção do art. 8.º, § 2.º, todos da LEF, são ineficazes em relação às dívidas de natureza tributária, sujeitas às normas do art. 174 do CTN, reconhecidamente norma complementar. Mas a suspensão e a interrupção têm eficácia em relação às dívidas de natureza não-tributária. É princípio constitucional inserido no art. 146, III, *b*, que o crédito, a prescrição e a decadência tributários são matérias reservadas à lei complementar. A Lei 6.830/80, contudo, é ordinária, daí se originando a controvérsia da norma aplicável. (Fernandes, Odmir *et al.*, *Lei de Execução Fiscal comentada e anotada*, p. 63.)

Interrupção da prescrição

O prazo prescricional não apenas poderá ser suspenso, mas também interrompido. Dispõe o CTN:

> Art. 174, parágrafo único – A prescrição se interrompe:
>
> I – pelo despacho do juiz que ordenar a citação em execução fiscal;
>
> II – pelo protesto judicial;
>
> III – por qualquer ato judicial que constitua em mora o devedor;

IV – por qualquer ato inequívoco, ainda que extrajudicial, que importe em reconhecimento do débito pelo devedor.

Assim, todas as vezes que ocorrer quaisquer dessas hipóteses, o prazo prescricional será interrompido, de modo que a contagem anteriormente efetuada deixa de existir e novo qüinqüênio é reiniciado. Portanto, diferentemente da suspensão, nesse caso não se volta a contar o prazo prescricional de onde ele havia parado, apenas para completar o período; na interrupção, o período prescricional é zerado e por mais cinco anos se arrastará o prazo.

Prescrição intercorrente

Falamos anteriormente na prescrição antes do ajuizamento da execução fiscal. Todavia, muitas vozes têm-se levantado quando, por inércia da Fazenda Pública, o processo de execução fica paralisado por um lapso superior a cinco anos. No decorrer do trâmite processual, toda vez que isso acontece, doutrina e jurisprudência têm admitido a figura da prescrição intercorrente.

A paralisação pode ocorrer quando invariavelmente a Fazenda Pública não encontra bens do devedor para garantir a dívida e, valendo-se do dispositivo do artigo 40 da Lei de Execução Fiscal, o processo ficará suspenso por um ano (a prescrição também se suspenderá), a fim de que, nesse período, novas pesquisas sejam realizadas para identificar bens ou rendas do executado. Tão logo o prazo se encerre, a prescrição voltará a ser contada e, atingindo cinco anos de paralisação da execução, caberá alegar a prescrição intercorrente.

Cleide Previtalli Cais expõe o raciocínio de Manoel Álvares:

> [...] *quando não for localizado o devedor ou encontrados bens sobre os quais possa recair a penhora*, e, logicamente, se suspenso está o processo, igualmente estancado está o curso da prescrição. Entende que essa situação somente pode perdurar por um ano a contar da intimação pessoal ou da vista dos autos ao representante judicial do exeqüente, sendo que, decorrido tal prazo sem qualquer providência que leve à localização do devedor ou de bens, os autos serão arquivados sem baixa na distribuição. A partir de então, entende o autor que se o exeqüente permanecer inerte por lapso temporal superior a cinco anos, ocorrerá a chamada *prescrição intercorrente*, que pode ser reconhecida a pedido com a conseqüente extinção do crédito tributário. (*O processo tributário*, p. 690-1.)

Outrossim, chamamos a atenção para a Súmula 106 do STJ, ao destacar que a prescrição *não poderá ser alegada* quando a demora se deu por conta da máquina judiciária e não por inércia da Fazenda Pública.

> Proposta a ação no prazo fixado para o seu exercício, a demora na citação, por motivos inerentes ao mecanismo da Justiça, não justifica o acolhimento da argüição de prescrição ou decadência.

Prescrição – roteiro de estudo

Constituído o crédito tributário, ele se torna exigível. Depois de constituído definitivamente, o Fisco poderá cobrá-lo por via judicial, ou seja, por meio de execução fiscal.

Qual é a regra?

Art. 174, CTN – O prazo será de 5 (cinco) anos a partir da constituição definitiva do crédito.

Quando se dá a constituição definitiva?

Depois da notificação:

- no 31.º dia, se o contribuinte não pagar nem apresentar defesa no prazo de 30 dias (salvo disposição legal em contrário);
- no trânsito em julgado da sentença administrativa desfavorável ao contribuinte.

Há causa de suspensão ou interrupção da prescrição?

Na prescrição há hipóteses de suspensão (as mesmas causas da suspensão da exigibilidade do crédito – art. 151, CTN) e de interrupção (art. 174, parágrafo único, CTN).

Existe um caso especial de suspensão da prescrição, quando da inscrição na dívida ativa – D.A. (art. 2.º, § 3.º, da Lei 6.830/80). Ressalte-se que não basta que o crédito tributário seja exigível e definitivo para sofrer a execução. A inscrição do crédito na dívida ativa tem o condão de dar a ele as características de *liquidez* e *certeza*. A suspensão, nesse caso, será de 180 dias.

O termo final da prescrição é o despacho que ordena a citação = CITE-SE (art. 8.º, § 2.º, Lei 6.830/80).

Conclusão: a prescrição, a rigor, tem prazo de cinco anos mais 180 dias.

Atenção *– Só é possível suspender uma contagem que está correndo. Se o prazo se exauriu, não há que se falar em suspensão. Portanto, a inscrição na dívida ativa deve se dar dentro de cinco anos para ensejar a suspensão desse prazo por 180 dias, adiando a data final da prescrição em 180 dias.*

Exemplo

T^1 = 3/10/1993
Inscrição na D.A. = 3/6/1997
Execução fiscal (CITE-SE) = 1/12/1998

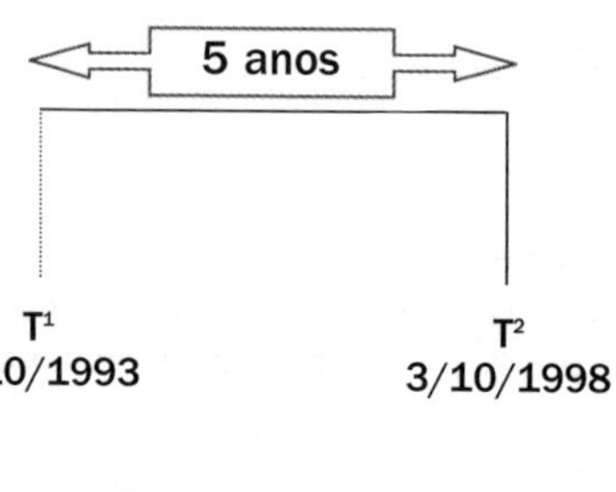

A inscrição na dívida ativa ocorreu dentro desse prazo?

Sim, em 3/6/1997. Então devemos acrescentar 180 dias, pois por esse período o prazo prescricional estava suspenso. Assim:

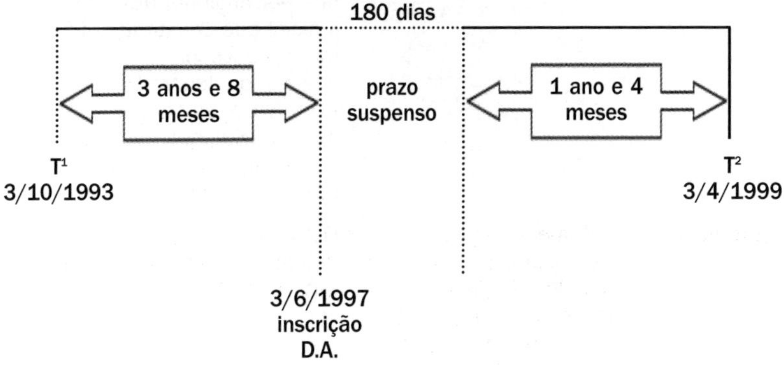

Quando ocorreu a execução fiscal?

O CITE-SE ocorreu em 1/12/1998. Portanto, dentro do prazo prescricional.

Importante *– A prescrição aqui demonstrada não se confunde com a prescrição intercorrente. Nesta última, já temos a execução fiscal. Já ocorreu a citação, porém, por inércia da Fazenda Pública, o processo ficou arquivado por cinco anos ou mais (ocorreu a prescrição intercorrente – construção jurisprudencial).*

	Decadência	**Prescrição**
Conceito	Perda do direito à constituição do crédito tributário pelo decurso do prazo.	Perda do direito à ação de cobrança judicial do crédito tributário pelo decurso do prazo.
Prazo	5 anos	5 anos
Suspensão	Não admite.	Art. 151, I a VI, do CTN. Art. 2.º, § 3.º da Lei 6.830/80 – 180 dias contados da data da inscrição na dívida ativa ou até a distribuição da execução fiscal.
Interrupção	Não admite.	Art. 174, parágrafo único: I – pelo despacho do juiz que ordenar a citação em execução fiscal;

Continua

Continuação

	Decadência	Prescrição
		II – pelo protesto judicial; III – por qualquer ato judicial que constitua em mora o devedor; IV – por qualquer ato inequívoco, ainda que extrajudicial, que importe em reconhecimento do débito pelo devedor.
Termo inicial	– Primeiro dia do exercício seguinte àquele em que o lançamento poderia ter sido efetuado – regra geral (art. 173, I, CTN). – Data da ocorrência do fato gerador quando houver pagamento antecipado – lançamento por homologação (art. 150, § 4.º, CTN).	Data da constituição definitiva do crédito tributário (art. 174, CTN).

SUJEITO ATIVO ——— SUJEITO PASSIVO

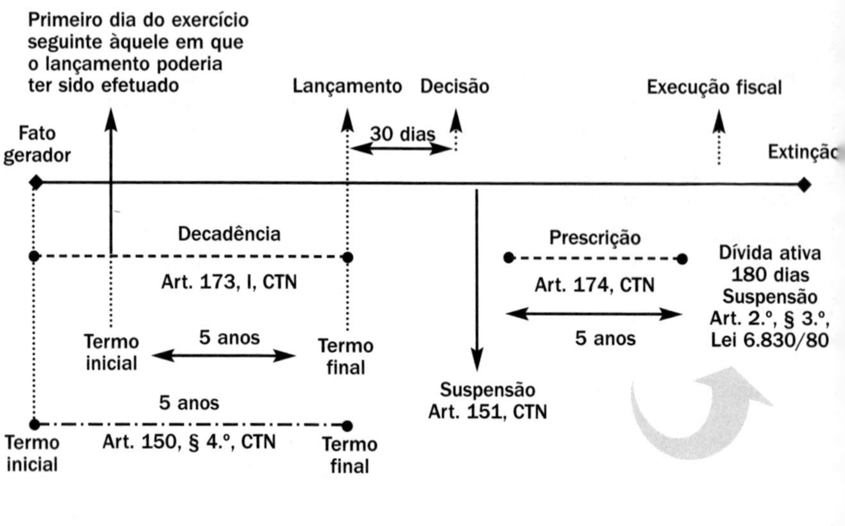

Quem deve pagar

A pessoa que deve pagar o tributo estará fixada na lei. Esse ponto é primordial para conhecer o verdadeiro devedor. Estamos falando, portanto, do sujeito passivo da obrigação tributária; afinal, o sujeito ativo, por regra, são os entes políticos, aqueles que receberam a competência outorgada pela Constituição Federal.

Será que toda pessoa física ou jurídica possui capacidade tributária passiva? A resposta está explícita no artigo 126 do CTN, o qual descreve, entre outras palavras, que basta praticar o fato gerador para se tornar sujeito passivo da obrigação tributária, ou seja, todas as pessoas, física ou jurídica, possuem capacidade para figurar passivamente em uma relação tributária. Isso se dá porque a capacidade tributária passiva independe:

- da capacidade civil das pessoas naturais;
- de achar-se a pessoa natural sujeita a medidas que importem privação ou limitação do exercício de atividades civis, comerciais ou profissionais, ou da administração direta de seus bens ou negócios;
- de estar a pessoa jurídica regularmente constituída, bastando que configure uma unidade econômica ou profissional.

Se quaisquer pessoas se sujeitarão à capacidade passiva, então questionamos: quem será obrigado a pagar um tributo ou, em outros termos, quem deverá cumprir a obrigação principal (caracterizada como obrigação de dar)? O contribuinte, mas não apenas ele. O responsável também será obrigado a cumprir a obrigação principal, desde que, de certo, a lei assim estabeleça.

Sem margem a dúvidas, o CTN dispõe:

> Art. 121 – Sujeito passivo da obrigação principal é a pessoa obrigada ao pagamento de tributo ou penalidade pecuniária.
>
> Parágrafo único – O sujeito passivo da obrigação principal diz-se:
>
> I – contribuinte, quando tenha relação pessoal e direta com a situação que constitua o respectivo fato gerador;
>
> II – responsável, quando, sem revestir a condição de contribuinte, sua obrigação decorra de disposição expressa de lei.

Doutrinariamente, contribuinte é conhecido como sujeito passivo direto, e responsável, como sujeito passivo indireto. Tal distinção consagra a intenção do legislador de facilitar o controle sobre o recolhimento do tributo, uma vez que o responsável, embora não tenha praticado o fato gerador, de alguma forma estará vinculado a este (art. 128, CTN).

Essa classificação é utilizada por diversos autores, entre eles Luiz Antônio Caldeira Miretti, que completa o raciocínio elucidado citando palavras de Marco Aurélio Greco:

> A acolhida se deu no momento em que, tratando das situações passivas, o Código consagra a possibilidade de não haver correspondência entre o titular do débito tributário por ter realizado o fato imponível ou a ele estar pessoal e diretamente vinculado (o contribuinte) e outra pessoa

que, por força de lei, terá o seu patrimônio colocado em posição de sujeição a um poder de constrangimento decorrente da não-prestação (a figura do responsável tributário). (*In* Martins, Ives Gandra da Silva (coord.), *Comentários ao Código Tributário Nacional*, p. 204-5.)

Entrementes, o que não pode gerar confusão são os conceitos de *sujeito passivo indireto* e *sujeito passivo de tributo indireto.*

Sujeito passivo indireto, conforme visto, representa o *responsável*, aquele que foi escolhido por lei como o sujeito obrigado a recolher o tributo, embora não tenha praticado o fato gerador. Já *sujeito passivo de tributo indireto* pode ser aquele que pratica o fato gerador (*contribuinte de direito*) ou aquele que, sem praticar o fato gerador e desvinculado deste, acaba arcando com o ônus tributário, apesar de a lei não fixar nenhuma regra nesse sentido (*contribuinte de fato*). Exemplo: tributos indiretos como o ICMS, que, por sua própria natureza, repercutem na cadeia econômica. Cada estabelecimento que vende suas mercadorias repassa no preço do produto o *quantum* de tributo que incide na operação. A carga tributária recai naquele que ostenta a última posição na cadeia econômica, ou seja, o consumidor final. (Quem sugere destaque à distinção é Luciano Amaro, *Direito Tributário brasileiro*, p. 295.)

Comumente, são os obrigados a cumprir a prestação principal que tendem a figurar como executados em uma possível ação de execução fiscal ou no pólo ativo nas ações de iniciativa do contribuinte. Entretanto, saliente-se que também aqueles fixados como sujeitos passivos de uma obrigação acessória (obrigação de fazer ou não fazer) poderão se apresentar como legitimados a intentar ação contra o Fisco ou sofrer execução pelo descumprimento de sua obrigação.

Art. 122, CTN – Sujeito passivo da obrigação acessória é a pessoa obrigada às prestações que constituam o seu objeto.

Dessa feita, para resumir e reafirmar as pessoas que figuram como sujeitos passivos da obrigação e que, conseqüentemente, possuem legitimidade processual para intentar ações em face do sujeito ativo, vejamos as lições de Cleide Previtalli Cais:

Nessa postura poderão estar o contribuinte, aquele que tem relação pessoal e direta com a situação que constituiu o respectivo fato gerador, e o responsável, aquele que, não revestindo a condição de contribuinte, tem obrigação decorrente de lei para recolher, em nome de outrem, determinada espécie tributária. [...] Além desses, também poderá assumir a posição de sujeito ativo da ação de natureza tributária a pessoa obrigada ao cumprimento de obrigações acessórias tributárias, indicada no art. 122 do CTN. (*O processo tributário*, p. 225.)

Convenções particulares

Art. 123, CTN – Salvo disposições de lei em contrário, as convenções particulares, relativas à responsabilidade pelo pagamento de tributos, não podem ser opostas à Fazenda Pública, para modificar a definição legal do sujeito passivo das obrigações tributárias correspondentes.

Abre-se este tópico com a própria disposição legal porque é bom esclarecer o que o texto da lei complementar quis exteriorizar. Acima de tudo, é cristalino que a responsabilidade pelo pagamento de um tributo deve ser veiculada por lei, o que significa que o pactuado entre particulares não terá força perante o Fisco.

Cuidado! Não se está afirmando que as convenções particulares não geram efeitos; ao contrário, firmado um contrato, a relação cível obriga ambos os contratantes e, portanto, os particulares deverão obedecer ao acordado. O que não se pode admitir é que a transferência da responsabilidade que se deu pelo contrato seja apresentada ao Fisco e este deva acatá-la. Luciano Amaro apóia a argumentação ao asseverar:

> Assim como um devedor, no plano do direito privado, não pode eximir-se de obrigação mediante sua transferência a terceiro, sem anuência do credor, aqui, no direito tributário, o sujeito passivo não pode furtar-se aos seus deveres com apoio no contrato em que terceiro os assuma sem anuência da lei. Contratos nesses termos valem apenas entre as partes, ou seja, não são oponíveis ao credor, que pode ignorá-los, quer o sujeito passivo (legalmente definido) seja contribuinte, quer seja responsável. (*Direito Tributário brasileiro*, p. 320.)

Por fim, mas não de menor importância, há a situação em que o responsabilizado a cumprir a obrigação principal, por meio de contrato, se vê diante de um tributo que é considerado indevido. Entende-se que, nesse caso, existindo cláusula contratual, o contratante que assumiu a responsabilidade poderá ingressar com impugnação administrativa, objetivando desconstituir o crédito tributário, anulando-se o lançamento. Isso porque, se o contribuinte (o contratante que transferiu a responsabilidade) pagar o tributo, certamente ele se voltará contra a outra parte a fim de reaver os valores pagos. (Caldeira, Luiz Antônio Miretti, *in* Martins, Ives Gandra da Silva (coord.), *Comentários ao Código Tributário Nacional*, v. II, p. 210.)

Não obstante, Hugo de Brito Machado supera esse posicionamento, afirmando que o sujeito passivo, uma vez efetuado o pagamento de tributo indevido, não terá direito de exigir a devolução dos valores do contratualmente obrigado, e vai mais além, encerrando a questão:

> Em qualquer caso aquele que assume, contratualmente, a responsabilidade pelo pagamento de tributos, em face do legítimo interesse de que é titular, pode questionar judicialmente a exigência dos que considerar indevidos. Seja preventivamente, mediante ação declaratória, seja mediante ação anulatória do lançamento respectivo. A impetração do mandado de segurança, porém, depende de prévia notificação do sujeito passivo da obrigação tributária, nos termos da lei específica. (*Curso de Direito Tributário*, p. 124.)

Não Esqueça

1. A descrição legal do fato que dá ensejo à cobrança do tributo destaca também suas propriedades (aspectos).
2. A Regra Matriz de Incidência Tributária (RMIT) comporta cinco aspectos: pessoal, material, espacial, temporal e quantitativo.
3. A lei deve imprimir o momento em que se dá por definitivo o fato gerador, a fim de determinar o instante em que surge a obrigação tributária. Por isso, fala-se em fato gerador instantâneo, complexivo e continuado.
4. Outro ponto relevante é a identificação das pessoas envolvidas na relação tributária: sujeito ativo (quem tem o direito) e sujeito passivo (quem tem o dever).
5. O sujeito ativo será identificado como a pessoa que possui a competência para instituir o tributo ou a capacidade para arrecadá-lo.
6. A sujeição passiva, por sua vez, será ocupada pelo contribuinte e pelo responsável.
7. Confirmada a obrigação de recolher o tributo, cabe constituir o crédito tributário a fim de exigir seu pagamento.
8. A formalização deverá ocorrer dentro de cinco anos, sob pena de o sujeito ativo perder o direito de constituir o crédito (decadência).
9. Proposto o lançamento no prazo adequado e não recolhido o tributo, abre-se a possibilidade de cobrar judicialmente, desde que obedecido o prazo (cinco anos – prescrição).
10. Contudo, para promover a execução fiscal correspondente, é preciso, antes, selecionar o crédito que deixou de ser pago e inscrevê-lo como dívida ativa.

Ação Declaratória

Uma das ações de iniciativa do contribuinte mais presentes na seara do Direito Tributário é a ação declaratória. Reconhecidamente uma ação de conhecimento de natureza declaratória (obviamente), pode ser também classificada como ação imprópria, uma vez que não existe fundamentação própria a respeito de seu cabimento na legislação tributária; seu supedâneo jurídico encontra-se regulado pelo ordenamento processual civil brasileiro. Não por outro motivo, esse tipo de ação deve obedecer às disposições acerca das ações que são comandadas pelo rito ordinário. (Comentários de James Marins sobre o conceito da ação declaratória em matéria tributária. *Direito Processual Tributário brasileiro – administrativo e judicial*, p. 395-6.)

Além de ser uma ação imprópria, seu conceito pode ser completado com mais uma característica: a de ser ação antiexacional. É fácil perceber a razão: como se trata de uma ação de iniciativa do contribuinte, na maior parte das vezes a pretensão do autor (contribuinte) é evitar a cobrança, é não pagar o tributo, é "anti" (contra) a exação (tributação).

Relembrando o que foi asseverado, é no CPC, especialmente em seu artigo 4.º, que se encontra a fundamentação processual da ação declaratória.

> Art. 4.º – O interesse do autor pode limitar-se à declaração:
>
> I – da existência ou da inexistência de relação jurídica;
>
> II – da autenticidade ou falsidade de documento.

O que se depreende da disposição legal é que a declaratória tem o condão de eliminar incertezas jurídicas, seja ratificando uma relação jurídica (ação declaratória positiva), seja rechaçando a presença de uma relação jurídica (ação declaratória negativa), bem como de declarar a autenticidade de um documento (positiva) ou sua falsidade (negativa).

O que o autor pretende é obter uma certeza jurídica de existência ou inexistência da relação jurídica e, indubitavelmente, somente quem pode se manifestar a respeito é o Poder Judiciário, na figura do juiz.

A ação geralmente é proposta de modo a se prevenir de uma autuação fiscal, querendo-se evitar que o crédito tributário seja constituído, "principalmente quando não se trata da invocação de um direito considerado como líquido e certo, ferido ou ameaçado de violação" (Campos, Dejalma de, *Direito Processual Tributário*, p. 94), casos em que o advogado poderá optar por impetrar a ação de mandado de segurança com o intuito preventivo.

Não se pode esquecer, todavia, que, para que o juiz se manifeste a respeito do mérito da ação, é de responsabilidade do autor demonstrar se possui *interesse* e *legitimidade*.

> Art. 3.º, CPC – Para propor ou contestar ação é necessário ter interesse e legitimidade.

Quanto à legitimidade, já vimos que poderá propor a ação todo aquele que figurar como sujeito passivo de uma relação tributária, nos termos do artigo 121 do CTN.

Não obstante, merece destaque caracterizar o interesse do autor. Para qualificarmos *interesse*, podemos nos valer da equação (raciocínio "matemático" extraído da obra *Direito Processual Tributário brasileiro – administrativo e judicial*, de James Marins, p. 404):

Utilidade + Necessidade = Interesse

A *utilidade* equivale à obtenção da certeza jurídica. Antes de qualquer coisa, eliminar dúvidas entre relações jurídicas, garantindo, portanto, a segurança jurídica, é ao Estado que mais interessa. José Ignácio Botelho de Mesquita, citado por Cleide Previtalli Cais, chega a dizer que o pedido de obtenção de certeza jurídica deveria ser excluído da possibilidade de um particular fazê-lo, justamente porque a manutenção da ordem jurídica é de competência do Estado e, como foi ele próprio que gerou a insegurança, o Poder Legislativo deveria colocar "à disposição dos sujeitos de direitos os meios adequados a fazer cessar essa insegurança". (*O processo tributário*, p. 483-4.)

Quanto à *necessidade*, se o autor vai procurar o Estado-juiz para resolver uma demanda, é porque ele pretende não sofrer exação indevida. Ao requerer que o juiz se manifeste sobre a relação jurídica, o autor pretende ver sanadas suas dúvidas (certeza jurídica).

Segundo James Marins, assim se dá o resumo da equação:

> A ação se afigura *útil* como meio hábil para *superação da situação de incerteza* (*v.g.*, inocorrência de fatos típicos tributários ou demonstração do autor de que sua atividade está sujeita à incidência cogente de normas fiscais que afirma estar em desconformidade com o ordenamento) através do reconhecimento judicial da inexistência da relação obrigacional; e *necessária* para que o contribuinte não remanesça indefinidamente exposto ao pagamento de tributos indevidos ou à espontânea, porém injurídica, inadimplência.

E, ainda, fulmina:

> Em não havendo a demonstração clara de sua exposição às normas tributárias que busca combater, carecerá de interesse de agir na propositura da ação, e o processo deverá ser extinto sem julgamento de mérito nos termos do art. 267, VI, do CPC. (*Direito Processual Tributário brasileiro – administrativo e judicial*, p. 405-6.)

Muitos se perguntam quais são as matérias mais comuns discutidas no bojo de uma ação declaratória. Embora impossível enumerar as causas de pedir da presente ação e seus pedidos correspondentes, Cleide Previtalli Cais, em minucioso trabalho de pesquisa jurisprudencial, nos presenteou com o seguinte rol (*O processo tributário*, p. 487-8):

- para a declaração de certeza da existência ou inexistência de uma obrigação tributária, principal ou acessória;
- para o reconhecimento do direito subjetivo a crédito fiscal pelo respectivo valor corrigido;
- para a declaração de ineficácia de sentença em relação a litisconsorte passivo necessário, se proferida sem a presença deste na ação;
- para que se declare que inexiste relação de débito e crédito;
- para que se reconheça a prescrição da obrigação;
- para dizer se é válido ou não um contrato;
- para se obter a exata interpretação de cláusula contratual (Súmula 181 do STJ: "É admissível ação declaratória visando a obter certeza quanto à exata interpretação de cláusula contratual");
- para a declaração de nulidade de citação.

Por fim, cumpre observar que, para intentar a ação declaratória, o autor deve estar atento a sua pretensão, da qual decorrerá um pedido logicamente relacionado. Assim, se o autor não pretender pagar determinado tributo que está prestes a ser formalizado pelo lançamento e tiver motivos suficientes para sustentar a pretensão, seu pedido, invariavelmente, será por ver declarada sua não obrigação tributária (obtenção da certeza), assegurando-o de que a exação não será promovida.

Cabe aqui chamar a atenção para o prazo da declaratória. Este não é um período certo e determinado; o que limita a propositura da ação, pode-se concluir, é o lançamento (uma vez destacado o caráter preventivo da ação). Definitivamente, o que não pode ocorrer é a confusão entre o prazo prescricional para a ação de repetição do indébito, que se consubstancia em cinco anos, e a propositura da ação declaratória. Vittorio Cassone, em co-autoria com Maria Eugenia Teixeira Cassone, ressalva que

> a questão da prescrição de tributos, quer seja de crédito tributário, quer seja de repetição ou compensação do indébito tributário (direito material), não se confunde com a ação declaratória em si mesma considerada (matéria processual), havendo o intérprete que distinguir uma situação de outra. (*Processo tributário – teoria e prática*, p. 195.)

Valor da causa

A ação declaratória tem o condão de debater cobrança futura – muitas vezes iminente, mas futura. Como, então, atribuir um valor à causa se a cobrança ainda não está consolidada e, portanto, não se sabe o montante da exação?

Como visto em capítulo anterior, nesse caso o valor da causa deve ser em montante equivalente ao benefício que o autor pretende ver conquistado. Se, na prática, o valor atribuído à causa destoar demais do benefício que o autor da ação pode conquistar, invariavelmente, o juiz mandará adequar o valor ao benefício. Esse deverá ser o critério utilizado, mas o conteúdo econômico da causa vai variar a cada caso.

Por outro lado, quando depararmos com tributos cujos vencimentos são mensais e se está discutindo a validade dessas cobranças, podemos invocar a segunda parte da regra do artigo 260 do CPC:

> Art. 260 – [...] O valor das prestações vincendas será igual a uma prestação anual, se a obrigação for por tempo indeterminado, ou por tempo superior a 1 (um) ano; se, por tempo inferior, será igual à soma das prestações.

Ou seja, o valor da causa será igual a 12 vezes o valor do tributo a ser cobrado. Subsidiariamente, portanto, aplicaremos o Código de Processo Civil, como já é de praxe acontecer em Direito Tributário.

Não Esqueça

1. A ação declaratória é uma ação de conhecimento de natureza declaratória.
2. Sua utilização em Direito Tributário a torna conhecida como uma ação antiexacional (contra o tributo) imprópria (pois sua base legal é proveniente da legislação processual e não da tributária).
3. Pode ser subdividida em ação declaratória positiva ou negativa: positiva quando o objetivo for confirmar um direito ou a autenticidade de um documento; negativa quando o objetivo for afastar uma obrigação ou confirmar a falsidade de um documento.
4. Seja qual for seu objetivo, é certo que a declaratória será intentada justamente para dirimir incertezas jurídicas. Em outras palavras, a ação será proposta especialmente para obter a certeza jurídica, declarando a existência ou inexistência de uma relação jurídico-tributária.
5. Por se tratar de mera ação de natureza declaratória, esta deverá ser proposta antes de o crédito tributário ser constituído – portanto, antes de a autoridade administrativa efetuar o lançamento.
6. Pretende-se, então, evitar a autuação fiscal por meio da declaração da existência de um direito ou da inexistência de uma obrigação.
7. Por outro lado, se se tratar de violação ou ameaça de violação a direito líquido e certo ocasionado por autoridade no exercício de função pública, a melhor ação será o mandado de segurança preventivo e não a declaratória.
8. Não há prazo para se optar pela ação declaratória. O que limita sua propositura é a prática do lançamento, haja vista seu caráter preventivo.
9. O valor da causa deve ser equivalente ao montante do benefício que o autor pretende ver assegurado.
10. Para os casos de tributos com vencimentos mensais, o valor da causa deve coincidir com o montante de uma prestação anual (12 vezes o valor do tributo – art. 260, CPC).

Passo a Passo

1. Certifique-se da pretensão de seu cliente (não pagar o tributo ou apenas pagar o que entende devido).
2. Verifique se há lançamento ou não (essa ação deve ser intentada antes do lançamento).
3. Identifique as razões da pretensão (causa de pedir).
4. Identifique a Justiça pela qual deve procurar (Justiça Federal ou Justiça Comum).
5. Procure identificar o foro competente para a propositura da ação (essa ação deverá ser proposta no local de domicílio do autor).
6. Confirme o endereçamento.
7. Tenha certeza em face de quem a ação será proposta.
8. Relate os fatos preponderantes.
9. Discrimine a fundamentação relacionada aos fatos.
10. Verifique a necessidade de pedir a antecipação dos efeitos da tutela jurisdicional.
11. Certifique-se da presença de todos os requisitos para a concessão da tutela antecipada.
12. Desenvolva o pedido principal, observando se satisfaz a pretensão do autor (o pedido está logicamente relacionado à pretensão).
13. Não se esqueça de pedir: citação do réu, produção de provas e condenação nas verbas sucumbenciais.
14. Determine o valor da causa (valor do benefício fiscal).

AÇÃO ANULATÓRIA

Diferentemente da ação declaratória, a anulatória, embora ação de conhecimento, tem natureza constitutiva, pois seu objetivo é modificar, criar ou extinguir relações jurídicas. Por outro lado, possui semelhanças com a declaratória, uma vez que ambas são tidas como ações antiexacionais impróprias que freqüentemente seguem as disposições do rito ordinário.

Essas semelhanças e dessemelhanças, contudo, muitas vezes geram equívocos mesmo entre a doutrina dominante, especialmente quando se está diante de uma ação declaratória negativa. Será que esta tem o mesmo condão da ação anulatória?

Apesar do respeito que temos pelos autores que consideram ambas as ações iguais (entre eles, Celso Agrícola Barbi, citado como exemplo por Cleide Previtalli Cais, *O processo tributário*, p. 495), somos pela distinção entre a ação anulatória e a declaratória negativa. A justificativa para tal posicionamento parte da tríade *pretensão–causa de pedir–pedido*, especificamente do *pedido* objeto em cada uma delas.

Na ação declaratória negativa, o pedido feito visa a conquistar tutela jurisdicional certificando a inexistência de uma relação jurídica. Há dúvida, nesse caso, se existe ou não uma relação jurídica e, para dirimi-la, é cabível propor ação declaratória para obter a certeza jurídica.

Já na ação anulatória, a sentença que dela provém tem característica constitutivo-negativa, pois o pedido feito tem como objetivo modificar ou extinguir uma relação jurídica anteriormente formalizada. Claro, se se pretende modificar ou extinguir uma relação, é porque esta já se faz presente; afinal, não teria sentido pedir para modificar algo que ainda não existe. (Esse é o entendimento de James Marins, exteriorizado em sua obra *Direito Processual Tributário brasileiro – administrativo e judicial*, p. 412.)

Coadunando-se com o explicitado, Pontes de Miranda afirma que na ação declaratória "protege-se o direito ou a pretensão somente, ou o interesse em que alguma relação jurídica não exista, ou em que seja verdadeiro, ou seja falso, algum documento", o que efetivamente tem efeito menor que constituir, porque quem "constitui faz *mais* do que declarar [...], a constitutividade muda em algum ponto, por mínimo que seja o mundo jurídico" (*apud* Cais, Cleide Previtalli, *O processo tributário*, p. 495-6).

Claramente, então, os efeitos de uma e de outra são diferentes. Quando, então, deve-se optar pela declaratória ou pela anulatória?

Basta conhecer o marco que as divide. Se a anulatória objetiva extinguir ou modificar, é porque pressupõe uma situação jurídica já existente. Essa situação jurídica é formalizada pelo ato do lançamento que constitui o crédito tributário. Logo, pode-se dizer que *antes* do lançamento fala-se em declaratória; *depois*, em anulatória.

Faz ainda mais sentido quando se verifica que o pedido da anulatória é anular, cancelar a cobrança tributária, ou melhor, seu pedido é para que o crédito tributário seja desconstituído, anulando-se, por conseguinte, o lançamento (ato administrativo formalizador).

James Marins reafirma a posição jurisprudencial:

> Diferentemente da ação declaratória, a ação anulatória fiscal *necessariamente pressupõe a existência de ato administrativo cuja desconstituição seja objeto do processo*. Este ato administrativo pode ser tanto o ato de lançamento como outro qualquer promovido pela Administração Tributária e que represente gravame à esfera jurídica do contribuinte. (*Direito Processual Tributário brasileiro – administrativo e judicial*, p. 413.)

Depósito como pressuposto da ação

Sempre que a ação anulatória é colocada em voga, cedo ou tarde discute-se a respeito do depósito preparatório da ação para que se tenha o direito de ver o juiz manifestar-se sobre o mérito da questão. É assim que a Lei de Execução Fiscal trata a anulatória:

> Art. 38 – A discussão judicial da dívida ativa da Fazenda Pública só é admissível em execução, na forma desta Lei, salvo as hipóteses de mandado de segurança, ação de repetição do indébito ou ação anulatória do ato declarativo da dívida, esta precedida do depósito preparatório do valor do débito, monetariamente corrigido e acrescido dos juros e multa de mora e dos demais encargos.

Estamos diante de uma clara violação à garantia explicitada pelo artigo 5.º, XXXIV, da Constituição Federal, que assegura a todos, independentemente do pagamento de taxas, o direito de petição aos poderes públicos em defesa de direito ou contra ilegalidade ou abuso de poder.

O arrepio é tamanho que acaba por ferir também o conhecido direito de ação ou princípio do livre acesso ao Poder Judiciário (art. 5.º, XXXV, CF), pois, segundo disserta Pedro Lenza, tal princípio tem "por destinatário principal o legislador (que ao elaborar a lei não poderá criar mecanismos que impeçam ou dificultem o acesso ao Judiciário)" (*Direito Constitucional esquematizado*, p. 425).

Não há dificuldade maior que exigir daquele que pretende cancelar um lançamento tributário o depósito no valor do suposto débito cumulado com juros, correção monetária e demais encargos para que possa acessar o Estado-juiz, discutindo a exação.

Jurisprudencialmente, a exigência tem sido afastada como pressuposto da ação, inclusive ensejando matéria sumulada pelo já extinto TRF.

Súmula 247 – Não constitui pressuposto da ação anulatória do débito fiscal o depósito de que cuida o art. 38 da Lei 6.830 de 1980.

A doutrina também em peso tende pela inconstitucionalidade da exigência do depósito preparatório. Por esse caminho, destacamos James Marins:

> É lícito, portanto, ao autor-contribuinte propor a ação anulatória do lançamento fiscal independentemente da realização do depósito preparatório, em homenagem ao *princípio da tutela judicial efetiva em matéria tributária*, que não se coaduna com criação de óbice material – *visceralmente anti-isonômico* – oposto inconstitucionalmente ao exercício do direito de ação. (*Direito Processual Tributário brasileiro*, p. 413.)

Poderíamos acrescentar outros autores de renome que fortalecem o posicionamento, tais como Roque Antônio Carrazza, que incrementa a explicação demonstrando que a parte final do artigo 38 inclui a famosa cláusula *solve et repete*, ou seja, primeiro se paga e depois, caso o pagamento seja julgado indevido, os valores são restituídos. Uma regra dessas no ordenamento jurídico alfineta também o princípio da isonomia, uma vez que somente os contribuintes que possuem condições para efetuar o depósito é que terão a oportunidade de impugnar a cobrança judicialmente, em detrimento dos que não têm a mesma realidade econômica. (*Curso de Direito Constitucional Tributário*, p. 231-2.)

Entrementes, outra corrente doutrinária, com autores não menos aplaudidos, insurge-se de encontro ao entendimento anterior. É o caso de Cleide Previtalli Cais (*O processo tributário*, p. 497), que conduz pela validade da regra do artigo 38, indicando que, se o crédito tributário, uma vez constituído perfeitamente, goza de presunção de liquidez e certeza, segundo os artigos 3.º da Lei 6.830/80 e 204 do CTN, e a Administração Pública necessariamente está sob o comando dos princípios da legalidade, impessoalidade, moralidade e publicidade (art. 37, CF), logo, conclui-se que a Administração anda pelos trilhos da lei, simplesmente atendendo às disposições legais. A autora completa o raciocínio argumentando que, se um crédito tributário foi constituído em face de um contribuinte, presumindo-se verdadeira a dívida, e uma vez que este é um particular, seus interesses não deverão prevalecer sobre o interesse público, do qual cuida a Administração. Ao contrário, é o interesse da coletividade que deve sobrestar o interesse privado.

Aliando-se ao entendimento da validade da citada regra, Vittorio Cassone e Maria Eugenia Teixeira Cassone justificam:

> Em face da presunção de constitucionalidade das leis, e tendo em vista que o ato administrativo goza da presunção (relativa) de legalidade, a ação anulatória de ato declarativo da dívida deve, em princípio, ser proposta acompanhada de depósito premonitório, salvo casos em que a plausibilidade do direito invocado denota uma fumaça do bom direito bastante densa. (*Processo tributário – teoria e prática*, p. 216.)

Depósito como faculdade do contribuinte

O Código de Processo Civil destaca que a propositura de qualquer ação relativa ao débito constante do título executivo não inibe o credor de promover-lhe a execução (art. 585, § 1.º).

Segundo o dispositivo, permeando a seara do Direito Tributário, ainda que um contribuinte intente a ação anulatória de débito fiscal, isso não significa que estará livre de ser executado. Em outras palavras, a proposição da ação anulatória (iniciativa do contribuinte) não é óbice à ação de execução fiscal (iniciativa do Fisco).

O que fazer para impedir o ajuizamento da execução se a mera propositura não é suficiente? Sabendo que a execução fiscal (como qualquer outra execução) depende de um título executivo, seja ele judicial, seja extrajudicial, o contribuinte poderia suspender a exigibilidade do crédito tributário, o qual, quando efetivamente inscrito como dívida ativa, dá nascimento a uma Certidão de Dívida Ativa (ou seja, justamente o título executivo, nesse caso extrajudicial, de que o Fisco tanto precisa).

Ora, se o crédito (que será objeto de uma iminente cobrança judicial) estiver com sua exigibilidade suspensa, não faz lógica que a execução fiscal seja proposta. Afinal, como executar o título executivo cujo objeto está com a exigibilidade suspensa? Impossível, pelo menos enquanto a condição suspensiva estiver vigorando.

Obviamente, a legislação pátria não poderia deixar de relacionar taxativamente as modalidades que têm o condão de suspender a exigibilidade do crédito tributário. A lei à qual cabe dispor a respeito dessas modalidades somente poderia ser a complementar, tendo em vista que a Constituição Federal, em seu artigo 146, descreve as matérias que devem, necessariamente, vir reguladas por esse tipo de lei. Dentre elas está o crédito tributário (art. 146, III, *b*, CF), e, portanto, as situações que acarretam a suspensão da exigibilidade são facilmente encontradas no Código Tributário Nacional (art. 151).

Uma das modalidades é o depósito judicial ou administrativo no montante integral do débito. Interessante destacar que o que a lei determina é o depósito no valor total da dívida que está sendo exigida e não o depósito no valor que o contribuinte entende devido. "Valor integral é o valor que a Fazenda Pública pretende haver do contribuinte, e por isso lançou, constituindo contra ele o crédito tributário" (Machado, Hugo de Brito, *Mandado de segurança em matéria tributária*, p. 151).

Tão importantes são a integralidade do depósito e sua correspondente definição que a matéria também foi sumulada pelo STJ.

> Súmula 112 – O depósito somente suspende a exigibilidade do crédito tributário se for integral e em dinheiro.

Dessa feita, se o contribuinte tiver recursos financeiros equivalentes ao valor do crédito tributário, certamente poderá efetuar o depósito sem depender de prévia autorização judicial (Machado, Hugo de Brito, *Mandado de segurança em matéria tributária*, p. 149). Ressalte-se que o depósito é facultativo; o contribuinte poderá optar por fazê-lo se desejar ter a exigibilidade do crédito tributário suspensa. Nesse sentido, Luciano Amaro esclarece: "O depósito é voluntário, isto é, compete ao suposto devedor efetuá-lo, se quiser provocar o efeito que dele advém" (*Direito Tributário brasileiro*, p. 370).

Em síntese, o Fisco só poderá ser inibido de propor a ação de execução fiscal não apenas no caso do depósito no montante integral, como também em qualquer das demais situações arroladas no artigo 151 do CTN.

Depósito e consignação em pagamento

Embora para muitos pareça transparente a distinção entre depósito e consignação em pagamento, cabe rememorar alguns conceitos e afastar quaisquer incertezas que possam pairar sobre a matéria.

Ambos aparecem no Código Tributário Nacional, porém o depósito surge como modalidade de suspensão da exigibilidade do crédito tributário (art. 151), e a consignação em pagamento, como modalidade de extinção do crédito (art. 156). Por aí se percebe que, se o depósito propicia a suspensão da exigibilidade, logo, quem o escolhe pretende discutir a validade da cobrança tributária; por outro lado, quem resolve consignar em pagamento não pretende debater a respeito da autenticidade do crédito, mas sim pagá-lo.

> [...] a consignação em pagamento não se confunde com o depósito, ainda que em juízo, do valor do tributo. O depositante não quer pagar, quer discutir o questionado débito e, se vencer, recobrar o depósito. Já o consignante não quer discutir o débito, quer pagá-lo. (Amaro, Luciano, *Direito Tributário brasileiro*, p. 383.)

A lógica faz-se presente a todo instante, pois o depósito não possui o significado de pagamento. Pagamento significa a transferência de um patrimônio pecuniário a outrem, em resultado de uma obrigação. No que tange ao depósito, este é apenas a garantia de que o pagamento será feito no instante adequado. Hugo de Brito Machado, em poucas e precisas linhas, esclarece o assunto:

> O depósito, sabemos todos, não transfere a propriedade do dinheiro depositado. Assim, o depósito feito pelo contribuinte para a garantia do juízo não transfere a propriedade do dinheiro depositado para a Fazenda Pública. O depósito de que se cuida não é pagamento, mas uma garantia de que este se fará, se devido, no momento oportuno. Apenas uma garantia. Sua característica essencial, tratando-se de depósito para garantia do juízo, como ocorre no caso, é a de permanecer em mãos de terceiro. O depósito é medida preparatória, preventiva, ou de segurança, que consiste na entrega de coisa apreendida à guarda ou vigilância de terceiro. (*Curso de Direito Tributário*, p. 160.)

O depósito, portanto, não é meio de extinção, mas será convertido em renda (art. 156, VI, CTN) a favor do ente político se este vencer a demanda. Caso a vitória seja do depositante (contribuinte), o depósito será levantado a seu favor.

Causa de pedir, pedido e valor da causa

Obviamente, muitos podem ser os motivos que levam um contribuinte a ingressar com a ação anulatória de débito fiscal ou, simplesmente, ação anulatória fiscal. Cumpre destacar que o "nome" da ação também possui ressalvas, pois nem sempre a ação anulatória objetiva desconstituir um crédito tributário. Alguns autores indicam uma denominação mais genérica, tal como ação anulatória em matéria tributária, entre eles James Marins.

> Por outras palavras, *toda ação anulatória de débito fiscal será ação anulatória em matéria tributária, mas a recíproca não é verdadeira*. Além disso, ainda que o objetivo da anulatória seja a desconstituição do "débito" (obrigação), mas o *ato administrativo de lançamento* que o declara, seja por vícios formais ou materiais. (*Direito Processual Tributário brasileiro – administrativo e judicial*, p. 411.)

Costumeiramente, verifica-se a propositura da anulatória (a lista é meramente exemplificativa, ante a impossibilidade de relacionar todos os casos; nesse sentido, também Dejalma de Campos, *Processo judicial tributário*, p. 96):

- por irregularidade formal do lançamento (causa de pedir), visando a anular o lançamento (pedido);
- por irregularidade formal do auto de infração (causa de pedir), visando a anular o auto de infração (pedido);
- em razão da não incidência do tributo (causa de pedir), visando a anular o débito fiscal (pedido);
- em razão da não ocorrência do fato gerador da obrigação tributária (causa de pedir), visando a anular o débito fiscal (pedido);
- em razão de imunidade do contribuinte (causa de pedir), visando a anular o lançamento (pedido);
- em razão de isenção tributária (causa de pedir), visando a anular o lançamento (pedido);
- em razão de decisão administrativa que denegar a restituição (causa de pedir), visando a anular a decisão (pedido) – art. 169, CTN;
- em razão de base de cálculo incorreta (causa de pedir), visando a desconstituir o crédito tributário (pedido);
- por ferimento a quaisquer dos princípios constitucionais tributários (causa de pedir), visando a anular o lançamento e desconstituir o crédito tributário.

Repise-se que as causas de pedir são várias, porém, se voltarmos a atenção ao pedido, verificamos na grande maioria das vezes a presença do verbo "anular". Ora, da causa de pedir deve advir um pedido lógico, sob pena de a petição inicial ser considerada inepta (art. 295, parágrafo único, II, CPC) e, portanto, ser extinto o processo sem resolução do mérito. Assim, sugere-se condicionar o ingresso da anulatória com a utilização do verbo "anular" no pedido da inicial.

Reafirma-se daí a necessidade de haver uma situação jurídica preexistente; assim, em matéria tributária, um conteúdo econômico já é característica da situação, logo, o valor da causa deverá equivaler a este. Ou seja, como é o lançamento que constitui o crédito tributário (situação jurídica) e ele demonstra o cálculo do montante do tributo devido (supostamente), logo, o valor que se deve atribuir à causa na ação anulatória é igual ao valor que constar no lançamento.

QUANDO O CONTRIBUINTE TEM O OBJETIVO DE AFASTAR A COBRANÇA TRIBUTÁRIA

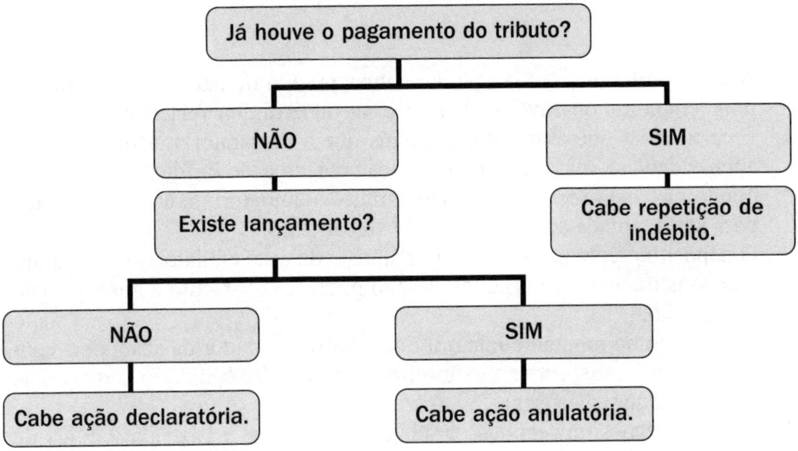

NÃO ESQUEÇA

1. A ação anulatória é uma ação de conhecimento de natureza constitutiva, pois tem como objetivo modificar, criar ou extinguir relações jurídicas.
2. É certo dizer que a anulatória é mais que a declaratória; afinal, ela não apenas declara, mas também modifica uma situação jurídica preexistente.
3. Tendo em vista seu alcance mais amplo, a anulatória é ação apropriada para ser intentada após a prática do lançamento.
4. O depósito preparatório como pressuposto da ação anulatória viola garantias constitucionais; portanto, ele não pode ser obstáculo à apresentação dessa ação.
5. O depósito no montante integral é facultativo ao autor da ação, pois com ele é possível suspender a exigibilidade do crédito tributário enquanto se discute a cobrança fiscal.
6. A mera propositura da ação anulatória não inibe a Fazenda Pública de promover a execução fiscal, a qual apenas seria freada se o contribuinte suspendesse a exigibilidade do crédito.
7. Mesmo quando o débito já está inscrito como dívida ativa, ainda existe a possibilidade de ingressar com a anulatória, inclusive para cancelar o ato de inscrição.
8. Ainda que o contribuinte efetue o depósito no montante integral, isso não significa confissão de dívida, apenas representa uma modalidade de suspensão da exigibilidade do crédito tributário.
9. O depósito efetuado no bojo da anulatória tem intenção diferente daquele realizado em uma ação de consignação em pagamento, pois nesse último caso a intenção do contribuinte é pagar o tributo, enquanto na anulatória a intenção é exatamente o contrário.
10. O valor da causa deve ser equivalente ao indicado no lançamento tributário.

Passo a Passo

1. Certifique-se da pretensão de seu cliente (não pagar o tributo ou apenas pagar o que entende devido).
2. Verifique se há lançamento ou não (essa ação deve ser intentada após o lançamento).
3. Identifique as razões da pretensão (causa de pedir).
4. Identifique a Justiça pela qual deve procurar (Justiça Federal ou Justiça Comum).
5. Procure identificar o foro competente para a propositura da ação (essa ação deverá ser proposta no local de domicílio do autor).
6. Confirme o endereçamento.
7. Tenha certeza em face de quem a ação será proposta.
8. Relate os fatos preponderantes.
9. Discrimine a fundamentação relacionada aos fatos.
10. Verifique a necessidade de pedir a antecipação dos efeitos da tutela jurisdicional.
11. Certifique-se da presença de todos os requisitos para a concessão da tutela antecipada.
12. Desenvolva o pedido principal, observando se satisfaz a pretensão do autor (o pedido está logicamente relacionado à pretensão).
13. Não se esqueça de pedir: citação do réu, produção de provas e condenação nas verbas sucumbenciais.
14. Determine o valor da causa (valor do lançamento).

Antecipação da Tutela

Toda vez que deparamos com um conflito de interesses que não é solucionado, inevitavelmente o Estado é incitado a dar fim à contenda, oferecendo uma decisão que pretende reorganizar a harmonia entre aqueles que o procuram.

Isso porque, segundo Paulo César Conrado, ao sintetizar os conceitos fundamentais de jurisdição, ação, processo, procedimento e tutela jurisdicional:

> [...] sendo inerte, o Estado-juiz não age salvo quando provocado [...]; daí, precisamente, a razão pela qual o exercício da função jurisdicional encontra-se condicionado a uma atuação de caráter provocativo, tendente a constituir uma situação que é insusceptível de ser presumida, vale dizer, o estado de conflituosidade. (*Processo tributário analítico*, p. 123.)

O que se busca do Estado é que ele, possuidor do dever jurisdicional, decida qual das partes em conflito estará protegida jurisdicionalmente. Ou seja, o que os envolvidos em uma lide querem é que seja concedida a tutela jurisdicional.

No entanto, até que uma das partes seja abarcada pela jurisdição, é mister que o processo formado pela provocação da atividade estatal chegue ao fim, momento esse configurado pela sentença terminativa do feito; em outras palavras, quando a tutela jurisdicional é concedida. Novamente Paulo César Conrado nos conduz, com maestria, ao significado amplo de tutela jurisdicional:

> A esse ato-fim do processo é que se dá o nome, de ordinário, de tutela jurisdicional, veículo que instrumentaliza o cumprimento do dever de prestar a jurisdição e reconhece, por via de conseqüência, a existência do direito de ação. (*Idem*, p. 124-5.)

O que se deseja destacar a partir de agora é que não raro o cliente que nos procura quer ver rapidamente a tutela concedida. Rapidamente não no sentido de pressa – afinal, todos gostaríamos que as pendências fossem resolvidas quanto antes –, mas no de urgência do pedido, tendo em vista alguns fatores que qualificam a solicitação como um caso emergencial.

Parece óbvio que o processo não pode ser "encurtado" para que seu momento derradeiro aconteça antecipadamente ou ainda que os atos nele necessariamente praticados sejam promovidos de forma acelerada como em um filme em vídeo, cujas cenas podemos progredir em uma velocidade acima do normal, só para vermos o final.

Por outro lado, o Estado não deve cerrar os olhos àqueles que comprovam encontrar-se em uma situação emergencial e que, conseqüentemente, necessitam ser tratados da mesma forma. Mesmo porque é garantia constitucional que a lei não excluirá da apreciação do Poder Judiciário lesão ou ameaça a direito (art. 5.º, XXXV, CF).

Toda vez que depararmos com uma emergência, o direito nos permite que no início do processo medidas sejam concedidas para assegurar que o objeto da lide permaneça intacto até o fim da discussão ou para evitar dano irreparável ou de difícil reparação.

Essas medidas que podem ser concedidas preambularmente, desde que solicitadas, são chamadas de medidas liminares ou, como conceitua Marcus Cláudio Acquaviva, "ordem judicial que determina uma providência a ser tomada antes da discussão do feito, com a finalidade de resguardar direitos" (*Dicionário básico de Direito Acquaviva*, p. 214).

Fica claro, assim, que, liminarmente, ou melhor, preliminarmente, o juiz poderá conceder ordens que resguardam as pretensões das partes e que muitas vezes até se assemelham com a decisão final, mas que com esta não se confundem, pois não põem fim ao processo.

Liminares, pode-se dizer, constituem um gênero de medidas que podem ser concedidas no bojo de ações de conhecimento, em mandado de segurança ou mesmo em cautelares, cada qual com seu intuito, porém sempre antes de o juiz pronunciar-se definitivamente (sentença).

Em matéria tributária, são muito usuais os pedidos para que o juiz conceda liminares, especialmente em sede de mandado de segurança, em ações cautelares e nas ações declaratória e anulatória, nestas últimas sendo facultado ao autor (contribuinte) pedir para antecipar os efeitos da tutela jurisdicional (preliminarmente).

Para tanto, importante salientar que liminar em mandado de segurança, tutela antecipada e cautelar são medidas diferentes, embora podendo ser tratadas como decisões judiciais provisórias, cada qual com sua peculiaridade. Vejamos o quadro comparativo:

Liminar (em mandado de segurança)	Tutela antecipada	Cautelar
Antes da sentença.	Antes da sentença.	Antes da sentença.
No bojo da ação principal.	No bojo da ação principal.	No bojo da ação principal ou antes da ação principal.
Serve ao mesmo processo.	Serve ao mesmo processo.	Serve a outro processo.
Satisfaz de pronto o pedido.	Antecipa os efeitos da sentença.	Assegura a eficácia do provimento final.

Continua

Continuação

Fumus boni iuris e *periculum in mora*.	Prova inequívoca da verrossimilhança da alegação, dano irreparável ou de difícil reparação e reversibilidade da medida.	Situação de perigo que ameaça a pretensão.
Provisória.	Provisória.	Provisória.
Revogável.	Revogável.	Revogável.
Não condiciona o provimento final.	Não condiciona o provimento final.	Não condiciona o provimento final da ação principal.
Art. 7.º, Lei 1.533/51.	Art. 273, CPC.	Art. 798, CPC.

Tutela antecipada contra a Fazenda Pública

Muito já se discutiu a respeito da possibilidade ou não de conceder a tutela antecipada contra a Fazenda Pública. O debate existia em virtude da letra do artigo 475 do CPC:

> Art. 475 – Está sujeita ao duplo grau de jurisdição, não produzindo efeito senão depois de confirmada pelo tribunal, a sentença:
>
> I – proferida contra a União, o Estado, o Distrito Federal, o Município, e as respectivas autarquias e fundações de direito público;
>
> [...]
>
> § 2.º – Não se aplica o disposto neste artigo sempre que a condenação, ou o direito controvertido, for de valor certo não excedente a 60 (sessenta) salários mínimos, bem como no caso de procedência dos embargos do devedor na execução de dívida ativa do mesmo valor.

Denota-se, daí, que a regra é o duplo grau de jurisdição necessário, quando um juiz singularmente aprecia a causa e, depois, tem o dever de remeter os autos a um colegiado de magistrados. A exceção encontra-se no § 2.º, o qual informa que, nas causas em que o valor da condenação ou o direito controverso não exceder a 60 salários mínimos, a remessa dos autos aos tribunais superiores apenas ocorrerá quando a apelação for interposta.

Alimentando o dispositivo, saliente-se a presença dos Juizados Especiais, que cuidam de causas de menor complexidade ou até determinado valor, segundo dispõem as leis 9.099/95 e 10.259/01.

> Lei 9.099/95, art. 3.º – O Juizado Especial Cível tem competência para conciliação, processo e julgamento das causas cíveis de menor complexidade, assim consideradas:
>
> I – as causas cujo valor não exceda a 40 (quarenta) vezes o salário mínimo;
>
> II – as enumeradas no art. 275, II, do CPC;
>
> III – ação de despejo para uso próprio;

> IV – as ações possessórias sobre bens imóveis de valor não excedente ao fixado no inciso I deste artigo.

> Lei 10.259/01, art. 3.º – Compete ao Juizado Especial Federal Cível processar, conciliar e julgar causas de competência da Justiça Federal até o valor de 60 (sessenta) salários mínimos, bem como executar as suas sentenças.

O reexame necessário em benefício da Fazenda Pública, segundo lições de Cleide Previtalli Cais (*O processo tributário*, p. 123-4), surgiu na Roma antiga e assim o é até os dias atuais, pois a Fazenda Pública, de um modo ou de outro, representa todos nós. Quem a governa é alguém que ficará no posto por determinado período, mas os serviços, bens e cofres públicos pertencem a toda a população e a ela são prestados. Portanto, o benefício que o Código de Processo Civil reserva à Fazenda é justificado.

Entrementes, haja vista a tradicional proteção à Fazenda Pública, estudiosos do Direito se negavam a aceitar que a medida de antecipação da tutela pudesse ser concedida contra a Fazenda Pública, argumentando que, se a tutela antecipa realmente os efeitos da sentença, como seria possível pagar o credor se este está sujeito à ordem cronológica dos precatórios (art. 100, CF) e se ainda é necessário o reexame em segundo grau?

Não obstante as dúvidas levantadas, primeiro, os apontamentos não são suficientes para se recusar o juiz a antecipar os efeitos da sentença, desde que os requisitos sejam demonstrados. Segundo, o artigo 273 do CPC, que cuida da matéria, não indica nenhuma ressalva quanto aos processos em que a Fazenda seja parte. Terceiro, a antecipação da tutela é medida transitória que pode se confirmar ou não; assim, não há por que temer sua concessão.

Cleucio Santos Nunes comenta que

> o artigo 475, II, do Código não é impedimento para a antecipação da tutela contra a Fazenda. Em primeiro lugar, porque a Lei 8.925/94, ao alterar a redação dos artigos 273 e 461 do mesmo Código, deixa de fazer tal restrição, não cabendo, portanto, ao intérprete fazê-lo. Em segundo lugar, mesmo que o fizesse seria autêntica ofensa ao primado da isonomia e ao estado de direito. Uma vez que o Estado deve se sujeitar à Constituição e às leis que edita, não haveria por que ficar de fora da possibilidade de ser réu em processo judicial e, nesta qualidade, ter contra si antecipada a tutela. (*Teoria e prática do processo tributário*, p. 37-8.)

Além disso, o próprio Código Tributário Nacional estabelece que a concessão de medida liminar ou de tutela antecipada são modalidades que suspendem a exigibilidade do crédito tributário (art. 151, V, CTN, complementado pela LC 104/2001). Por que teríamos tal regra se fosse impossível a tutela antecipada contra a Fazenda Pública? Não teria sentido. De forma que, nos dias de hoje, doutrina e jurisprudência majoritariamente acatam a antecipação dos efeitos da tutela em processos em que a Fazenda seja parte.

Júlio M. de Oliveira, em artigo publicado na obra *Processo tributário analítico*, que reúne temas diversos da matéria, sob a organização de Paulo César Conrado (p. 86-7), afirma:

Parece-nos tranqüila a possibilidade de antecipação de tutela contra a Fazenda Pública, como já pacificado pelo STJ, com exceção de um acórdão deste tribunal que não a admitiu. A tutela antecipatória contra a Fazenda Pública não está sujeita ao duplo grau necessário de jurisdição ou a denominada remessa oficial para que produza os seus regulares efeitos, pois não há qualquer comando legal que o imponha e por ser medida excepcional deveria constar expressamente das condições do art. 273 do CPC ou de alguma lei especial. Ademais, o argumento que defende a aplicabilidade do duplo grau para a eficácia do provimento antecipado não subsiste, mormente se considerarmos que, em outros provimentos que geram efeitos contrários à Fazenda Pública, antes da prolação da sentença (liminar em mandado de segurança, medida cautelar incidental ou inominada), não se aplica o duplo grau necessário.

Requisitos para a antecipação da tutela

Como vimos, a tutela antecipada é medida permitida mesmo contra a Fazenda Pública, porém o juiz apenas a deferirá se estiver convencido dos requisitos para sua concessão. Cabe ao Código de Processo Civil, especificamente em seu artigo 273, apresentá-los:

> Art. 273 – O juiz poderá, a requerimento da parte, antecipar, total ou parcialmente, os efeitos da tutela pretendida no pedido inicial, desde que, existindo prova inequívoca, se convença da verossimilhança da alegação e:
>
> I – haja fundado receio de dano irreparável ou de difícil reparação; ou
>
> II – fique caracterizado o abuso do direito de defesa ou o manifesto propósito protelatório do réu.
>
> [...]
>
> § 2.º – Não se concederá a antecipação da tutela quando houver perigo de irreversibilidade do provimento antecipado.

Existem dois requisitos que obrigatoriamente devem estar evidentes: a *prova inequívoca da verossimilhança da alegação* e a *reversibilidade da medida.*

No entanto, não basta apenas a demonstração deles. É necessário, ainda, que haja fundado *receio de dano irreparável ou de difícil reparação* ou fique caracterizado o *abuso de direito de defesa ou o manifesto propósito protelatório do réu.* Tais requisitos poderão surgir concomitantemente, porém é suficiente ao autor convencer o juiz de apenas um deles. Observe-se que o Código de Processo Civil os coloca como alternativos, apesar de que pelo menos um deles deve ser demonstrado, caso contrário o juiz (que está condicionado) não antecipará os efeitos da tutela jurisdicional.

Comumente, em matéria tributária, o advogado, para convencer o juiz a antecipar a tutela, procura demonstrar três requisitos:

- **Prova inequívoca da verossimilhança da alegação** – Geralmente por meio de documentos que se encontram nas mãos do contribuinte. A prova deve se apresentar de forma bastante clara, em intensidade suficiente para comprovar a verdadeira alegação do autor.
- **Dano irreparável ou de difícil reparação** – Assemelha-se ao tradicional *periculum in mora.* É preciso demonstrar que o momento é emergencial, caso contrário o dano causado não poderá ser recuperado ou, se puder ser recuperado, consubstanciará um meio bastante árduo e penoso.

- **Reversibilidade da medida** – Como a tutela antecipa os efeitos da sentença, tal medida apenas será concedida se o juiz tiver certeza de que, ao concedê-la, caso ele modifique seu entendimento no curso do processo, poderá reverter os efeitos quando da prolação da sentença final.

O pedido de tutela antecipada deve vir muito bem exposto, atrelando fundamentação fática e fundamentação jurídica, mesmo porque o juiz que concedê-la indicará, de modo claro e preciso, as razões de seu convencimento (art. 273, § 1.º, CPC).

Suspensão da exigibilidade do crédito tributário

A medida de antecipação da tutela passou a ser amplamente utilizada após a edição da Lei 8.952/94, uma vez que, atendidos os requisitos, ela poderia ser solicitada em qualquer ação de conhecimento e não tão-somente quando a lei especificasse ou fossem preenchidos requisitos específicos para cada caso.

A partir de 2001, com o advento da Lei Complementar 104, que, entre outras disposições, acrescentou o inciso V ao artigo 151 do CTN, garantindo que a concessão de medida liminar ou tutela seria suficiente para suspender a exigibilidade do crédito tributário, tais medidas tornaram-se ainda mais importantes quando da discussão de matéria tributária.

Interessante notar que não basta pedir para o juiz antecipar os efeitos da tutela e querer ver a exigibilidade do crédito suspensa. A suspensão só ocorre depois de o juiz efetivamente conceder a tutela antecipada.

De grande valia é a suspensão da exigibilidade, pois, ao retirar do crédito o adjetivo "exigível", a propositura de uma ação de cobrança se tornará inviável enquanto perdurar a situação de suspensão.

Ademais, pode-se dizer até que com as atuais características da tutela antecipada existe

> a faculdade de o Juiz, em alguns casos, liminarmente, obstar o nascimento da obrigação tributária. Ou, melhor esclarecendo, a partir de sua utilização em matéria tributária, via de regra, pois isso irá depender do pedido inicial, a tutela antecipatória impede, com força de lei, a subsunção de determinado fato imponível a hipótese de incidência legalmente prevista. (Campos, Dejalma de, *Processo judicial tributário*, p. 101.)

Aliás, esse raciocínio nos leva a imaginar o pedido de tutela antecipada em ação cuja decisão final tenha cunho declaratório. Grandes cientistas do Direito admitem que é possível antecipar os efeitos da tutela em uma ação declaratória, especialmente na declaratória de inexistência da relação jurídico-tributária, pois se quer afastar não só a exigibilidade do crédito, porém, mais do que isso, ver declarada a não obrigatoriedade fiscal perante a Fazenda Pública.

Contudo, na ação declaratória positiva, como bem exemplifica James Marins (*Direito Processual Tributário brasileiro – administrativo e judicial*, p. 406), também é possível verificar o pedido de tutela antecipatória nos casos em que o contribuinte pretende lançar créditos de IPI ou de

ICMS em sua escrituração contábil regular, primeiramente só para ver seu direito garantido, para depois, eventualmente, compensar com débitos que certamente virão.

Por outro lado, se para a ação de conhecimento de natureza declaratória já não há mais dúvidas da utilização da medida, que se dirá da ação de natureza constitutiva, como é o caso da ação anulatória?

Na ação anulatória, a qual poderá ser intentada após a constituição do crédito tributário, se está ainda mais próximo de uma execução fiscal, haja vista que a Fazenda já possui um crédito a seu dispor e, caso este se configure exigível e definitivo, será inscrito como dívida ativa e promovida a execução fiscal. Só pela faculdade do artigo 151, V, do CTN em suspender a exigibilidade quando concedida a tutela antecipatória já se justifica fazer tal pedido na ação anulatória, pois estaremos ingressando com as medidas mais amplas e menos gravosas ao contribuinte para defender seus interesses.

FLUXOGRAMA

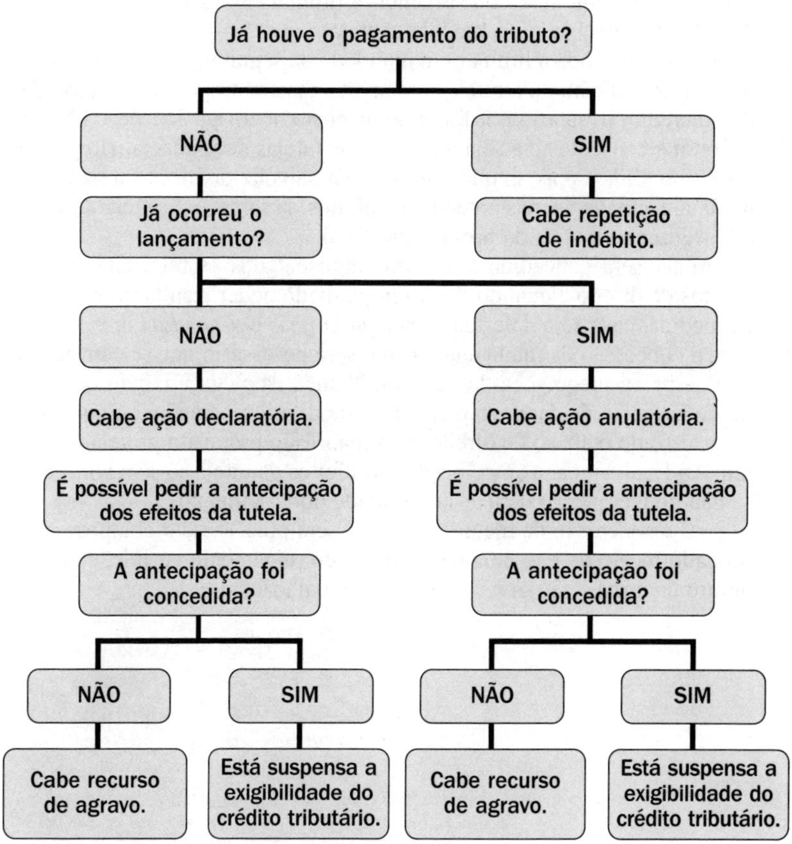

NÃO ESQUEÇA

1. A tutela jurisdicional apresenta-se tão logo seja concedida a sentença que põe fim a uma demanda que expôs um conflito de interesses.
2. Muitas demandas envolvem interesses que precisam ser protegidos de forma emergencial, por isso o Código de Processo Civil abre a possibilidade para conceder as tutelas de urgência.
3. Tutelas de urgência são medidas concedidas preliminarmente, antes do processo principal ou mesmo no bojo do processo principal, mas sempre anteriores à decisão final.
4. Tais medidas são provisórias e, portanto, podem ser revogadas a qualquer tempo e não condicionam o provimento final a ser determinado pelo julgador.
5. Destacam-se como tutelas de urgência a liminar em mandado de segurança, a tutela antecipada e a medida cautelar.
6. Uma vez concedida a liminar em mandado de segurança, ou em qualquer outra ação judicial, ou a tutela antecipada, restará suspensa a exigibilidade do crédito tributário por força do disposto no artigo 151 do CTN.
7. Embora a conseqüência seja a mesma, as tutelas de urgência não podem ser confundidas, pois, enquanto a liminar satisfaz de pronto o pedido, a tutela antecipada apenas antecipa os efeitos da sentença e a cautelar visa a assegurar a eficácia do provimento final.
8. A liminar será concedida desde que apresentados os relevantes fundamentos de direito e quando do ato impugnado puder resultar a ineficácia da medida, caso seja deferida (*fumus boni iuris* e *periculum in mora*).
9. Para a concessão da tutela antecipada, será necessário que se convença o juiz da prova inequívoca da verossimilhança da alegação, bem como de fundado receio de dano irreparável ou de difícil reparação, ou que fique caracterizado o abuso de direito ou o manifesto propósito protelatório do réu. Ao final, ainda, a antecipação dos efeitos da tutela só será concedida se não houver perigo de irreversibilidade do provimento.
10. Já para a concessão da medida cautelar, será preciso ficar comprovado o fundado receio de que uma parte, antes do julgamento da lide, cause ao direito da outra lesão grave e de difícil reparação.

Passo a Passo

1. Verifique o grau de necessidade de ver o direito protegido.
2. Identifique se existe ameaça de violação ao direito ou se este já foi lesado.
3. Confirme se ainda não foi concedida a sentença, pois, a rigor, as liminares são concedidas antes do fim do processo.
4. Identifique qual a modalidade de medida liminar está à disposição, tendo em vista a natureza da ação.
5. Tratando-se de tutela antecipada, verifique se os requisitos para sua concessão estão presentes para, então, requerer ao juiz.
6. Antes de mais nada, é preciso convencer o julgador da prova inequívoca da verossimilhança da alegação.
7. É necessário também comprovar que há justo receio de dano irreparável ou de difícil reparação ou se está caracterizado o abuso de direito de defesa ou o manifesto propósito protelatório do réu.
8. Ainda será preciso convencer o juiz da possibilidade de a medida ser reversível, pois, caso contrário, ele não antecipará os efeitos da tutela.
9. Caso a tutela emergencial a ser requisitada seja a liminar em sede de mandado de segurança, outros são os elementos a serem demonstrados.
10. Para que a liminar seja concedida, não se esqueça de demonstrar o *fumus boni iuris* e o *periculum in mora*.

Mandado de Segurança

Falar que os direitos e garantias individuais não podem ser suprimidos, ou melhor, não podem sequer ser objeto de deliberação por emenda constitucional (art. 60, § 4.º, CF) significa conhecermos a disposição constitucional a respeito das cláusulas pétreas.

Como já ensinava Hugo de Brito Machado (*Mandado de segurança em matéria tributária*, p. 12), para os direitos individuais caracterizados como líquidos e certos, a Constituição Federal oferece a possibilidade de impetrar o mandado de segurança (MS) por aquele que se viu lesionado ou está na iminência de sofrer lesão em razão de ato praticado por alguém pertencente à organização do Poder Público.

> "Mandado" vem do latim *mandatum* ou *mandatus*, que significa ordem ou determinação, e "segurança" tem o sentido de estado em que se encontra sem perigo, sem dano ou incerteza. Portanto, mandado de segurança consiste em remédio constitucional para proteger direito líquido e certo, com moléstia atuante ou iminente *contra legem*. (Campos, Dejalma de, *Processo judicial tributário*, p. 88.)

Assim, o mandado de segurança, também conhecido como *writ*, é uma das espécies que representam os remédios constitucionais, tais como:

- ***Habeas corpus*** – Impetrado para garantir a liberdade de locomoção, ou melhor, para os casos de lesão ou ameaça de lesão à liberdade de ir e vir (art. 5.º, LXVIII, CF).
- **Mandado de injunção** – Cabível toda vez que se verificar falta de norma regulamentadora que torne inviável o exercício dos direitos e liberdades constitucionais e das prerrogativas inerentes à nacionalidade, à soberania e à cidadania (art. 5.º, LXXI, CF).
- ***Habeas data*** – Concedido para assegurar o conhecimento de informações relativas à pessoa do impetrante ou para retificar dados quando não se prefira fazê-lo por processo sigiloso (art. 5.º, LXXII, CF).
- **Ação popular** – Pode ser proposta por qualquer cidadão que vise a anular ato lesivo ao patrimônio público ou de entidade de que o Estado participe. Também conhecida como tutela jurisdicional dos interesses difusos. (Barbosa, José Carlos e Grinover, Ada Pellegrini, *apud* Lenza, Pedro, *Direito Constitucional esquematizado*, nota 59, p. 450.)

Segundo a Carta Magna, caberá mandado de segurança para proteger direito líquido e certo, desde que este não esteja amparado por *habeas corpus* ou *habeas data*. Acrescente-se, ainda, que a pessoa responsável pelo abuso de poder ou pela ilegalidade deve ser autoridade pública ou agente de pessoa jurídica no exercício de atribuições do Poder Público (art. 5.º, LXIX, CF).

O texto também classifica a ação mandamental em individual e coletiva. Existem, portanto, mandado de segurança individual e mandado de segurança coletivo (art. 5.º, LXIX e LXX, CF), os quais poderão ser impetrados de maneira preventiva contra ato da autoridade pública ou, se o ato já foi praticado, de modo repressivo.

Sinteticamente, podemos optar pelo *mandamus* quando encontrarmos as seguintes características reunidas:

- ilegalidade ou abuso de poder;
- direito líquido e certo não amparado por *habeas corpus* ou *habeas data*;
- lesão ocorrida ou prestes a acontecer;
- ato praticado por autoridade pública.

Assim, sendo essa nossa opção, como muitas vezes ocorre em Direito Tributário, precisamos também do auxílio da Lei 1.533/51, que dispõe a respeito da ação, indicando prazo, autoridades, cabimento, entre outras disposições sobre seu recebimento e julgamento.

Tendo em vista que em matéria tributária o ato que formaliza o crédito tributário é administrativo e, portanto, praticado por autoridade pertencente ao Poder Público, é possível entender, facilmente, as razões de o mandado de segurança ser uma das ações mais utilizadas nessa seara. Corre a seu favor o fato de poder ser impetrado preventivamente (antes do ato) ou repressivamente (após o ato), abrangendo um espaço temporal bastante grande. Isso tudo sem contar que é processo muito célere em comparação, por exemplo, com as ações do rito ordinário.

Nesse sentido, o artigo 17 da referida lei apresenta, entre outros, os motivos que levam os advogados a preferir o mandado.

> Art. 17 – Os processos de mandado de segurança terão prioridade sobre todos os atos judiciais, salvo *habeas corpus*. Na instância superior deverão ser levados a julgamento na primeira sessão que se seguir à data em que, feita a distribuição, forem conclusos ao relator.
>
> Parágrafo único – O prazo para a conclusão não poderá exceder de 24 (vinte e quatro) horas, a contar da distribuição.

É como se ele pudesse “furar a fila” entre os processos levados a julgamento, só que amparado por dispositivo legal. Como se não bastasse, a lei admite ainda que:

> Art. 4.º – Em caso de urgência, é permitido, observados os requisitos desta Lei, impetrar o mandado de segurança por telegrama ou radiograma ao juiz competente, que poderá determinar seja feita pela mesma forma a notificação à autoridade coatora.

Direito líquido e certo

Trata-se de requisito essencial do mandado de segurança, sem o qual não é razoável admitir sua impetração. O artigo 1.º da Lei 1.533/51 explicita que a concessão do mandado se dá para proteger direito líquido e certo. Claro que a melhor técnica legislativa não foi utilizada, pois o direito sempre é e será líquido e certo; o que a lei pretende é que o impetrante demonstre se os fatos alegados são líquidos e certos.

Grandes vozes do Direito já se levantaram a respeito da matéria, dentre elas Hely Lopes Meirelles:

> A atual expressão *direito líquido e certo* substitui a precedente, da legislação criadora do mandado de segurança, *direito certo e incontestável*. Nenhuma satisfaz. Ambas são impróprias e de significação equívoca [...]. O direito, quando existente, é sempre líquido e certo; os fatos é que podem ser imprecisos e incertos, exigindo comprovação e esclarecimentos para propiciar a aplicação do Direito invocado pelo postulante. (*Apud* Lenza, Pedro, *Direito Constitucional esquematizado*, nota 44, p. 439.)

Desse modo, cabe ao impetrante trazer as provas documentais que caracterizam os fatos alegados como incontroversos, pois somente assim o juiz concederá a ordem pretendida. (Existem discussões doutrinárias sobre o cabimento de outros tipos de prova na ação do mandado de segurança, porém o objetivo, aqui, é indicar apenas as documentais que tradicionalmente são apresentadas em Direito Tributário.)

Cabem provas, mas não se admite que elas sejam produzidas no decorrer do processo. Se for necessária a dilação probatória, então se deve lançar mão das ações que caminham pelo rito ordinário. Por assim dizer, quando da impetração da ação, as provas já devem acompanhar a inicial, motivo pelo qual entende-se que as provas são pré-constituídas.

Embora, geralmente, as provas fornecidas acompanhem a inicial, a própria lei faz uma ressalva quando o documento necessário à prova do alegado se encontre em repartição ou estabelecimento público ou em poder de autoridade que se recuse a fornecê-lo por certidão. Nesse caso, o juiz ordenará a exibição desse documento em original ou em cópia autêntica e marcará, para o cumprimento da ordem, o prazo de 10 dias. Se a autoridade que tiver procedido dessa maneira for a própria coatora, a ordem será feita no próprio instrumento da notificação (art. 6.º, parágrafo único, Lei 1.533/51).

Em nenhum momento verificam-se restrições quanto à complexidade dos fatos invocados. Serem mais ou menos complexos não fará óbice ao mandado de segurança; o importante é que seja possível comprovar, de plano, quais são os fatos e se o ferimento ao direito do impetrante se deve a ato praticado por autoridade coatora. Explica Hely Lopes Meirelles:

> Quanto à complexidade dos fatos e à dificuldade da interpretação das normas legais que contêm o direito a ser reconhecido ao impetrante, não constituem óbice ao cabimento do mandado de segurança, nem impedem seu julgamento de mérito. Isto porque, embora emaranhados os fatos, se existente o direito, poderá surgir líquido e certo, e ensejar a proteção reclamada. Bem por isso, já decidiu o TJSP que: "As questões de direito, por mais intrincadas e difíceis, podem ser resolvidas em mandado de segurança". (*Apud* Marins, James, *Direito Processual tributário brasileiro – administrativo e judicial*, p. 467.)

Do exposto, chega-se à seguinte conclusão: o mandado de segurança vem para discutir matéria de direito e não de fato, pois, se os fatos precisarem ser discutidos, logo, vê-se que não é a ação mandamental a melhor escolha. Como assevera Eduardo Domingos Bottallo,

> é necessário que a matéria a ser discutida em seu bojo seja exclusivamente de direito, ou, em outras palavras, é necessário que não haja dúvida quanto à determinação dos fatos submetidos à consideração do Judiciário. (*Curso de iniciação em Direito Tributário*, p. 262.)

Sujeito passivo e autoridade coatora

Passemos a comentar sobre aquele que figura como sujeito passivo no mandado de segurança e o impetrado. Em regra, o *writ* poderá ser impetrado contra qualquer ato administrativo, legislativo ou judiciário, pois todos serão praticados por autoridades vinculadas e em função do Erário Público.

Na maior parte das vezes, a autoridade administrativa tributária é a que pratica o ato do lançamento, constituindo o crédito. Eis que surge o primeiro ponto a ser chamado à atenção. Autoridade coatora não é aquela que, subordinada a uma hierarquia, cumpre as exigências dos superiores. A autoridade coatora que deve sofrer a ordem pedida no mandado de segurança é a pessoa que tem poderes para alterar, reduzir, modificar, extinguir o ato praticado. É, portanto, quem pertence aos quadros da organização estatal, ou seja, não pode ser o próprio ente político, mas alguém que esteja a trabalho e no cumprimento das funções dele.

Hugo de Brito Machado, todavia, acrescenta que podem existir ressalvas, como no caso

> de um diretor de empresa privada que faz o desconto do imposto de renda na fonte de um tributo. Ele está arrecadando um tributo. Está, portanto, no exercício de atribuições próprias do Poder Público. É agente do Estado, pelo menos para o fim de arrecadar o tributo. Assim, se a exigência tributária é ilegal, ou inconstitucional, seu ato enseja a impetração de mandado de segurança. (*Mandado de segurança em matéria tributária*, p. 56.)

Por sua vez, sujeito passivo da ação, conforme a quase unânime doutrina afirma, é a pessoa de direito público.

> Melhor andaria a lei se houvesse determinado a citação da pessoa de direito público para ocupar sua posição no processo, além de determinar a intimação do agente da pessoa jurídica para prestar as informações. (Cais, Cleide Previtalli, *O processo tributário*, p. 315.)

Feita a distinção entre sujeito passivo e autoridade coatora, surge um verdadeiro imbróglio quando se está a descobrir o verdadeiro agente público na esteira da Fazenda. São inúmeros departamentos, variadas seções, cada qual com um chefe que possui sua responsabilidade a fim de que a máquina administrativa continue funcionando a bem do serviço público.

A indicação na prática da autoridade coatora correta é trabalho que muitas vezes tem de ser renovado mês a mês. Por exemplo: até determinada data, o chefe do Instituto Nacional para a Seguridade Social (INSS) era denominado superintendente; hoje, embora seja a mesma pessoa, ocupando o mesmo cargo e exercendo a mesma função, é chamado gerente-executivo.

Assim, se houver um equívoco desses na indicação da autoridade coatora, acreditamos ser dever do juiz que recebe a ação notificar o agente público correto ou, pelo menos, atribuir nova possibilidade ao impetrante para corrigir seu erro e indicar a autoridade coatora adequada.

Nesse sentido, temos apoio no STF:

> Mandado de segurança: legitimação passiva da pessoa de direito público ou assemelhada, à qual seja imputável o ato coator, cabendo à autoridade coatora o papel de seu representante processual, posto que de identificação necessária: conseqüente possibilidade de sanar-se o erro do impetrante na identificação da autoridade coatora, mediante emenda da inicial, para o que se determina a intimação da parte: voto médio do relator para o acórdão (STF – Pleno, maioria, 4/2/1993, Rcl. 367-1-DF, rel. para o acórdão min. Sepúlveda Pertence, *DJU*-1, p. 4 – RJ/IOB 1/12/12153). (*Apud* Cassone, Vittorio e Cassone, Maria Eugenia Teixeira, *Processo tributário – teoria e prática*, p. 315-6.)

Apesar desses esclarecimentos, em muitos dos mandados atuais encontra-se como autoridade indicada um ministro, um prefeito, um secretário da Fazenda. Embora o juiz, em prol da economia processual, dê prosseguimento à ação, isso não significa que a autoridade foi acertada.

No Superior Tribunal de Justiça, em decisão da 2.ª Turma, o ministro Hélio Mosimann proclamou:

> Sendo o ato impugnado um mero lançamento tributário, a autoridade que diretamente pratica aquele ato, considerado lesivo ao direito do contribuinte, é que deve responder ao mandado de segurança. O Secretário que expediu resolução de caráter genérico e abstrato é parte ilegítima (REsp 1.485-RJ, rel. min. Hélio Mosimann, j. em 6/3/1991, *DJU* em 8/4/1991). (*Apud* Marins, James, *Direito Processual Tributário brasileiro – administrativo e judicial*, p. 470.)

Outro equívoco muito comum de acontecer na prática se dá, por exemplo, quando um débito já se encontra inscrito na dívida ativa da União. Quem verifica a falta de pagamento de um tributo é a Delegacia da Receita Federal do Brasil, a qual, por sua vez, encaminha à Procuradoria da Fazenda Nacional (órgão subordinado à Advocacia da União) para promover a referida inscrição. Assim, se a questão é puramente discutir a validade da inscrição, a autoridade administrativa que praticou o ato coator, no caso, foi o procurador-chefe da Fazenda Nacional, conforme se depreende da Lei Complementar 73/93:

> Art. 12 – À Procuradoria-Geral da Fazenda Nacional, órgão administrativamente subordinado ao titular do Ministério da Fazenda, compete especialmente:
>
> I – apurar a liquidez e certeza da dívida ativa da União de natureza tributária, inscrevendo-a para fins de cobrança, amigável ou judicial;
>
> II – representar privativamente a União, na execução de sua dívida ativa de caráter tributário;
>
> [...]

Portanto, somente o procurador-chefe da Fazenda Nacional é quem tem competência para retirar um débito irregularmente inscrito como dívida ativa.

Recomenda-se, assim, atenção a esses casos tão corriqueiros nos dias atuais, muitas vezes causando transtornos aos advogados e, invariavelmente, prejuízos aos contribuintes.

Observadas essas considerações, o advogado não precisa temer que o juiz se manifeste pela carência da ação quando o impetrado for dissonante com a real autoridade competente para rever o ato coator.

> **Processo civil – Mandado de segurança. Autoridade coatora.** Parte passiva no mandado de segurança só pode ser a autoridade coatora que praticou ou possa praticar o ato, ou desfazê-lo. Ineficácia da ordem impetrada contra autoridade a que falta competência para dar-lhe cumprimento. Carência da ação mandamental. Extinção do processo sem julgamento do mérito. Apelação improvida. (Acórdão do já extinto Tribunal Federal de Recursos em face da MAS 99.270-SP – REG 4.748.042, publicado no *DJU* de 4/10/1984, p. 16373.)

Cabimento do mandado de segurança

A Lei 1.533/51 descreve o cabimento do mandado de segurança toda vez que houver justo receio de alguém sofrer violação de seus direitos ou já a tiver sofrido em razão de ato praticado por autoridade administrativa.

É certo que, se os direitos de alguém foram ou estão na iminência de ser violados por ato de uma autoridade, é porque tal ato pressupõe características de ilegalidade ou abuso de poder. Embora, de fato, a significância de ilegalidade ou abuso de poder seja, digamos, irrelevante para a impetração do mandado, cumpre destacar a diferença entre eles:

- **Ilegalidade** – A autoridade administrativa deixa de observar o ordenamento jurídico, praticando um ato que colide com a lei. Portanto, trata-se de atos que, apesar de proibidos por lei ou que a lei não concede permissão, mesmo assim ocorrem na esfera administrativa e vão de encontro aos direitos do contribuinte.

- **Abuso de poder** – A autoridade administrativa extrapola sua permissão e pratica atos que não fazem parte de sua competência. Digamos que, nesse caso, a autoridade estava observando a lei, porém acaba ultrapassando os limites legais abusando de seu poder, muitas vezes discricionário.

Tal distinção também é feita por Vittorio Cassone e Maria Eugênia Teixeira Cassone quando comentam que

> a ilegalidade, para justificar a impetração do MS, decorre de um ato, praticado ou na iminência de ser praticado pela autoridade administrativa fiscal, que importa em ilegalidade (ato infralegal em cotejo com a lei, ou lei que ofende norma geral do CTN) ou inconstitucionalidade (exame da *lei* em face de *princípio* da Constituição). É exemplo típico lei que institui ou aumenta determinado tributo em que, ocorrido o fato gerador, a autoridade fiscal tem o *poder* (de Estado) e o *dever* (funcional) de autuar, caso não cumprida a obrigação tributária – mas cuja exigibilidade, total ou parcial, é contestada pelo contribuinte.

Quanto ao abuso de poder, os autores descrevem que

> o *poder* legalmente detido pela autoridade fiscal é exercido com *abuso*, ou seja, além do que a lei permite. Exemplo: fazer exigências, além das previstas em lei, de tal porte que impossibilitam o contribuinte de obter uma certidão negativa de tributos, uma liberação de mercadorias, um incentivo fiscal. Ou o poder discricionário exercido desproporcionalmente e irrazoavelmente em relação aos fins a que a norma se destina. (*Processo tributário – teoria e prática*, p. 303.)

Ademais, como já demonstrado, a Lei 1.533/51 indica a necessidade de proteger direito líquido e certo. Tecnicamente, seria melhor dizer que a matéria cabível em mandado de segurança é unicamente de direito, pois os fatos devem já se apresentar como incontroversos.

Percebe-se, assim, que o cabimento do mandado de segurança depende de o impetrante provar que o direito líquido e certo a ele pertence, que há receio de ser violado ou já o foi e que a responsável pelo ocorrido foi autoridade administrativa. Por isso mesmo, Cleide Previtalli Cais chega a afirmar que

> o mandado de segurança em matéria tributária opera como instrumento de constitucionalidade das leis, além de significar importante veículo colocado à disposição do contribuinte para questionar a validade da relação jurídica tributária. (*O processo tributário*, p. 307.)

Esse realmente é o objetivo mais profundo do *mandamus*, não obstante as autoridades impetradas suscitarem em suas informações que a utilização dessa ação viola o princípio da separação dos poderes. Tal argumento baseia-se nos casos em que autoridade pertencente ao Poder Executivo recebe ordem vinda do Judiciário para rever a prática de um ato, praticando novo ato ou deixando de praticá-lo. Dizem, nessa linha, que as atribuições do Executivo foram invadidas.

Contudo, não há ferimento à separação dos poderes, haja vista que os três poderes podem e devem, moderadamente, valer-se de instrumentos que evitam os abusos eventualmente cometidos. Trata-se, aqui, do clássico sistema de freios e contrapesos. (A questão foi levantada e resolvida por Hugo de Brito Machado Segundo na obra *Processo tributário*, p. 309-10.)

Invariavelmente, a ação mandamental, por todas as suas sutilezas, é dos meios mais utilizados pelos advogados, ainda mais quando oferece uma resposta célere por parte do Judiciário.

Desse modo, para exemplificar, porém não exaustivamente, destacam-se algumas situações corriqueiras, nas quais o mandado de segurança é preferido:

- liberação de mercadorias sem o pagamento de tributo tendo em vista uma isenção;
- liberação de mercadorias sem o pagamento de tributo tendo em vista uma imunidade;
- liberação de mercadorias ilegalmente apreendidas;
- expedição de guias de importação;
- abstenção da aplicação de multa;

- emissão de certidões de regularidade fiscal;
- abstenção de cobrança de tributo tendo em vista ferimentos a princípios constitucionais;
- potencial exigência de tributo infundado em lei.

Sem dúvida, é impossível esgotar a lista. Aliás, pela própria inteligência da Lei 1.533/51, em seu artigo 5.º, foram elucidados apenas os casos nos quais o mandado de segurança *não* é admitido:

> Art. 5.º – Não se dará mandado de segurança quando se tratar:
>
> I – de ato de que caiba recurso administrativo com efeito suspensivo, independente de caução;
>
> II – de despacho ou decisão judicial, quando haja recurso previsto nas leis processuais ou possa ser modificado por via de correição;
>
> III – de ato disciplinar, salvo quando praticado por autoridade incompetente ou com inobservância de formalidade essencial.

Em um breve relato, serão descritas com outras palavras as disposições legais.

Quando se trata de ocasião que em caiba recurso administrativo com efeito suspensivo, não é viável pensar na impetração do MS. Isso se dá porque, se o recurso administrativo por si só já configura causa suspensiva, então não há que se falar em lesão ou receio de lesão dos direitos do contribuinte, pois os atos estarão suspensos. Logo, se esses requisitos não estão presentes, impossível suscitar a ação mandamental.

Entretanto, o próprio inciso I faz uma ressalva: que esse recurso administrativo não dependa de caução. Havendo a possibilidade de o contribuinte apresentar recurso administrativo independentemente de caução e suspender os atos que se sucedem, o mandado de segurança realmente não poderá ser impetrado.

Por outro lado, apesar de haver o recurso administrativo com efeito suspensivo, o contribuinte só poderá se valer desse meio após o oferecimento de uma caução, caso em que não há óbice à impetração do *writ*.

O segundo inciso dispõe sobre a impossibilidade do mandado ante despachos ou decisões judiciais, contra os quais já haja recurso previsto pela legislação processual. A matéria, inclusive, foi explicitada na Súmula 267 do Supremo Tribunal Federal:

> Não cabe mandado de segurança contra ato judicial passível de recurso ou correição.

Importante lembrar que o entendimento do STF já se encontra superado por ele mesmo (James Marins noticiou o posicionamento em sua obra *Direito Processual Tributário brasileiro – administrativo e judicial*, p. 471).

Quanto ao inciso III, que acrescenta a indisposição de MS ante ato disciplinar, salvo quando praticado por autoridade incompetente, James Marins aponta que não há justificativa plausível para se limitar o cabimento de mandado de segurança contra ato disciplinar apenas aos vícios formais (autoridade incompetente ou formalidade essencial). Isto porque, muitas vezes, teremos atos formalmente perfeitos, porém materialmente carregados de ilegalidade ou abusividade, hipótese em que a proteção constitucional do mandado de segurança deve incidir em toda a sua plenitude. (*Direito Processual Tributário brasileiro – administrativo e judicial*, p. 470-1.)

Apesar dessas limitações distribuídas pela lei, o cabimento do mandado de segurança por vezes gera controvérsias, de modo que o STF, provocado pela questão, expediu algumas súmulas, entre elas:

266 – Não cabe mandado de segurança contra lei em tese.

268 – Não cabe mandado de segurança contra decisão judicial com trânsito em julgado.

304 – Decisão denegatória de mandado de segurança, não fazendo coisa julgada contra o impetrante, não impede o uso de ação própria.

429 – A existência de recurso administrativo com efeito suspensivo não impede o uso de mandado de segurança contra omissão da autoridade.

622 – Não cabe agravo regimental contra decisão do relator que concede ou indefere liminar em mandado de segurança.

625 – Controvérsia sobre matéria de direito não impede concessão do mandado de segurança.

629 – A impetração do mandado de segurança coletivo por entidade de classe em favor dos associados independe da autoridade destes.

630 – A entidade de classe tem legitimidade para o mandado de segurança ainda quando a pretensão veiculada interesse apenas a uma parte da respectiva categoria.

Mandado de segurança e suas formalidades

Observadas as situações nas quais o mandado de segurança é bem-vindo, a Lei 1.533/51 determina que a petição inicial deverá obedecer às disposições dos artigos 282 e 283 do Código de Processo Civil. (A letra da lei descreve os artigos 158 e 159 do CPC. Isso ocorreu porque, na época – 1951 –, o Código de Processo Civil em vigor datava de 1939. As regras correspondentes na atual legislação são encontradas no bojo dos artigos 282 e 283 do CPC – Lei 5.689/73.)

Ademais, o artigo 6.º da lei determina que a inicial deverá ser apresentada em duas vias, e os documentos que instruírem a primeira, reproduzidos por cópia na segunda.

Para que fique mais claro, são requisitos essenciais exigidos pela lei (lista semelhante foi elaborada por Dejalma de Campos, *Processo judicial tributário*, p. 89-90):

- Apresentar o MS em duas vias (ou maior quantidade de cópias, de acordo com o número de autoridades que receberão a notificação), contendo cada uma delas os mesmos documentos.
- Caso a documentação necessária esteja de posse do impetrado, indicar o documento que se encontra com a autoridade administrativa e solicitar sua exibição.

- Se houver documento em língua estrangeira, trazer a versão em português.
- Anexar mandato do advogado.
- Indicar o juiz ou tribunal a que é dirigido.
- Mencionar os nomes, qualificações e endereços do impetrante e do impetrado.
- Expor os fatos e fundamentos jurídicos do pedido.
- Demonstrar a liquidez e certeza do direito ameaçado ou violado.
- Revelar a ilegalidade ou abuso do ato da autoridade administrativa.
- Formular o pedido com suas especificações.
- Atribuir valor à causa.

Todas essas formalidades não tolhem o direito de uma pessoa impetrar o mandado de segurança, afinal o direito de petição é incondicionado. O que se condiciona é a manifestação do juiz a respeito do mérito. Como se trata de uma petição inicial, sabe-se que, se os requisitos não forem cumpridos (art. 282, CPC) ou faltarem os documentos indispensáveis à propositura da ação, o juiz se manifestará pela inépcia da inicial, indeferindo a petição, depreendendo-se, daí, a extinção do processo sem resolução do mérito (art. 267, I, CPC).

Todavia, é importante ressalvar as situações em que o impetrante não oferece a petição inicial com os documentos por estes se encontrarem nas mãos da autoridade coatora. Nesse caso, especificamente, o impetrante deverá explicar os motivos da falta das provas, cabendo ao juiz, de ofício, notificar a autoridade administrativa a apresentar tais documentos dentro de um prazo máximo de 10 dias (art. 6.º, parágrafo único, CPC).

A presença do Ministério Público

Ao tratar do processo do mandado de segurança, a lei exige a presença do Ministério Público, ou melhor, que o Ministério Público seja ouvido, para que então o juiz se manifeste decisivamente.

Conforme a Lei 1.533/51:

> Art. 10 – Findo o prazo a que se refere o item I do art. 7.º e ouvido o representante do Ministério Público dentro de 5 (cinco) dias, os autos serão conclusos ao juiz, independente de solicitação da parte, para a decisão, a qual deverá ser proferida em 5 (cinco) dias, tenham sido ou não prestadas as informações pela autoridade coatora.

Talvez surja a pergunta: por que um membro do Ministério Público? A resposta a essa possível indagação fica clara no texto constitucional, que atribui as funções ao Ministério Público, entre elas o tão conhecido qualificativo "fiscal da lei".

Levando em conta o artigo 127 da Constituição Federal, tal denominação é certeira, pois, além de visualizarmos o *parquet* no capítulo que compreende as funções essenciais à justiça, encaixa-se perfeitamente à regra exarada:

> Art. 127 – O Ministério Público é instituição permanente, essencial à função jurisdicional do Estado, incumbindo-lhe a defesa da ordem jurídica, do regime democrático e dos interesses sociais e individuais indisponíveis.

Assim, a exigência da lei é acertada, porque, como um dos requisitos do mandado de segurança é justamente a lesão a direito ou a simples ameaça, ainda mais decorrente de ato praticado por autoridade administrativa, o Ministério Público não só tem interesse no processo, mas luta, acima de tudo, para que a ordem jurídica seja mantida.

Hugo de Brito Machado posiciona seu entendimento de que o Ministério Público poderia, inclusive, impetrar o mandado de segurança para defender os interesses da própria instituição. Contudo, seu dever vai mais além quando

> um menor, ou um doente mental, tenha direito líquido e certo lesionado pelo Fisco, e eventualmente não tenha pai, nem mãe, nem tutor, ou curador, que o represente, para a defesa de seus direitos. Em tais situações especialíssimas, pode e deve o Ministério Público impetrar mandado de segurança na defesa do incapaz. (*Mandado de segurança em matéria tributária*, p. 75.)

Outrossim, assevera o Código de Processo Civil:

> Art. 84 – Quando a lei considerar obrigatória a intervenção do Ministério Público, a parte promover-lhe-á a intimação sob pena de nulidade do processo.

Portanto, não há como negar a importância da manifestação de um membro do Ministério Público. Entrementes, a Lei 1.533/51 dispõe simplesmente "ouvido o representante do Ministério Público", não ficando claro se basta sua intimação para o desenrolar do processo ou se é preciso sua efetiva manifestação.

Obviamente, dúvidas seriam levantadas, como o são hoje, e, para saná-las, pretendemos nos apoiar na jurisprudência dominante do Superior Tribunal de Justiça:

> **Mandado de segurança. Ministério Público. Lei 1.533, de 1.º/12/51, art. 10. Aplicação.** I – Em mandado de segurança, não basta a intimação do Ministério Público, é necessário o seu efetivo pronunciamento. II – Embargos de divergência conhecidos e recebidos (EDiv no REsp 9.721-8-AM, STJ, Corte Especial, Antônio de Pádua Ribeiro, maioria, 30/3/1995 – *DJU* de 5/2/1996). (*Apud* Cassone, Vittorio e Cassone, Maria Eugênia Teixeira, *Processo tributário – teoria e prática*, p. 319.)

Condicionar o andamento do processo à manifestação pode, verdadeiramente, desvirtuar um dos grandes intuitos do mandado de segurança: a celeridade. Se a sentença tomada ocorrer com a intimação, mas sem a manifestação do Ministério Público, então se pode dizer que a decisão será nula.

Contrariamente ao posicionamento adotado, Hugo de Brito Machado, em estudo aprofundado acerca da matéria veiculada pela Lei 1.533/51, fincou sua certeza:

> A lei há de ser interpretada, como qualquer lei, em consonância com a Constituição, e assim não é razoável admitir-se que o processo de mandado de segurança fique a depender de manifestação do Ministério Público. Basta, para atendimento da lei, seja este intimado a manifestar-se, e se aguarde o prazo de cinco dias. Findo esse prazo, o juiz deve decidir, com ou sem aquela manifestação. (*Mandado de segurança em matéria tributária*, p. 83.)

Acompanhando esse raciocínio, Hugo de Brito Machado Segundo também expõe sua opinião, acrescentando que a falta de manifestação não só não é prejudicial à decisão final do processo, bem como não gera nenhum inconveniente quando do recebimento da inicial.

> Embora seja comum se formular pedido, na inicial do mandado de segurança, para que o Ministério Público emita parecer, esse pedido não é essencial. Sua falta não altera em nada o recebimento da inicial, nem muito menos o julgamento dos demais pedidos nela formulados. É a lei que determina seja dada ao Ministério Público oportunidade de manifestação, sendo irrelevante o pedido da parte a esse respeito. (*Processo tributário*, p. 326.)

Apesar de se posicionar contrariamente às disposições jurisprudenciais, o autor pondera que a demora na manifestação do Ministério Público não chega a vetar o *mandamus* e, caso o retardamento na resposta seja demasiado, aconselha a impetração de novo mandado de segurança, dessa vez contra o membro do MP, para que este se manifeste prontamente naquela primeira ação.

> Ainda que não se chegue ao exagero de "vetar" completamente um mandado de segurança, não se pode negar que a emissão de um parecer após semanas, meses ou até mesmo anos depois da intimação ministerial praticamente retira do mandado de segurança toda a celeridade que o faz um remédio processual distinto dos demais. Uma maneira de contornar possíveis abusos, em casos extremos, é o manejo de outro mandado de segurança, dessa vez contra o membro do Ministério Público que se mostrar demasiadamente lento no desempenho de seu mister, pela omissão ilegal e abusiva no atendimento da norma contida no art. 10 da Lei 1.533/51. (*Idem*, p. 348.)

Foro competente

A ação mandamental tem o condão de fazer com que o juiz dirija uma ordem a determinada autoridade pertencente ao Poder Público. Como a clareza dessa afirmação é cristalina, logo, o interessante é saber a qual Administração estatal a autoridade está subordinada.

A importância desse conhecimento é tamanha porque, a partir daí, descobriremos por qual Justiça devemos procurar: se a Justiça Federal ou a Justiça Comum (usa-se aqui a expressão Justiça Comum em vez de Justiça Estadual simplesmente pelo motivo de não levar a entender que possa existir Justiça Municipal; trata-se, portanto, apenas de uma preferência didática).

Assim, se a autoridade coatora pertencer a órgão vinculado à esfera federal, o mandado de segurança será impetrado na Justiça Federal; se pertencer a qualquer outra esfera, seja estadual, seja municipal, a ação deverá ser encaminhada à Justiça Comum.

Pode-se dizer que, quando se tratar de autoridade administrativa envolvida com tributo federal, a competência para a distribuição da ação recairá sobre a Justiça Federal; quando envolvida com tributo estadual ou municipal, a Justiça Comum será procurada.

Nas palavras de Vittorio Cassone e Maria Eugênia Teixeira Cassone:

> Em se tratando de autoridade coatora cujo objeto é tributo federal, será competente o Foro da Justiça Federal. Se for questão afeta a tributo estadual ou municipal, será competente o Foro da Justiça Estadual, de conformidade com a Lei de Organização Judiciária do Estado. (*Processo tributário – teoria e prática*, p. 320.)

Contudo, deve-se ter cuidado redobrado com o acima exposto. Não é o tributo que determina o foro de competência do mandado de segurança, e sim a autoridade coatora.

Exemplos interessantes podem ser destacados, como no caso de um desembaraço aduaneiro que está sendo obstado pelo inspetor da Receita Federal, pois se verificou a falta de pagamento do ICMS de mercadoria trazida do estrangeiro. A autoridade coatora pertence à esfera federal, mas o tributo é de competência dos Estados. Nesse caso, uma vez escolhida a ação mandamental, esta deverá ser impetrada na Justiça Federal contra ato praticado pelo inspetor da Receita Federal (autoridade coatora), embora se trate de imposto estadual.

Em outro exemplo, conforme a EC 42/03, o ITR poderá ser cobrado e fiscalizado pelos Municípios (art. 153, § 4.º, III, CF), desde que estes optem por isso, obedecidas as disposições legais. O ITR é imposto de competência da União, mas, se autoridade administrativa de um Município pratica ou estiver na iminência de praticar ato lesivo aos direitos de um cidadão, caberá a esse contribuinte, por meio de seu advogado, impetrar mandado de segurança contra o ato. Sendo a autoridade coatora do Município, logo, independentemente da competência do imposto, a ação será recebida pela Justiça Comum.

Tais afirmações foram abalizadas por Hugo de Brito Machado:

> Se a impetração é dirigida contra ato da autoridade federal, a competência será da Justiça Federal, ainda que se questione exigência de imposto estadual.
>
> [...]
>
> Se a impetração é dirigida contra autoridade estadual, ou municipal, a competência será da Justiça Estadual, ainda que eventualmente se discuta exigência de tributo federal. (*Mandado de segurança em matéria tributária*, p. 31.)

Descoberta a Justiça à qual será encaminhada a ação mandamental, a indagação agora recai sobre o foro no qual tramitará o processo.

Diferentemente das ações sob o rito ordinário, que têm como regra o domicílio do autor, em se tratando de mandado de segurança, a regra é o local do ato ou fato coator. E não poderia ser diferente, pois, se é a autoridade administrativa que condiciona o local da impetração da ação, logo, o foro que receberá a petição inicial é aquele que compreende a região onde se encontra a sede do órgão administrativo no qual trabalha a autoridade coatora.

Portanto, há duas regras de endereçamento distintas, de acordo com a ação: as ações que seguem o rito ordinário, tais quais a declaratória ou a anulatória, deverão ser propostas no foro que compreende o domicílio do autor, dentro de seu limite jurisdicional; já para o mandado de segurança, o importante é identificar onde ocorreu o ato ou fato coator, independentemente do domicílio do autor.

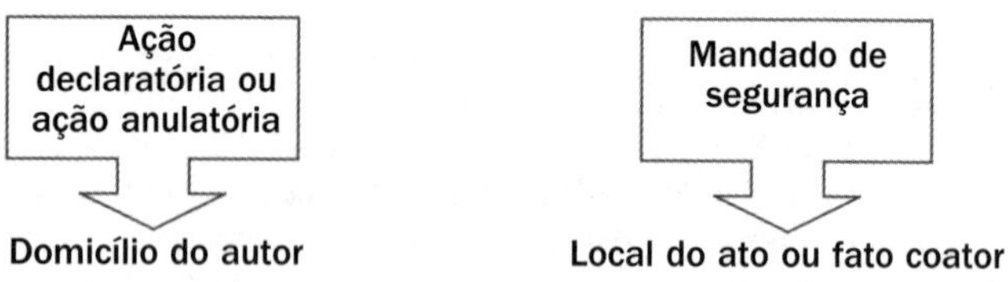

Autoridades coatoras específicas

Existem regras constitucionais que indicam os tribunais competentes para julgar o mandado de segurança de acordo com o cargo ocupado pela autoridade coatora.

Cabe ao *Supremo Tribunal Federal* julgar mandado de segurança quando a autoridade coatora for (art. 102, I, *d*, CF):

- o presidente da República;
- as Mesas da Câmara dos Deputados e do Senado Federal;
- o Tribunal de Contas da União;
- o procurador-geral da República;
- o próprio Supremo Tribunal Federal.

É de competência do *Superior Tribunal de Justiça* julgar mandado de segurança quando a autoridade coatora for (art. 105, I, *b*, CF):

- ministro de Estado;
- comandante da Marinha;
- comandante do Exército;
- comandante da Aeronáutica;
- o próprio Superior Tribunal de Justiça.

Compete aos *Tribunais Regionais Federais* julgar mandado de segurança quando a autoridade coatora for (art. 108, I, *c*, CF):

- juiz federal;
- o próprio Tribunal Regional Federal.

Cabe aos *Tribunais de Justiça* (Tribunais Estaduais) julgar mandado de segurança quando a própria Constituição do Estado indicar autoridades administrativas específicas (art. 125, § 1.º, CF).

Em *todos os outros casos* em que as autoridades são diferentes das acima relacionadas, o mandado de segurança deve ser impetrado perante o *Juiz Singular*.

Mandado de segurança individual e coletivo

Com a finalidade de facilitar o acesso ao juízo, a atual Constituição criou uma nova modalidade de mandado de segurança: o mandado de segurança coletivo.

Aliás, tal modalidade não só facilita o acesso ao juízo, uma vez que possibilita a pessoas jurídicas valerem-se da ação para proteger direitos daqueles que delas fazem parte, como também é um meio de amenizar a multiplicação de mandados de segurança individuais que possuam a mesma pretensão. (Entendimento já exposto por Alexandre de Moraes, *Direito Constitucional*, p. 147.)

Hugo de Brito Machado Segundo vai além e, de forma precisa, leciona:

> Essa legitimação é elogiável por várias razões. Primeiro, torna prescindível a utilização de inúmeros mandados de segurança semelhantes, por cada um dos interessados, que multiplicaria desnecessariamente o trabalho do Poder Judiciário e das partes, ensejando ainda, eventualmente, a prolação de decisões diferentes. Segundo, torna viável a defesa de direitos de pessoas que, seja pelo ônus de uma demanda judicial, seja por desinformação, não buscariam essa defesa individualmente. Terceiro, porque dá maior força, e maior utilidade, às entidades coletivas, notadamente as não dotadas de poder estatal, o que é conveniente para a instituição de um regime democrático. E, finalmente, porque toda a forma de ampliar o rol daqueles dotados de legitimidade para reclamar a efetividade da ordem jurídica consiste em um aperfeiçoamento indiscutível desta, saudável sob todos os aspectos. (*Processo tributário*, p. 320.)

Exsurge daí que uma tese argumentada no mandado de segurança coletivo também poderia ser argumentada no mandado de segurança individual. Portanto, a diferença entre ambos não se encontra nesse argumento.

Percebe-se que qualquer pessoa (física ou jurídica) pode valer-se do mandado individual, desde que, claro, demonstre a ela pertencer o direito líquido e certo, enquanto apenas algumas pessoas elencadas pela Constituição Federal têm legitimidade para impetrar o mandado coletivo.

> Art. 5.º, LXX – o mandado de segurança coletivo pode ser impetrado por:
>
> a) partido político com representação no Congresso Nacional;
>
> b) organização sindical, entidade de classe ou associação legalmente constituída e em funcionamento há pelo menos um ano, em defesa dos interesses de seus membros ou associados.

Partidos políticos

A própria Constituição Federal impõe de plano uma condição para que os partidos políticos estejam legitimados a impetrar o *mandamus*. Assim, não basta que um partido político esteja de acordo com a Lei 9.096, de 19 de setembro de 1995 (Lei Orgânica dos Partidos Políticos); ele deve possuir representação no Congresso Nacional. Isso significa que pelo menos um filiado ao partido político tem de ser ou deputado federal ou senador. Essa é a característica da representatividade que impõe a Constituição.

> No tocante aos partidos políticos, bastará a existência de um único parlamentar na Câmara ou Senado, filiado ao partido, para que se configure a "representação no Congresso Nacional". (Lenza, Pedro, *Direito Constitucional esquematizado*.)

Nesse ponto, doutrina e jurisprudência caminham na mesma direção, o que já não se pode afirmar quando a questão envolve qual direito dos filiados ao partido político poderia ser abarcado pelo *writ*: se apenas os direitos relacionados aos fins próprios da entidade ou, de forma mais ampla, qualquer direito de interesse difuso ou coletivo da sociedade. Ensina Lúcia Valle Figueiredo:

> [...] o direito coletivo, como o próprio nome está a indicar, concerne à série de "interesses" ou direitos de determinada classe. [São exemplos] os interesses dos advogados, defendidos, tutelados, pelas associações de classe. Ainda, em linha de exemplo, os direitos de determinadas categorias profissionais, reunidas em associações ou sindicatos. Estes são os direitos coletivos pertencentes a determinadas classes sociais, em seu conjunto.
>
> Doutra parte, difusos [...] são aqueles direitos mais esmaecidos, mais diluídos, cujos titulares não se podem identificar desde logo. É o direito difuso o de cada um e de todos. (*Mandado de segurança*, p. 32.)

Abalizadíssima doutrina enxerga de modo bastante abrangente, confirmando que o mandado de segurança impetrado pelos partidos políticos pode proteger muito mais que os direitos de seus filiados e abraçar os interesses de toda uma população. Alexandre de Moraes fixa seu entendimento:

> Ora, se todo o poder emana do povo, que o exerce por meio de representantes eleitos diretamente, nos termos da Constituição (CF, art. 1.º, parágrafo único), sendo indispensável para o exercício da capacidade eleitoral passiva (*elegibilidade*) o alistamento eleitoral (CF, art. 14, § 3.º, III), a razão de existência dos partidos políticos é a própria subsistência do *Estado Democrático* de Direito e da preservação dos direitos e garantias fundamentais (CF, art. 1.º, V – consagra o pluralismo político como um dos fundamentos da República Federativa do Brasil). Nesta esteira de raciocínio, o legislador constituinte pretende fortalecê-los concedendo-lhes legitimação para o mandado de segurança coletivo, para a defesa da própria sociedade contra atos ilegais ou abusos por parte da autoridade pública. Cercear essa legitimação somente para seus próprios interesses ou de seus filiados é retirar dos partidos políticos a característica de essencialidade em um Estado Democrático de Direito e transformá-lo em mera associação privada, o que, certamente, não foi a intenção do legislador constituinte. (*Direito Constitucional*, p. 149-50.)

Cremos, inclusive, que esse posicionamento deva ganhar cada vez mais adeptos, especialmente quando deparamos com o dispositivo da Lei 9.096/95:

Art. 1.º – O partido político, pessoa jurídica de direito privado, destina-se a assegurar, no interesse do regime democrático, a autenticidade do sistema representativo e a defender os direitos fundamentais definidos na Constituição Federal.

Observa-se que a lei dispôs sobre a função dos partidos políticos de defender os direitos fundamentais; maior amplitude, portanto, não há. (Lúcia Valle Figueiredo também firma sua opção de modo mais abrangente, partindo justamente do artigo 1.º da Lei Orgânica dos Partidos Políticos. *Mandado de segurança*, p. 43.)

Além disso, a Constituição asseverou apenas para as entidades de classe, sindicatos e associações que o mandado coletivo impetrado por elas surgirá sempre em defesa dos interesses de seus membros ou associados, restrição essa colocada de maneira explícita pelo constituinte originário.

Todavia, tal restrição não remonta aos partidos políticos, pois, se assim também fosse a pretensão da Carta Magna, certamente teria sido indicada.

Verifica-se, de conseguinte, com clareza solar, que, no atinente aos partidos políticos, *qualquer restrição expressa veio no texto constitucional.*

Em outro falar: na medida em que as associações e sindicatos podem impetrar mandado de segurança coletivo em defesa dos interesses de seus membros ou associados, os *partidos políticos* não conhecem restrições constitucionais. Ou, por outra, *a proteção não será apenas para os filiados do partido*, muito pelo contrário.

Devemos buscá-las, as restrições, no contexto constitucional e não na própria razão de existência dos partidos políticos. (Figueiredo, Lúcia Valle, *Mandado de segurança*, p. 42.)

Entrementes, o Superior Tribunal de Justiça não vem acolhendo esse raciocínio e determina:

Quando a Constituição autoriza um partido político a impetrar mandado de segurança coletivo, só pode ser no sentido de defender os seus filiados e em questões políticas, ainda assim, quando autorizado por lei ou pelo estatuto. Impossibilidade de dar a um partido político legitimidade para vir a Juízo defender 50 milhões de aposentados, que não são, em sua totalidade, filiados ao partido político e que não autorizaram o mesmo a impetrar mandado de segurança em nome deles. (Decisão demonstrada em nota de rodapé por Pedro Lenza, *Direito Constitucional esquematizado*, p. 443. A mesma decisão mereceu maior destaque na obra de Alexandre de Moraes, *Direito Constitucional*, p. 149.)

Confrontando esse posicionamento quando se fala que o impetrante é *sindicato*, *entidade de classe* ou *associação*, verifica-se agora uma decisão mais amena dos superiores tribunais:

O objeto do mandado de segurança coletivo será um direito dos associados, independentemente de guardar vínculo com os fins próprios da entidade impetrante do *writ, exigindo-se, entretanto, que o direito esteja compreendido na titularidade dos associados e que exista ele em razão das atividades exercidas pelos associados, mas não se exigindo que o direito seja peculiar, próprio, da classe* (STF – Pleno, RExt 181.438-1/SP – rel. min. Carlos Velloso, decisão: 28/6/1996). (*Apud* Moraes, Alexandre de, *Direito Constitucional*, nota de rodapé, p. 148 – destaque nosso.)

Organização sindical, entidade de classe e associações

A Constituição legitima ainda, para a impetração do mandado de segurança, também os sindicatos, as entidades de classe e as associações, exigindo que estas últimas, para a legitimação plena, estejam constituídas e em funcionamento há pelo menos um ano.

> O Supremo Tribunal Federal, interpretando o inc. LXX do art. 5.º da CF, afirmou a legitimidade do sindicato para impetrar mandado de segurança coletivo independentemente de comprovação de um ano de constituição e funcionamento, entendendo que *o mandado de segurança coletivo pode ser impetrado por partido político com representação no Congresso Nacional, por organização sindical e por entidade de classe, independentemente do prazo de constituição, sendo tal condição válida somente em relação à associação.* (Previtalli, Cleide Cais, *O processo tributário,* p. 389.)

Tão-somente como indicativo, cumpre observar que o entendimento do STF não é unânime, acreditando Alexandre de Moraes (*Direito Constitucional*, p. 148) que o sindicato, assim como a entidade de classe e a associação, para impetrar o mandado coletivo, deve possuir três requisitos: estar legalmente constituído, estar funcionando há pelo menos um ano e pleitear a defesa do interesse de seus membros ou associados.

Trocando o foco de observação, poderia surgir dúvida em saber quando integrantes dos sindicatos, entidades de classe ou associações estariam representados em uma possível ação mandamental. Será necessária uma autorização específica de cada integrante ("A entidade de classe tem legitimação para o mandado de segurança ainda quando a pretensão veiculada interesse apenas a uma parte da respectiva categoria" – Súmula 630, STF) ou bastaria uma autorização genérica? Ou não há necessidade de qualquer tipo de autorização?

Primeiro, não seria exatamente um caso de representação, e sim, mais precisamente, de substituição processual. Confirma o entendimento decisão advinda do Plenário do STF:

> Em se tratando de mandado de segurança coletivo, esta Corte já firmou o entendimento de que, em tal caso, a entidade de classe ou associação é parte legítima para impetrá-lo, ocorrendo, neste caso, substituição processual.
>
> Na substituição processual, distingue-se o substituto como parte em sentido formal e os substituídos como partes em sentido material, por serem estes, embora não integrando a relação processual, titulares do direito que, em nome próprio, é defendido pelo substituto. Assim, enquadrando-se no art. 134, I, do CPC, as hipóteses de substituto processual e de substituído processual, embora este formalmente não seja parte. (*Apud* Cassone, Vittorio e Cassone, Maria Eugênia Teixeira, *Processo tributário – teoria e prática*, p. 346-7.)

Segundo, quanto à autorização, destaque-se a Súmula 629 do STF:

> A impetração de mandado de segurança coletivo por entidade de classe em favor dos associados independe da autorização destes.

No entanto, não se deve interpretar de supetão o exarado pelo tribunal, para não incorrer em erro e entender que, de acordo com a súmula, existe a permissão para o ingresso da ação independentemente de qualquer autorização.

Não é exatamente assim que a jurisprudência acolhe. O que se quis dizer é que não será necessária autorização específica de cada integrante ou associado; poderá ser uma autorização genérica, seja ela estabelecida após um referendo em Assembléia Geral, seja quando já estiver disposta nos estatutos do sindicato, da entidade de classe ou da associação. Quanto ao referendo, afirma Lúcia Valle Figueiredo:

> Pode, ainda, acontecer, na hipótese de não ter sido a autorização dada anteriormente, que a premência da matéria (em casos específicos) impeça assembléia anterior à propositura da ação, considerando-se os prazos de convocação, etc. Nesta hipótese, especialíssima, como já afirmado, a convocação da assembléia servirá para a prova primeira da autorização. Na verdade, a associação estará agindo *ad referendum* de seus associados. (*Mandado de segurança*, p. 40-1.)

Assim, se a impetração do mandado de segurança coletivo exsurge da necessidade de proteger direitos comuns àqueles que integram suas respectivas categorias (sejam sindicatos ou associações) relacionados com os fins da instituição,

> o Supremo Tribunal Federal não exige das associações prévia e específica autorização dos associados para o ajuizamento do mandado de segurança, bastando uma autorização genérica constante em seus estatutos sociais. (Moraes, Alexandre de, *Direito Constitucional*, p. 150.)

Edson Cosac Bortolai esclarece:

> O mandado de segurança individual deve ser promovido diretamente pelo interessado ou quem o represente, e só ao impetrante aproveita; o mandado de segurança coletivo deve ser promovido por partido político com representação no Congresso Nacional (ou seja, que tenha eleito deputado ou senador), organização sindical (sindicatos), entidade de classe (OAB, CRM, Creci, etc.) ou associação legalmente constituída e em funcionamento há pelo menos um ano (Associação dos Advogados de São Paulo, Associação dos Magistrados, etc.), e aproveita a todos, ou aos associados do sindicato, entidade classista ou associação, dependendo de quem tenha sido a entidade impetrante. (*Manual de prática forense civil*, p. 986.)

Em resumo, é possível diferenciar o mandado de segurança individual do coletivo especialmente segundo os aspectos abaixo:

MANDADO DE SEGURANÇA

	Individual	**Coletivo**
Legitimidade	Pessoa física ou jurídica (interessado ou quem o represente).	– Partidos políticos com representação no Congresso Nacional. – Sindicatos, entidades de classe ou associações legalmente constituídos e em funcionamento há pelo menos um ano.

Continua

Continuação

Autorização	Expressa e específica.	Genérica ou expressa.
Direito protegido	Ação promovida em nome próprio para defender direito próprio.	Ação promovida em nome próprio para defender direito alheio.

Beneficiários e efeitos da sentença do mandado de segurança coletivo

Para o mandado de segurança individual, abordar os beneficiários e os efeitos da sentença não teria grande relevância, pois cabe apenas ao interessado impetrar o *writ* e, portanto, os efeitos da sentença somente dirão respeito ao próprio impetrante.

Por outro lado, da sentença proveniente de um mandado de segurança coletivo, facilmente questionaríamos quem serão os beneficiários e qual a extensão da decisão do juiz.

Celso Agrícola Barbi, citado por Alexandre de Moraes, indica que os beneficiários de uma sentença do MS coletivo serão todos aqueles que fizerem parte do quadro de associados, pouco importando se estes tomaram parte da instituição antes da impetração do *mandamus* ou já no curso desta. Interessa, sim, que as pessoas estejam filiadas, bem como apresentem as mesmas características desenvolvidas na petição exordial, ou seja, encontrem-se em situação equivalente àquela que ensejou o remédio constitucional. Barbi ainda completa:

> No mandado de segurança coletivo não haverá necessidade de constar na petição inicial os nomes de todos os associados ou filiados, uma vez que não se trata de litisconsórcio ativo em mandado de segurança individual. A situação individual de cada um deverá ser analisada no momento de execução da sentença, devendo a autoridade impetrada, ao cumprir a decisão judicial, exigir que cada beneficiário comprove pertencer à entidade beneficiária, bem como se encontra na situação fática descrita no mandado de segurança coletivo. (*Apud* Moraes, Alexandre de, *Direito Constitucional*, p. 152.)

Dissertando sobre a mesma matéria, Lúcia Valle Figueiredo (*Mandado de segurança*, p. 50) afirma que é necessário fazer uma distinção preliminar. Para a ação impetrada por organização sindical, a decisão dela proveniente atingirá toda a categoria, pois o sindicato resguarda não só seus filiados, mas a categoria inteira (art. 513, CLT). Por outro lado, caso se trate de associação como pólo ativo, os efeitos da decisão dessa ação somente repercutirão sobre os integrantes pertencentes à impetrante, mesmo porque poderá haver diversas associações de uma mesma classe, como se denota, por exemplo, da presença do Instituto dos Advogados e da Associação dos Advogados.

Para completar as ilações, deve-se reconhecer a formação da coisa julgada para as ações mandamentais coletivas. Segundo a mesma autora anteriormente citada, em companhia, agora, de Cleide Previtalli Cais, é o Código de Defesa do Consumidor, em seu artigo 103, que trará as respostas mais adequadas. Se a decisão do MS for procedente, far-se-á coisa julgada; se improcedente, a coisa julgada só se formará como óbice a um novo mandado de segurança coletivo, porém não evitará a impetração de um mandado de segurança para proteger direito líquido e certo individual.

Isso significa que, diante de sentença que julgue a ação coletiva improcedente, não será admitida nova ação coletiva em favor do grupo, classe ou categoria, atingindo seus membros enquanto filiados, podendo, todavia, a ação ser proposta individualmente pelos interessados, como consta no § 1.º do art. 103. O inc. II do art. 103 do Código de Defesa do Consumidor guarda aplicação ao mandado de segurança coletivo impetrado com fundamento na alínea *b* do inc. LXX do art. 5.º da CF, típica hipótese de defesa de interesses de determinadas coletividades. (Cais, Cleide Previtalli, *O processo tributário*, p. 402-3.)

Mandado de segurança preventivo e repressivo

Conforme já demonstrado, o mandado de segurança atende à legislação própria, que dispõe sobre suas características e apresenta procedimento peculiar, segundo o qual a ação deve se desenrolar. Trata-se da Lei 1.533/ 51.

Art. 1.º – Conceder-se-á mandado de segurança para proteger direito líquido e certo, não amparado por *habeas corpus*, sempre que, ilegalmente ou com abuso de poder, alguém sofrer violação ou houver justo receio de sofrê-la por parte de autoridade, seja de que categoria for ou sejam quais forem as funções que exerça.

De todas as informações trazidas por esse artigo, falta trazer à baila as discrepâncias e congruências dos mandados de segurança preventivo e repressivo, classificação essa adotada pela indicação da lei que possibilita a impetração da ação quando houver violação de direito ou mero receio de que a violação possa ocorrer.

Apesar de a Constituição Federal não explicitar nos incisos LXIX e LXX a possibilidade de a ação mandamental vir antes ou após a lesão, tal omissão não leva a desqualificar as duas modalidades, uma vez que outro inciso do quinto constitucional já garantiu:

Art. 5.º, XXXV – A lei não excluirá da apreciação do Poder Judiciário lesão ou ameaça de direito.

Aliás, a Lei 1.533/51 não confronta nesse ponto com a Constituição Federal; ao contrário, ela reitera o dispositivo da Lei Maior.

Especialmente em matéria tributária, o uso do mandado de segurança é corriqueiro, não só por sua maior celeridade ante as demais ações, mas também porque, como a cobrança tributária está sempre vinculada à atividade administrativa, esse remédio constitucional, em face de seus requisitos (principalmente, pois dependerá de a lesão ou ameaça de lesão advir de ato praticado por autoridade coatora administrativa), se encaixa perfeitamente nas situações jurídico-tributárias.

Ora, sabendo o contribuinte que outra exação estará surgindo após alterações da legislação tributária, as quais porventura não tenham cumprido (por exemplo) com as limitações ao poder de tributar, não há motivos para aguardar que um agente tributário tome a iniciativa da cobrança fiscal; ao contrário, antevendo a situação, deve-se procurar o Poder Judiciário para evitar o ato coator que está prestes a se consumar.

Exatamente nesse sentido o Superior Tribunal de Justiça não se cansa de se pronunciar:

> Editada uma lei, mudando critérios de incidência tributária, é de se presumir que os agentes fiscais irão executá-la. Em tal hipótese, cabe mandado de segurança preventivo contra o agente fiscal – tanto mais quanto este manifesta, nas informações, o propósito de efetuar o lançamento e a cobrança malsinados. (*Apud* Marins, James, *Direito Processual Tributário brasileiro – administrativo e judicial*, p. 469.)

Portanto, o ato do lançamento, sem dúvida, terá de acontecer por meio de agente administrativo. Assim, talvez, muito melhor que ingressar com uma ação declaratória confirmando a não obrigação tributária é impetrar o mandado de segurança que se insurge exatamente contra o ato que a autoridade coatora está na iminência de praticar. Eis a necessidade de prevenção.

> [...] o mandado de segurança não se limita, como as declaratórias em geral, a veicular regra de proibição, implicando, adicionalmente, um comando canalizado à autoridade responsável pela prática do ato iminente, tudo de molde a dotar a sentença que nele (mandado de segurança) se produz de eficácia nitidamente superior: o efeito declaratório perfaz-se em mandamento diretamente endereçado à autoridade pública; é o poder (jurisdicional) limitando, de forma direta, o poder (administrativo); ao poder, ainda não exercitado, de emitir atos com especial presunção de legalidade interpõe-se o poder de desqualificar, preventivamente, tais atos, impingindo-lhes o predicativo de *coator*: esse o resultado da ação de mandado de segurança na sua via preventiva. (Santi, Eurico Marcos Diniz de, *in* Conrado, Paulo César (coord.), *Processo tributário analítico*, p. 122.)

Todavia, nem sempre o contribuinte consegue se adiantar ao lançamento, tentando evitá-lo, o que não significa, porém, que ele está desprotegido. O mandado de segurança continua presente, só que, agora, com o intuito de repreender o ato que lesionou direito líquido e certo do contribuinte, ou seja, configura-se a ação mandamental repressiva.

> Tratando-se de mandado de segurança voltado contra ato já consumado, cabe ao impetrante demonstrar que seu direito é líquido e certo mediante documentação probatória inequívoca apresentada juntamente com a vestibular. (Cais, Cleide Previtalli, *O processo tributário*, p. 312.)

Prazo para impetrar o mandado de segurança

A Lei 1.533/51 estipulou prazo de 120 dias para a impetração do mandado de segurança, conforme segue:

> Art. 18 – O direito de requerer o mandado de segurança extinguir-se-á decorridos 120 (cento e vinte) dias contados da ciência, pelo interessado, do ato impugnado.

Mais uma vez brotou discussão doutrinária sobre a indicação do prazo, pois o texto constitucional nada dispôs nesse sentido. Entre muitas outras lideranças pela validade do prazo estão Hugo de Brito Machado e Lúcia Valle Figueiredo.

> Não nos parece que o estabelecimento do prazo de 120 dias, para a impetração do mandado de segurança, implique restrição à garantia constitucional. Pelo contrário, implica seu evidente fortalecimento. [...] O mandado de segurança destina-se à proteção do direito líquido e certo. Não se compreende que o titular de um direito dessa natureza, lesado por ato de autoridade, demore mais do que 120 dias para ir a juízo defendê-lo. Quem sofre lesão a direito seu, realmente importante, vai a juízo imediatamente. (Machado, Hugo de Brito, *Mandado de segurança em matéria tributária*, p. 37.)

> De outra parte, também nos insurgimos com o posicionamento doutrinário dos que afirmam que os 120 dias, fixados pela Lei 1.533/51, seriam prazo inconstitucional. Não entendemos assim. Na verdade, 120 dias afigura-se-nos prazo suficiente para quem se sentir injustamente agredido, até porque basta o justo receio para a impetração. (Figueiredo, Lúcia Valle, *Mandado de segurança*, p. 28.)

Como o objetivo deste trabalho não é incrementar ainda mais as discussões, partimos da validade do prazo estabelecido, pois a matéria acabou sendo sumulada.

> Súmula 632, STF – É constitucional lei que fixa o prazo de decadência para a impetração do mandado de segurança.

Diz-se que o prazo de 120 dias é decadencial. Ou seria prescrição? Ou preclusão? Decadência é a resposta dada pela maioria jurisprudencial e doutrinária – por exemplo, Alexandre de Moraes:

> Esse prazo é decadencial do direito à impetração, e, como tal, não se suspende nem se interrompe desde que iniciado. (*Direito Constitucional*, p. 142.)

No entanto, há quem defenda que esses 120 dias não se encaixam em nenhuma das definições, como Hugo de Brito Machado, citando Alfredo Buzaid:

> O prazo para impetrar o mandado de segurança não é prazo preclusivo, porque ele não se verifica no curso do processo, tampouco é de prescrição ou decadência, porque não fere mortalmente o direito material, que remanesce imprejudicado, podendo ser pleiteado por via ordinária. O prazo é extintivo de uma faculdade pelo seu não exercício dentro de cento e vinte dias, contados da ciência do ato a ser impugnado. Não se justifica, pois, recorrer aos conceitos de prescrição, de decadência e de preclusão, para explicar a natureza do prazo, quando a própria lei subministra a idéia correta, que é de extinção do direito de requerer mandado de segurança. (*Mandado de segurança em matéria tributária*, p. 34.)

Vencida a primeira indagação, outra dúvida poderia surgir: o prazo tem validade para os mandados de segurança preventivo e repressivo?

Cremos que a própria lei já trouxe a resposta em seu artigo 18, uma vez que o prazo deve ser contado da ciência, pelo interessado, do ato impugnado. Assim, se o prazo só pode ser contado após o ato a ser impugnado, é porque já foi praticado e, dessa forma, não há mais que se falar em medida preventiva, mas sim em medida repressiva.

Afirma Hugo de Brito Machado:

> Não nos parece [...] que se deva cogitar da extinção do direito à impetração, pelo decurso do prazo legalmente estabelecido, em se tratando de impetração preventiva. Ameaça não é ato impugnado. Ameaça apenas cria um receio justo de que o ato lesivo venha a ser praticado. (*Mandado de segurança em matéria tributária*, p. 41.)

E James Marins não deixa dúvidas no ar:

> Com efeito, se o pretenso prazo decadencial de 120 dias conta-se da ciência do ato viciado, em situação preventiva, havendo apenas expectativa de que o ato venha a ser praticado, não há sequer que se cogitar da incursão decadencial, como acertadamente tem decidido nossos tribunais. (*Direito Processual Tributário brasileiro – administrativo e judicial*, p. 472-3.)

Embora o autor reitere o acerto dos tribunais, segundo ele próprio, o prazo de 120 dias não poderia ser introduzido por legislação infraconstitucional, pois, dessa forma, a Lei 1.533/51 "extrapola os muros técnicos de sua competência em face da Constituição".

Assim, os 120 dias de prazo correspondem ao período para a impetração do mandado de segurança repressivo e a contagem terá início ou na data da publicação do ato em *Diário Oficial*, ou na data da notificação pessoal do ato a ser impugnado.

> "O prazo para impetrar mandado de segurança, que é de cento e vinte dias, começa a fluir da ciência, pelo interessado, do ato a ser impugnado" (Lei 1.533/51, art. 18). Geralmente conta-se o prazo a partir da publicação no *Diário Oficial* ou pela notificação individual do ato a ser impugnado, que lesa ou ameaça violar direito líquido e certo. (Buzaid, Alfredo, *apud* Moraes, Alexandre de, *Direito Constitucional*, p. 143.)

MANDADO DE SEGURANÇA

	Individual		Coletivo	
	Preventivo	**Repressivo**	**Preventivo**	**Repressivo**
Ato coator	Antes	Depois	Antes	Depois
Prazo	Não tem	120 dias	Não tem	120 dias

Medida liminar

Estando claro acerca do cabimento do mandado de segurança, sendo este uma ação de iniciativa do contribuinte, como já visto, tratar-se-á de uma petição inicial.

Pois bem, recebida a ação mandamental, o juiz deverá promover sua primeira manifestação, despachando a inicial. Nesse despacho constará a notificação da autoridade coatora para que esta tome conhecimento do conteúdo da ação e preste as informações condizentes à prática do ato coator (art. 7.º, I, Lei 1.533/51).

Nesse mesmo despacho, o ato que deu motivo ao pedido poderá ser suspenso, quando for relevante o fundamento e do ato impugnado puder resultar a ineficácia da medida, caso seja deferida (art. 7.º, II, Lei 1.533/51).

Assim, verifica-se desde logo a diferença entre os requisitos para conceder a segurança e os requisitos para conceder liminarmente a suspensão do ato coator.

Para que o pedido da ação seja julgado procedente, é porque o autor conseguiu demonstrar claramente a liquidez e a certeza do direito que a ele pertencia. No entanto, antes da decisão final, se foram demonstrados os relevantes fundamentos do direito e o receio de iminente dano, a suspensão do ato já fora deferida pelo juiz.

Nesse sentido, as palavras de James Marins são cristalinas:

> É inegável que exigir relevância do fundamento e risco na demora é exigir menos que liquidez e certeza do direito; entretanto, os primeiros pressupostos (infraconstitucionais) são exigidos como requisitos positivos para a concessão liminar da ordem e os segundos (constitucionais) são requisitos positivos para a concessão definitiva da ordem. (*Direito Processual Tributário brasileiro – administrativo e judicial*, p. 474.)

Portanto, é importante destacar:

REQUISITOS	
Concessão da medida liminar	**Concessão da segurança definitiva**
Fumus boni iuris e *periculum in mora*	Liquidez e certeza do direito

Interessante notar que alguns doutrinadores, ao interpretarem a lei, apontam que, presentes os requisitos para a suspensão do ato, ainda que o autor não a peça por medida liminar, deverá o juiz de ofício concedê-la. É o caso de Hugo de Brito Machado, que, sustentando seu posicionamento, traz os comentários de Sérgio Sahione Fadel:

> A lei do mandado de segurança, no art. 7.º, II, não faz qualquer menção à necessidade desse pedido específico. E como a liminar é medida de cautela, que o juiz, na sistemática da legislação processual, pode deferir *ex officio* (vide, a propósito, os arts. 266 e 793 do CPC), não se compreende como possa estar subordinada a eventual requerimento do interessado, o que consistiria, em última análise, em terceira condição à sua concessão, estranha à lei e à índole do instituto. (*Mandado de segurança em matéria tributária*, p. 119-20.)

Relevante fundamento do direito

A expressão "relevante fundamento" é apontada pela Lei 1.533/51 como um dos requisitos que devem ser demonstrados ao juiz para que a medida liminar seja concedida.

No entanto, pergunta-se: o que é relevante fundamento do direito? O que é factível de ser observado pelo magistrado que o leve a entender que a ordem jurídica foi violada ou está prestes a sofrer violação?

O que se pretende apresentar é algum ponto importante que se assemelhe ao exposto pelo ordenamento jurídico. Trata-se da aparência do bom direito, da tão famosa tradução "fumaça do bom direito" (*fumus boni iuris*).

Relevante fundamento de direito, parece-nos, é toda matéria pautada em jurisprudência, em renomada doutrina, nas leis. Contudo, se se tratar de matéria de discussão inédita, não por isso deixará de ser relevante, mas, para ser abordada, necessitará de um trabalho meticuloso, a fim de introduzir o juiz no raciocínio.

Hugo de Brito Machado contribui para esclarecer ainda mais o significado do primeiro requisito da liminar:

> Os precedentes jurisprudenciais, sobretudo quando emanados de tribunais superiores, constituem fundamento relevante. Também a doutrina autorizada, reconhecida pela comunidade jurídica, constitui fundamento relevante. Isto, porém, não quer dizer que somente se possa considerar relevante o fundamento do pedido que esteja escorado na jurisprudência, ou na doutrina. Situações ainda não levadas a exame do Judiciário, e ainda não objeto de atenção dos doutrinadores, eventualmente podem ensejar a impetração de mandado de segurança em cuja inicial o impetrante consegue desenvolver bons argumentos, capazes de ensejar o deferimento de medida liminar. (*Mandado de segurança em matéria tributária*, p. 114-5.)

Ora, mas se está descrevendo partes que fundamentam a aparência do bom direito, logo, se está também, de uma forma ou de outra, fundamentando a própria causa de pedir da ação mandamental, ou seja, falando do mérito da demanda.

> Como se vê, o exame da relevância da fundamentação confunde-se com um exame – ainda que provisório – do próprio mérito da impetração. Por essa razão, não nos parece adequado separar o julgamento "liminar" de um julgamento "de mérito". A decisão final não se opõe à decisão liminar por questões "de mérito", mas sim pela natureza acautelatória, e essencialmente provisória, da segunda. (Machado Segundo, Hugo de Brito, *Processo tributário*, p. 330-1.)

Receio da ineficácia da sentença

Agora, por mais relevante que seja o fundamento jurídico demonstrado, a medida liminar apenas deverá ser deferida pelo juiz quando, concomitantemente, o ato praticado ou a ser praticado pela autoridade administrativa resultar em dano irreversível ou de difícil reversão.

Apesar de concordar com a necessidade de a dupla de requisitos apresentar-se ao mesmo tempo, Hugo de Brito Machado Segundo faz uma ressalva, argumentando que,

> em situações peculiares, essa exigência pode ser flexibilizada. A presença em maior intensidade de um deles pode justificar um menor rigor quanto ao outro. Assim, por exemplo, havendo fumaça do bom direito evidentíssima (*v.g.*, decisões pacíficas e reiteradas do Plenário do STF considerando inválido o tributo impugnado no *writ*), a medida pode ser concedida ainda

que o perigo da demora não esteja presente de modo tão claro. Do mesmo modo, estando o perigo da demora presente em altíssima intensidade, sendo certa e iminente a consumação de danos absolutamente irreparáveis, e não havendo o chamado perigo da demora inverso, a medida pode ser deferida sem um exame mais acurado da relevância dos fundamentos invocados pelo impetrante. (*Processo tributário*, p. 332.)

Segundo Hugo de Brito Machado,

Para o deferimento da liminar não basta a relevância dos fundamentos do pedido. É preciso que estejam presentes os dois pressupostos, vale dizer, a relevância dos fundamentos do pedido e o perigo de ineficácia da sentença que venha deferir a segurança. (*Mandado de segurança em matéria tributária*, p. 115.)

Daí se compreende por que a liminar deve ser concedida desde logo, pois, ao se aguardar tão-somente a sentença, os efeitos produzidos por esta simplesmente não existirão (quando o dano for irreversível), ou os efeitos só serão produzidos após longo caminho de restauração dos prejuízos ocorridos com o impetrante.

Por assim dizer, não é razoável admitir tenha primeiro o impetrante de sofrer o dano para depois remediar a lesão (*solve et repete*). Toda vez que houver perigo de que a demora da sentença cause ou possa causar dano irreparável ou não, estaremos diante do segundo requisito para a concessão da liminar, qual seja, o *periculum in mora*.

Exemplo típico de dano irreparável se dá quando um contribuinte tem sua mercadoria perecível apreendida ilegalmente por autoridade do Poder Público. Uma vez impetrado o mandado de segurança, logicamente a liminar deve ser concedida, pois, se assim não for, até que se conceda em definitivo a segurança ao autor, o efeito da sentença (liberar a mercadoria) de nada mais lhe valerá, justamente pela característica de consumo imediato da mercadoria – afinal, esta já não mais poderá ser comercializada, uma vez que sua validade se terá esgotado.

Por outro lado, como visto, não é preciso chegar ao ápice de o dano ser irreparável. O dano causado ou prestes a acontecer, mesmo que possa ser restaurado, já justifica medida de proteção imediata.

A ineficácia da sentença que defere o mandado de segurança não ocorre apenas quando o dano decorrente do ato impugnado seja irreparável. Para que se possa afirmar tal ineficácia, basta que a sentença que defere o mandado de segurança não tenha aptidão de, ela própria, corrigir ilegalidade de modo útil, vale dizer, determinando desde logo a reparação do dano. (Machado, Hugo de Brito, *Mandado de segurança em matéria tributária*, p. 116.)

Exemplo tradicional, em matéria tributária, ocorre quando se mantém a exigibilidade de um tributo, claramente violador de princípios constitucionais, obrigando o contribuinte a efetuar o pagamento, para apenas após a liquidação do crédito intentar ação para restituir os valores pagos indevidamente. O acontecimento já é motivo bastante para demonstrar que, embora exista a possibilidade de reparação, o caminho a ser percorrido até chegar à recomposição *a quo* é suficientemente longo e penoso, pois será necessária nova ação judicial (ação de repetição do indébito).

> Deve-se lembrar, primeiro, que a liminar é medida destinada a assegurar a eficácia da sentença que, posterior e eventualmente, venha a conceder a segurança. A possibilidade de o impetrante sofrer "danos irreparáveis", por isso mesmo, deve ser avaliada à luz da sentença do mandado de segurança, e não em face de possíveis reparações a serem obtidas através de outras ações. Danos irreparáveis são todos aqueles danos que a sentença do mandado de segurança não seja capaz, ela própria, de corrigir. (Machado Segundo, Hugo de Brito, *Processo tributário*, p. 331.)

Além disso, dado provimento ao pedido da nova ação, a Fazenda Pública ressarcirá, sim, os valores ao contribuinte, desde que obedecida a ordem cronológica dos precatórios, conforme disposto pela Constituição Federal:

> Art. 100 – À exceção dos créditos de natureza alimentícia, os pagamentos devidos pela Fazenda Federal, Estadual ou Municipal, em virtude de sentença judiciária, far-se-ão exclusivamente na ordem cronológica de apresentação dos precatórios e à conta dos créditos respectivos, proibida a designação de casos ou pessoas nas dotações orçamentárias e nos créditos adicionais abertos para este fim.

Vigência da liminar

Na Lei 1.533/51, que trata do mandado de segurança, não se encontra nenhum dispositivo acerca da vigência da medida liminar. Apenas em 1964, com o advento da Lei 4.348, é que surgiu a seguinte regra:

> Art. 1.º – Nos processos de mandado de segurança serão observadas as seguintes normas:
>
> [...]
>
> b) a medida liminar somente terá eficácia pelo prazo de 90 (noventa) dias a contar da data da respectiva concessão, prorrogável por 30 (trinta) dias quando provadamente o acúmulo de processos pendentes de julgamento justificar a prorrogação.

Em outras palavras, concedida a liminar, esta só manteria seus efeitos até 120 dias após o despacho do juiz que a deferiu.

Tão logo surgiu a regra, começaram os debates a respeito dos casos em que, passado o prazo máximo de 120 dias da concessão da liminar, os requisitos do *fumus boni iuris* e do *periculum in mora* continuavam presentes, talvez até com mais relevância ainda.

Será, então, que simplesmente a liminar perderia sua eficácia, recolocando novamente o impetrante em um campo de incertezas? Imagine-se a seguinte situação: depois de bravamente demonstrar os requisitos para a concessão da liminar, o impetrante passa a, angustiosamente, torcer pelo julgamento de sua ação antes de findo o prazo de 90 dias (certamente pensando na prorrogação por mais 30, em razão do acúmulo de trabalho no Judiciário), pois, se assim não acontecer, a medida preliminar deixará de garantir a proteção a seus direitos. Difícil concordar com a disposição legal que se referiu ao prazo de vigência da liminar. Em primeiro lugar porque, sendo o mandado de segurança fixado pela Constituição Federal, não se poderia admitir que legislação infraconstitucional viesse a restringir a amplitude do *mandamus*. Explica Hugo de Brito Machado Segundo:

> a medida liminar em mandado de segurança é destinada a assegurar a efetividade da tutela jurisdicional a ser prestada, em fundamento constitucional, não podendo ser objeto de restrições. A única exigência que a lei pode e deve fazer, e que decorre, como visto, dos próprios princípios constitucionais em tensão, é a de que estejam presentes os requisitos de plausibilidade do direito alegado e perigo de ineficácia da sentença. Só isso. Se a cabo dos 90 dias esses requisitos continuam presentes, os efeitos da tutela de urgência continuam necessários para assegurar a supremacia constitucional. (*Processo tributário*, p. 345.)

Aliás, decisão do antigo Tribunal Federal de Recursos, julgando agravo regimental, asseverou:

> O art. 1.º, letra *b*, da Lei n.º 4.348, de 26/6/64, que fixou em 90 dias o prazo de eficácia da liminar, prorrogável por mais 30 dias, não mais prevalece após a vigência do atual Código de Processo Civil, que conferiu ao magistrado o poder geral de cautela (TRF – 2.ª Seção, AgRg 104.549-RJ, *DJU* de 7/6/1985, p. 8.917). (*Apud* Machado, Hugo de Brito, *Mandado de segurança em matéria tributária*, p. 139-40.)

Em um segundo momento, porque, se os requisitos que fizeram o juiz conceder a liminar anteriormente ainda se fazem atuais, não há razão para o impetrante perder o instrumento que assegura a suspensão de ato do Poder Público.

> Realmente, é difícil admitir que a lei possa, validamente, fazer cessar os efeitos da medida liminar, e em conseqüência restabelecer os efeitos do ato impugnado, quando isto signifique a ineficácia da sentença que venha a conceder a segurança. Tendo em vista a demora, muitas vezes inevitável, no julgamento do mandado de segurança, o estabelecimento do prazo de vigência da liminar pode significar a inutilidade da própria garantia constitucional. (Machado, Hugo de Brito, *Mandado de segurança em matéria tributária*, p. 138.)

Liminar e o crédito tributário

A adoção do mandado de segurança em matéria tributária necessita que o impetrante comprove ser ele o titular do direito líquido e certo, confirmando essa informação por meio de provas documentais apresentadas de plano, tendo em vista que nessa seara a dilação probatória não é permitida.

Ao tomar como guarida o Código Tributário Nacional, que, no artigo 151, IV, determina que a concessão de liminar em mandado de segurança suspende a exigibilidade do crédito tributário, conclui-se, pela letra da lei, que não é o simples fato de requerer a medida liminar que suspenderá a exigibilidade, mas tão-somente a concessão dessa medida pelo juiz.

Uma vez, portanto, suspensa a exigibilidade, muito embora, em alguns casos, já tenha o crédito tributário sido inscrito em dívida ativa, o CTN admite a emissão de certidão positiva com efeitos de negativa.

> Art. 206 – Tem os mesmos efeitos previstos no artigo anterior a certidão de que conste a existência de créditos não vencidos, em curso de cobrança executiva em que tenha sido efetivada a penhora, *ou cuja exigibilidade esteja suspensa*. (Destaque nosso.)

Podemos notar que a legislação complementar possibilita a emissão da certidão positiva com efeitos de negativa não só quando em curso do processo de execução o juízo esteja garantido, mas também todas as vezes que a exigibilidade do crédito esteja suspensa. Ou seja, não há identificação precisa desse artigo quanto ao modo de suspensão da exigibilidade, forçando-nos a observar o artigo 151 do mesmo diploma legal, o qual indica todas as modalidades que têm o condão de suspender a exigibilidade do crédito.

Liminar e depósito

Para verificar quais efeitos uma medida liminar e um depósito no montante integral podem depreender em matéria tributária, convém transcrever o artigo 151 do CTN.

> Art. 151 – Suspendem a exigibilidade do crédito tributário:
>
> I – moratória;
>
> II – o depósito do seu montante integral;
>
> III – as reclamações e os recursos, nos termos das leis reguladoras do processo tributário administrativo;
>
> IV – a concessão de medida liminar em mandado de segurança;
>
> V – a concessão de medida liminar ou de tutela antecipada, em outras espécies de ação judicial;
>
> VI – o parcelamento.

Como se percebe, seis são as modalidades descritas pela legislação complementar que acarretam a suspensão da exigibilidade do crédito; entre elas, cumpre destacar a medida liminar e o depósito.

> Tanto a medida liminar em mandado de segurança como o depósito do montante integral do crédito tributário suspendem a exigibilidade. Não obstante sejam coisas distintas, liminar e depósito se equivalem, no que diz respeito a tal efeito. (Machado, Hugo de Brito, *Mandado de segurança em matéria tributária*, p. 148.)

A letra da lei em nenhum momento condicionou a suspensão da exigibilidade à prática de outros fatores, além dos já relacionados. Apenas o parágrafo único do artigo 151 ressalvou: "o disposto neste artigo não dispensa o cumprimento das obrigações acessórias dependentes da obrigação principal cujo crédito seja suspenso, ou dela conseqüentes".

Ademais, vale ressaltar que tanto as liminares concedidas em sede de mandado de segurança como as concedidas em outras espécies de ação judicial (por exemplo, nas ações cautelares) suspenderão a exigibilidade do crédito.

Observa-se, nesse sentido, que a única condição preestabelecida (se é que se pode chamar de condição) é a concessão pelo juiz das medidas liminares, não bastando, portanto, o mero requerimento, como já discutido.

Contudo, invariavelmente, os magistrados subordinam a concessão da medida liminar à garantia da dívida tributária, por meio de depósito ou fiança. Tal prática, aliás, não é de hoje. Há anos muitos juízes exigem a contracautela a favor do sujeito ativo, para, só então, concederem a liminar, especialmente em sede de mandado de segurança, o que nos parece ainda mais grave.

Três são os pontos primordiais do equívoco que vem sendo cometido. Primeiro, porque o mandado de segurança é uma ação com objetivo geral de proteção a direito líquido e certo, de forma individual ou coletiva, de modo a assegurar, conseqüentemente, os direitos fundamentais estabelecidos pelo quinto constitucional. Daí, portanto, ser classificado como um dos remédios constitucionais.

> Isso porque o mandado de segurança *é uma garantia constitucional*, sendo que, ao analisarmos os direitos fundamentais assegurados pelo *caput* e incisos do art. 5.º da CF, chegamos à conclusão de que eles abrangem todos os ramos do ordenamento jurídico, em princípios que asseguram o seu cumprimento. Sendo assim, é bastante evidente que o fundamento jurídico relevante, mesmo que decorrente de ameaça de violação já consumada por ato de autoridade decorrente de determinada lei, terá, por trás, com certeza, uma garantia constitucional ignorada. (Cais, Cleide Previtalli, *O processo tributário*, p. 328-9.)

O segundo motivo é ainda mais evidente, pois, para que uma liminar seja concedida, o magistrado deverá apreciar os requisitos do *fumus boni iuris* e do *periculum in mora*, sendo estes suficientes para que a medida seja deferida de pronto, sob pena da ineficácia da decisão no processo. A Lei 1.533/51, que disciplina a possibilidade da liminar em mandado de segurança, apenas indicou esses dois requisitos como condições a serem observadas. Além disso, jamais poderíamos nos esquecer do poder de cautela intrínseco aos magistrados.

Terceiro: a negativa da concessão da liminar sob o pretexto de um depósito para acautelar o crédito tributário e, só então, suspender a exigibilidade é o mesmo que negar validade ao artigo 151 do CTN, pois em tal dispositivo a liminar é autônoma e suficiente para, sozinha, suspender a exigibilidade.

> Trata-se [...] de pura e simples violação ao art. 152 do CTN, que prevê a liminar como causa suficiente e autônoma para a suspensão da exigibilidade do crédito tributário, ao lado, e independentemente, do depósito. (Machado Segundo, Hugo de Brito, *Processo tributário*, p. 336.)

Isso significa que tanto uma modalidade (concessão de liminar) como a outra (depósito no montante integral) serão opções de escolha ao devedor para se proteger de uma iminente execução fiscal, uma vez que ambas proporcionam o mesmo efeito.

> Desse modo, não pode o juiz restringir o direito à liminar, quando presentes todos os pressupostos, condicionando sua concessão à caução. É absolutamente injurídica a aplicação analógica dos artigos 799, 804 e 805 do Código de Processo Civil, aplicáveis às medidas cautelares, ao processo do mandado de segurança. A caução nas medidas cautelares se justifica para o ressarcimento integral dos danos que o requerido possa vir a sofrer. No caso do mandado de segurança, o que está em discussão é a violação, pela autoridade pública, de um direito líquido e certo do indivíduo. (Machado, Rubens Approbato, *apud* Marins, James, *Direito Processual Tributário brasileiro – administrativo e judicial*, p. 480.)

Entre os grandes mestres que acreditam ser a condição de depósito inviável para a concessão de liminar, seja porque inova a Constituição, seja porque fragiliza a segurança jurídica, encontra-se José da Silva Pacheco, que faz dele as palavras do ministro Carlos Velloso

> quando não concorda com a praxe, que vem sendo instaurada, de se exigir depósito ou caução para conceder-se medida liminar em mandado de segurança, uma vez que, ocorrendo os pressupostos objetivos da medida liminar, deve o juiz concedê-la, não podendo desfigurar ou desvirtuar a ação constitucional de mandado de segurança, com exigência descabida de depósito, não previsto em lei. (*Apud* Marins, James, *Direito Processual Tributário brasileiro – administrativo e judicial*, p. 481.)

A mesma trilha percorre Cleide Previtalli Cais, ao asseverar que,

> caso presentes os pressupostos legais para a concessão de liminar (os denominados *fumus boni iuris* e *periculum in mora*), ao juiz não assiste margem de discricionariedade, impondo-se a concessão de liminar, em decisão fundamentada, independentemente de contracautela, eis que a liminar, nessa hipótese, representa direito subjetivo do impetrante. (*O processo tributário*, p. 330.)

Também ensina Lúcia Valle Figueiredo:

> Não se pode pretender, por meio de caução, ou afastar a possibilidade de impetração do *mandamus* ou, então, pretender a satisfação da pretensão administrativa, afastada provisoriamente pela medida liminar.
>
> Tem a Administração Pública poderes e meios de executar suas obrigações sem ter de recorrer a vias indiretas. Nada justifica a obrigatoriedade de caução, a não ser em condições excepcionalíssimas. (*Mandado de segurança*, p. 144.)

A mesma ponderação faz Hugo de Brito Machado, que afirma:

> Presentes os pressupostos para o deferimento da medida liminar, o juiz não deve, em princípio, exigir o depósito. Em casos especiais, todavia, pode e deve fazê-lo, pois, tanto quanto o autor, o réu também tem direito a uma decisão eficaz. Se o deferimento da liminar coloca em grave risco a eficácia da sentença porventura favorável ao réu, o depósito deve ser exigido. (*Mandado de segurança em matéria tributária*, p. 149.)

Diante de toda a discussão, podemos extrair as seguintes lições:

- Depósito no montante integral, liminar em mandado de segurança e liminar em cautelar são modalidades que suspendem a exigibilidade do crédito tributário.
- O simples pedido de liminar não suspende a exigibilidade, efeito esse só conquistado quando o juiz se manifestar a favor da concessão.
- Prevalece nos tribunais que o depósito não é condição para que a liminar seja concedida.
- Efetuado o depósito no montante integral de forma voluntária, é certa a suspensão da exigibilidade do crédito.
- O pedido de liminar põe em risco a suspensão da exigibilidade, pois poderá a medida ser denegada.

FLUXOGRAMA 1

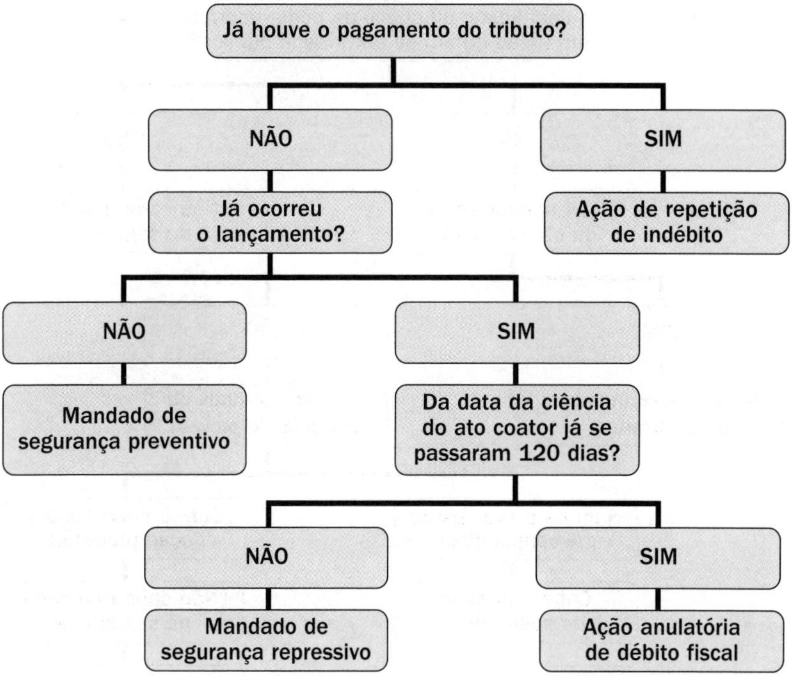

FLUXOGRAMA 2

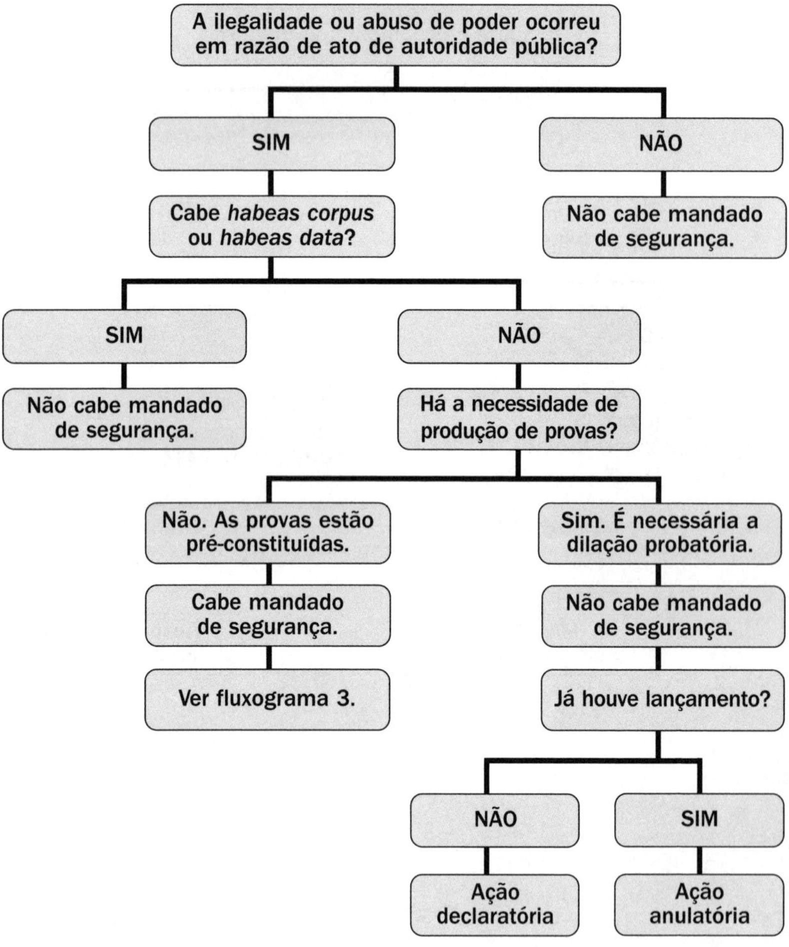

FLUXOGRAMA 3

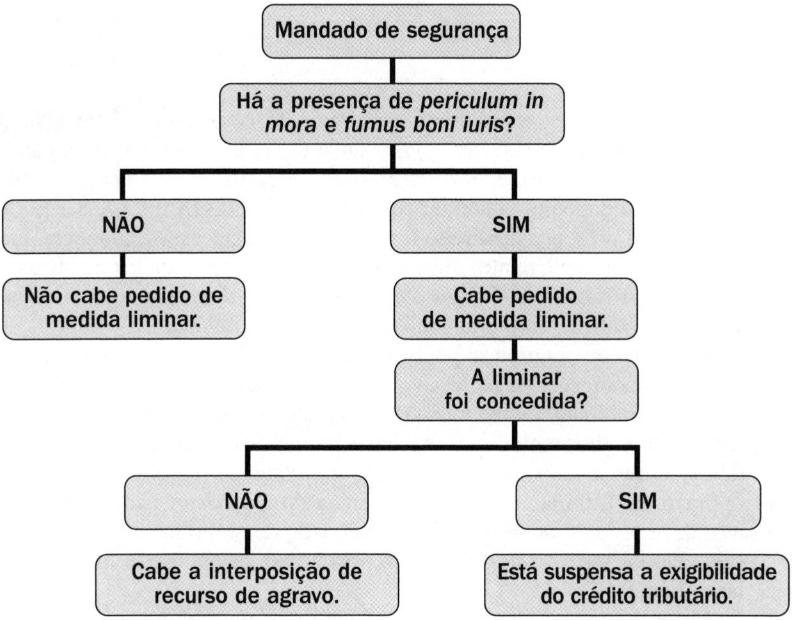

NÃO ESQUEÇA

1. O mandado de segurança representa remédio constitucional tal qual o *habeas corpus*, o *habeas data*, o mandado de injunção ou a ação popular, e sua finalidade é proteger direito líquido e certo. Poderá apresentar-se sob a modalidade individual ou coletiva (art. 5.°, LXIX e LXX, CF).
2. Não basta a presença de direito líquido e certo; é necessário também que a situação apresente quatro outras características: ilegalidade ou abuso de poder; não for passível *habeas corpus* ou *habeas data*; lesão ocorrida ou prestes a acontecer; ato praticado por autoridade pública.
3. O mandado de segurança pode, portanto, ser preventivo (evitar lesão prestes a acontecer) ou repressivo (lesão ocorrida).
4. A linha que separa a impetração do mandado de segurança preventivo do repressivo é justamente o lançamento tributário. Antes do lançamento, fala-se em mandado preventivo; após, em mandado repressivo.
5. O prazo de 120 dias contados da ciência do ato coator para impetrar o *writ* deve ser exigido apenas para o mandado de segurança repressivo, ou seja, não há prazo para o mandado preventivo, estando este limitado ao lançamento.
6. A expressão "direito líquido e certo", na realidade, refere-se às provas e não ao próprio direito. As provas é que devem ser líquidas e certas – aliás, devem estar pré-constituídas. Caso haja necessidade de dilação probatória, então o *mandamus* não é a ação que deve ser escolhida.
7. O mandado de segurança é impetrado contra o ato da autoridade coatora e não contra o ente político. Autoridade coatora, portanto, é alguém que está a trabalho de um ente político.
8. O foro competente para impetrar o mandado de segurança será determinado pela autoridade coatora. Assim, se a autoridade coatora está no exercício de função para a União, ainda que se trate de tributo de outro ente político, a ação deve ser impetrada na Justiça Federal. O contrário também pode ocorrer: se a autoridade coatora estiver a trabalho de um Município ou de um Estado, ainda que se trate de tributo federal, a ação será impetrada na Justiça Comum.
9. Para a concessão da segurança em definitivo, o impetrante deverá comprovar o direito líquido e certo. Para emergencialmente ter a medida liminar concedida, basta demonstrar o *fumus boni iuris* e o *periculum in mora.*
10. Não é possível quantificar o valor de uma ordem; portanto, é comum indicar no mandado de segurança o valor da causa apenas para efeito de custas.

PASSO A PASSO

Mandado de Segurança Preventivo

1. Certifique-se da pretensão do seu cliente (não pagar o tributo ou apenas pagar o que entende devido).
2. Verifique se há lançamento ou não (impetrado apenas antes da prática do lançamento).
3. Identifique as razões da pretensão (causa de pedir).
4. Identifique a Justiça pela qual deve procurar (Justiça Federal ou Justiça Comum).
5. Descubra o ente para o qual a autoridade coatora exerce seu trabalho.
6. Procure identificar o foro competente para a propositura da ação (essa ação deverá ser proposta no local do ato ou fato coator).
7. Confirme o endereçamento.
8. Tenha certeza contra qual ato de autoridade coatora a ação deve ser impetrada.
9. As provas deverão estar pré-constituídas.
10. Relate os fatos preponderantes.
11. Discrimine a fundamentação relacionada aos fatos.
12. Verifique a necessidade de pedir a liminar em sede do mandado de segurança.
13. Certifique-se da presença de todos os requisitos para a concessão da medida liminar.
14. Desenvolva o pedido principal, observando se satisfaz a pretensão do autor (o pedido está logicamente relacionado à pretensão).
15. Não se esqueça de pedir: notificação da autoridade coatora e intimação do membro do Ministério Público.
16. Determine o valor da causa (apenas para o efeito de custas processuais).

Mandado de Segurança Repressivo

1. Certifique-se da pretensão do seu cliente (não pagar o tributo ou apenas pagar o que entende devido).
2. Verifique se há lançamento ou não (impetrado apenas após a prática do lançamento).
3. Certifique-se do prazo de 120 dias contados da ciência do ato coator.
4. Identifique as razões da pretensão (causa de pedir).
5. Identifique a Justiça pela qual deve procurar (Justiça Federal ou Justiça Comum).
6. Descubra o ente para o qual a autoridade coatora exerce seu trabalho.

7. Procure identificar o foro competente para a propositura da ação (essa ação deverá ser proposta no local do ato ou fato coator).
8. Confirme o endereçamento.
9. Tenha certeza contra qual ato de autoridade coatora a ação deve ser impetrada.
10. As provas deverão estar pré-constituídas.
11. Relate os fatos preponderantes.
12. Discrimine a fundamentação relacionada aos fatos.
13. Verifique a necessidade de pedir a liminar em sede do mandado de segurança.
14. Certifique-se da presença de todos os requisitos para a concessão da medida liminar.
15. Desenvolva o pedido principal, observando se satisfaz a pretensão do autor (o pedido está logicamente relacionado à pretensão).
16. Não se esqueça de pedir: notificação da autoridade coatora e intimação do membro do Ministério Público.
17. Determine o valor da causa (apenas para o efeito de custas processuais).

Ação de Consignação em Pagamento

No âmbito das ações de iniciativa do contribuinte, a ação de consignação em pagamento ou, simplesmente, ação consignatória é das medidas menos utilizadas e talvez, por isso, pouco comentada entre a doutrina.

Aliás, há razão para tanto, uma vez que, se o contribuinte de um tributo não só reconhece sua dívida, como pretende pagá-la o mais rápido possível, a Administração Pública (que tem o maior interesse em receber os valores) não costuma criar óbices ao pagamento do devedor.

No entanto, mesmo no envolvimento entre Fisco e contribuinte, há casos que dificultam a entrega do dinheiro a quem de direito; aliás, justamente nessas situações em que o pagamento está sendo obstaculizado, se quem cria as dificuldades é o próprio credor, urge ao contribuinte promover a ação de consignação em pagamento.

> Esse meio de satisfazer a obrigação tributária é eivado de litigiosidade porque, se o credor tem o direito de cobrar, o devedor também tem o direito subjetivo e o interesse econômico e moral de pagar, tanto pelas repercussões da mora em seu patrimônio e em seu crédito como pelos incômodos que lhe poderão advir do inadimplemento da obrigação, podendo sofrer a imposição de sanções, *v.g.*, a lavratura da autuação fiscal, a inclusão do nome no Cadin, a negativa na expedição de certidões de regularidade fiscal, etc. (Cais, Cleide Previtalli, *O processo tributário*, p. 507.)

Portanto, convocando uma vez mais a tríade *pretensão–causa de pedir–pedido*, percebe-se que o intuito do contribuinte é pagar o tributo que entende devido (*pretensão*), mas, por algum motivo (obstáculos criados pela Administração Tributária que enseja a *causa de pedir*), o devedor procura pelo Poder Judiciário para requerer que seu pagamento seja aceito, livrando-o da obrigação (*pedido*).

É certo que, se as pretensões do contribuinte e do Fisco são colidentes, a formação da lide é inevitável, e para a solução do caso necessitar-se-á da intervenção do Poder Judiciário, o qual, provocado, dará andamento ao processo instaurado.

Todavia, existe um conjunto de atos preordenados que devem ser seguidos, de acordo com a regra disposta no Código de Processo Civil. É o chamado procedimento comum, que poderá caminhar pelo rito ordinário ou pelo rito sumário.

Excepcionalmente, o mesmo diploma legal dispõe sobre as ações que devem obedecer a procedimentos especiais, entre as quais a ação de consignação em pagamento. Aliás, é ela que inaugura o Livro IV do CPC sobre os procedimentos especiais.

Ressalte-se, no entanto, que o Código de Processo Civil trata da dinâmica da ação de consignação, e o Código Tributário Nacional versa sobre as hipóteses de sua propositura.

A ação de consignação no CTN

No momento em que se diz que a consignação em pagamento pode ser proposta, pois o contribuinte, apesar de querer cumprir sua obrigação, não logra êxito em razão da resistência do credor em receber ou da existência de dois entes políticos se apresentarem como credores de direito, a conclusão unânime dessa pretensão do contribuinte é a de que ele reconhece a dívida e quer satisfazer suas obrigações.

Por outro lado, para extinguir um crédito tributário, necessariamente, haverá de se praticar qualquer uma das modalidades descritas no CTN, no rol de seu artigo 156. É no inciso VIII desse artigo que está disciplinada a consignação em pagamento como modalidade legal para garantir o desfecho do liame entre contribuinte e Fisco.

Como a ação está relacionada ao pagamento do tributo, o próprio CTN determina as situações que permitem que a suposta importância devida seja consignada.

> Art. 164 – A importância do crédito tributário pode ser consignada judicialmente pelo sujeito passivo, nos casos:
>
> I – de recusa de recebimento, ou subordinação deste ao pagamento de outro tributo ou de penalidade, ou ao cumprimento de obrigação acessória;
>
> II – de subordinação do recebimento ao cumprimento de exigências administrativas sem fundamento legal;
>
> III – de exigência, por mais de uma pessoa jurídica de direito público, de tributo idêntico sobre um mesmo fato gerador.

Façamos, então, algumas anotações sobre cada uma dessas hipóteses descritas pela legislação complementar responsável por estabelecer normas gerais de Direito Tributário.

Embora pareça um pouco ilógico, existe a possibilidade de o credor de um tributo recusar-se a receber o pagamento. Nesse caso, para suscitar a promoção da ação de consignação, caberá ao contribuinte comprovar que o Poder Público, embora sujeito de direito hábil a receber a importância devida, se recusa a aceitar o pagamento.

Assim, a mera discordância quanto ao valor do tributo não habilita a ação de consignação em pagamento. Para essa situação, o mais indicado seria a propositura da ação declaratória ou mesmo, quando as provas forem pré-constituídas, a impetração do mandado de segurança.

Eventualmente, discordando o contribuinte da importância indicada no lançamento tributário ou indicando alguma irregularidade no procedimento do agente fiscal que culminou em cálculo equivocado, caberá ao sujeito passivo ingressar nas vias administrativas para que se retifique o valor exigido. Contudo, o não acolhimento do pedido administrativo presume a recusa, ensejando a propositura da ação de consignação. (Segundo ensinamento de Cleucio Santos Nunes, *Teoria e prática do processo tributário*, p. 170.)

Ademais, o CTN dispôs que a subordinação do pagamento de um tributo ao pagamento de outro tributo ou penalidade ou ao cumprimento de obrigação acessória e, ainda, a subordinação do pagamento de um tributo ao cumprimento de exigências administrativas sem fundamentação legal também legitimam o contribuinte a propor a consignação.

Vejamos exemplos dessas situações.

Exemplo 1

Um cidadão que possui dois imóveis em um mesmo Município, passando por dificuldades econômicas, apenas consegue angariar dinheiro para quitar o IPTU relativo a um de seus bens, deixando em atraso o pagamento referente ao outro bem. Caso a Administração Tributária Municipal se recuse a receber o pagamento de apenas um IPTU, condicionando-o ao pagamento do outro imposto, a consignatória entrará em cena para fazer prevalecer a vontade do contribuinte em cumprir uma de suas obrigações.

Esse é um exemplo de subordinação do pagamento de um tributo ao pagamento de outro tributo, mas poderia ser também ao pagamento de penalidade ou ao cumprimento de obrigação acessória (art. 164, I). Mesmo que todas as obrigações devessem ser realmente cumpridas, isso não permite que a autoridade tributária subordine uns aos outros.

Exemplo 2

Um cidadão devedor do imposto de renda, ao fazer sua declaração retificadora, complementando o pagamento, encontra-se diante do delegado da Receita Federal, que exige, em conjunto com a declaração, a juntada de extratos bancários que comprovem a movimentação financeira do contribuinte. Tal exigência não tem apoio legal, de modo que o sujeito passivo do IR não se pode ver prejudicado por tal determinação.

Nesse exemplo, há claramente uma exigência administrativa infundada em lei (art. 164, II). De maneira alguma o contribuinte de boa-fé deve dispor de seu sigilo bancário para satisfazer condição administrativa sem supedâneo legal.

Até aqui, a recusa do pagamento foi ponto essencial; no entanto, para o inciso III do artigo 164, a *dúvida quanto ao ente tributário que deve receber o pagamento* é que leva à ação consignatória.

Tal dúvida surge, em geral, quando dois sujeitos públicos distintos exigem o pagamento de tributo idêntico sobre um mesmo fato gerador. Aliás, deparamos, então, com o fenômeno da *bitributação*, operação que não deve prosperar, mas sim ser desqualificada. (Roque Antônio Carrazza conceitua a bitributação como "o fenômeno pelo qual o *mesmo fato jurídico* vem a ser tributado por duas ou mais pessoas políticas". *Curso de Direito Constitucional Tributário*, p. 515.)

Exemplo 3

Quanto a um serviço prestado por determinada empresa em Município diverso daquele de sua localização, ambos os entes municipais (o do estabelecimento da empresa e o do local da prestação do serviço) exigem o ISS sobre a operação realizada por acreditarem que são credores. Claro que apenas um deles é quem possui o direito de receber o pagamento, porém, tendo em vista a dúvida, será a consignação o meio judicial adequado a resolver a demanda.

Conclui-se que será admissível a ação consignatória quando se fizer presente a vontade do contribuinte em liquidar sua dívida, mas não conseguir a liquidação em razão de obstáculos levantados pelo credor, seja simplesmente recusando o pagamento, seja condicionando o pagamento ao cumprimento de outras exigências que não tenham parâmetro legal, seja nas hipóteses em que houver dúvida sobre o ente político que verdadeiramente é credor do tributo.

Em resumo:

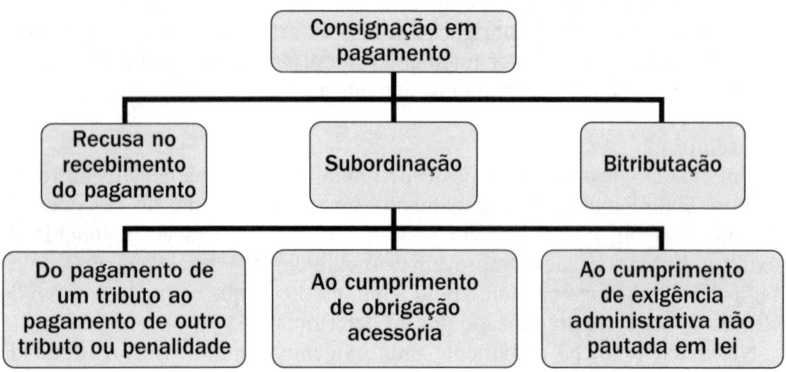

A ação de consignação no CPC

Como já advertido, é o CPC o diploma legal responsável por disciplinar o procedimento para a ação de consignação em pagamento. Tal ação está prevista em apenas dez artigos (890 a 900), que compreendem o primeiro capítulo entre os diversos procedimentos especiais.

De acordo com o *caput* do artigo 890, a legitimidade para a consignação será do devedor, bem como do terceiro interessado. Embora explícito no texto processual, alguns estudiosos de nosso Direito não aceitam o terceiro como parte legítima para propor a ação consignatória. É o caso do festejado Leandro Paulsen, ao afirmar que somente o contribuinte ou o responsável é que estão legitimados a propor a ação. (A lembrança do posicionamento do autor foi feita por Cleide Previtalli Cais em sua obra *O processo tributário*, p. 512-3.)

Todavia, o raciocínio predominante relaciona contribuinte, responsável e terceiro interessado como legitimados a propor a ação. Assim,

> admite-se a consignação em pagamento realizado por terceiros, na omissão do CTN, por aplicação subsidiária do Código Civil, que a reconheceu quanto às dívidas civis.
>
> O terceiro está legitimado pelo próprio CTN (art. 204) a ilidir, por prova inequívoca, a presunção de certeza e liquidez da Certidão de Dívida Ativa.
>
> Aliás, o terceiro, de modo geral, está autorizado a pagar o crédito tributário, embora não possa sub-rogar-se, na ação de regresso, nos privilégios da Fazenda Pública. (Entendimento de Ricardo Lobo Torres sobre a legitimidade para propor a consignação em pagamento na obra *Comentários ao Código Tributário Nacional*, coordenada por Ives Gandra da Silva Martins, p. 374.)

Claramente o parágrafo único do artigo 204 abre a possibilidade para o terceiro interessado, ao dispor que a presunção de certeza e liquidez é relativa e poderá ser ilidida por prova inequívoca, a cargo do sujeito passivo ou do terceiro a que aproveite.

Nesse mesmo sentido concorda Cleide Previtalli Cais:

> Diante do parágrafo único do art. 204 do CTN c/c o art. 164 e do art. 304 do vigente Código Civil, entendemos que, além do sujeito passivo da obrigação tributária, é possível ser atribuída ao terceiro interessado legitimidade para propor ação de consignação em pagamento em favor do devedor, uma vez que a qualificativa final do parágrafo único do art. 204 do CTN, bem assim a ressalva constante da parte final do parágrafo único do art. 304 do Código Civil em vigência condicionam o pagamento da dívida pelo terceiro não interessado à concordância do devedor e à prova de que tal ato aproveite o terceiro. (*O processo tributário*, p. 513.)

No entanto, a autora veementemente ressalva que, para que o terceiro não interessado possa promover a ação de consignação, ficará ele condicionado à concordância do devedor, bem como à comprovação de que o pagamento do tributo lhe interessa.

O entendimento é apoiado nos dizeres do atual Código Civil:

> Art. 304 – Qualquer interessado na extinção da dívida pode pagá-la, usando, se o credor se opuser, dos meios conducentes à exoneração do devedor.
>
> Parágrafo único – Igual direito cabe ao terceiro não interessado, se o fizer em nome e à conta do devedor, salvo oposição deste.

Encerrada a discussão sobre a sujeição ativa da ação de consignação, analisemos agora o pólo passivo.

É verdade que, nos casos em que a consignação em pagamento é proposta tendo em vista a recusa no recebimento ou a subordinação ao pagamento de um tributo ao pagamento de outro ou ao cumprimento de exigências administrativas que extrapolam a lei, o sujeito passivo somente poderá ser o ente político que promoveu a recusa ou a subordinação.

Desse modo, se foi a União ou uma de suas autarquias que recusou o pagamento ou o condicionou a outras exigências, logo, a Justiça Federal é que deverá ser procurada, em razão da força do artigo 109 da Constituição Federal. Se os entes responsáveis pela dificuldade do contribuinte de se livrar da obrigação são os Estados ou os Municípios, bem como suas respectivas autarquias, caberá à Justiça Comum apreciar o feito.

Entretanto, uma questão pode surgir quando existem dois entes políticos cobrando tributos diferentes em relação a um mesmo fato gerador. Em caso de dúvida, é o CPC que vem nos auxiliar, pois a competência em virtude da matéria ou da hierarquia é inderrogável e, portanto, a hierarquia entre os entes políticos deve ser mantida, independentemente de convenção entre as partes.

Quem bem ilustra a situação é Camila Gomes de Mattos Campos Vergueiro, ao ratificar que,

> nos casos de exigência de um mesmo tributo por sujeitos de direito público distintos, aplica-se a regra do art. 111 do CPC, que prescreve que a competência em razão da matéria e da hierarquia são inderrogáveis, razão pela qual, quando um dos sujeitos que compuserem o litisconsórcio passivo for a União ou entidade autárquica federal, o foro competente será a Justiça Federal; nos demais casos será competente a Justiça Estadual. (*In* Conrado, Paulo César (coord.), *Processo tributário analítico*, p. 110.)

E não poderia ser diferente, em face do inciso I do artigo 109 da Constituição Federal, que dispõe que, nas causas em que a União, entidade autárquica ou empresa pública federal forem interessadas na condição de rés, por exemplo, aos juízes federais competirá processar e julgar a demanda.

Portanto, atenção: a consignação em pagamento surgiu em virtude de relação entre contribuinte e União, Estado membro ou Distrito Federal; logo, não há conflito entre eles. Se assim fosse, estaríamos falando em causa de competência do Supremo Tribunal Federal, de acordo com a alínea *f* do artigo 102 da Constituição. (No mesmo sentido, Cais, Cleide Previtalli, *O processo tributário*, p. 515.)

Conhecendo a Justiça pela qual dar-se-á início ao processo, resta-nos aplicar as regras processuais para descobrir o foro competente.

Nos termos do artigo 891 do CPC, a consignação deverá ser proposta no local do pagamento, não obstante haver vozes que admitem que o foro pode ser o do domicílio do réu (credor do tributo) e mesmo o foro de eleição contratado. (*Idem,* p. 520.)

Depósito extrajudicial e judicial

Para o desenvolvimento da ação de consignação, exige-se a realização de depósito. Cremos ser natural essa exigência, mesmo porque a pretensão do contribuinte é a de ser liberado da obrigação tributária, razão pela qual citamos o Código Civil:

> Art. 336 – Para que a consignação tenha força de pagamento, será mister concorram, em relação às pessoas, ao objeto, modo e tempo, todos os requisitos sem os quais não é válido o pagamento.

Dentre esses requisitos, mais do que o depósito, faz-se necessário o depósito integral, compreendendo não só o valor da obrigação, bem como a correção monetária após o prazo do vencimento do tributo até a data do efetivo depósito e também multa, de mora e punitiva se for o caso (STJ –1.ª Turma, REsp 369.773-ES, rel. min. Garcia Vieira, j. 16/4/2002, deram provimento, v.u., *DJU* 20/5/2002, p. 104) (*apud* Negrão, Theotonio e Gouvêa, José Roberto F., *Código de Processo Civil e legislação processual em vigor*, nota 4, p. 893).

Nas hipóteses de dois entes exigindo tributos idênticos, os valores cobrados em geral não são equivalentes, fazendo brotar nova dúvida na mente do devedor: qual o valor a ser consignado? Ambos? O menor? O maior?

Sugerimos o maior valor, mesmo que o autor da ação entenda devido o tributo com valor mais baixo. Tal escolha protegerá o contribuinte dos dois credores, pois o depósito no montante integral é uma das modalidades de suspensão da exigibilidade do crédito tributário (art. 151, II, CTN).

Se para um ente o valor é de R$ 10 e para outro é de R$ 20, o depósito de meros R$ 10 apenas freará a ânsia do primeiro credor, deixando o segundo livre para uma iminente execução fiscal. Por outro lado, efetuando o depósito de R$ 20, a exigibilidade do crédito estará suspensa para os dois credores, uma vez que a modalidade só faz surgir seus efeitos quando da integralidade do depósito.

James Marins, em redação primorosa, promove o desfecho:

> Para que o contribuinte depositante esteja absolutamente seguro quanto aos efeitos da consignação, deve realizar o depósito integral do valor do crédito disputado. Quando houver diferenças de critérios entre os entes tributantes em conflito, deverá realizar o depósito com base no maior valor exigido, sob pena de não lograr liberação pretendida com a consignatória. Não há obrigação, como por vezes pretendem os entes políticos conflitantes, de fazer um depósito para cada suposto credor. (*Direito Processual Tributário brasileiro – administrativo e judicial*, p. 433.)

Assim, se o entendimento majoritário é pela integralidade do depósito, sendo imprescindível sua realização, o CPC proporciona ao consignante promovê-lo sob dois vértices: extrajudicialmente ou judicialmente. E nesse ponto a doutrina diverge.

Para o depósito extrajudicial, basta que o credor procure por instituição financeira oficial, realize o depósito em conta que possibilite a correção monetária dos valores e, a seguir, cientifique o credor por carta com aviso de recepção para que, no prazo de 10 dias, se manifeste a respeito.

Não havendo resposta do credor, conforme o § 2.º do artigo 890 do CPC, o devedor estará liberado de sua obrigação, cabendo ao credor levantar a quantia depositada a qualquer instante.

Ocorrendo a recusa, manifestada por escrito ao estabelecimento bancário, o devedor ou terceiro poderá propor, dentro de 30 dias, a ação de consignação, instruindo a inicial com a prova do depósito e da recusa (art. 890, § 3.º, CPC).

Cleide Previtalli Cais, em uma das mais ilustres obras sobre processo tributário, assinala sua posição:

> Entendemos que esse procedimento não colide com as normas que regulam o tratamento da Fazenda Pública em juízo, eis que não se trata de uma providência judicial, mas preparatória desse ato, não se aplicando à hipótese prazo maior para manifestação, tal como ocorre nos casos em que a Fazenda Pública deve contestar ou recorrer.

Contudo, a mesma autora, em respeito aos entendimentos divergentes, descreve o raciocínio de Roque Antônio Carrazza, que, portanto, não concorda com a afirmação acima:

> [...] diante do princípio da legalidade norteando os atos da Administração, a constituição prévia do depósito em estabelecimento bancário pelo devedor o privilegia, permitindo que ele mesmo estime seu débito e deposite a quantia que reputa devida, colocando, ainda, o credor numa situação incômoda porque somente lhe são conferidos dez dias, contados da ciência do depósito comunicado por carta com aviso de recepção para manifestar formalmente sua recusa.

E, de certa forma, a autora acaba ponderando o entendimento discrepante e afirma que, para o caso de bitributação (art. 164, III, CTN), o depósito há de ser, necessariamente, judicial, pois aqui o que se está discutindo não é a recusa ou a subordinação, mas a dúvida de quem deva legitimamente receber. (Todo o desenvolvimento dessa matéria se deu em *O processo tributário*, p. 518-9.)

Aliás, somos pela aceitação apenas do depósito judicial como meio adequado à consignação em pagamento. Primeiro porque, como o tributo é modalidade de receita do Estado, o dinheiro à população pertence, qualificando-o como bem indisponível; portanto, para que o governante possa dispor desse dinheiro, deve observar os parâmetros legais.

Ora, o depósito extrajudicial está além dos limites descritos no Código Tributário Nacional, uma vez que o artigo 164 informa que a consignação deverá ser efetuada judicialmente.

Mesmo não querendo entrar na discussão a respeito da hierarquia das leis, apresentamos mais uma hábil doutrina que discorda do cabimento do depósito extrajudicial para a consignação em matéria tributária:

> Como o fundamento de validade das normas se haure da Constituição Federal e, segundo esse ordenamento, lei complementar é hierarquicamente superior à lei ordinária, razão pela qual o CTN, que é lei complementar, prevalece em relação ao CPC, que é lei ordinária. (Vergueiro, Camila Gomes de Mattos Campos, *in* Conrado, Paulo César (coord.), *Processo tributário analítico*, p. 110-1.)

Outrossim, no depósito extrajudicial, caso a Fazenda Pública deixe de se manifestar, de acordo com as regras do CPC, automaticamente o devedor estará livre de sua obrigação. É como se falássemos que o silêncio da Administração Pública é suficiente para, portanto, extinguir o crédito tributário. Se assim fosse, o próprio CPC entraria em confronto, pois seu artigo 320, inciso II, afasta os efeitos da revelia em litígios que versem sobre direitos indisponíveis. (Opinião manifestada por Cleucio Santos Nunes na obra *Teoria e prática do processo tributário*, p. 172-3.)

Finalizando o assunto, James Marins trata da impossibilidade da consignação via depósito extrajudicial, afirmando que,

> embora a mais importante inovação inserida pela reforma de 1994 no CPC seja a referente à consignação extrajudicial em instituição financeira (art. 890, § 1.º, do CPC), de modo a oportunizar o credor que aceite ou recuse o pagamento antes da propositura da ação de consignação, este caminho não pode ser utilizado nas hipóteses em que a relação jurídica ensejadora do depósito remanesça sob o império de regime legal próprio, como é o caso, por exemplo, da consignatória de alugueres, prevista na Lei do Inquilinato, e também da consignação de crédito tributário prevista no CTN. De fato, não há previsão legal em matéria fiscal que atribua efeito jurídico extintivo da obrigação aos depósitos feitos extrajudicialmente, fora dos processos judiciais ou administrativos, de modo que a opção do § 1.º do art. 890 do CPC deve ser tida como inaplicável às dívidas tributárias. (*Direito Processual Tributário brasileiro – administrativo e judicial*, p. 435-6.)

Procedimento especial

Depois das discussões acerca da legitimidade dos sujeitos ativo e passivo, de encontrar o foro competente para propor a ação consignatória e da necessidade do depósito integral, o procedimento ainda não foi totalmente visto.

No âmbito tributário, é bastante comum depararmos com relações jurídicas continuativas, ou seja, aquelas relações tributárias que envolvem, por exemplo, o ISS ou o ICMS.

Tais tributos habitualmente são recolhidos mês a mês pelo contribuinte e, nos casos em que a ação de consignação se faz necessária, o artigo 892 do CPC descreve que, depois de consignado o primeiro pagamento, os demais, conforme forem vencendo, deverão ser depositados até cinco dias depois da data de seu vencimento.

Na hipótese de o primeiro depósito ter sido efetuado no tempo previsto, porém um dos pagamentos posteriores extrapolar o prazo máximo para sua efetivação, tal ocorrência não afetará aqueles feitos em tempo, tampouco será causa suficiente para a improcedência do pedido (Negrão, Theotonio e Gouvêa, José Roberto F., *Código de Processo Civil e legislação processual em vigor*, nota 3, p. 892-3).

Destarte, seja mediante depósito único, seja por meio de depósitos periódicos, o autor, na petição inicial, deverá requerer autorização do juiz para efetuar o depósito na quantia devida, dentro de cinco dias a contar do deferimento do pedido, bem como requerer a citação do réu para levantar o depósito ou oferecer resposta à inicial (art. 893, CPC).

Caso haja dúvida entre os credores que se apresentam, desconhecendo o autor da ação o ente político legítimo a receber o pagamento, o requerimento para o depósito será feito da mesma maneira, mas o autor deverá requerer a citação não de um, mas de ambos os entes políticos, para que cada um se manifeste comprovando o direito de credor (art. 895, CPC).

Se comprovado o valor insuficiente do depósito, caberá à Fazenda Pública credora levantar o depósito incontestado, aguardando esta 10 dias para o autor completar o pagamento (art. 899, § 1.º, CPC). Permanecendo incompleto o pagamento, estará livre a Fazenda Pública para executar a diferença, uma vez que, com a sentença proveniente da ação, um título executivo estará formado (art. 899, § 2.º, CPC). Em razão da conexão das causas (consignação e execução), a execução fiscal será distribuída ao mesmo juízo que apreciou a consignatória, a menos que haja vara privativa para o julgamento das execuções fiscais. (Cais, Cleide Previtalli, *O processo tributário*, p. 522-3.)

FLUXOGRAMA 1

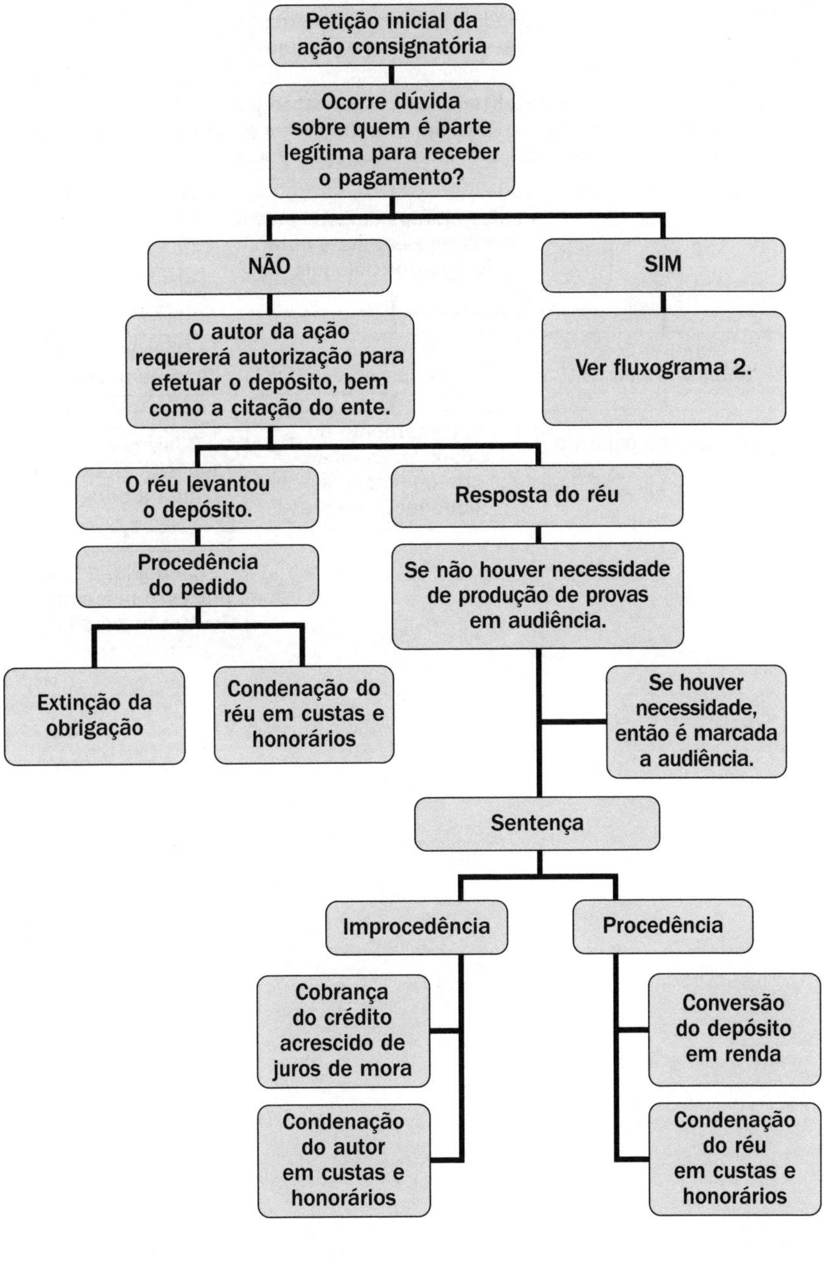

FLUXOGRAMA 2

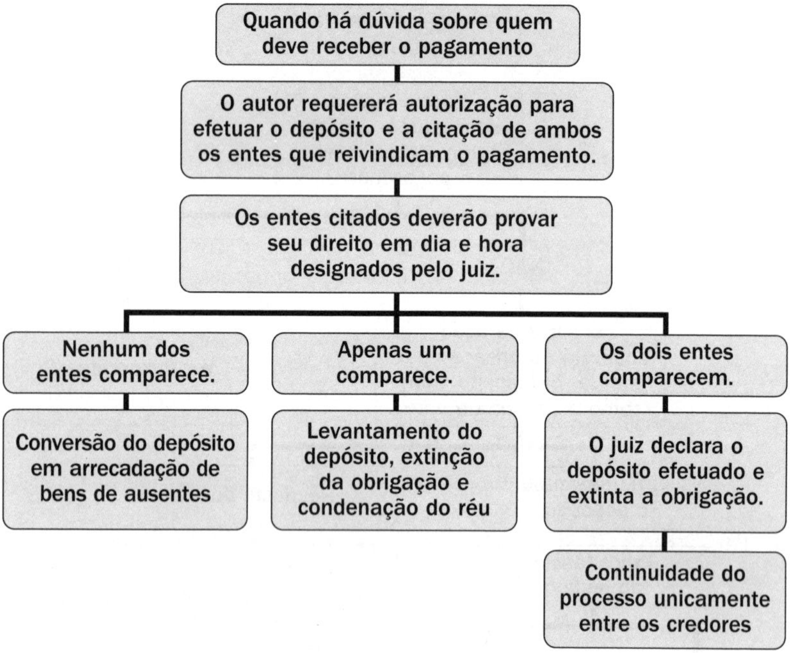

Não Esqueça

1. A primeira característica que destaca a consignação em pagamento está relacionada com a pretensão do autor. Aqui a pretensão é pagar o tributo, diferentemente da declaratória, anulatória ou mandado de segurança.
2. A consignação em pagamento apenas deverá ser proposta se quem cria dificuldades para a quitação do débito é o próprio credor, cabendo ao autor da ação comprovar o óbice.
3. Os obstáculos que podem ser criados pelo credor e que ensejam a propositura da ação de consignação em pagamento são: a) recusa de recebimento, ou subordinação deste ao pagamento de outro tributo ou de penalidade, ou ao cumprimento de obrigação acessória; b) subordinação do recebimento ao cumprimento de exigências administrativas sem fundamento legal; c) exigência, por mais de uma pessoa jurídica de direito público, de tributo idêntico sobre um mesmo fato gerador.
4. Para os casos de recusa ou subordinação, basta a citação do ente político criador do obstáculo. Para o terceiro caso (bitributação), é necessária a citação de ambos os entes políticos que se entendem credores de um mesmo tributo.
5. Toda vez que na bitributação uma das partes for ente federal, necessariamente o julgamento da consignação ficará a cargo de um juiz federal.
6. A mera discordância quanto ao valor do tributo não habilita a ação de consignação em pagamento. Para essa situação, o mais indicado seria a propositura da ação declaratória/anulatória ou mesmo, quando as provas forem pré-constituídas, a impetração do mandado de segurança.
7. As pessoas legitimadas para ingressar com a ação consignatória serão o próprio contribuinte, o responsável e até o terceiro interessado. A afirmação está baseada no artigo 204 do CTN, uma vez que o dispositivo permitiu que a liquidez e certeza do título executivo poderá ser ilidida pelo sujeito passivo ou por terceiro a que aproveite.
8. Segundo o Código de Processo Civil, a consignação segue procedimento especial, o qual impõe, entre outras regras, que a ação será intentada no local do pagamento (art. 891).
9. O depósito para a consignação em pagamento será realizado apenas sob a forma judicial, uma vez que o depósito extrajudicial está além dos limites descritos no Código Tributário Nacional.
10. O valor a ser consignado deve ser aquele que o contribuinte entende devido. No entanto, se comprovado o valor insuficiente do depósito, caberá à Fazenda Pública credora levantar o depósito incontestado, aguardando 10 dias para o autor completar o pagamento (art. 899, § 1°, CPC). Permanecendo incompleto o pagamento, estará livre a Fazenda Pública para executar a diferença.

Passo a Passo

1. Certifique-se da pretensão de seu cliente (pagar o tributo).
2. O fato de existir lançamento ou não é indiferente para essa ação.
3. Identifique as razões da pretensão (causa de pedir).
4. Identifique a Justiça pela qual deve procurar (Justiça Federal ou Justiça Comum).
5. Procure identificar o foro competente para a propositura da ação (essa ação deverá ser proposta no local do pagamento).
6. Confirme o endereçamento.
7. Tenha certeza em face de quem a ação será proposta.
8. Relate os fatos preponderantes.
9. Discrimine a fundamentação relacionada aos fatos.
10. Identifique qual o motivo descrito pelo artigo 164 do CTN ensejou a propositura da ação.
11. Desenvolva o pedido principal, observando se satisfaz a pretensão do autor (o pedido está logicamente relacionado à pretensão).
12. Não se esqueça de pedir: citação do réu (ou dos réus), autorização para consignar o pagamento, produção de provas e condenação nas verbas sucumbenciais.
13. Determine o valor da causa (valor do pagamento).

Ação de Repetição de Indébito

É praticamente uníssono na doutrina que a ação de repetição de indébito se originou pela regra do "*solve et repete*", segundo a qual um contribuinte, para contestar válido um tributo, primeiramente deveria pagar a prestação pecuniária para somente depois discutir se o pagamento era legítimo ou não.

Se hoje parece absurdo fazer prevalecer tal regra, em outros tempos não se pensava assim, tanto que foi apenas em 1961 que a Corte Superior italiana a reconheceu como inconstitucional sob o fundamento da violação ao princípio da igualdade, além, é claro, de exemplificar uma confortável posição à Administração Tributária, pois se condicionava a discussão da relação tributária ao recolhimento do tributo. (Cais, Cleide Previtalli, *O processo tributário*, p. 433.)

A desigualdade suscitada é facilmente observada, especialmente quando se colocam cidadãos de condições econômicas bastante distintas frente a frente nessa ocasião. Embora ambos queiram contestar uma cobrança tributária, apenas o contribuinte de maior poder de riqueza terá condição material para solver o tributo e depois discutir. Por esse raciocínio, o outro contribuinte simplesmente deixaria de discutir a exação por falta de dinheiro.

Certamente essa última hipótese não parece razoável, por dois grandes motivos. Primeiro, porque é evidente o cerceamento de defesa, limitando a discussão aos que possuem condições econômicas suficientes, critério que não se coaduna com a Carta Constitucional. Segundo, porque há a garantia do livre acesso ao Poder Judiciário (art. 5.º, XXXV, CF) independentemente do pagamento de custas, de modo que todo cidadão terá direito a uma manifestação do Estado-juiz. Apesar de parecer consolidado o raciocínio, algumas regras surgem afrontando os ensinamentos constitucionais, como no caso do artigo 38 da Lei 6.830/80, que exigiu o depósito do valor do débito para preparar a ação anulatória.

Cabimento

A pretensão do autor dessa ação é restituir os valores tributários pagos indevidamente. Assim, o pedido relacionado à repetição de indébito envolve dois provimentos: confirmar o pagamento indevido e exigir daquele que o recebeu a devolução da importância paga.

Para verificar se um pagamento é indevido ou não, foi o Código Tributário Nacional incumbido de determinar as hipóteses em que a parte legítima poderia restituir a íntegra do tributo ou restituí-lo parcialmente.

> Art. 165 – O sujeito passivo tem direito, independentemente de prévio protesto, à restituição total ou parcial do tributo, seja qual for a modalidade do seu pagamento, ressalvado o disposto no § 4.º do art. 162, nos seguintes casos:
>
> I – cobrança ou pagamento espontâneo de tributo indevido ou maior que o devido em face da legislação tributária aplicável, ou da natureza ou circunstâncias materiais do fato gerador efetivamente ocorrido;
>
> II – erro na edificação do sujeito passivo, na determinação da alíquota aplicável, no cálculo do montante do débito ou na elaboração ou conferência de qualquer documento relativo ao pagamento;
>
> III – reforma, anulação, revogação ou rescisão de decisão condenatória.

Em qualquer uma dessas hipóteses, já estará o contribuinte legitimado a propor a ação de repetição de indébito.

> Nesse momento, ocorrerá inversão das partes: a ativa da relação tributária será a passiva da relação processual e a passiva da relação tributária tornar-se-á a ativa da relação processual. (Cais, Cleide Previtalli, *O processo tributário*, p. 415.)

Ou seja, o contribuinte será o autor da ação, na qual a Fazenda Pública figurará como ré, enquanto na relação tributária o ente político se apresentará como sujeito ativo, e o contribuinte, como pólo passivo.

	Fazenda Pública	**Contribuinte**
Relação tributária	Sujeito ativo	Sujeito passivo
Relação processual	Sujeito passivo	Sujeito ativo

Para absorção mais simples do conteúdo do artigo 165 do CTN, examinemos cada um de seus incisos, com base nas magistrais lições de Aliomar Baleeiro em sua obra *Direito Tributário brasileiro* (p. 513-5).

I – "Cobrança ou pagamento espontâneo de tributo indevido ou maior que o devido em face da legislação tributária aplicável, ou da natureza ou circunstâncias materiais do fato gerador efetivamente ocorrido" – Há, perante esse caso, duas hipóteses relacionadas, embora tratadas no mesmo inciso. Na primeira hipótese, em face da legislação tributária aplicável, o tributo é indevido quando considerado ilegal, ou seja, quando a própria lei instituidora do tributo extrapola os parâmetros constitucionais. Trata-se de erro de direito. Na segunda hipótese, circunstâncias materiais do fato gerador, há erro de fato. A autoridade fiscal se equivoca quanto à ocorrência do fato gerador; em outras palavras, embora a situação fática praticada pelo contribuinte não se encaixe perfeitamente à hipótese descrita em lei como suscetível de tributação, ainda assim o agente administrativo, acreditando ter acontecido o fato gerador, promove o lançamento.

II – "Erro na edificação do sujeito passivo, na determinação da alíquota aplicável, no cálculo do montante do débito ou na elaboração ou conferência de qualquer documento relativo ao pagamento" – Nesse inciso, o CTN quis dizer erro na *identificação* do sujeito passivo, e não erro na edificação. Para essa situação, quem recolheu o tributo foi pessoa que não estava relacionada com o fato gerador, de modo que o agente fiscal exigiu a cobrança tributária de quem, na realidade, não devia, ou, se devia, foi-lhe cobrado montante superior ao adequado.

III – "Reforma, anulação, revogação ou rescisão de decisão condenatória" – Para o caso do inciso III, o sujeito passivo recolheu o tributo, porém intentou ação judicial para afastar sua obrigação, anular o lançamento ou mesmo rescindir decisão transitada em julgado e acabou vencedor das demandas. Não há dúvida quanto a essas alternativas, pois, conforme o parágrafo único do artigo 204 do CTN, mesmo havendo a presunção de liquidez e certeza do crédito tributário, poderá o contribuinte ilidi-la por meio de comprovação inequívoca. Abrir-se-á, então, a oportunidade para ele propor ação de repetição de indébito e, com base na sentença que tem em mãos, pedir ao juiz a restituição dos valores pagos anteriormente.

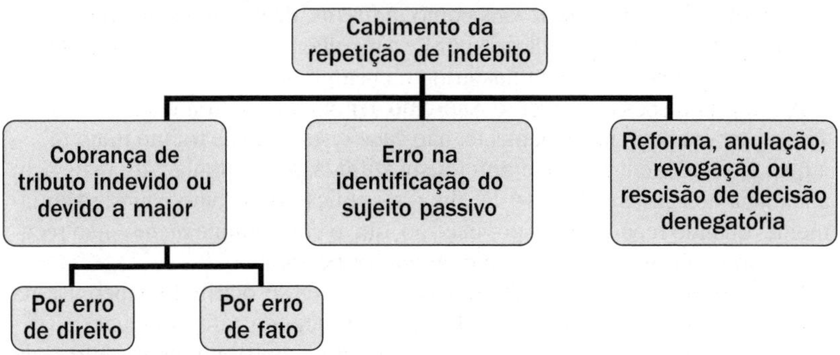

Legitimidade ativa e passiva

Como já demonstrado, com a propositura da repetição de indébito, ocorre uma inversão dos pólos em relação à obrigação tributária. O sujeito ativo de um tributo é o ente político, e o passivo, o contribuinte. Proposta a ação, os pólos são trocados: o sujeito ativo da ação é o contribuinte, e o passivo, o ente político arrecadador do tributo. Assim, não há por que temer se equivocar quanto ao pólo passivo da ação de repetição, pois este será o sujeito de direito que permanecer com o dinheiro arrecadado; afinal, somente ele terá condições de devolver o que não lhe pertence.

A legitimidade ativa, em princípio, também é simples de ser verificada, uma vez que basta que exista o recolhimento indevido de tributos para que o contribuinte ou mesmo seus sucessores ingressem com a repetição desses indébitos.

Entretanto, a redação do artigo 166 do CTN repercutiu na identificação da pessoa legítima para propor a ação sob análise, tendo em vista tratar-se de tributos que comportem, por sua natureza, transferência do respectivo encargo financeiro. Quando o tributo tiver essa característica, dispõe a parte final do artigo que a restituição de um pagamento indevido só acontecerá se aquele que requer a repetição provar ter assumido o encargo (não repassado o montante do tributo) ou, no caso de tê-lo transferido, possuir autorização expressa da pessoa que suportou a carga a repetir o indébito.

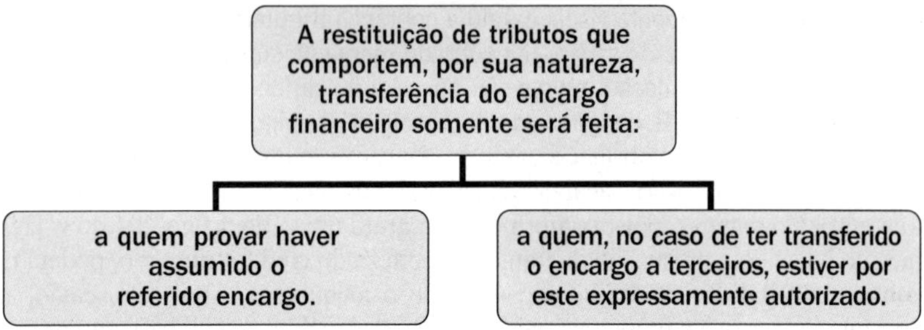

Essa característica natural de transferência de encargo econômico fez que tais tributos fossem classificados como *indiretos*, de modo que há um contribuinte de direito (aquele indicado por lei a recolher a exação) e um contribuinte de fato (aquele a quem é transferido o encargo do tributo).

A referida disposição levou o Supremo Tribunal Federal a editar a Súmula 71 – "Embora pago indevidamente, não cabe restituição de tributo indireto" –, a qual, contudo, em pouco tempo foi substituída pela Súmula 546, mais bem adequada aos casos práticos – "Cabe a restituição do tributo pago indevidamente, quando reconhecido, por decisão, que o contribuinte *de jure* não recuperou do contribuinte *de facto* o *quantum* respectivo".

Portanto, a dificuldade não está só em saber se o tributo repercute na cadeia econômica, sendo possível a transferência do referido encargo (tributo indireto), proporcionando a aparição dos contribuintes de fato e de direito. Isso porque, em tese, qualquer ônus tributário poderá ser repassado a um terceiro.

> Nota-se que, mesmo entre os tributos, não há uma "espécie" cujo ônus possa ser repassado a terceiros e outra em que isso não seja possível. Impostos considerados "indiretos", como o ICMS e o IPI, podem eventualmente ser economicamente suportados apenas pelo vendedor, e não pelo comprador da mercadoria correspondente. Por outro lado, impostos como o IPTU ou o imposto de renda, usualmente considerados "diretos", são não raro repercutidos, a exemplo do que ocorre entre o médico autônomo e seu paciente (o médico "embute" o IRPF em seus honorários), e o locador e o locatário de um imóvel (o locador "transfere" o ônus do IPTU ao locatário). (Machado Segundo, Hugo de Brito, *Processo tributário*, p. 375.)

O importante é destacar que a regra do artigo 166 não precisa ser obedecida nos casos de mera transferência econômica (como no exemplo do IR ou do IPTU), mas sim quando há a chamada transferência jurídica, ou seja, quando a própria lei estipula que outra pessoa, diferentemente daquela que realiza o fato gerador, seja sujeito passivo do cumprimento da obrigação tributária, elegendo-a, portanto, como responsável (art. 128, CTN).

De acordo com as anotações Hugo de Brito Machado Segundo, para o Superior Tribunal de Justiça, atualmente, o artigo 166 do CTN deve ser aplicado em duas situações:

- quando há a repercussão jurídica, ou seja, quando a lei indica o contribuinte e o responsável, nos moldes do artigo 128 do CTN;
- quando na prática de um fato gerador envolvendo duas pessoas a primeira participante transfere seu encargo à segunda, de modo que esta é que fica sujeita a toda a carga tributária.

No entanto, o autor ressalva que o entendimento do STJ, embora seja o que prevalece, está equivocadamente ampliado. Ele acredita na utilização do artigo 166 tão-somente nas transferências jurídicas dos encargos tributários (*Processo tributário*, p. 376 e 379).

Juros e correção monetária

Seja qual for a justificativa da ação de repetição do indébito, o valor a ser restituído não poderia ser exatamente igual àquele pago na época de sua exigência e, realmente, o Código Tributário explicita como ocorre o reajuste.

> Art. 167 – A restituição total ou parcial do tributo dá lugar à restituição, na mesma proporção, dos juros de mora e das penalidades pecuniárias, salvo as referentes a infrações de caráter formal não prejudicadas pela causa da restituição.

O artigo trata apenas dos juros, que, conforme o parágrafo único da mesma regra, passarão a incidir a partir do trânsito em julgado da decisão que os determinar.

Para a incidência da correção monetária, o termo inicial será a data do desembolso do valor do tributo indevido, e seu cálculo levará em conta índices diferenciados de acordo com a época. Apesar de inúmeros índices que refletiam a desvalorização da moeda brasileira, a partir de 1.º de janeiro de 1996,

> o direito à compensação entre créditos ou à restituição do indébito deve ser acrescido de juros equivalentes à taxa referencial do Sistema Especial de Liquidação e Custódia – Selic, para títulos federais, acumulada mensalmente, calculados a partir da data do pagamento indevido, ou a maior que o devido, até o mês anterior ao da compensação ou da restituição e de 1% relativamente ao mês em que estiver sendo efetuada. (Cais, Cleide Previtalli, *O processo tributário*, p. 410.)

Ressalte-se que,

> no plano estadual ou municipal, a jurisprudência tem entendido por aplicar os mesmos índices que forem utilizados pelo ente tributante respectivo para atualizar os débitos tributários dos quais é credor. (Machado Segundo, Hugo de Brito, *Processo tributário*, p. 391.)

Conclui-se que os cálculos da restituição dos valores tomam dois termos iniciais distintos: para os juros moratórios, a data é contada a partir do trânsito em julgado da sentença (Súmula 188, STJ); para a correção monetária, a data inicial é o dia do desembolso do tributo indevido (Súmula 162, STJ).

Sem dúvida, essas diferenças são muito criticadas pela doutrina (com razão), pois realmente nos parece muito mais justo atualizar os valores (com juros e correção) a serem restituídos da data do pagamento indevido. Aliás, quando o contribuinte deixa de pagar o crédito tributário no tempo adequado, o Código Tributário Nacional estipula:

> Art. 161 – O crédito não integralmente pago no vencimento é acrescido de juros de mora, seja qual for o motivo determinante da falta, sem prejuízo da imposição das penalidades cabíveis e da aplicação de quaisquer medidas de garantia previstas nesta Lei ou em lei tributária.

Quer dizer, quando o contribuinte está em falta para com o Fisco, os juros incidem a partir do dia subseqüente à data-limite para a quitação do tributo; já quando é o Fisco que deve restituir os valores a ele entregues indevidamente, os juros incidem somente a partir do trânsito em julgado da sentença. As críticas, portanto, não são infundadas.

Todavia, quando surgiu a Lei 9.250/95 (art. 39, § 4.º) determinando que, a contar de 1.º de janeiro de 1996, os juros aplicados de acordo com a taxa Selic seriam calculados a partir da data do pagamento indevido ou a maior, imediatamente a Fazenda Pública passou a discutir a constitucionalidade da lei, em razão de ser lei ordinária modificando dispositivo do CTN (lei complementar).

Cleide Previtalli Cais foi uma das ilustres mentes a criticar as diferenças adotadas e, em sua obra *O processo tributário* (p. 433), assim finaliza seu entendimento sobre o assunto:

> Mesmo considerando que lei ordinária não revoga lei complementar – o parágrafo único do art. 167 do CTN –, a lei ordinária em questão foi hábil para demonstrar um tratamento desigual que pretendeu reparar, desde a sua vigência.

Repetição e compensação

De acordo com a doutrina, a repetição de indébito é classificada como uma ação de conhecimento de natureza condenatória. Afinal, não poderia ser diferente, haja vista que o autor requer, em um primeiro momento, obter a certeza jurídica de que o pagamento definitivamente era indevido e, cumulativamente, a condenação da pessoa que recebeu o pagamento a restituir a importância outrora recebida. Claro que, uma vez proferida a sentença favorável ao autor, este intentará sua liquidação (quando a sentença não determinar o valor ou não individuar o objeto da condenação), executando aquele que deve devolver os valores creditados indevidamente.

> A introdução, pela Lei 10.444, de 7/5/2002, dos §§ 1.º e 2.º ao art. 604 do CPC em muito agiliza e torna efetiva a liquidação da sentença, mormente em se tratando de processo em que a elaboração do cálculo depende de elementos que estejam em poder da Administração (devedor) ou de terceiro, quando, a requerimento do credor, o juiz pode determinar a exibição dos elementos necessários para a elaboração do cálculo em trinta dias. (Cais, Cleide Previtalli, *O processo tributário*, p. 425.)

No entanto, para os casos em que o executado é a Fazenda Pública, serão aplicados dispositivos específicos do Código de Processo Civil. Será a Fazenda citada para opor embargos dentro de 10 dias (art. 730, *caput*); se isso não acontecer, o juiz entenderá corretos os cálculos apresentados pelo exeqüente (art. 604, § 1.º) e requisitará o pagamento por intermédio do presidente do tribunal competente, sempre observando a ordem cronológica dos precatórios (art. 730, I e II, CPC c/c art. 100, CF).

É de conhecimento de todos, porém, que os precatórios exigem uma espera bastante longa, o que faz muitos contribuintes optarem pelo regime de compensação, pois esta também se configura em uma modalidade de extinção do crédito tributário.

Logo, segundo James Marins,

> o contribuinte que obtém uma sentença de procedência em ação de repetição de indébito, como no caso em análise, pode utilizar-se da carga declaratória da mesma para dar azo a compensação, inclusive sem necessidade de autorização da Fazenda Nacional, bastando comunicação em juízo de tal procedimento, através da conjugação da possibilidade de aproveitamento do efeito declaratório da sentença com a previsão legal da compensação presente no art. 66 da Lei 8.383, de 30 de dezembro de 1991. (*Direito Processual Tributário brasileiro – administrativo e judicial*, p. 419).

O mesmo autor anota, por meio das palavras de Gabriel Troianelli, que,

> se pode o contribuinte, mesmo com ação de repetição de indébito em curso, compensar o crédito objeto dessa ação, pode, de igual forma, compensar crédito cuja restituição esteja assegurada por decisão judicial transitada em julgado, hipótese em que deverá, meramente, se abster de executar a decisão. [...] o contribuinte que optou pela ação de repetição, sendo vitorioso, poderá optar pelo pedido de liquidação de sentença, levantando o crédito respectivo contra a Fazenda, e optar pela compensação do mesmo, evitando o demorado procedimento do precatório. Bastando, para tanto, que formule o pedido, não para ter reconhecido o direito à compensação, até porque tal pedido é descabido na execução, mas de desistência da execução e conseqüentemente do precatório, pois pretende utilizar-se do instituto da compensação. (*Idem*, nota 70, p. 420.)

Dessa feita, a compensação fixada pelo artigo 170 do CTN dependerá de lei para que seja autorizada em relação a créditos tributários vencidos ou vincendos. A lei autorizadora é a de número 8.383/91, que, em seu artigo 66, determinou que,

> nos casos de pagamento indevido ou a maior de tributos de contribuições federais, inclusive previdenciárias, mesmo quando resultante de reforma, anulação, revogação ou rescisão de decisão condenatória, o contribuinte poderá efetuar a compensação desse valor no recolhimento de importância correspondente a períodos subseqüentes.

Ademais, por força da alteração introduzida pela Lei 9.250/95, a compensação tratada pelo dispositivo legal anterior só poderá ser efetuada com o recolhimento de importância correspondente a imposto, taxa, contribuição federal ou receitas patrimoniais de mesma espécie e destinação constitucional específica.

Por fim, justamente quando o contribuinte está apressado em ter seu dinheiro devolvido, é bastante comum a escolha do mandado de segurança, medida que, aliás, pode e deve ser intentada, sem temer as famosas Súmulas 212 e 213, ambas do Superior Tribunal de Justiça.

O direito à compensação está exarado pelo CTN em seu artigo 170, de modo que não deve a Fazenda Pública se opor a essa possibilidade do contribuinte. Se assim o agente fiscal o fizer, caberá ao contribuinte impetrar mandado de segurança com o intuito de ver declarado seu direito a compensar (Súmula 213, STJ).

Tão-somente o que não pode acontecer é a compensação ser deferida pelo juiz por meio de pedido liminar efetuado no bojo do mandado de segurança. Afinal, cabe à Administração Tributária conferir os valores compensados homologando a extinção do crédito tributário ou, quando equivocado o contribuinte, exigindo dele os valores adequados.

Repetição de indébito e prescrição

O direito de pleitear a restituição extingue-se com o decurso do prazo de cinco anos. A regra é exposta pelo artigo 168 do CTN, e a ela não há óbices jurisprudenciais ou doutrinários. Para a contagem desses cinco anos, contudo, os entendimentos variavam, apesar de o Código Tributário assinalar os termos iniciais.

Assim, para requerer a restituição tendo em vista pagamento indevido ou maior que o devido em face da legislação aplicável (art. 165, I, CTN) ou erro na identificação do sujeito passivo na determinação dos cálculos (art. 165, II, CTN), a data que marca o início do prazo será a da extinção do crédito tributário. Já nos casos de reforma, anulação, revogação ou rescisão de decisão condenatória (art. 165, III, CTN), o prazo terá início na data em que a decisão tenha se tornado definitiva ou transitada em julgado.

PRAZO PARA PLEITEAR A RESTITUIÇÃO: 5 ANOS (ART. 168, CTN)	
contados da data da extinção do crédito tributário	**contados da data da decisão irreformável ou transitada em julgado**
– em face de pagamento indevido ou maior que o devido;	– em face de reforma, anulação, revogação ou rescisão de decisão condenatória.
– em face de pagamento indevido em razão de erro na identificação do sujeito passivo.	

Retornando ao artigo 165, nota-se que a restituição independe da modalidade de pagamento, ou seja, não importa se o pagamento se deu por lançamento direto ou de ofício, misto ou por declaração, autolançamento ou lançamento por homologação.

Para as duas primeiras modalidades de lançamento, é fácil verificar a data, por exemplo, do pagamento indevido ou maior que o devido que ensejou a extinção do crédito tributário. Para a terceira modalidade (lançamento por homologação), a extinção se dá com a homologação do pagamento antecipado (art. 156, VII, CTN).

Realmente, tratando-se de tributo sujeito a lançamento por homologação, a extinção do crédito tributário efetivamente só se opera com a homologação, e, como esta geralmente não se faz expressamente, o lançamento só se perfaz com a homologação tácita, vale dizer, após cinco anos da data do pagamento. E, da mesma forma que o pagamento antecipado não extingue o crédito tributário, a compensação, feita no âmbito do lançamento por homologação, com fundamento no art. 66 da Lei 8.383/91, também não extingue desde logo o crédito tributário. Em um como no outro caso, a extinção fica a depender da homologação. (Machado, Hugo de Brito, *Curso de Direito Tributário*, p. 173-4.)

Assim, de acordo com o raciocínio demonstrado, com o qual concordamos, haveria o prazo de cinco anos da data do pagamento antecipado até a homologação tácita e, desta última, aí sim, cinco anos para restituir os valores pagos indevidamente, totalizando um período de 10 anos.

Não obstante nosso posicionamento, assim como o de outros autores, ilustres nomes de nossa doutrina não concordavam com a tese (entre eles, Luciano Amaro: "Opusemo-nos a essa exegese, que não resistia a uma análise sistemática, lógica e mesmo literal do Código" – *Direito Tributário brasileiro*, p. 427-8), baseados no disposto pelo § 1.º do artigo 150 do CTN, que fixa o pagamento antecipado como o momento em que extingue o crédito tributário, sob condição resolutória da ulterior homologação do lançamento.

Atualmente, a Lei Complementar 118, publicada em 9 de fevereiro de 2005, dispõe, em seu artigo 3.º, que, para efeito de interpretação do inciso I do artigo 165 do CTN, a extinção do crédito tributário ocorre, no caso de tributo sujeito ao lançamento por homologação, no momento do pagamento antecipado, como já tratava o § 1.º do artigo 150 do mesmo diploma legal.

PRAZO PARA A RESTITUIÇÃO NOS CASOS DE LANÇAMENTO POR HOMOLOGAÇÃO

Antes da LC 118/05	Após a LC 118/05
Pagamento indevido: 5 anos para homologar (prazo decadencial).	Pagamento indevido: 5 anos para restituir (prazo prescricional).
Data da homologação: 5 anos para restituir (prazo prescricional).	
Total: 10 anos.	Total: 5 anos

Vale ressaltar que, para Hugo de Brito Machado Segundo, o prazo para restituição disposto no artigo 168 é decadencial.

Note-se que o direito de que cuida o art. 168 do CTN não é o "direito de ação" através do qual se pede judicialmente a condenação da Fazenda Pública na devolução de tributos pagos indevidamente. Não. O prazo ali versado, a rigor, é de *decadência* do direito de requerer, administrativamente, a restituição. Depois de requerida a restituição, caso esta venha a ser denegada, o prazo – dessa feita, prescricional – para a propositura da ação judicial correspondente é de dois anos, prazo que é "interrompido pelo início da ação judicial, recomeçando o seu curso, por metade, a partir da data da intimação validamente feita ao representante da Fazenda Pública interessada". (*Processo tributário*, p. 384.)

NÃO ESQUEÇA

1. A pretensão da ação de repetição do indébito é distinta de todas as demais, pois o contribuinte recolheu o tributo, porém indevidamente, resultando no direito de pedir de volta (restituir) os valores pagos a maior.
2. O pedido de restituição pode ser integral ou parcial e não depende de prévio protesto. De acordo com o CTN, são hipóteses que ensejam a propositura da repetição:
   a) cobrança ou pagamento espontâneo de tributo indevido ou maior que o devido em face da legislação tributária aplicável, ou da natureza ou circunstâncias materiais do fato gerador efetivamente ocorrido;
   b) erro na identificação do sujeito passivo, na determinação da alíquota aplicável, no cálculo do montante do débito ou na elaboração ou conferência de qualquer documento relativo ao pagamento;
   c) reforma, anulação, revogação ou rescisão de decisão condenatória.
3. Quando proposta a repetição de indébito, há uma inversão dos pólos em relação à obrigação tributária. O sujeito ativo de um tributo é o ente político, e o passivo, o contribuinte. Proposta a ação, os pólos são trocados: o sujeito ativo da ação é o contribuinte, e o passivo, o ente político arrecadador do tributo.
4. Quanto ao pólo passivo da ação de repetição, este será o sujeito de direito que permanecer com o dinheiro arrecadado; afinal, somente ele terá condições de devolver o que não lhe pertence. A legitimidade ativa, em princípio, também é simples de ser verificada, pois basta que exista o recolhimento indevido de tributos para que o contribuinte ou mesmo seus sucessores ingressem com a repetição desses indébitos.
5. Quando se tratar da restituição de tributos que comportem, por sua natureza, transferência do encargo financeiro, a devolução do dinheiro apenas será feita a quem provar ter assumido o encargo ou, se não assumiu, possuir autorização expressa do terceiro a quem o encargo foi transferido (art. 166, CTN).
6. A regra do artigo 166 não precisa ser obedecida nos casos de mera transferência econômica (como IR ou IPTU), mas sim quando há transferência jurídica, que se configura quando a própria lei estipula que outra pessoa, diferentemente daquela que realiza o fato gerador, seja sujeito passivo do cumprimento da obrigação tributária, elegendo-a, portanto, como responsável (art. 128, CTN).
7. Em razão da natureza condenatória da ação de repetição do indébito, poderá o autor se valer do entrecho declaratório intrínseco a esse tipo de

ação e, em vez de pedir a restituição dos valores, terá condições de se utilizar da via compensatória.

8. O direito de compensar está explicitado no CTN. Portanto, mesmo por medida liminar, pode o contribuinte assegurar esse direito. O que não pode acontecer é a compensação ser deferida pelo juiz por meio de pedido liminar efetuado no bojo do mandado de segurança, uma vez que cabe à Administração Tributária conferir os valores compensados homologando a extinção do crédito tributário ou, quando equivocado o contribuinte, exigindo deste os valores adequados.
9. O direito de pleitear a restituição dos valores extingue-se em cinco anos, contados da data da extinção do crédito tributário ou da data da decisão irreformável ou transitada em julgado em face de reforma, anulação, revogação ou rescisão de decisão condenatória.
10. Para os casos em que o tributo esteja sujeito ao lançamento por homologação, os cinco anos serão contados da data do pagamento indevido e não da homologação (inteligência da LC 118/05).

Passo a Passo

1. Certifique-se da pretensão de seu cliente (restituir os valores pagos indevidamente).
2. Verifique se o tributo realmente foi pago (é indiferente a modalidade do pagamento).
3. Identifique qual das situações previstas no artigo 165 do CTN fundamenta a propositura da ação.
4. Assegure-se de que está dentro do prazo hábil para a propositura da ação (cinco anos).
5. Identifique as razões da pretensão (causa de pedir).
6. Identifique a Justiça pela qual deve procurar (Justiça Federal ou Justiça Comum).
7. Procure identificar o foro competente para a propositura da ação (essa ação deverá ser proposta no local de domicílio do autor).
8. Confirme o endereçamento.
9. Tenha certeza em face de quem a ação será proposta.
10. Relate os fatos preponderantes.
11. Discrimine a fundamentação relacionada aos fatos.
12. Desenvolva o pedido principal, observando se satisfaz a pretensão do autor (o pedido está logicamente relacionado à pretensão).
13. Não se esqueça de pedir: citação do réu, produção de provas (especialmente as que confirmem o pagamento) e condenação nas verbas sucumbenciais.
14. Determine o valor da causa (valor equivalente ao da restituição).

AÇÃO DE EXECUÇÃO FISCAL

A Fazenda Pública deve cuidar para que todos aqueles que praticam fatos geradores da incidência de tributos cumpram com as obrigações que dos fatos decorrem. É verdade que o contribuinte possui prazos para adimplir suas obrigações e, caso não concorde com a cobrança, poderá até discutir a exação em esfera administrativa.

No entanto, descumprido o prazo para pagamento sem impugnação administrativa, ou mesmo com a impugnação, se dela decorrente decisão irreformável confirmando a obrigação tributária, abre-se à Fazenda Pública a possibilidade de cobrar a dívida judicialmente.

Assim, apesar de todos os meios oferecidos ao contribuinte para afastar a exação, os resultados advindos desses meios apenas acabam por confirmar sua obrigação, de modo que a Fazenda Pública, antecedente à cobrança judicial e em conseqüência do processo interno instaurado, providenciará a inscrição em dívida ativa, obedecendo à disposição do Código Tributário Nacional:

> Art. 201 – Constitui dívida ativa tributária a proveniente de crédito dessa natureza, regularmente inscrita na repartição administrativa competente, depois de esgotado o prazo fixado, para pagamento, pela lei ou por decisão final proferida em processo regular.

Efetuada a inscrição como dívida ativa do crédito fazendário não pago, o credor se mune do último instrumento que o habilita a promover a ação de execução que objetiva exigir do devedor o cumprimento de sua obrigação.

Hoje, sabemos tratar-se da ação de execução fiscal com base em lei federal de 1980, mas, primariamente, lembremos que é o Código de Processo Civil o diploma que disciplina o assunto de forma mais abrangente. Desenvolvendo um breve histórico do regime da execução fiscal, James Marins assinala:

> Anteriormente, a matéria relativa à execução fiscal fora tratada junto à execução de um modo geral, sendo regulada pelas disposições genéricas constantes do Código de Processo Civil. Antes disso, porém, o Decreto-Lei 960, de 17 de dezembro de 1938, disciplinou o tema de modo autônomo. Com a consagração do reconhecimento do interesse público, ao menos no plano retórico, que envolve a cobrança dos créditos tributários, surge a necessidade de se dotar a Fazenda Pública de meios mais aptos a garantir a arrecadação tributária, adotando-se novamente um regime autônomo, fundado na idéia de maior eficácia. (*Direito Processual Tributário brasileiro – administrativo e judicial*, p. 600.)

Indubitavelmente, o autor está apontando para a Lei de Execução Fiscal (LEF), de 22 de setembro de 1980, que passou a cuidar dos créditos dos entes políticos, e também de suas autarquias, delineando um procedimento mais célere e particular para que a Fazenda Pública receba o que lhe é de direito.

Contudo, como também observa Marins,

> mesmo que a especialidade do tema confira à Fazenda Pública certas prerrogativas para satisfação de seus créditos, a matéria permanece sob o influxo dos dispositivos do CPC atinentes à execução em geral. Os princípios gerais que regem o tema são válidos porque a especialidade não supera o princípio geral, é restrição e não ampliação, é complementar; cuida-se não de outra espécie, mas de subespécie. (*Idem*, p. 602.)

Assinale-se, ainda, que

> a observância subsidiária das regras gerais do processo de conhecimento e das execuções postas no Código de Processo Civil somente tem cabimento quando a Lei 6.830/80 não contiver previsão sobre o tema. A subsidiariedade prevista no art. 1.º da Lei 6.830/80 é mais ampla que aquela do art. 598 do próprio CPC, que, ao tratar da execução comum, prevê tão-somente a aplicação subsidiária das regras do processo de conhecimento. (Fernandes, Odmir *et al.*, *Lei de Execução Fiscal comentada e anotada,* p. 38.)

Dívida ativa

A execução fiscal, subordinada como é às regras do diploma processual em vigor, deverá possuir pelo menos dois requisitos: o inadimplemento do devedor e o título executivo.

Segundo o CPC (art. 580, parágrafo único), inadimplente é o devedor que não satisfaz espontaneamente o direito reconhecido pela sentença, ou a obrigação, a que a lei atribuir eficácia de título executivo.

Entretanto, estabelece o artigo 204 do CTN que a dívida regularmente inscrita goza de presunção de liquidez e certeza, o que lhe dá efeito de prova pré-constituída, disposição que, aliás, também se encontra na Lei 6.830/80, em seu artigo 3.º. Percebemos, então, que a Fazenda Pública é privilegiada nesse sentido, pois o devedor até aqui pode não ter se manifestado sobre sua vontade e mesmo assim a inscrição em dívida ativa já será suficiente para a iminente ação executória.

Não podemos esquecer, contudo, que tal presunção é relativa (*iuris tantum*), de modo que cabe ao devedor ilidir a cobrança, desde que o faça por meio de prova inequívoca, mesmo porque, se as provas apresentadas não forem contundentes, a execução fiscal não será afastada.

Entre os muitos exemplos que podem ser apresentados como suficientes para ilidir a execução, José da Silva Pacheco (*apud* Cais, Cleide Previtalli, *O processo tributário*, p. 566-7) indicou os seguintes:

- incompetência do órgão que providenciou a inscrição em dívida ativa;
- falta de inscrição na dívida ativa;
- falta de um ou de vários requisitos na Certidão ou no Termo de Inscrição;
- falta do nome do devedor ou responsável no Termo de Inscrição;

- inexistência de procedimento administrativo ou de auto de infração dos quais corresponderiam a Certidão de Dívida Ativa.

DÍVIDA ATIVA REGULARMENTE INSCRITA: PRESUNÇÃO	
Liquidez	**Certeza**
O montante cobrado será claro e específico.	A cobrança é legítima e dentro dos parâmetros legais

***Atenção** – A presunção é relativa e, portanto, poderá ser ilidida por prova inequívoca, a cargo do executado ou de terceiro a quem aproveite.*

Além de líquida e certa, a dívida deve ser exigível; afinal, como executar algo que está, por exemplo, com sua exigibilidade suspensa? Impossível e ilógico.

Dessa feita,

> o crédito tributário deve apresentar-se líquido, certo e exigível, como dispõe o Código de Processo Civil. Porém, no executivo fiscal, o que garante tais requisitos não é a sentença de mérito ou a vontade manifesta do devedor e a regularidade do ato de lançamento tributário que autoriza a presunção de legitimidade de que goza a Fazenda Pública. A liquidez, certeza e exigibilidade no instante do aforamento da ação executiva fiscal são fruto de mera presunção que poderá vir a ser infirmada através dos meios de defesa de que dispõe o executado, inclusive, em certos casos, por meio da exceção ou objeção de pré-executividade. (Marins, James, *Direito Processual Tributário brasileiro – administrativo e judicial*, p. 604.)

Aliás, outras não poderiam ser as considerações quanto à exigibilidade, tendo em vista que o Código de Processo Civil, ao dispor sobre os títulos executivos, contemplou a certidão que é extraída da dívida ativa como título executivo extrajudicial (art. 585, VII).

Por esses trilhos, em razão das conseqüências que a inscrição em dívida ativa poderá gerar, a própria Lei de Execução Fiscal relacionou os itens que deverão constar no Termo de Inscrição de Dívida Ativa (art. 2.º, § 5.º):

> I – o nome do devedor, dos co-responsáveis e, sempre que conhecido, o domicílio ou residência de um e de outros;
>
> II – o valor originário da dívida, bem como o termo inicial e a forma de calcular os juros de mora e demais encargos previstos em lei ou contrato;
>
> III – a origem, a natureza e o fundamento legal ou contratual da dívida;
>
> IV – a indicação, se for o caso, de estar a dívida sujeita à atualização monetária, bem como o respectivo fundamento legal e o termo inicial para o cálculo;
>
> V – a data e o número da inscrição, no Registro de Dívida Ativa; e
>
> VI – o número do processo administrativo ou do auto de infração, se neles estiver apurado o valor da dívida.

Assim, a Certidão de Dívida Ativa (CDA) proveniente do Termo de Inscrição apresentará todos os elementos acima arrolados, de modo que o suposto devedor tenha todas as informações necessárias e suficientes para se defender; caso contrário, o cerceamento de defesa será evidente.

Dívida tributária e não-tributária

A Lei 6.830/80 é explícita ao assinalar que será considerada dívida ativa da Fazenda Pública aquela de natureza tributária ou não-tributária (art. 2.º).

Para as dívidas tributárias, embora o Código Tributário Nacional trate como tributos apenas os impostos, taxas e contribuições de melhoria, não se pode esquecer que a Constituição Federal adicionou a essa lista também os empréstimos compulsórios (art. 148) e as contribuições especiais (contribuições sociais, contribuição de intervenção no domínio econômico, contribuições coorporativas e contribuição para o custeio do serviço de iluminação pública – arts. 149 e 149-A).

Completando o raciocínio quanto às dívidas tributárias, que fique claro que tal dívida não provém unicamente do descumprimento da obrigação principal, mas pode também ter como origem o descumprimento de obrigação acessória, pois de sua não observância verifica-se a conversão em obrigação principal. É evidente que o contribuinte sofrerá mais que uma autuação; sofrerá também a imposição de multa e, independentemente da falta de pagamento de multa ou de tributo*, o crédito fruto dessa obrigação poderá ser inscrito em dívida ativa.

Na outra mão, caberá à Fazenda Pública executar créditos não-tributários, ou seja, aqueles não caracterizados como tributos. A Lei 4.320/64, no § 2.º do artigo 39, exemplifica alguns dessa natureza, como: foros, laudêmios, aluguéis, indenizações, restituições e toda multa que não tenha origem tributária. (O dispositivo legal relacionou entre as dívidas não-tributárias os empréstimos compulsórios, porém isso aconteceu em 1964, portanto muito antes de os superiores tribunais receberem os empréstimos compulsórios como uma nova espécie.)

Tanto em uma como em outra dívida, a correção monetária, os juros de mora e a multa moratória poderão ser acrescentados, sem excluir outros encargos previstos em legislação diferente ou em cláusulas contratuais.

Em uma das mais famosas obras sobre a Lei de Execução Fiscal, um conjunto de renomados autores afirma:

> Os exemplos mais comuns de dívidas ativas não-tributárias, no âmbito estadual, são as multas criminais, as multas por infrações ambientais (normalmente verificadas pela Cetesb ou pela Polícia Florestal), as multas decorrentes de infrações previstas no Código do Consumidor (em regra apuradas pelo Procon) e a reposição de vencimentos pagos indevidamente. Na esfera federal, as multas impostas pela Sunab, pelo Inmetro, pela Comissão de Valores Mobiliários (CVM), pelos conselhos profissionais e pela fiscalização do trabalho. (Fernandes, Odmir *et al.*, *Lei de Execução Fiscal comentada e anotada*, p. 55.)

* "Art. 39, § 2.º, Lei 4.320/64 – Dívida Ativa Tributária é o crédito da Fazenda Pública dessa natureza, proveniente de obrigação legal relativa a tributos e respectivos adicionais e multas [...]."

Dessa feita, a inscrição em dívida ativa, da qual se extrairá a Certidão de Dívida Ativa (título executivo extrajudicial), é o bilhete de ingresso (Marins, James, *Direito Processual Tributário brasileiro – administrativo e judicial*, p. 603) para a execução, execução fiscal essa que tem o condão de, por meio do Poder Judiciário, atingir sua pretensão, que é compelir o suposto devedor a quitar sua dívida. A execução não visa à discussão do mérito (Cais, Cleide Previtalli, *O processo tributário*, p. 617), tampouco à constituição ou declaração de um direito, mas sim à efetivação deste (Machado, Hugo de Brito, *Curso de Direito Tributário*, p. 405).

Emenda ou substituição da CDA

A Lei de Execução Fiscal, sob a justificativa de atender ao interesse público de modo que a certidão se mantenha fidedigna ao procedimento fiscal instaurado e concluído, revela, no § 8.º de seu artigo 2.º, que a Certidão de Dívida Ativa comporta alteração, seja uma emenda, seja sua total substituição.

Não nos parece abuso de poder o exarado pelo parágrafo, desde que, é claro, a alteração se exerça dentro dos limites desenhados pelo procedimento administrativo que resultou na inscrição em dívida ativa. Quer-se dizer que um vício material que tenha sido notado após a inscrição em dívida ativa não pode ser sanado com a simples emenda ou substituição da CDA, muito menos teria poder o juiz para fazê-lo, uma vez que a competência do lançamento tributário é do agente fiscal. Nesse sentido, caberia ao julgador anular o lançamento, de modo que à Administração Tributária restaria iniciar um novo procedimento fiscal.

Nosso raciocínio está amparado nas linhas mestras de James Marins, que, com a propriedade que lhe é peculiar, assevera:

> Mesmo existindo a possibilidade de retificar ou substituir o título executivo, essa prerrogativa se limita aos casos em que se mantenha a integridade do processo administrativo. Não é de forma alguma legítima a substituição de título por outro que não se mantenha fiel ao que se apurou no processo administrativo. Se extravasado esse limite, é ilegítima a execução, caracterizando abuso de título tributário. Quer-se significar com o exposto que somente nos casos de meros vícios formais é que se pode cogitar a substituição ou emenda do título executivo, afigurando-se como limite intransponível a incolumidade do procedimento administrativo. (*Direito Processual Tributário brasileiro – administrativo e judicial*, p. 607.)

De outra ótica, é comum acontecer emenda da certidão em razão de pagamento parcial efetuado pelo contribuinte, porém a alteração pode e deve ser invalidada se o pagamento se deu antes da inscrição em dívida ativa, pois não se está representando no Termo de Inscrição a real situação daquele devedor.

Nesse mesmo sentido, Cleide Previtalli Cais, que afirma que a emenda ou a substituição da certidão não será admissível para alterar para maior o valor objeto da execução (*O processo tributário*, p. 570), comenta o assunto de maneira bastante zelosa, valendo-se das palavras de Maria Helena Rau de Souza:

A substituição de Certidão de Dívida Ativa para exclusão de parcela paga somente se tornará imperativa, sob pena de reconhecimento de sua nulidade, e, via de conseqüência, da própria execução, em se tratando de pagamento efetivado anteriormente à inscrição, porquanto, em tal hipótese, não se poderia ter efetivado o ato de inscrição sem a subtração dos valores recolhidos. Entretanto, se o pagamento é efetuado posteriormente à inscrição ou após o ajuizamento da execução, o título foi formado corretamente, sendo caso de simples dedução do pagamento parcial, subsistindo o título para embasar a cobrança remanescente. (*O processo tributário*, p. 569.)

Contudo, há uma ressalva a ser lembrada, conforme já o fez Hugo de Brito Machado:

Admite-se, porém, nos casos em que a cobrança diga respeito a parcelas autônomas, como acontece, por exemplo, com a cobrança de imposto de renda de diferentes exercícios financeiros, prossiga a execução pela parcela autônoma, considerada devida. (*Curso de Direito Tributário*, p. 406.)

Por fim, é importante destacar que, seja na emenda, seja na substituição da CDA, tais alterações somente hão de acontecer até a decisão de primeira instância e ainda assegurada ao executado a devolução do prazo para apresentar os embargos.

Art. 2.º, § 8.º, LEF – Até a decisão de primeira instância, a Certidão de Dívida Ativa poderá ser emendada ou substituída, assegurada ao executado a devolução do prazo para embargos.

Pode-se perceber aqui certa impropriedade da lei, pois o legislador na época fez aparecer o vocábulo "decisão", e não "sentença". É bem verdade que muito provavelmente ele quis sentença, mas qual sentença, da execução ou do julgamento dos embargos?

A doutrina indica os dois caminhos de entendimento como adequados, ou seja, a emenda ou substituição da CDA poderá ocorrer até a decisão da execução ou dos embargos* e, devolvendo-se o prazo para a defesa do executado, na hipótese de os embargos já terem sido opostos, a nova manifestação limitar-se-á à parte modificada (Cais, Cleide Previtalli, *O processo tributário*, p. 568).

Sim, poderá haver emenda ou substituição para retificar o título executivo, bem como, tendo em vista defeito insanável, mesmo antes da decisão em primeira instância, o cancelamento da inscrição em dívida ativa, o que, naturalmente, resultará na extinção da execução fiscal, visto que estava ela apoiada nos termos inscritos pelo órgão competente.

Embora, como dissemos, seja lógico o entendimento, a Lei de Execução Fiscal preferiu expor:

---

* "Em resumo: a CDA pode ser substituída ou emendada até o julgamento, em primeira instância, da execução ou dos embargos opostos a ela. Não havendo qualquer sentença, o limite para a substituição ou emenda da CDA é a lavratura do auto de arrematação ou adjudicação dos bens." (Fernandes, Odmir *et al.*, *Lei de Execução Fiscal comentada e anotada*, p. 65.)

Art. 26 – Se, antes da decisão de primeira instância, a inscrição de Dívida Ativa for, a qualquer título, cancelada, a execução fiscal será extinta, sem qualquer ônus para as partes.

A primeira parte do *caput* desse artigo, portanto, não traz novidades, e concordamos com o exarado. Contudo, a segunda parte, que afasta a responsabilidade do ônus para ambas as partes, nos parece pouco razoável. Em primeiro lugar, em razão da própria Lei de Execução Fiscal, que, em outro dispositivo, deixa claro:

Art. 39, parágrafo único – Se vencida, a Fazenda Pública ressarcirá o valor das despesas feitas pela parte contrária.

Ora, se com a mera inscrição em dívida já há inconvenientes ao contribuinte, seja de ordem econômica (dificuldade em obter financiamentos, empréstimos), seja de ordem moral (ao ser taxado como devedor insolvente), imagine-se, então, com a propositura da execução fiscal. A contratação de advogado será inevitável e mais despesas serão deflagradas.

Assim, se, com o julgamento da execução, vencida a Fazenda, deve ela ressarcir os valores gastos pelo executado, não pode ser diferente quando a execução é prematuramente finalizada com o cancelamento da inscrição em dívida ativa. Aliás, muitas vezes, antevendo a Fazenda a iminente sucumbência, como exeqüente que é, poderá desistir da ação. Independentemente de os embargos terem sido opostos, cabe à Fazenda ressarcir o executado, como já decidiu o Superior Tribunal de Justiça.

Súmula 153 – A desistência da execução fiscal, após o oferecimento dos embargos, não exime o exeqüente dos encargos da sucumbência.

Em segundo lugar e de modo conclusivo, se a execução fiscal não se apóia em supedâneo legal, pode-se concluir que a Fazenda estará intentando a chamada lide temerária. Tal prática, alerta a Constituição, proporcionada por pessoas jurídicas de direito público ou mesmo de direito privado, na figura de seus agentes, deverá ser indenizada (Cais, Cleide Previtalli, *O processo tributário*, p. 573).

Art. 37. § 6.º, CF – As pessoas jurídicas de direito público e as de direito privado prestadoras de serviços públicos responderão pelos danos que seus agentes, nessa qualidade, causarem a terceiros, assegurado o direito de regresso contra o responsável nos casos de dolo ou culpa.

Legitimidade em execução fiscal

Após a formalização, um crédito que deixou de ser pago, como vimos, será inscrito em dívida ativa a fim de que o credor adquira o título executivo para propor a ação competente a exigir do devedor o adimplemento da obrigação. Para créditos de natureza tributária ou não-tributária, há lei especial que cuida da ação de execução fiscal, estabelecendo procedimento diferenciado, objetivando a celeridade e economia processual.

As pessoas legitimadas a se valerem dessa legislação são indicadas no artigo 1.º da Lei 6.830/80. A legitimidade ativa pode ser ocupada pelas seguintes pessoas:

- União e suas autarquias;
- Estados e suas autarquias;
- Distrito Federal e suas autarquias;
- Municípios e suas autarquias.

Assim, mesmo os conselhos de fiscalização profissional, como a Ordem dos Advogados do Brasil (OAB), o Conselho Regional de Contabilidade (CRC), o Conselho Regional de Medicina (CRM), entre tantos outros, justamente por serem caracterizados como autarquias federais, podem promover a ação de execução fiscal, desde que o crédito que pretendam cobrar esteja inscrito em dívida ativa (Fernandes, Odmir *et al.*, *Lei de Execução Fiscal comentada e anotada*, p. 457).

A legitimidade ativa alcança apenas os próprios entes políticos e suas respectivas autarquias, nada mencionando a lei sobre as empresas públicas, sociedades de economia mista, sindicatos, entidades paraestatais ou associações profissionais, de modo que estes não podem usufruir o procedimento especial da Lei 6.830/80.

Para a legitimidade passiva, a Lei de Execução Fiscal elenca, em seu artigo 4.º, aqueles que podem ocupar essa posição:

- o devedor;
- o fiador;
- o espólio;
- a massa;
- o responsável;
- os sucessores a qualquer título.

Facilmente notamos que a Fazenda Pública é privilegiada pela lei, uma vez que a execução proposta poderá alcançar uma gama de pessoas bastante grande, de modo a garantir que obrigações tributárias sejam cumpridas, se não pelo devedor, por quaisquer outras das pessoas identificadas.

Uma observação deve ser feita quanto ao responsável. No caso de sujeito passivo de obrigações não-tributárias,

> devedores e responsáveis são aqueles nomeados genericamente nos arts. 159, 1.518 a 1.529 do CC e na legislação pertinente à obrigação apurada, visto que a responsabilidade pelo pagamento de dívida ativa inscrita decorre exclusivamente de lei. (Fernandes, Odmir *et al.*, *Lei de Execução Fiscal comentada e anotada*, p. 116.)

Para identificar os responsáveis nas obrigações tributárias, é a lei complementar que disciplina as regras. Trata-se do Código Tributário Nacional, que expõe, nos artigos 124 e 125, as regras sobre a solidariedade e, nos artigos 128 a 138, sobre a responsabilidade por transferência (sucessão), substituição, terceiros e responsabilidade por infrações.

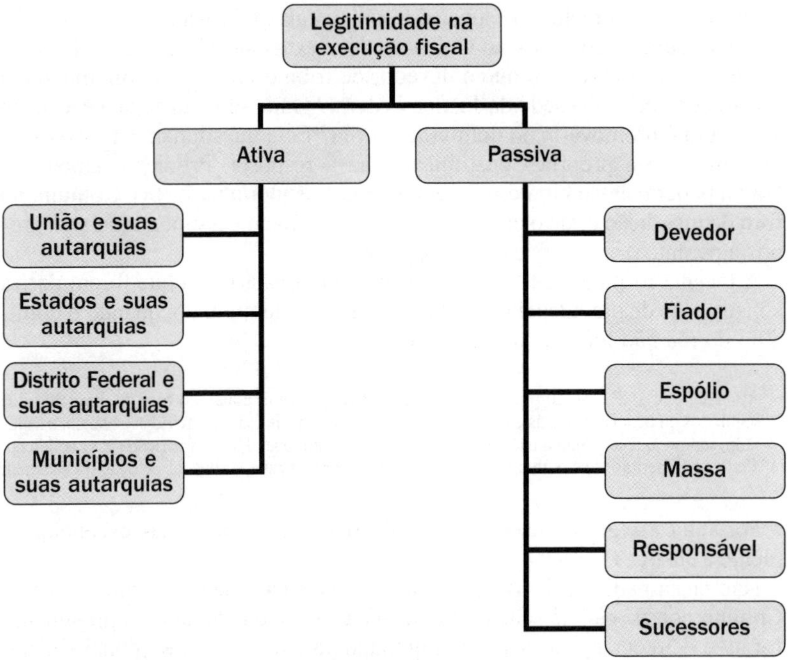

Competência

Para conhecermos a Justiça adequada pela qual caminhará a via executória, devemos identificar o ente político que detém o poder sobre determinada exação. Em outras palavras, precisamos conhecer mais do que quem possui o poder de instituir o tributo; necessitamos identificar o titular da atividade arrecadatória.

Quando a União ou suas autarquias estiverem envolvidas no julgamento, será pela Justiça Federal o andamento da execução fiscal (art. 109, CF), invariavelmente em varas especializadas em execuções fiscais. Na hipótese de os Estados, Distrito Federal ou Municípios, e respectivas autarquias, se apresentarem como entes arrecadantes, a competência do julgamento recairá sobre a Justiça Comum, ou Justiça Estadual (Marins, James, *Direito Processual Tributário brasileiro – administrativo e judicial*, p. 614).

É simples, portanto, a escolha da Justiça, se Federal ou Comum. No entanto, ainda não conhecemos o foro ao qual será direcionada a ação de execução. A Lei de Execução Fiscal não indica a competência do foro onde deverá a ação ser ajuizada, de modo que devemos, nesse caso, nos socorrer do Código de Processo Civil, que em suas disposições é cristalino:

> Art. 578 – A execução fiscal (art. 585, VII) será proposta no foro do domicílio do réu; se não o tiver, no de sua residência ou no do lugar onde for encontrado.

Não poderia ser melhor o enunciado, pois se trata exclusivamente da execução fiscal, justamente com base no título executivo extrajudicial (art. 585, VI, CPC).

Agora, e nos casos em que o devedor de tributo federal é domiciliado em região que não tenha sede da Justiça Federal? Onde será ajuizada a execução se a regra é promovê-la no domicílio do réu? Esse questionamento é bastante comum, e a própria Constituição traz a resposta. Privilegiadamente, a União poderá, nessa hipótese, intentar a via executória na Justiça Comum, no foro de jurisdição onde o executado está domiciliado. Assim, a ação será proposta perante o anexo fiscal correspondente.

A mesma fórmula constitucional vale para as causas em que forem partes a instituição de previdência social e o segurado – lembrando, quando o domicílio do réu não for sede da Justiça Federal.

> Art. 109, § 3.º, CF – Serão processadas e julgadas na justiça estadual, no foro do domicílio dos segurados ou beneficiários, as causas em que forem parte instituição de previdência social e segurado, sempre que a comarca não seja sede de vara do juízo federal, e, se verificada essa condição, a lei poderá permitir que outras causas sejam também processadas e julgadas pela justiça estadual.

Portanto, a regra é buscar vara da Justiça Federal e apenas excepcionalmente a Justiça Comum.

Não custa nada reafirmar que, para os casos em que se procura a Justiça Comum porque não há sede da Justiça Federal, se o resultado do julgamento for alvo de recurso, este será encaminhado para o Tribunal Regional Federal na área de jurisdição do juiz de primeiro grau (art. 109, § 4.º, CF). A exceção é o recurso previsto pelo artigo 34 da Lei 6.830/80: nas causas cujo valor não ultrapasse 50 Obrigações do Tesouro Nacional (OTN), da sentença proveniente do julgamento cabem embargos infringentes ("embarguinhos"), cuja competência recursal é do próprio juiz que prolatou a decisão singular.

COMPETÊNCIA PARA O JULGAMENTO DA EXECUÇÃO FISCAL

Justiça Federal	Justiça Comum
Quando o exeqüente for a União ou suas autarquias.	Quando os exeqüentes forem os Estados, o Distrito Federal, os Municípios ou suas autarquias.

Foro competente

Regra: domicílio do réu (art. 578, CPC).*

Exceção: nos casos de execução de tributo federal, se a região do domicílio do réu não for sede da Justiça Federal, a ação será proposta na Justiça Comum (art. 109, § 3.º, CF).

* Eduardo Domingos Botallo, valendo-se do mesmo dispositivo legal, confirma a regra, porém ressalva que pode o foro competente ser o da residência do réu, acrescentando outras hipóteses: o lugar onde for encontrado o réu; havendo mais de um devedor ou se o réu tiver mais de um domicílio, a Fazenda Pública escolherá qualquer um

Procedimento da execução fiscal

Observadas as pessoas que possuem legitimidade ativa para propor a execução fiscal, concluímos que a ação é de iniciativa da Fazenda Pública para cobrar a dívida inscrita, de modo que se trata de uma pretensão levada a juízo por meio de uma petição inicial.

Se é petição inicial, certamente nos recordamos do artigo 282 do CPC, que indica seus requisitos, mas, por se tratar de execução fiscal, a lei própria (Lei 6.830/80) conduziu as regras com o intuito de acelerar o procedimento executório. Assim:

> Art. 6.º – A petição inicial indicará apenas:
>
> I – o juiz a quem é dirigida;
>
> II – o pedido; e
>
> III – o requerimento para a citação.

É bastante simplificada a petição inicial da execução fiscal, meio esse que justifica o fim de ter um processo mais célere e eficaz. Observa James Marins:

> Atende à simplificação da inicial o princípio da economia processual, sem contanto descuidar do devido processo legal e da ampla defesa. As prerrogativas postas em favor da Fazenda Pública, no que atina à peça inicial, cumprem bem o mister de dar celeridade e eficiência à cobrança da dívida ativa. (*Direito Processual Tributário brasileiro – administrativo e judicial*, p. 621.)

No entanto, a petição não comporta apenas os três requisitos citados; ela trará também todas as informações estabelecidas na Certidão de Dívida Ativa, como se esta estivesse transcrita, constituindo um único documento (art. 6.º, §§ 1.º e 2.º, LEF).

Como já tratamos anteriormente do endereçamento e do pedido da ação, vamos analisar o terceiro item, o requerimento da citação. Citação porque estamos falando de petição inicial e, portanto, atendidos os requisitos da petição, o juiz deferirá a inicial ordenando a citação para que o executado pague a dívida cobrada, acrescida de juros, multa moratória e demais encargos, ou garanta a execução (arts. 7.º e 8.º, LEF). A citação costumeiramente é feita por meio de aviso de recebimento (AR), mas pode acontecer de se dar por intermédio de oficial de Justiça ou mesmo por edital.

Citado o executado, se, ultrapassado o prazo de cinco dias, ele não tiver efetuado o pagamento nem garantido o juízo, o juiz determinará a indisponibilidade de seus bens e direitos, comunicando a decisão, preferencial-

---

deles. O ajuizamento também poderá se dar no foro do local em que se praticou o ato ou ocorreu o fato que deu origem à dívida fiscal, ainda que nele não mais resida o réu, bem como a ação pode ser proposta no foro da situação dos bens, quando a dívida deles se originar. (*Curso de iniciação em Direito Tributário*, p. 251.)

mente por meio eletrônico, aos órgãos e entidades que tenham condições de fazer cumprir a ordem judicial. Essa diligência vem sendo chamada de "penhora *on-line*".

Todavia, penhora efetivamente ainda não aconteceu. Houve até então apenas a indisponibilidade dos bens e direitos do executado. A constrição judicial será o próximo e iminente passo, e chamar a mera indisponibilidade de "penhora *on-line*" é antecipar um procedimento prestes a ocorrer, mas que depende do prosseguimento do processo executório.

Aliás, concordamos nesse ponto com o posicionamento de Hugo de Brito Machado Segundo, ao reafirmar que

> a decretação de indisponibilidade não é, ainda, a penhora. Não dispensa – em nosso entendimento – a formalização da penhora, a partir da qual se inicia o prazo para a oposição dos embargos. A natureza da indisponibilidade, do ponto de vista da Teoria do Processo, é de uma "medida cautelar", destinada a garantir a futura realização da penhora e, por conseguinte, a efetividade da tutela jurisdicional executiva. ("Execução fiscal e indisponibilidade de bens 'on-line' (Art. 185-A do CTN)", *in* Rocha, Valdir de Oliveira (coord.), *Grandes questões atuais do Direito Tributário*, p. 265.)

Haja vista o elucidado, somente após a indisponibilidade o juiz determinará a penhora livre, a qual poderá recair sobre todos e quaisquer bens ou rendas, tantos quantos forem necessários para garantir a dívida, salvo os absolutamente impenhoráveis, já consagrados pelo artigo 649 do CPC. Acrescente-se também o disposto na Lei 8.009/90:

> Art. 1.º – O imóvel residencial próprio do casal, ou da entidade familiar, é impenhorável e não responderá por qualquer tipo de dívida civil, comercial, fiscal, previdenciária ou de outra natureza, contraída pelos cônjuges ou pelos pais ou filhos que sejam seus proprietários e nele residam, salvo nas hipóteses previstas nesta Lei.
>
> [...]
>
> Art. 3.º – A impenhorabilidade é oponível em qualquer processo de execução civil, fiscal, previdenciária, trabalhista ou de outra natureza, salvo se movido:
>
> [...]
>
> IV – para cobrança de impostos, predial ou territorial, taxas e contribuições devidas em função do imóvel familiar.

Uma vez garantido o juízo, poderá o executado se valer do artigo 206 do CTN, o qual autoriza a expedição de certidão positiva com efeitos de negativa. Mas atenção: o juízo deve estar integralmente garantido, portanto não estamos falando apenas do valor que originou a cobrança; a garantia deve cobrir também todos os acréscimos e encargos legais que consubstanciam a dívida atualizada.

Bens do devedor encontrados e penhora efetivada

A penhora, de acordo com o artigo 11 da Lei 6.830/80, recairá preferencialmente sobre:

- dinheiro;
- título da dívida pública, bem como título de crédito, que tenham cotação em Bolsa;
- pedras e metais preciosos;
- imóveis;
- navios e aeronaves;
- veículos;
- móveis ou semoventes; e
- direitos e ações.

> Interessante observar que a ordem de bens para penhora do art. 11 da LEF (ou do art. 655 do CPC) deve respeitar o princípio da *menor gravosidade* previsto nos arts. 620 e 716 do CPC. Por esta razão, a penhora de dinheiro, na grande maioria das vezes, vem sempre em último lugar, ou seja, só tem cabimento quando não existirem outros bens para constrição. (Fernandes, Odmir *et al.*, *Lei de Execução Fiscal comentada e anotada*, p. 212-3.)

Garantido o juízo, seja sobre qual elemento a penhora recair, desde que comporte o valor da dívida, abrir-se-á prazo para o executado se defender por meio dos embargos à execução.

Entretanto, vamos supor que o executado quedou-se inerte e o prazo se exauriu. Assim, não oferecidos os embargos, a Fazenda Pública se manifestará acerca da garantia da execução (art. 18, LEF) e, depois, será publicado edital determinando a data do leilão. O prazo entre as datas de publicação do edital e do leilão não poderá ser superior a 30 nem inferior a 10 dias (art. 22, § 1.º, LEF). Dentro do período citado, também deverá ser realizada a intimação pessoal do representante da Fazenda Pública para tomar conhecimento do leilão público (art. 22, § 2.º, LEF).

> A arrematação e a alienação dos bens penhorados estão sujeitas aos arts. 22 e 23 da Lei 6.830/80, não repercutindo nelas as disposições dos arts. 686 e 687 do CPC, aplicando-se-lhes, porém, o art. 692 do CPC no aspecto em que veda o lanço que ofereça preço vil. (Cais, Cleide Previtalli, *O processo tributário*, p. 601.)

Havendo a arrematação dos objetos frutos da penhora, poderemos presenciar três situações distintas.

1. O valor da arrematação é equivalente ao valor da dívida. Logo, estará cumprida a obrigação e, portanto, extinta a execução fiscal.
2. O valor da arrematação é superior ao valor da dívida. Logo, a obrigação estará cumprida, a execução será extinta e o saldo superveniente será levantado em favor do executado.
3. O valor da arrematação é inferior ao valor da dívida. Logo, a obrigação não estará integralmente cumprida, de modo que nova penhora será determinada a fim de quitar o saldo devedor, dando-se, portanto, prosseguimento à execução fiscal.

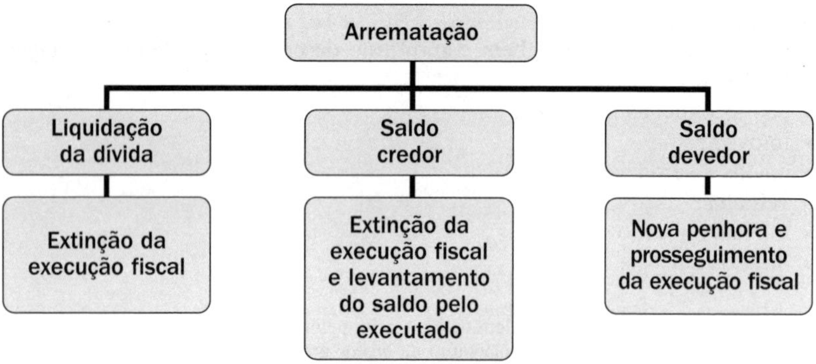

Bens do devedor ou o próprio devedor não encontrados

Na hipótese de o devedor tributário, devidamente citado, não pagar nem apresentar bens à penhora dentro do prazo que lhe é atribuído e não serem encontrados bens penhoráveis, caberá ao juiz determinar a indisponibilidade integral de seus bens e direitos. O juiz comunicará, por meio eletrônico, os órgãos e entidades que, no exercício de suas funções, tenham condições de cumprir a ordem judicial. Assim, especialmente receberão tal comunicação os órgãos e entidades que promovem registros de transferência de bens, como os de registro público de imóveis, e as autoridades supervisoras dos mercados bancário e de capitais.

Tal afirmação está pautada na nova determinação que acrescentou ao Código Tributário Nacional o artigo 185-A, veiculado pela Lei Complementar 118, de 9 de fevereiro de 2005, cuja entrada em vigor foi marcada para 120 dias após sua publicação.

Verifica-se que a regra é calcada por extremo rigor, uma vez que bens e direitos do executado estarão indisponibilizados após o cumprimento da ordem judicial pelos órgãos ou entidades que tenham competência para tanto. Embora o § 1.º do artigo 185-A assinale que a indisponibilidade limitar-se-á ao valor total da dívida, o aliviamento só acontecerá quando o juiz receber a resposta daqueles que cumpriram a ordem, determinando, então, o levantamento da constrição sobre os bens ou valores que excederem o limite (art. 185-A, § 2.º, CTN).

Nesse sentido, exsurgem as primeiras anotações doutrinárias sobre o tema, especialmente nas palavras de Luciano Amaro:

> É verdade que a lei limita a indisponibilidade "ao valor total exigível, devendo o juiz determinar o imediato levantamento da indisponibilidade dos bens e valores que excederem esse limite" (§ 2.º). Porém, num primeiro momento, o melhor que o juiz poderá fazer é informar, no instrumento em que dá ciência da indisponibilidade, o "valor total exigível". Isso, contudo, não impedirá que cada destinatário, na melhor das hipóteses, bloqueie bens até esse valor (o que já multiplica o efeito do gravame). Como, para piorar, os destinatários da comunicação judicial não necessariamente saberão o valor dos bens, isso os levará a bloquear tudo o que houver, até que o juiz, quando estiver de posse das relações

recebidas dos vários órgãos e entidades, e puder ter uma avaliação desses bens, tenha condições de, efetivamente, determinar o levantamento (que, nessa ocasião, já não se poderá qualificar de "imediato") da indisponibilidade do que for excedente. (*Direito Tributário brasileiro*, p. 475.)

Entretanto, a aplicação do referido artigo apenas acontecerá se definitivamente encontrados bens e direitos em nome do executado, mesmo que não seja tão logo. Se, apesar dos esforços, bens não forem localizados, tampouco o próprio devedor, o juiz suspenderá o curso da execução pelo prazo máximo de um ano, justamente para que a Fazenda Pública possa, com mais tranqüilidade, identificar o executado e seus bens.

Abrir-se-á vista dos autos ao representante da Fazenda Pública, sabendo este que, enquanto o curso da ação estiver suspenso, igualmente suspenso estará o prazo prescricional (art. 40, LEF).

Apesar de não ser exatamente o objetivo deste trabalho, é conveniente apresentar as lições de James Marins:

> Podem-se elencar três entendimentos doutrinários e jurisprudenciais a respeito da interrupção da prescrição. Primeiramente, há entendimentos que propugnam pela plena aplicação do disposto na Lei de Execução Fiscal, tanto na doutrina quanto na jurisprudência. Tal magistério se funda primeiramente na regularidade do disposto na Lei 6.830/80 com o sistema processual, não constituindo o dispositivo novidade alguma, sendo inclusive previsto pelo Código de Processo Civil de 1939, no seu art. 166, § 2.º, e confirmado no atual Diploma Processual no art. 219, § 1.º.
>
> [...]
>
> Outra disposição sustentada na jurisprudência e na doutrina vai no sentido de se propugnar pela aplicação das disposições do Código de Processo Civil, considerando as disposições da Lei de Execução Fiscal imprestáveis.
>
> [...]
>
> Finalmente, tem-se a posição que vê prevalência nas disposições do Código Tributário Nacional. Esse entendimento funda-se no entendimento de serem as normas quanto à prescrição da execução do crédito tributário matéria exclusiva de lei complementar, conforme dispõe a Constituição. (*Direito Processual Tributário brasileiro – administrativo e judicial*, p. 626-8.)

Exaurido o prazo de um ano e não encontrados devedor ou bens penhoráveis, o juiz ordenará o arquivamento dos autos, o que não implica a extinção da execução, uma vez que, em qualquer instante em que se achar devedor ou bens, será dado prosseguimento à ação executória (art. 40, §§ 2.º e 3.º, LEF).

É claro que

> a interrupção do fluxo prescricional pela propositura da execução fiscal não pode se projetar indefinidamente, devendo o procedimento merecer seu curso, ainda que morosamente e enfrentando dificuldades, porém com a prática efetiva pelo exeqüente de todas as diligências necessárias para, localizando o devedor e bens penhoráveis, vir a obter a efetividade do processo mediante a prestação jurisdicional, sob pena de não mais poder ser considerada interrompida a prescrição, reiniciando-se seu curso e sua ocorrência ao cabo do prazo legal. (Cais, Cleide Previtalli, *O processo tributário*, p. 598-9.)

Cleide Previtalli Cais apresenta, com maestria, o instituto da prescrição intercorrente, que, portanto, poderá surgir no bojo da execução quando a Fazenda Pública abandonar a prática dos atos processuais em período superior a cinco anos. Não podemos esquecer que tal prescrição dependia de requerimento do interessado para que o juiz a apreciasse, como apontado pela mesma autora:

> A jurisprudência predominante entende que a prescrição não pode ser declarada de ofício pelo juiz, somente podendo ser apreciada e decidida desde que requerida e comprovada pelo devedor. *Idem*, p. 599.)

Contudo, a Lei 11.051/04 acrescentou o § 4.º ao artigo 40 da LEF, que assim dispõe:

> Se da decisão que ordenar o arquivamento tiver decorrido o prazo prescricional, o juiz, depois de ouvida a Fazenda Pública, poderá, de ofício, reconhecer a prescrição intercorrente e decretá-la de imediato.

Defesa do executado

A execução fiscal está pautada em título executivo extrajudicial e o suposto credor é justamente a Fazenda Pública, famosa pelo tratamento processual benevolente, sem contar as garantias e privilégios que cercam o crédito tributário do qual resultou a ação executiva.

Apesar de todas essas prerrogativas, não podemos esquecer que o título executivo que acabamos de comentar possui presunção apenas relativa, de modo que cabe ao executado ilidi-lo, afastando a execução por meio comprobatório inequívoco. E não poderia ser diferente, uma vez que a Constituição Federal já garantiu há muito tempo o livre acesso ao Poder Judiciário, o direito à ampla defesa, além, é claro, de a todas as pessoas estar assegurado o devido processo legal.

É por tudo isso que o executado não poderia ficar restrito aos embargos à execução como único meio de defesa em sede de execução fiscal, conforme a Lei 6.830/80, defesa essa, aliás, condicionada à garantia do juízo, uma vez que o § 1.º do artigo 16 do mesmo diploma legal não admite embargos se a execução não estiver devidamente garantida.

Verdade que a oposição dos embargos é o caminho mais tradicional adotado na advocacia como forma de proteger os interesses dos contribuintes, porém, se a defesa estiver fundamentada em elementos que desautorizem o próprio título executivo, é de admitir exceção à regra adotada, com o intuito de permitir ao executado comprovar que o procedimento executório não merece prosperar, independentemente de garantido o juízo.

Tanto os embargos como a exceção de pré-executividade, embora esta recebida com algumas reservas (Marins, James, *Direito Processual Tributário brasileiro – administrativo e judicial*, p. 633), são meios legítimos de defesa do executado, os quais serão vistos no capítulo a seguir.

Atenção

De acordo com projetos em tramitação no Congresso, a Lei de Execuções Fiscais deve sofrer alterações, principalmente em relação à penhora *on-line* (art. 185-A, CTN), descrita no item *Bens do devedor ou o próprio devedor não encontrados* (p. 166), a qual poderá ser determinada administrativamente, cabendo apenas ao Judiciário confirmar a medida. Até o fechamento desta edição, as propostas de alteração ainda não haviam sido aprovadas.

EXECUÇÃO FISCAL

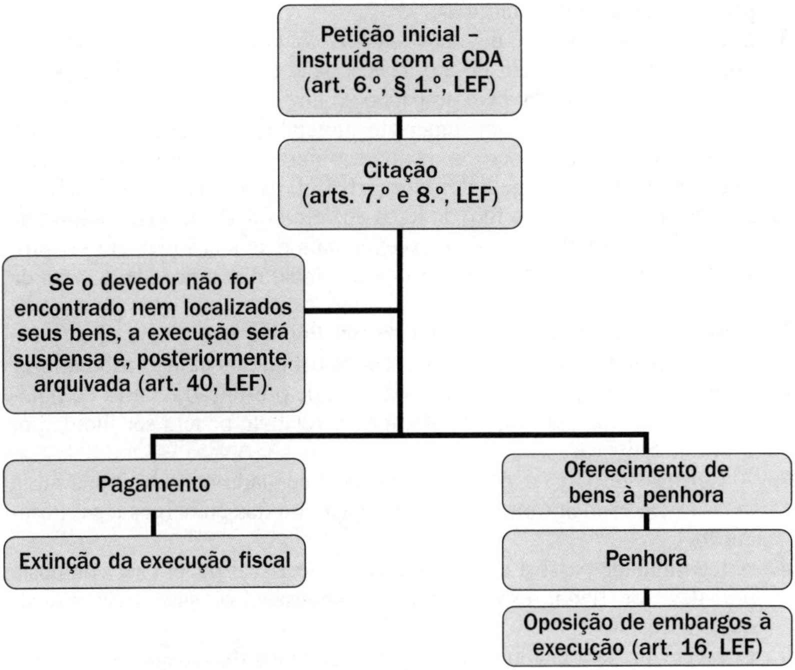

Não Esqueça

1. A execução fiscal é regida por lei específica, a Lei de Execução Fiscal (LEF, Lei 6.830/80). Subsidiariamente, deverão ser aplicadas as regras previstas no Código de Processo Civil.
2. A ação de execução fiscal poderá ser promovida pelos entes políticos e por suas respectivas autarquias.
3. O prazo prescricional é de cinco anos. A contagem poderá ser suspensa por até 180 dias quando do ato da inscrição (art. 2.º, § 3.º, LEF), bem como ser interrompida: pelo despacho do juiz que ordenar a citação, pelo protesto judicial ou por qualquer ato judicial que constitua em mora o devedor ou ato inequívoco, ainda que extrajudicial, que importe em reconhecimento do débito pelo devedor (art. 174, parágrafo único, CTN).
4. A ação será proposta no foro do local de domicílio do réu. Tratando-se de exigência de tributo da União, excepcionalmente a ação poderá ser promovida perante a Justiça Comum caso o local não seja sede de vara da Justiça Federal.
5. Constitui ação de iniciativa da Fazenda Pública que visa a alcançar o adimplemento de dívida ativa de créditos tributários ou não-tributários.
6. A dívida ativa regularmente inscrita goza de presunção relativa de liquidez e certeza, a qual, justamente por ser relativa, poderá ser ilidida por prova inequívoca.
7. A Certidão de Dívida Ativa poderá ser emendada ou substituída até a decisão em primeira instância da execução ou dos embargos a essa execução.
8. A legitimidade passiva na ação de execução fiscal poderá ser composta por: devedor, fiador, espólio, massa, responsável ou sucessores a qualquer título.
9. O executado será citado para, no prazo de cinco dias, pagar ou oferecer bens à penhora. Quando, depois de regularmente citado e ultrapassado o prazo, o devedor permanecer inerte e não encontrados bens penhoráveis, o juiz determinará a indisponibilidade de seus bens e direitos, comunicando a decisão preferencialmente por meio eletrônico (penhora *on-line*).
10. Não localizados bens penhoráveis nem o próprio devedor, o processo será suspenso por um ano. Se, após o decurso desse prazo, a situação permanecer idêntica, o processo será arquivado. Se da decisão que ordenar o arquivamento tiver decorrido o prazo prescricional, o juiz, de ofício, poderá reconhecer a prescrição intercorrente.

Embargos à Execução

Antes de adentrarmos o estudo dos embargos à execução, vejamos os comentários de Hugo de Brito Machado Segundo a respeito de sua definição:

> Embora as questões terminológicas não nos pareçam essenciais, não consideramos adequada a expressão "embargos do devedor". Isso porque o executado não necessariamente *deve* a quantia que lhe é exigida, que pode ser inexistente ou inválida. Aliás, através dos embargos o executado pretende, exatamente, demonstrar que *não* é devedor. A expressão "embargos à execução", por sua vez, conquanto não seja "incorreta", é imprecisa, eis que os embargos de terceiro – que com os embargos do executado não se confundem – também são opostos "à execução". Mais pertinente, por tudo isso, é a expressão "embargos do executado". (*Processo tributário*, p. 295.)

Os embargos à execução não são os únicos que podem ser opostos em sede de execução fiscal. Outros, cada qual com uma pretensão diferente, também ocorrem na via executória, como os embargos à arrematação, os embargos à adjudicação ou mesmo os embargos de terceiro, dispostos, respectivamente, nos artigos 746, 1.046 e 1.047 do CPC (Fernandes, Odmir *et al.*, *Lei de Execução Fiscal comentada e anotada*, p. 276). Contudo, os únicos que visam à desconstituição do título executivo são os embargos à execução. Assim, a defesa do executado de que trata este capítulo são os embargos do devedor com o objetivo de extinguir a execução fiscal.

Os embargos são recebidos em peso pela doutrina como uma ação de conhecimento autônoma, embora, é verdade, incidental a um processo de execução. James Marins ilustra tal afirmação:

> No caso dos embargos que refletem ações adjetivas, como os embargos à execução fiscal, esse obstáculo é criado por uma nova ação que se desenvolve incidentalmente à execução fiscal. Logo, os embargos ora tratados têm a natureza jurídica de ação incidental à execução proposta, criando óbices para a satisfação do interesse do credor por meio de nova ação. (*Direito Processual Tributário brasileiro – administrativo e judicial*, p. 643.)

Quando se diz que os embargos constituem ação incidental, quer-se significar, em outras palavras, que os embargos serão apensados aos autos da execução que pretendem impugnar. O apensamento ocorre em obediência ao Código de Processo Civil:

Art. 736
Parágrafo único. Os embargos à execução serão distribuídos por dependência, autuados em apartado, e instruídos com cópias (art. 544, § 1º, *in fine*) das peças processuais relevantes.

Dessa feita, não há que temer em afirmar que os embargos e a execução constituem ações independentes, mesmo porque a petição inicial dos embargos obedece a regras próprias, diferentes das da execução. No entanto, apesar da independência entre eles, a relação dos embargos e da execução é bastante próxima, uma vez que o contribuinte executado está se defendendo justamente para afastar a execução fiscal de seu encalço.

Juízo competente

De acordo com o exposto, a execução e os embargos são independentes entre si, mas estes, ao serem opostos, seguirão em apenso aos autos da execução que pretendem impugnar. Logo, o juízo competente para o julgamento dos embargos será o mesmo em que a ação executória foi distribuída. Desse modo, basta observar a vara na qual a execução tramita para determinar o local para onde os embargos serão encaminhados, ou seja, o endereçamento dos embargos será o mesmo do da ação de execução fiscal.

Por tudo isso, geralmente não costumam surgir dúvidas quanto ao juízo competente para o julgamento e processamento dos embargos, não obstante existirem situações que, aparentemente, podem vir a causar confusão quando se tenta descobrir o juízo que possui competência.

Vejamos o seguinte caso: um contribuinte residente e domiciliado em uma cidade do interior de pequenas proporções passa a sofrer execução fiscal, por força de um débito de imposto de renda. Com a intenção de se defender, procura por um advogado, que descobre que na cidade de seu cliente não há sede da Justiça Federal.

Para onde os embargos deverão ser endereçados? Certamente para o mesmo local onde está tramitando a execução fiscal, ou seja, na própria cidade do cliente, pois, apesar de se tratar de lide envolvendo a União (portanto, de competência dos juízes federais), as causas em que a União for autora (execução fiscal) serão aforadas na seção judiciária onde tiver domicílio a outra parte (art. 109, § 1.º, CF), ou seja, os embargos, nesse caso, serão endereçados à Justiça Comum.

Outra é a situação em que a citação tiver de ser cumprida mediante carta precatória. Se o réu for citado em local cujo juízo competente seja diferente daquele que recebeu a execução, a defesa poderá ser dirigida ao juízo deprecado ou mesmo ao juízo deprecante, embora a Lei de Execução Fiscal disponha de maneira diferente.

Art. 20 – Na execução por carta, os embargos do executado serão oferecidos no juízo deprecado, que os remeterá ao juízo deprecante, para instrução e julgamento.

Apesar da disposição legal, com a edição da Lei 8.953/94, que alterou o texto do artigo 747 do CPC, abriu-se a possibilidade de oferecimento dos embargos a um ou outro juízo (deprecante ou deprecado), podendo o juízo deprecado proceder com a citação e o executado opor embargos no juízo deprecante. Claro está que a nova determinação legal objetivou facilitar o exercício de defesa do réu. Aliás, é nesse sentido que caminham os apontamentos de Cleide Previtalli Cais:

> O art. 747 do CPC, na redação que lhe foi dada pela Lei 8.953/94, espancou as dúvidas que antes envolviam a disposição, determinando que na execução por carta os embargos podem ser oferecidos tanto no juízo deprecante como no deprecado, ressalvando que a competência para julgá-los é do juízo deprecante, salvo se versarem unicamente vícios ou defeitos da penhora, avaliação ou alienação dos bens, quando serão julgados pelo juízo deprecado. (*O processo tributário*, p. 601.)

A autora acrescenta outra hipótese peculiar:

> No caso de estarem configuradas situações que admitam tanto a apresentação dos embargos envolvendo matéria de mérito da execução – ao juízo deprecante, portanto – como matéria envolvendo vícios ou irregularidades de atos praticados no juízo deprecado – ao qual os embargos devem ser dirigidos –, cabe ao executado diligenciar pela oposição de dois embargos: um a ser decidido pelo juízo deprecante, discutindo o título, e, portanto, o mérito da execução, e outro pelo juízo deprecado, discutindo matérias ao mesmo pertinentes. Nessa hipótese, os dois embargos deverão ser autuados separadamente: os embargos de mérito tanto podem ser apresentados ao juízo deprecante como ao deprecado, quando devem ficar autuados e em suspenso de decisão; os embargos oferecidos ao juízo deprecado devem por ele ser decididos, para somente após retornarem os autos ao juízo deprecante para apreciação dos embargos de mérito da execução. (*Idem*, p. 621.)

Garantia da execução e prazo para os embargos

Após a citação, o executado terá um prazo de cinco dias para pagar a dívida, acrescida de juros, multa moratória e outros encargos indicados na Certidão de Dívida Ativa, ou garantir a execução (art. 8.º, LEF).

Vale salientar que, para garantir o juízo, o executado deve reunir montante não só equivalente ao valor original do débito, mas também os juros, a multa moratória e os demais encargos constantes na CDA (art. 9.º, LEF), pois só assim estará integralmente garantida a execução.

Aliás, a garantia da execução não deve ser entendida apenas como uma alternativa decorrente da citação. Como os embargos são o único meio de defesa previsto em lei, estes apenas serão admitidos justamente depois de garantida a execução.*

Firmamos posicionamento no sentido que deve prevalecer a regra da Lei de Execução Fiscal (a qual exige a garantia para a oposição dos embargos), em detrimento da disposição atual do Código de Processo Civil (em virtude das alterações da Lei 11.382/06), tendo em vista a máxima de que a lei especial derroga a geral.

> Art. 16, § 1.º, LEF – Não são admissíveis embargos do executado antes de garantida a execução.

* "Embargos à execução. Viável a apresentação dos embargos à execução, antes de seguro o juízo, ficando o seu recebimento, entretanto, condicionado à efetivação da penhora ou apreensão do bem (STJ, 3.ª T., REsp 255.080/SP, rel. Eduardo Ribeiro, j. 25/5/2000, DJ 14/8/2000, p. 170)." (Fernandes, Odmir *et al.*, *Lei de Execução Fiscal comentada e anotada*, p. 293.)

A garantia, nos termos da Lei de Execução Fiscal, poderá se perfazer por meio do oferecimento de *fiança bancária*, da nomeação de bens à *penhora* (ou da penhora livre dos bens do executado) ou de *depósito* em dinheiro. Todas essas modalidades são aceitas para garantir o juízo e, portanto, produzirão os mesmos efeitos (art. 9.º, § 3.º, LEF).

A Lei 6.830/80 é muito clara ao estipular que o prazo de 30 dias para oposição dos embargos terá seu início contado da garantia do juízo. Entretanto, como assinalado, a garantia poderá acontecer de formas diferentes e, portanto, é preciso analisar cada qual minuciosamente.

Fiança bancária

De acordo com o § 5.º do artigo 9.º da LEF, para ser aceita como modalidade de garantia do juízo, a fiança bancária deve obedecer às condições preestabelecidas pelo Conselho Monetário Nacional, de modo a indicar, com clareza, qual será a instituição financeira que assumirá a posição de fiador do executado, o que significa que executado e banco selarão uma relação de responsabilidade solidária, importando, naturalmente, na renúncia ao benefício de ordem.

Contudo, o prazo não se inicia na data da emissão da carta de fiança; conforme a LEF, os 30 dias começarão a ser contados somente a partir da juntada da prova da fiança bancária aos autos da execução (art. 16, II, LEF).

Penhora

A constrição judicial é a modalidade mais corriqueira, especialmente a denominada *penhora livre*, que está prevista na lei como o caminho a ser adotado quando o executado, depois de citado, deixar de pagar ou garantir a execução, dando ensejo a recair a penhora sobre quaisquer bens ou direitos, ressalvados aqueles elencados como absolutamente impenhoráveis.

É verdade que o executado pode oferecer bens à penhora, porém a aceitação de tal oferta dependerá do representante da Fazenda Pública legitimado no respectivo processo.

Atenção redobrada para a contagem do prazo dos embargos quando a garantia se der por meio de penhora: o prazo para o executado se defender terá início na data da intimação da penhora, e não na data da juntada do auto de intimação, avaliação e penhora providenciado pelo oficial de Justiça. Se a intimação for pessoal, não será necessária sua publicação em órgão oficial, como determina o artigo 12 da LEF. Nesse sentido, o posicionamento outrora consignado pelo já extinto Tribunal Federal de Recursos:

> Súmula 190 – A intimação pessoal da penhora ao executado torna dispensável a publicação de que trata o art. 12 da Lei da Execução Fiscal.

Ocorre diferente

> com os co-executados que não atendem à citação, pagando ou indicando bens à penhora, nem constituem advogado. Contra eles corre o prazo para embargar, desde a intimação da penho-

ra ao co-executado que tenha seus bens penhorados. Havendo advogado constituído, a intimação dos devedores que não garantiram o juízo será feita na forma do art. 12 da LEF. [Contudo,] há julgados entendendo necessária a intimação pessoal da penhora a esses co-executados, iniciando-se a partir dessa intimação o prazo para o oferecimento de seus embargos. (Fernandes, Odmir *et al.*, *Lei de Execução Fiscal comentada e anotada*, p. 277.)

Depósito

Conforme o artigo 16, inciso I, da LEF, o prazo dos embargos será contado da data do depósito – regra bastante simples, mas que, talvez exatamente por causa de sua simplicidade, deixou de ser objetiva.

O prazo, então, será iniciado na data em que o depósito foi realizado ou na data em que se comprovar nos autos que o depósito foi efetuado?

De acordo com uma das mais autorizadas doutrinas na seara tributária, o marco da contagem do prazo para opor embargos será o dia em que o depósito foi realizado, atingindo o valor integral da dívida. Portanto, a data é diferente daquela em que se comprova nos autos de execução que o depósito foi feito.

O dia da efetivação do depósito em dinheiro do valor do crédito exeqüendo, à ordem do juízo (e não a data da juntada do comprovante aos autos), marca o início da contagem do trintídio para o ajuizamento dos embargos. (*Idem.*, p. 278.)

Pela jurisprudência, o entendimento se coaduna com o exarado. Como observado pelo Superior Tribunal de Justiça,

na execução fiscal, o prazo para oposição dos embargos do devedor se conta a partir do depósito, e não da juntada do respectivo comprovante aos autos (Lei 6.830, de 1980, art. 16, I) (STJ, 2.ª T., AgRg em Ag 9822739-3, rel. min. Ari Pargendler, j. 16/6/1998, *DJU* 3/8/1998, p. 217). (Jurisprudência apontada por Fernandes, Odmir *et al.*, *Lei de Execução Fiscal comentada e anotada*, p. 290.)

Matéria útil à defesa

Cumpre observar neste tópico que as alegações trazidas pelo embargante deverão vir acompanhadas por meios que justifiquem o pedido de desconstituição do título executivo, sob pena de se tornarem frágeis e, portanto, de fácil impugnação.

Para ratificar tais alegações, a juntada de provas é imprescindível e, no caso dos embargos à execução, o momento hábil para relacionar todos os elementos suficientes para ilidir o título será já na petição inicial.

Art. 16, § 2.º, LEF – No prazo dos embargos, o executado deverá alegar toda a matéria útil à defesa, requerer provas e juntar aos autos os documentos e rol de testemunhas, até três, ou, a critério do juiz, até o dobro desse limite.

Percebe-se, aqui, que a Lei 6.830/80 não inovou as regras dispostas no Código de Processo Civil (conforme Fernandes, Odmir *et al.*, *Lei de Execução Fiscal comentada e anotada*, p. 280):

> Art. 283 – A petição inicial será instruída com os documentos indispensáveis à propositura da ação.
>
> Art. 396 – Compete à parte instruir a petição inicial (art. 283), ou a resposta (art. 297), com os documentos destinados a provar-lhe as alegações.

Verificamos, assim, que mesmo o rol de testemunhas pode e deve ser indicado na inicial. Aliás, qualquer meio de prova hábil em processo de conhecimento, nos embargos, também poderá ser produzido, porém é corriqueiro, nas relações tributárias, a alegação comprovar-se por perícia contábil e juntada de documentos (Machado Segundo, Hugo de Brito, *Processo tributário*, p. 297).

Outra tradição, em demandas envolvendo relações tributárias, é que, embora exista o título executivo, pode acontecer de este ter-se fundamentado em legislação que não atende ao ordenamento constitucional. Nesse caso, não há provas a produzir, mas tão-somente demonstrar quais regras da Carta Magna teriam sido violadas. Nesse diapasão segue o irrefutável posicionamento de Hugo de Brito Machado Segundo:

> Na condição de *autor* da ação de embargos, realmente incumbe ao embargante demonstrar a insubsistência da CDA. Muitas vezes, porém, a invalidade da CDA não decorre de questões de fato, mas de *questões de direito* (invalidade, ou má aplicação, das normas que a fundamentam), hipótese na qual *não se há de cogitar de produção de provas*. Mesmo assim, se a insubsistência da CDA decorrer de aspectos de fato, incumbirá ao embargante a prova da ocorrência desses mesmos fatos. Isso não significa, porém, que se deva demonstrar a *inocorrência* dos fatos sobre os quais se funda o lançamento respectivo. Basta que se demonstre que a autoridade competente não comprovou essa ocorrência. (*Idem*, p. 298 – destaque nosso.)

Não obstante, a juntada de documentos que comprovem o lançamento tributário ou mesmo a habitualidade do contribuinte é praticamente certa nos autos de discussões tributárias. Invariavelmente, tal condição implicou, na prática, visualizar embargos à execução onde o autor requer a produção de provas por todos os meios em Direito admitidos. Isso acontece pelo receio de deixar de assinalar algum meio de prova que lhe seja necessário. Contudo, esse requerimento é despiciendo, tendo em vista que o momento correto para a indicação das provas é a própria petição inicial; afinal, a Lei de Execução Fiscal não abre a possibilidade de despacho posterior do juiz para a especificação dos meios comprobatórios, tanto assim que, se o magistrado entender tratar-se a demanda de questão apenas de direito, poderá ele antecipar o julgamento*, e não poderá o executado alegar que houve cerceamento de defesa se deixou de indicar na inicial as provas que pretenderia produzir (Nunes, Cleucio Santos, *Teoria e prática do processo tributário*, p. 254).

Entrementes, na petição dos embargos sugerimos especificar cada uma das provas que o executado entender necessárias para confirmar serem suas alegações legítimas. Ainda que tenha de relacionar um a um os meios de prova, cremos ser essa a técnica profissional mais adequada nos embargos à execução.

---

* Art. 17, parágrafo único, LEF – "Não se realizará audiência, se os embargos versarem sobre matéria de direito ou, sendo de direito e de fato, a prova for exclusivamente documental, caso em que o juiz proferirá sentença no prazo de 30 (trinta) dias."

Nosso posicionamento se apóia nas lições da ilustre Cleide Previtalli Cais, que, sobre o assunto, disserta:

> Entendemos que, quando da apresentação dos embargos, o embargante deve, além da matéria de defesa, indicar especificamente as provas que pretende produzir, e não somente protestar por produzi-las.
>
> Isso porque, considerando que os embargos do devedor constituem ação autônoma, aplica-se-lhes o art. 282, VI, do CPC, categórico ao afirmar que a petição inicial deve indicar as provas com que o autor pretende demonstrar a verdade dos fatos alegados. (*O processo tributário*, p. 620.)

Diante dessa afirmação, e ainda seguindo os passos da autora, queremos deixar claro que na petição inicial dos embargos não devemos nos restringir a requerer de forma abrangente e superficial todos os meios de prova que o Direito admitir. A indicação, a especificação das provas é o caminho que atende melhor às regras processuais em vigor.

Efeito dos embargos à execução

A conseqüência da oposição dos embargos à execução restou modificada com o advento da Lei 1.382/06, a qual acrescentou o Código de Processo Civil nova disposição:

> Art. 739-A. Os embargos do executado não terão efeito suspensivo.

Assim sendo, embora a regra hoje não conceda aos embargos o efeito suspensivo, tendo em vista os requisitos hoje exigidos, concluímos que, na prática, pouco irá mudar para os embargos em execução fiscal, senão pela precaução do embargante em requerer o efeito suspensivo.

Atribuindo-se tal efeito, podemos afirmar que a execução fiscal, nesse sentido, ficará paralisada até ulterior julgamento dos embargos opostos. Aliás, tal disposição processual vem de forma muita acertada, visto que os embargos podem ser julgados procedentes ou improcedentes. Na procedência do pedido dos embargos, invariavelmente, estará extinta a execução. Já na improcedência dos embargos, basta que a execução volte a ter seu andamento natural a fim de liquidar a dívida.

Diante das alterações parece evidente que o mero protocolo dos embargos não é suficiente para suspender a execução. Categoricamente, o CPC indica que apenas seu recebimento, combinado com o requerimento de efeito suspensivo, paralisar-se-á os autos principais. O raciocínio vem apoiado também por força do caput do artigo 739, uma vez que há a possibilidade de os embargos serem rejeitados liminarmente, como no caso de indeferimento da petição inicial.

> Art. 739 – O juiz rejeitará liminarmente os embargos:
>
> I – quando intempestivos;
>
> II – quando inepta a petição (art. 295); ou
>
> III – quando manifestamente protelatórios.

Não obstante o aqui explicitado, é possível que por um deslize do magistrado, mesmo que ocorrida qualquer das hipóteses do artigo 739, os embargos sejam recebidos e o requerimento para suspensão seja atendido. Com isso, em obediência ao texto processual, a execução será paralisada. Está bastante claro no CPC que os embargos, quando observados os requisitos exigidos, serão *sempre* recebidos com efeito suspensivo. Assinalam Theotonio Negrão e José Roberto F. Gouvêa:

> Se os embargos são incabíveis ou estão fora de prazo, o juiz deve rejeitá-los *in limine*. Não o fazendo, terão, mesmo nessas hipóteses, efeito suspensivo ("sempre"), embora possa haver execução provisória da sentença que os rejeitar (art. 520-V c/c 587, *in fine*). (*Código de Processo Civil e legislação processual em vigor*, nota 9, p. 816.)

Dessa feita, caberá ao embargado demonstrar em sua impugnação o equívoco pelo embargante, o qual passou despercebido pelo julgador competente. Em outra via, também pode ocorrer de, apesar de a execução estar suspensa, algum ato processual ser praticado nessa ação principal. Claro que tal ocorrência não deveria existir, porém, ao acontecer, nenhuma das partes poderá ser prejudicada, por exemplo, com o decurso de um prazo. Essa situação já foi enfrentada pelos tribunais, que assim decidiram:

> Recebidos os embargos (para discussão), suspensa fica a execução (quando atendido o requerimento do embargante- adaptações nossas) e em processo suspenso não se pratica ato; no entanto, se praticado, nenhum prazo pode correr contra as partes, sendo, pois, inaplicável a figura da preclusão. (RJTAMG 18/150, apud Negrão, Theotonio e Gouvêa, José Roberto F., *Código de Processo Civil e legislação processual em vigor*, nota 10, p. 816.)

Uma vez contemplada a regra de suspensão da via executória toda vez que os embargos forem recebidos pelo juiz, não podemos nos esquecer dos demais dispositivos referentes à matéria no texto do Código de Processo Civil. Atualmente, estará suspensa a execução apenas quanto à parte da matéria embargada pelo interessado; em relação à parte sobre a qual a oposição dos embargos não se infere, a execução caminhará normalmente.

> Art. 739, § 3.º – Quando o efeito suspensivo atribuído aos embargos disser respeito apenas a parte do objeto da execução, essa prosseguirá quanto à parte restante.

Contudo, nem sempre foi assim o ordenamento processual. Cleide Previtalli Cais, com sua costumeira precisão, ao lecionar sobre a matéria, identifica casos recentes e recorda o passado:

> A alteração introduzida pela Lei 8.953/94 na redação do art. 739 do CPC repercute nos embargos do devedor à execução fiscal fundada na Lei 6.830/80, uma vez que em seu § 2.º (atual § 3º – acrescentamos) admitiu que, se os embargos fossem parciais, a execução prosseguirá quanto à parte não embargada. A hipótese poderá tornar-se bastante freqüente em execução da dívida ativa da Fazenda Pública, porque tem sido comum o devedor contestar em embargos apenas uma parte da execução, conformando-se com parte dela. No sistema anterior, mesmo que os embargos questionassem apenas um tópico da dívida, a execução toda

> ficava suspensa. Diante do novo tratamento, os embargos somente suspenderão a execução da parcela embargada, prosseguindo a execução em relação à matéria não impugnada nos embargos. Nessa hipótese, ocorrendo arrematação, o valor deve permanecer depositado em juízo até a decisão final dos embargos. (*O processo tributário*, p. 626.)

No entanto, as alterações não terminam por aí. A Lei 11.382/06 também acrescentou outro parágrafo ao artigo 739, *in verbis*:

> § 4.º A concessão de efeito suspensivo aos embargos ofereidos por um dos executados não suspenderá a execução contra os que não embargaram, quando o respectivo fundamento disser respeito exclusivamente ao embargante.

A importância do dispositivo supramencionado vem sendo alavancada cada vez mais hoje em dia, tendo em vista a pluralidade de devedores em uma mesma execução.

Podem ser destacadas duas conclusões, as quais, aliás, permeiam o entendimento de nossos tribunais:

1. Em se tratando de execução contra vários co-devedores, é suficiente a garantia do juízo por um deles para que todos estejam legitimados a opor embargos à execução.

> Na hipótese de a execução apresentar vários devedores, admite-se que qualquer deles oponha-se à pretensão instrumental através da apresentação dos embargos, mesmo não tendo sofrido penhora, desde que a constrição tenha recaído sobre bens de outro coobrigado, confirmando-se a segurança do juízo. O entendimento é majoritário no âmbito de nossos tribunais, inclusive do STJ. (Montenegro Filho, Misael, *Curso de Direito Processual Civil*, v. II, p. 550.)

Coerente o raciocínio, pois, como a dívida é uma só, basta que seja garantida uma única vez. A defesa geralmente ataca questões de mérito ou mesmo processuais, porém comuns a todos os devedores. É excepcional quando há peculiar ferimento a um dos executados, o que nos leva à próxima conclusão.

2. Se a matéria objeto dos embargos estiver relacionada particularmente a um dos executados, então, estará suspensa a execução tão-somente para esse embargante. Caso os demais queiram suspender a execução contra si, também deverão opor embargos e providenciar o requerimento do efeito individualmente, se assim a situação exigir.

Para o desfecho desse ponto, destacamos que, na hipótese de vários co-devedores, o prazo para oposição dos embargos à execução fiscal será de 30 dias, não importando a presença de executados com procuradores diferentes, ou seja, apenas queremos afastar a aplicação do artigo 191 do CPC, o qual atribui aos litisconsortes representados por diferentes procuradores prazo em dobro para contestar, recorrer ou se manifestar nos autos.

Enriquecemos nossa opção com as palavras de Misael Montenegro Filho:

> Parte da jurisprudência sustenta a incidência do art. 191 do CPC, conferindo prazo em dobro aos executados para apresentação dos embargos. Outra banda indica que o prazo seria singelo, não incidindo a norma em foco, posição que anotamos ser majoritária, em

atenção ao princípio da efetividade da execução, permitindo seja a causa principal desfechada no menor espaço de tempo possível, logicamente sem comprometer a prerrogativa de defesa constitucionalmente assegurada ao apontado devedor ou ao responsável pelo pagamento do débito (fiador, sócio da executada etc.). (*Curso de Direito Processual Civil*, v. II, p. 549-50.)

Legitimidade nos embargos à execução e pedido adequado

Embora já comentada no capítulo referente à execução fiscal, vamos retomar aqui a questão da legitimidade, uma vez que ela está intimamente relacionada com o pedido dos embargos. Assim, nos embargos há uma inversão dos pólos da execução fiscal: quem na execução era pólo ativo torna-se pólo passivo nos embargos (embargado) e, pela via contrária, quem na execução era pólo passivo torna-se pólo ativo nos embargos (embargante).

A razão de retomarmos o assunto, conforme assinalado, encontra-se no pedido dos embargos, pois, uma vez que um executado equivocadamente tenha sido colocado no pólo passivo da execução, o embargante nem sequer precisa discutir a validade do título executivo, bastando a ele demonstrar sua não obrigação tributária. Ou seja, aqui, não há que se pedir a extinção da execução fiscal, mas sim a *exclusão* do executado do pólo passivo dos autos principais. Isso significa que, mesmo o título executivo sendo legítimo, o embargante não responderá por ele, pois não é o responsável, muito menos o obrigado.

Para exemplificar a situação, é só lembrar os comandos dos artigos 134 e 135 do CTN, especialmente nos casos em que os sócios de uma empresa podem ser responsabilizados pessoalmente pelas dívidas tributárias adquiridas por ela. Trata-se de casos específicos, como aquele em que o sócio administrador vê-se responsável com seu patrimônio pessoal pela dívida da empresa em razão de atos por ele praticados com excesso de poder, infração à lei ou contra o contrato social ou estatutos da empresa. Fugindo dessas situações, não poderia o sócio responder pessoalmente pela dívida da empresa, hipótese em que, em uma eventual execução fiscal, caso se afigurasse como executado, os embargos apresentados seriam dirigidos a afastar o sócio do pólo passivo da relação tributária, pelo simples fato de não comportar responsabilidade.

Hipótese diversa é aquela em que o executado é obrigado ou responsável pelo tributo objeto de execução, mas o embargante demonstra ser ilíquido ou ilegítimo o título executivo que fundou a via executória. Nesses trilhos, cabe, em sede de embargos, pedir a extinção da execução fiscal e conseqüente desconstituição do título, e não a exclusão do embargado do pólo passivo da execução.

Resposta aos embargos

A resposta oferecida aos embargos à execução, de acordo com a Lei 6.830/80, será reconhecida como impugnação. Tal impugnação, portanto, deverá ser apresentada pelo autor da execução fiscal (União, Estados, Distrito Federal, Municípios e respectivas autarquias).

Dessa forma, é natural que no pedido dos embargos o executado peça para intimar a Fazenda Pública para que esta ofereça sua impugnação aos embargos apresentados.

> Até certo ponto, é prescindível saber se a Fazenda é citada ou intimada para impugnar os embargos. De acordo com o artigo acima [art. 17, Lei 6.830/80], o Poder Público é intimado para oferecer impugnação. Tudo vai depender do entendimento acerca da natureza dos embargos, isto é, se ação autônoma ou incidental ao processo de execução fiscal. Na primeira hipótese, a Fazenda Pública seria citada para responder aos embargos; na segunda, o juiz apenas intimaria o Poder Público. Na maior parte das vezes, ocorre de a Fazenda ser intimada através de seu procurador. (Nunes, Cleucio Santos, *Teoria e prática do processo tributário*, p. 255.)

Entretanto, vale destacar o texto legal pertinente ao tema:

> Art. 17, LEF – Recebidos os embargos, o juiz mandará intimar a Fazenda, para impugná-los no prazo de 30 (trinta) dias, designando, em seguida, audiência de instrução e julgamento.

Comentando o artigo, autores do porte de Hugo de Brito Machado Segundo, embora assinalem que existem juízes que não aceitam embargos sem o pedido de intimação à Fazenda Pública, acreditam que a exigência carece de fundamento:

> A LEF nada exige a esse respeito. O CPC, por sua vez, dispõe claramente que o juiz, ao receber os embargos, mandará intimar o exeqüente (art. 740), não fazendo qualquer alusão à necessidade de que isso tenha de ser requerido pelo embargante. (*Processo tributário*, p. 299.)

Outro ponto a ser ratificado diz respeito ao prazo que a Fazenda Pública possui para impugnar a oposição dos embargos. A LEF explicita um prazo de 30 dias. Nesse sentido, não há que se cogitar que o prazo possa ser dobrado ou quadruplicado, fundamentando a extensão no artigo 188 do CPC. Dobrar o prazo para recorrer ou quadruplicar o prazo para contestar só acontecerá nas situações em que o Código de Processo Civil estabelecer a prática de atos comuns a qualquer parte. Assim, quando a parte for a Fazenda Pública, ela se valerá de tal privilégio. (Raciocínio desenvolvido por Hugo de Brito Machado Segundo, *Processo tributário*, p. 300.)

No caso em tela, a lei já fixou prazo especificamente para a Fazenda Pública e, portanto, é dentro desse lapso temporal que a impugnação deverá ser oferecida.

> Deve-se lembrar, como observação importante, que a Lei 6.830/80, ao regular o procedimento da execução fiscal e dos embargos a ela opostos, reza que o prazo para manifestação da Fazenda será de 30 (trinta) dias conforme o disposto no artigo 17. Não há, por isso, contagem de prazo em quádruplo (CPC, art. 188), eis que a lei especial disciplina o tempo para oferecimento da impugnação. (Nunes, Cleucio Santos, *Teoria e prática do processo tributário*, p. 255.)

Valor da causa nos embargos

O valor da causa a ser assinalado nos embargos deve corresponder ao valor da execução fiscal na data de sua distribuição, muito embora não exista especificamente nenhum dispositivo da Lei 6.830/80 que trate do assunto.

> Nos embargos do executado, o valor da causa é o mesmo da execução, salvo se forem parciais. (Fernandes, Odmir *et al.*, *Lei de Execução Fiscal comentada e anotada*, p. 281.)

O § 4.º do artigo 6.º da LEF dispõe que o valor da causa será o da dívida constante na Certidão de Dívida Ativa, acrescido dos encargos legais.

> Para a apuração desse valor, considera-se o valor da causa (art. 6.º, § 4.º), que é o da dívida constante da certidão, com os encargos legais ou, mais precisamente, como assinala o § 1.º do art. 34, o valor da dívida ativa, com a atualização monetária, multa, juros de mora e demais encargos legais, na data da distribuição da petição inicial. Os demais encargos legais são todos os previstos em lei ou contrato (art. 2º, § 2.º). (Pacheco, José da Silva, *apud* Paulsen, Leandro e Ávila, Rena Bergmann, *Direito Processual Tributário*, p. 368.)

No entanto, o referido fundamento está indicando a regra para o valor que deverá constar na execução fiscal.

> A Lei de Execução Fiscal é omissa a respeito. Observe que o § 4.º do art. 6.º se refere apenas à inicial de execução, deixando uma lacuna quanto ao valor que os embargos deverão receber. Cabe, pois, socorrer-se das disposições gerais do Código de Processo Civil. Assim, fazendo-se uma verdadeira ginástica interpretativa, pode-se chegar à conclusão de que a combinação do art. 259, V, com o art. 260 determina que o valor dos embargos será o da execução. (Nunes, Cleucio Santos, *Teoria e prática do processo tributário*, p. 252.)

Recursos cabíveis

Ao tratarmos dos embargos opostos em execução fiscal, haja vista corresponder a um meio de defesa bastante corriqueiro na seara tributária, preferimos abrir este tópico com o objetivo de facilitar a visualização dos recursos cabíveis a partir do momento em que os embargos não tiverem sido suficientes para proteger os interesses do executado.

Como em qualquer outra ação, das decisões interlocutórias prolatadas pelo juiz cabe a interposição de agravo de instrumento, nos moldes do artigo 524 do CPC.

Já quanto à sentença proveniente do julgamento dos embargos, é preciso uma análise mais cautelosa. Se a decisão do juiz foi julgá-los improcedentes ou mesmo rejeitá-los de maneira preliminar, é certo que cabe o recurso de apelação; contudo, nesses casos, a apelação será recebida somente em um de seus efeitos, qual seja, o devolutivo, conforme disposição do artigo 520 do CPC, e, desse modo, a sentença poderá ser executada provisoriamente.

> Interessante notar a regra contida no artigo 558, parágrafo único, do Código de Processo Civil, quando aplicada subsidiariamente aos embargos à execução fiscal. O apelo se processa na forma prescrita no Código e a execução deverá se processar de modo menos gravoso ao deve-

dor (CPC, art. 620). Nas hipóteses em que o recebimento do recurso, apenas no efeito devolutivo, puder resultar em lesão grave ou de difícil reparação contra o devedor, mediante requerimento da parte e conforme a fundamentação do perigo de dano de difícil reparação, o relator do recurso no tribunal poderá conceder efeito suspensivo, tal qual ocorre no recurso de agravo de instrumento. (Nunes, Cleucio Santos, *Teoria e prática do processo tributário*, p. 255.)

Caso os embargos sejam julgados parcialmente procedentes, fica claro que o CPC não faz restrição alguma quanto aos efeitos da apelação, não havendo óbice, portanto, para que o juiz a receba em seu duplo efeito (devolutivo e suspensivo).

Agora, tanto em uma situação (julgamento improcedente) como na outra (julgamento procedente), obviamente cabem embargos declaratórios, desde que, é claro, esteja presente qualquer das características previstas pelo art. 530 do CPC (omissão, obscuridade ou contradição).

Todavia, a Lei de Execução Fiscal delineou uma particularidade para as sentenças provenientes de execuções cujo valor não ultrapasse 50 OTN. Nessas condições especiais, a apelação não será admitida; em seu lugar deverão ser interpostos os embargos infringentes.

Embargos infringentes

Apesar de a co-relação sentença–apelação ser muito comum, a legislação processual, excepcionalmente, admite outro recurso que não a apelação para impugnar uma sentença proferida pelo juiz singular. É esse exatamente o caso dos embargos infringentes dispostos na Lei de Execução Fiscal.

Art. 34 – Das sentenças de primeira instância proferidas em execuções de valor igual ou inferior a 50 (cinqüenta) Obrigações do Tesouro Nacional – OTN, só se admitirão embargos infringentes e de declaração.

De modo algum se quer dizer que esses embargos são os mesmos disciplinados pelo Código de Processo Civil. Apenas a nomenclatura é similar, pois o intuito dos embargos infringentes descritos pelo artigo 530 do CPC é atacar o acórdão não unânime prolatado pelos tribunais.

Vejamos como distinguir um remédio jurisdicional do outro:

O recurso previsto no art. 34 da LEF tem sido, na prática forense, denominado "embarguinhos", para não ser confundido com seu homônimo do art. 530 do CPC, que disciplina o cabimento dos embargos infringentes em segunda instância quando o julgamento é por maioria. Pode ser interposto não somente contra sentença de extinção proferida no processo de execução fiscal, como também pode atacar sentença nas ações incidentais de embargos do executado, de terceiro, à arrematação e à adjudicação, desde que o valor da causa desses incidentes não ultrapasse a alçada, independentemente do valor da ação principal. (Fernandes, Odmir *et al.*, *Lei de Execução Fiscal comentada e anotada*, p. 428-9.)

Destaque-se que

o estabelecimento da alçada visa a simplificar o procedimento, evitando a subida aos tribunais de discussões acerca de pequenos valores. Assim, seria razoável entender que, nos embargos, a alçada recursal deve ser analisada à vista do valor da causa dos embargos e não do valor da execução. Note-se que, em sendo parciais os embargos, o valor da causa pode ser bem inferior ao da execução; o litígio, nesses casos, restringir-se-á ao montante embargado, devendo este servir de referência para a definição do recurso cabível, se apelação ou embargos infringentes. Preserva-se, com isso, a finalidade do dispositivo. (Paulsen, Leandro e Ávila, René Bergmann, *Direito Processual Tributário*, p. 368.)

Outra questão a ser esclarecida diz respeito à atualização dos valores dispostos pela LEF; afinal, o índice OTN já se encontra extinto, mesma conseqüência dos índices que substituíram o primeiro. Com isso, passou-se a indagar sobre a constitucionalidade do dispositivo, o que parte da mais ilibada doutrina vem rechaçando, como é o caso de Manoel Álvares, citado por Cleide Previtalli Cais:

A vigência do art. 34 da LEF é indubitável, não se podendo aceitar o argumento de que não teria mais aplicação em face da extinção das Obrigações Reajustáveis do Tesouro Nacional – ORTN. A simples substituição ou extinção de um indexador não significa ser impossível a determinação do valor da causa para efeito de alçada. Assim, as originais 50 ORTN passaram a equivaler a 308,50 BTN, porque, quando extinta, a ORTN-OTN valia NCz$ 6,17 e o Bônus do Tesouro Nacional foi criado valendo NCz$ 1,00. A partir de janeiro de 1991, 308,50 BTN passaram a valer Cr$ 39.136,95, com reajuste pela TRD, até maio de 1993, quando foi extinto esse indexador (Lei 8.660, de 28/5/1993). Em junho de 1993, o valor de alçada permaneceu fixo em Cr$ 7.121.483,99, e, a partir de julho de 1993, passou a ser equivalente a 283,43 UFIR. (*O processo tributário*, p. 613.)

Tal posicionamento tem força suficiente para dar guarida a quaisquer embargos infringentes que necessitem ser interpostos; mesmo assim, há entendimentos discrepantes quanto ao exato valor atualizado. No entanto, deixamos bem claro que, seja qual for o posicionamento adotado, o valor de alçada gira em torno de R$ 500,00. Leandro Paulsen e René Bergmann Ávila dão a seguinte receita para o valor de alçada: 50 OTN = 311,68 UFIR = R$ 512,90 em maio de 2005. Por outro lado, os mesmos autores indicam a atualização de Manoel Álvares: 50 OTN = 283,43 UFIR = R$ 466,41 em maio de 2005. (*Direito Processual Tributário*, p. 365-6.)

Neste ponto, apontamos duas particularidades trazidas pelo § 2.º do mesmo dispositivo.

Art. 34, § 2.º – Os embargos infringentes, instruídos, ou não, com documentos novos, serão deduzidos, no prazo de 10 (dez) dias perante o mesmo juízo, em petição fundamentada.

De pronto já se percebe a individualidade desse recurso em relação ao requisito da tempestividade, uma vez que os "embarguinhos" deverão ser interpostos no prazo máximo de 10 dias. Portanto, aqui, mais uma diferença em relação aos embargos infringentes do CPC, cujo prazo é mais extenso, de 15 dias.

A segunda particularidade, talvez a principal, é que os embargos infringentes previstos pela LEF deverão ser analisados pelo mesmo juiz que prolatou a decisão de primeiro grau. (Cleide Previtalli Cais disserta em sua obra, *O processo tributário*, p. 611-2, que o objetivo de manter causas de valor limitado a 50 OTN no juízo de primeiro grau tinha o intuito de atribuir maior celeridade ao processo, com isso eliminando, todavia, "o acesso ao Poder Judiciário em segundo grau de jurisdição". Alerta, ainda, que era a Lei 6.825/80, publicada na mesma data da LEF, que impunha restrições ao julgamento das causas cujo valor ela indicava. Tal lei fora revogada e sua sucessora também, mas o artigo 34 da LEF que possuía disposição semelhante permaneceu em vigor, gerando conflitos doutrinários e jurisprudenciais. Até que, mais recentemente, uma posição intermediária da jurisprudência passou a sustentar que os embargos infringentes serão o recurso cabível, porém encaminhado ao tribunal respectivo.)

Nota-se facilmente que nesse caso o efeito devolutivo não se apresenta; ao contrário, há aqui o chamado efeito regressivo.

Ao sistema recursal do Código de Processo Civil, a Lei 6.830 introduziu a alteração constante de seu art. 34, eliminando a apelação nos executivos de valor igual ou inferior a cinqüenta Obrigações Reajustáveis do Tesouro Nacional (ORTN), caso em que os recursos cabíveis serão apenas os embargos de declaração e os embargos infringentes, cujo efeito é não devolutivo, cabendo o julgamento, portanto, ao próprio juiz da causa. (Theodoro Jr., Humberto, *apud* Fernandes, Odmir *et al.*, *Lei de Execução Fiscal comentada e anotada*, p. 431.)

COMPARAÇÃO ENTRE EMBARGOS INFRINGENTES DO CPC E DA LEF

	Embargos infringentes do CPC	**Embargos infringentes da LEF**
Base legal	Art. 530.	Art. 34.
Prazo	15 dias.	10 dias.
Cabimento	Decisões não unânimes.	Decisões singulares em execução cujo valor não ultrapasse 50 OTN.
Juízo *a quo*	Desembargador relator.	Juiz singular.
Juízo *ad quem*	Órgão especial do tribunal.	Juiz singular.

Recurso cabível após o julgamento dos embargos infringentes

Com a apreciação ou não dos embargos infringentes, a parte que se sentir lesada verificará que as vias recursais praticamente se esgotaram, sobrando-lhe apenas o recurso especial e o extraordinário.

Surge a dúvida: deve-se recorrer ao STJ, por meio do recurso especial, ou ao STF, por meio do extraordinário? Ao analisarmos literalmente o texto constitucional, a resposta transparece.

Para encaminhar o recurso ao STJ, as causas devem ter sido decididas em única ou última instância pelos tribunais (TJs ou TRFs). Para encaminhar o recurso ao STF, a Constituição apenas exigiu que as causas tenham sido decididas em única ou última instância. Assim, uma vez que as causas executivas cujo valor não ultrapasse 50 OTN requererão embargos infringentes a serem julgados pelo mesmo juiz singular, logo, de tal decisão não caberá recurso especial (pois este exige decisão dos tribunais), mas sim recurso extraordinário (art. 102, III, CF).

> O entendimento que exsurge da dicção desses dispositivos constitucionais é no sentido do não cabimento de recurso especial, mas admitindo a possibilidade de interposição de recurso extraordinário, contra o julgamento proferido em grau de embargos infringentes do art. 34 da LEF. (Fernandes, Odmir *et al.*, *Lei de Execução Fiscal comentada e anotada*, p. 430.)

Nessa situação, uma pequena ressalva deverá ser feita quanto à determinação do art. 541 do CPC, que disciplina, explicitamente, que o REsp ou o RExt serão interpostos perante o presidente ou vice-presidente do tribunal. Na hipótese dos embargos infringentes, o primeiro juízo de admissibilidade do recurso extraordinário não será feito pelo tribunal hierarquicamente superior ao juiz que prolatou a decisão, mas pelo próprio juiz de primeira instância, o qual, caso verifique cumpridas todas as exigências, remeterá o recurso para o Supremo Tribunal Federal.

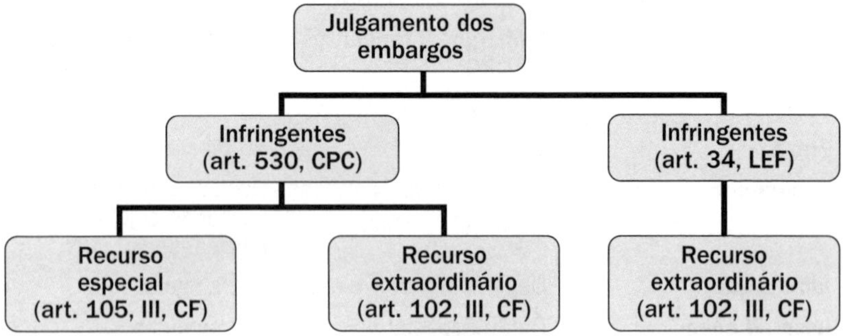

Embargos à arrematação, à adjudicação e de terceiro

A previsão descrita na Lei 6.830/80 são os embargos à própria execução fiscal, geralmente com o intuito de atacar a validade do título executivo e sempre opostos pelas pessoas integrantes do pólo passivo da execução. Entretanto, outras modalidades de embargos também podem se prestar em sede de execução fiscal, como é o caso dos embargos à arrematação, à adjudicação ou de terceiro.

Em relação aos dois primeiros (arrematação e adjudicação), justamente por não haver dispositivo na LEF é que, subsidiariamente, nos valemos do Código de Processo Civil.

Art. 746 – É lícito ao executado, no prazo de 5 (cinco) dias, contado da adjudicação, alienação ou arrematação, oferecer embargos à arrematação ou à adjudicação, fundados em nulidade da execução, ou em causa extintiva da obrigação, desde que superveniente à penhora, aplicando-se, no que couber, o disposto neste capítulo.

A primeira característica que salta aos olhos é a condição de esses embargos serem apresentados tão-somente após a efetivação da penhora. Até os embargos à execução dependem dela, haja vista a garantia do juízo. O importante, porém, é que nenhuma dessas formas pode ser suscitada antes da penhora, abrindo-se possibilidade única para a exceção de pré-executividade.

Em sede de execução fiscal, o executado pode se ver prejudicado mesmo que confesso devedor, como no caso de arrematação de bem por preço vil ("Não será aceito lanço que, em segunda praça ou leilão, ofereça preço vil" – art. 692, CPC). É a situação típica de apresentar embargos à arrematação (arrematação em hasta pública) ou embargos à adjudicação (se o exeqüente reivindicou o bem).

Verifica-se, então, que vícios ocorridos após a penhora devem, em último caso, nos autos de execução, ser impugnados por meio de embargos à adjudicação ou à arrematação, impugnações hábeis a suspender a expedição das cartas de adjudicação ou arrematação.

Os embargos à adjudicação têm efeito suspensivo da expedição da carta respectiva (TFR – 5.ª Turma, Ag. 48.355-PR, rel. min. Pedro Acioli, j. 1/10/1986, deram provimento, v.u., *DJU* 6/11/1986, p. 21.450). (*Apud* Negrão, Theotonio e Gouvêa, José Roberto F., *Código de Processo Civil e legislação processual em vigor*, nota 5, p. 825.)

Não obstante toda a explanação, é preciso deixar bem claro:

Não se defere ao embargante, em qualquer das duas espécies, suscitar teses que deveriam ter apoiado a anterior oposição dos embargos do executado, em face do instituto da preclusão, de modo que as manifestações em referência não são servis para tratar da impugnação ao título em si, o que deveria ter sido objeto dos embargos do executado, de cognição mais ampla se comparada à própria dos embargos à arrematação ou à adjudicação. (Montenegro Filho, Misael, *Curso de Direito Processual Civil*, v. II, p. 596.)

Por fim, quanto aos embargos de terceiro, a diferença em relação aos embargos à execução é ainda mais cabal, pois no primeiro caso o embargante não está posicionado no pólo passivo da execução, mas, ainda assim, parte de seu patrimônio sofreu ou está prestes a sofrer constrição judicial para liquidar a dívida objeto da execução.

Vozes entre a doutrina mais ilibada se levantam, dentre as quais Hugo de Brito Machado Segundo, que, em um breve entrecho, não deixa margem a dúvidas:

Cumpre não confundir os embargos à execução, ou embargos do executado, com a figura dos "embargos de terceiro", instrumento processual através do qual pessoa que *não é o executado* se opõe à turbação ou ao esbulho na posse de seus bens por ato judicial proferido no âmbito da execução (*v.g.*, penhora). Exemplo mais comum de embargos de terceiro, no âmbito de uma execução fiscal, é o do proprietário de automóvel penhorado, ou declarado "intransferível", por conta de execução fiscal de débitos de seu antigo proprietário, penhora esta decorrente da desatualização nos cadastros dos órgãos de trânsito correspondentes. (*Processo tributário*, p. 305.)

Percebe-se como é diferente a situação em que o executado opõe embargos objetivando seu afastamento do pólo passivo da relação processual. Nessa situação, estamos falando de embargos à execução, justamente porque o embargante foi citado na via executória, de modo que se afasta a idéia de embargos de terceiro, alternativa válida para os casos em que o embargante não é executado, porém atos provenientes da execução interferem em seu patrimônio.

COMPARAÇÃO ENTRE EMBARGOS À EXECUÇÃO E EMBARGOS DE TERCEIRO

	Embargos à execução	**Embargos de terceiro**
Embargante	Está no pólo passivo da execução.	Não está no pólo passivo da execução.
Embargado	Autor da execução.	Autor da execução.
Pedido	Extinguir a execução ou afastar-se do pólo passivo.	Livrar o patrimônio da constrição judicial.

Encerrando a questão, Hugo de Brito Machado Segundo completa:

Em regra, nos embargos de terceiro não é possível questionar aspectos inerentes à dívida executada, sua existência, validade, liquidez e certeza, etc., eis que o terceiro – exatamente por não ser apontado nem como devedor nem como responsável – não tem legitimidade para fazê-lo. Busca apenas se insurgir contra ilegítimos reflexos da execução em seu patrimônio, mas não contra a execução em si mesma. (*Processo tributário*, p. 305-6.)

No que tange ao valor da causa em relação às modalidades de embargos aqui apresentadas em sede de execução fiscal, a doutrina anota que:

O valor da causa, em embargos à arrematação, à adjudicação* ou de terceiros, deve ser igual ao valor daqueles atos embargados, e por tal valor se rege a interposição dos recursos, sempre nos termos do referido art. 34 da LEF. (Fernandes, Odmir *et al.*, *Lei de Execução Fiscal comentada e anotada*, p. 281.)

* Edson Cosac Bortolai, em particular entendimento, aponta que os embargos à arrematação ou adjudicação "devem conter os requisitos do art. 282, dispensados atribuição do valor à causa e requerimento de citação (há intimação)". (*Manual de prática forense civil*, p. 477.)

FLUXOGRAMA

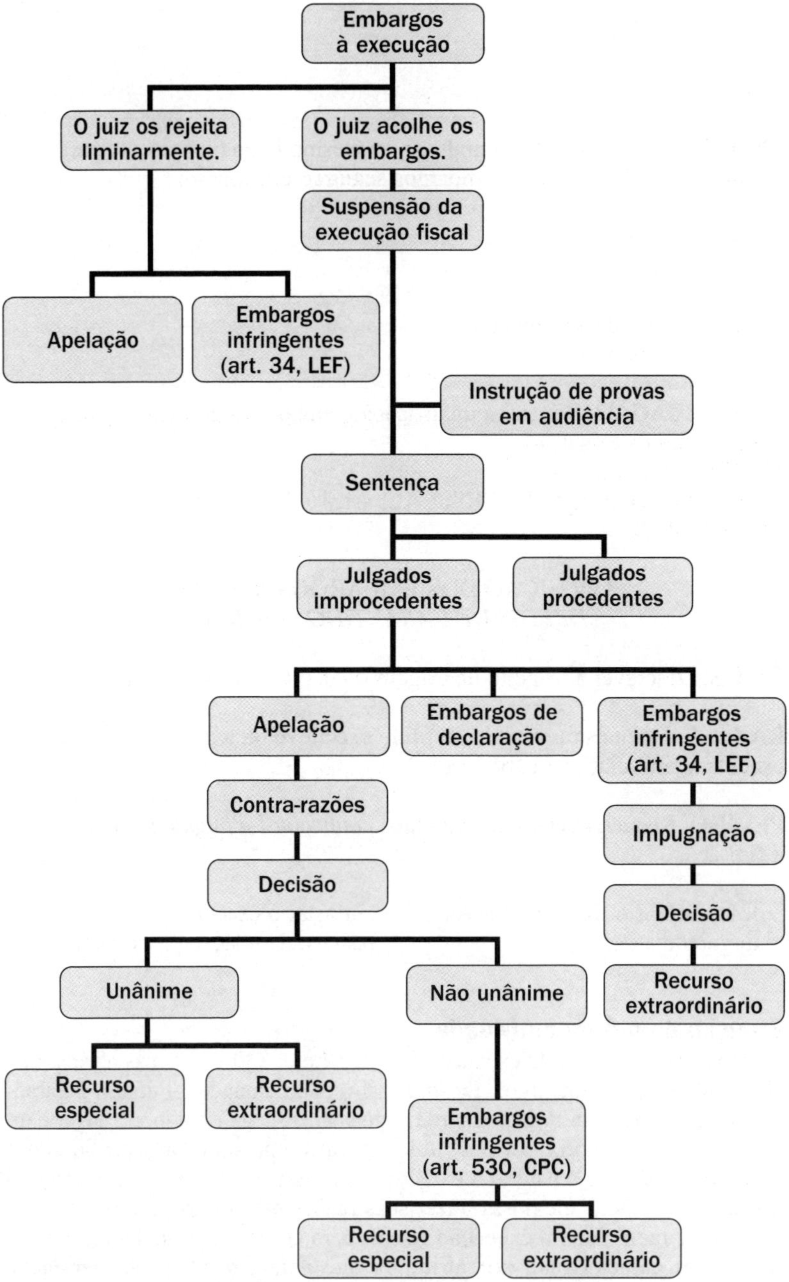
Embargos à execução
O juiz os rejeita liminarmente.
O juiz acolhe os embargos.
Suspensão da execução fiscal
Apelação
Embargos infringentes (art. 34, LEF)
Instrução de provas em audiência
Sentença
Julgados improcedentes
Julgados procedentes
Apelação
Embargos de declaração
Embargos infringentes (art. 34, LEF)
Contra-razões
Impugnação
Decisão
Decisão
Unânime
Não unânime
Recurso extraordinário
Recurso especial
Recurso extraordinário
Embargos infringentes (art. 530, CPC)
Recurso especial
Recurso extraordinário

Perfil esquemático dos embargos à execução

ENDEREÇAMENTO: Encaminhado ao mesmo juízo competente para julgar a execução fiscal. Os embargos seguirão em apenso.

↕ 10 cm

Distribuído por dependência
à Execução Fiscal n.º ...

QUALIFICAÇÃO: Refazer a qualificação, embora os embargos sejam dependentes da execução.
VERBO: *OPOR*.
FUNDAMENTAÇÃO PROCESSUAL: art. 16 da Lei 6.830/80.
PRAZO: 30 dias.

OPOSIÇÃO DOS EMBARGOS APENAS
DEPOIS DE GARANTIDO O JUÍZO.

FATOS: Descrever a respeito da origem do débito que ensejou a execução.

RAZÕES: Demonstrar o vício do título executivo ou a não obrigação do executado em relação à cobrança.

PEDIDO: Requerer sejam os embargos *conhecidos e julgados procedentes* a fim de...

...desconstituir o título executivo, extinguindo a execução.	...afastar o executado do pólo passivo da relação processual.

Exceção de pré-executividade

Fato é que, em sede de execução fiscal, a Lei 6.830/80 apenas abre a possibilidade de opor embargos, mesmo assim condicionada tal defesa à garantia do juízo. Bastante lógica guarda a disposição legal, tendo em vista pautar-se a via executória em um título executivo presumidamente líquido e certo, de modo que é natural a exigência da oferta de garantia pelo executado para que, aí sim, ele possa trazer suas razões para ilidir o título.

Por esse raciocínio, a execução fiscal, bem como todas as demais ações, deve estar caracterizada por atributos que a fazem adequada perante o

Poder Judiciário, ensejando a relação processual, cabendo ao juiz solucionar a demanda.

Todavia, imaginemos situação diversa: uma execução fiscal completamente carente de requisitos básicos para sua propositura. Manter a exigência ao executado de garantir o juízo para tão-somente depois poder indicar os defeitos da ação seria puni-lo por dívida que não possui, afinal estaria ele obrigado a se privar de parte de seu patrimônio.

Nesse sentido, Cândido Rangel Dinamarco, ícone do Direito Processual, ministra que

> seria absurdo considerar o juiz obrigado a deferir ao exeqüente a realização do processo executivo, de medidas muito mais drásticas que as do cognitivo, quando visivelmente a execução não for admissível ou quando ela for mal postulada. Por isso, a inépcia da inicial executiva ou a presença de qualquer óbice ao regular exercício da jurisdição *in executivis* constituem matéria a ser apreciada pelo juiz da execução, de ofício ou mediante simples objeção do executado, a qualquer momento e em qualquer fase do procedimento. (*Apud* Cais, Cleide Previtalli, *O processo tributário*, p. 626.)

Medidas drásticas, valendo-nos das palavras do ilustre professor, são no mínimo injustiças que acometeriam o executado. Assim, outro não é o papel do Judiciário senão preservar a ordem e a justiça, de forma que a rigidez da regra veiculada pela lei deve ser amenizada excepcionalmente, como no caso aqui descrito. Tal exceção foi pioneiramente evocada por Pontes de Miranda em execuções datadas de 1966 contra a Companhia Siderúrgica Mannesmann.

> Resumindo a hipótese, perceba-se que várias ações foram ajuizadas contra a Companhia Siderúrgica Mannesmann, exigindo o pagamento de quantias lotéricas, apoiadas as demandas em títulos visivelmente falsos, na ocasião argüindo o citado parecerista que a exigência da garantia do juízo para repelir a exigibilidade dos títulos era medida que em muito sacrificaria a executada, de forma manifestamente injusta, o que deu cabimento à criação de uma modalidade de defesa nos próprios autos da ação de execução. (Indicação histórica e comentários de Misael Montenegro Filho, *Curso de Direito Processual Civil*, nota 70, p. 576.)

Todo esse raciocínio, desenvolvido com base na doutrina de Pontes de Miranda, é majoritariamente acatado pelos mais ilustres cientistas do Direito na atualidade. A denominação dessa medida que tem o condão de evitar o prosseguimento da execução, justamente por se tratar de casos excepcionais, é diversa, porém costumeiramente tem-se deflagrado "exceção de pré-executividade", "oposição pré-processual" ou mesmo "objeção de pré-executividade" (Cais, Cleide Previtalli, *O processo tributário*, p. 643). A nomenclatura atribuída não nos parece importante, mas sim os efeitos que tal medida pode oferecer ao executado.

Não obstante tantos argumentos, vê-se que a exceção de pré-executividade advém de uma construção doutrinária e não está prevista no texto da Lei 6.830/80, a qual admite como única hipótese de defesa os embargos à execução. Daí os posicionamentos doutrinários e jurisprudenciais acerca do assunto variarem bastante, sendo uns a favor da medida, outros contrários a ela.

James Marins lembra-nos a discussão quando assinala que

> a possibilidade de se manifestar defesa por parte do contribuinte sem garantia do juízo ou previsão legal expressa não recebe foros de unanimidade, especialmente devido às prerrogativas conferidas à Fazenda Pública, constituindo, no entender de alguns, a taxatividade da defesa via embargos óbice ao manejo da exceção de pré-executividade.

No entanto, de maneira muito clara, o mesmo autor se posiciona a respeito e justifica seu entender:

> Como corolário do processo moderno se encontra a garantia do devido processo legal, que implica necessariamente a possibilidade de as partes exporem suas razões em juízo, seja qual for o processo ou procedimento adotado. Está, então, assegurada a todos a possibilidade de alegar suas razões em juízo, sem que se possa buscar melindrar esse direito, sob pena de se pôr em xeque o sistema constitucional.

Prazo para apresentação da exceção de pré-executividade

A falta de previsão legal expressa acerca da utilização da medida excepcional acabou por levantar mais uma dúvida: qual o momento ideal para ser apresentada e se há prazo a ser observado. Ora, pode parecer redundância, mas, se não há dispositivo legal sobre o assunto, não haverá na lei resposta a tal indagação, de sorte que a solução será buscar o plano lógico para indicar a adequada utilização da exceção de pré-executividade.

Parece claro que a nomenclatura utilizada para esse tipo de defesa já indica o momento ideal para sua apresentação. A medida objetiva evitar a executividade de um título viciado ou mesmo evitar o prosseguimento de uma ação carente de seus requisitos essenciais, o que nos leva a concluir que, uma vez tomado conhecimento do processo executório, por meio da citação, o interessado já poderá ingressar com a medida que, excepcionalmente, buscar antecipar o impedimento às conseqüências da execução. Observa Cleide Previtalli Cais:

> Como regra geral, entendemos que o prazo para a apresentação desse meio de defesa é de cinco dias a contar da data da citação da execução fiscal, a teor do art. 8.º da Lei 6.830/80, prazo esse durante o qual o devedor pode pagar a dívida com juros e demais encargos, ou garantir a execução, ou de vinte e quatro horas em se tratando de execução fundada em título executivo extrajudicial, a teor do art. 652 do CPC. (*O processo tributário*, p. 644.)

Apesar de ser coerente ingressar com a exceção de pré-executividade antes que haja a possibilidade da constrição judicial determinada por meio do processo executório, ao tratarmos de matéria de ordem pública, justamente por se referir a assuntos passíveis de apreciação de ofício do juiz, é comum não encontrar óbice para a apresentação da medida mesmo depois de transcorrido o prazo dos embargos.

Leandro Paulsen, magistralmente, conduz o raciocínio ao afirmar que,

> diante das censuras, ainda que infundadas, à admissão da exceção em execução fiscal, e diante dos limites dessa via, tanto materiais (há acesas discussões sobre a matéria

realmente passíveis de serem argüidas por este meio) como formais (não admite dilação probatória), *jamais deve o executado deixar escoar o prazo para opor embargos. Se já peticionara com exceção de pré-executividade, deve renovar seus argumentos nos embargos. Mas a exceção, de outro lado, não tem prazo para ser oposta. Mesmo preclusos os embargos, poderá o executado, através da exceção de pré-executividade, suscitar matérias passíveis de serem conhecidas de ofício pelo juiz.* (*Apud* Cleide Previtalli Cais, que concorda com tal posicionamento.)

Assim, é de admitir que a exceção de pré-executividade poderá ser apresentada a qualquer tempo, não importando o instante processual.

A apresentação pode ocorrer a qualquer tempo dentro da ação de execução. Porém, e com os olhos voltados para a dinâmica forense, cabe-nos anotar que sua maior freqüência é vista no início do processo, após o recebimento do mandado de citação, no prazo conferido ao executado para pagar, para entregar a coisa, ou para satisfazer a obrigação de fazer ou de não fazer, sendo admitido o seu cabimento em todas as espécies de execução, e até mesmo em execuções especiais, como a fiscal, a hipotecária e a de alimentos. (Montenegro Filho, Misael, *Curso de Direito Processual Civil*, v. II, p. 578.)

Portanto, a medida apresenta-se mais adequada quando logo após a citação, visto que, quanto mais caminhar o processo, proporcionalmente maior relutância se encontrará em juízo para a aceitação da via excepcional.

Por fim, queremos deixar claro que os embargos não são substituíveis pela exceção de pré-executividade, pois esta última é via utilizada em casos específicos (medida excepcional). Ou seja, podemos dizer que, quando cabe exceção de pré-executividade, caberão também os embargos (desde que garantido o juízo), mas a recíproca não é verdadeira, uma vez que nem sempre quando cabem embargos haverá a alternativa excepcional. Isso resulta das hipóteses de cabimento da exceção, pois tem ela cabimento limitado, enquanto nos embargos poderá ser alegada toda a matéria útil à defesa.

Hipóteses de cabimento da exceção de pré-executividade

Em um processo de conhecimento, seu objetivo estará alcançado quando na sentença de mérito o juiz certificar se o direito discutido pertence ao autor ou ao réu. Assim, naturalmente teremos a procedência ou improcedência do pedido, extinguindo definitivamente o processo.

Contudo, é possível vislumbrarmos a extinção do processo sem o julgamento do mérito, hipóteses excepcionalmente previstas pelo Código de Processo Civil. Portanto, podemos dizer que, em geral, um processo será extinto com julgamento do mérito, porém a extinção também poderá ocorrer sem que o mérito seja apreciado, o que se denomina "exceção".

Na execução o entendimento é análogo, pois, por regra, o processo visa ao adimplemento de uma obrigação e assim o fará se a execução for julgada procedente. Todavia, a execução pode ser improcedente, seja porque o executado, no bojo do processo, convenceu o juiz de que não era devedor, seja porque a execução continha vícios tamanhos a ponto de não ser levada adiante. Podemos concluir que essa última situação é excepcional.

Pensando nisso, fácil admitir que na execução eivada de vícios é bastante claro que a oposição dos embargos resultará em vitória ao embargante, porém, para isso, preliminarmente foi exigida a garantia do juízo.

Dessa feita, é de discutir a necessidade da garantia do juízo em execuções que contêm defeitos tão transparentes, pois, se o resultado será pela procedência dos embargos, por que então exigir a garantia do juízo se o título executivo objeto dessa ação padece de regularidade? Daí, excepcionalmente, de acordo com o princípio do contraditório e da ampla defesa, poderia o executado se antecipar à garantia do juízo e mesmo assim promover sua resposta à execução. Verifica-se obviamente a exceção de pré-executividade, a qual, por todo o raciocínio exarado, independe da garantia do juízo para ser apresentada.*

Que vícios e defeitos são esses que, uma vez presentes na via executória, tornam-na infrutífera? São hipóteses caracterizadas como pertencentes à ordem pública, desde a incompetência absoluta, passando pela perempção, litispendência, coisa julgada, carência da ação, até os temas que ensejam o indeferimento da petição inicial (art. 295, CPC). (A lista de temas associados à ordem pública é exemplificativa e foi apresentada à semelhança do descrito por Cleide Previtalli Cais, *O processo tributário*, p. 641-2.)

Entrementes, não apenas assuntos atrelados à ordem pública poderão servir de supedâneo à opção pela via excepcional. Nesse sentido, James Marins nos revela um horizonte ainda maior:

> Das diversas manifestações pretorianas e doutrinárias, recolhe-se a admissibilidade da exceção ou objeção de pré-executividade em generoso rol de hipóteses: matéria de ordem pública em geral, condições da ação, ausência de pressupostos de desenvolvimento válido do processo, nulidade formal e material da Certidão de Dívida Ativa, falta de liquidez do título, prescrição, decadência, quitação do título, manifesta ilegitimidade do executado e inconstitucionalidade de norma legal já declarada pelo STF, etc. O correto óbice processual, doutrinário e jurisprudencial, reside na impossibilidade de produção de provas. (*Direito Processual Tributário brasileiro – administrativo e judicial*, p. 642.)

No que tange, especialmente, ao tópico da prescrição, a doutrina e a jurisprudência se dividem ao admiti-la como assunto a ser destacado em sede de exceção de pré-executividade.

> Dúvida há quanto à alegação de prescrição e decadência, constituindo-se num fundamento que iterativamente tem sido invocado. Em princípio, o debate sem a formal garantia do juízo permite a realização concreta da Justiça, mas deixa exposta a Fazenda Pública no caso de rejeição da defesa e recursos decorrentes da decisão.
>
> A prescrição e a decadência envolvem o mérito e, por uma razão singular, o seu exame parte da condicionante do juízo seguro, embora a questão não seja pacífica. (Fernandes, Odmir *et al.*, *Lei de Execução Fiscal comentada e anotada*, p. 280.)

* A introdução deste tópico foi baseada nas lições de Cleide Previtalli Cais, *O processo tributário*, p. 641.

Ainda que o Superior Tribunal de Justiça se posicione favorável à impossibilidade de o juiz verificar de ofício a ocorrência da prescrição, não vemos óbice para que a matéria seja trazida na exceção quando comprovada de plano. Nesses trilhos, transcrevemos parte de decisão proferida pela 1.ª Turma do STJ:

> Denunciada a ocorrência de prescrição, verificação independente da produção ou exame laborioso de provas, não malfere nenhuma regra do Código de Processo Civil o oferecimento de "exceção de pré-executividade", independentemente dos embargos de devedor e da penhora para a prévia garantia do juízo. Condicionar o exame da prescrição à interposição dos embargos seria gerar desnecessários gravames ao executado, ferindo o espírito da lei de execução, que orienta no sentido de serem afastados (art. 620, CPC). Provocada, pois, a prestação jurisdicional quanto à prescrição, pode ser examinada como objeção à pré-executividade (STJ, 1.ª T., unânime, REsp. 179.750/SP, rel. min. Luiz Pereira, ago. 2002). (*Apud* Paulsen, Leandro e Ávila, René Bergmann, *Direito Processual Tributário,* p. 306.)

Em sentido contrário, o posicionamento da 2.ª Turma do mesmo tribunal:

> [...] **Exceção de pré-executividade. Prescrição** [...] 2. O STJ firmou entendimento de que não se admite a utilização da exceção de pré-executividade para argüir-se a prescrição, uma vez que não pode ser esta reconhecida de ofício [...] (STJ, 2.ª T., unânime, ARAI 535.966, rel. min. João Otávio de Noronha, mar. 2004). (*Idem, ibidem.*)

Apesar de todos os esforços em identificar as matérias que dão ensejo à apresentação da exceção de pré-executividade, quem melhor colocou a questão foi Cleide Previtalli Cais (*O processo tributário*, p. 641-3), ao enumerar que causas de nulidade da execução, impeditivas, extintivas, modificativas do crédito e temas de ordem pública são passíveis de serem trazidos por meio da medida excepcional.

> O fato de ter fluído o prazo para a oposição dos embargos não tem qualquer relevância diante das questões de ordem pública, como as condições da ação e os pressupostos processuais, que, como examinado através da leitura do § 3.º do art. 267 e § 4.º do art. 301 do CPC, podem ser conhecidos a qualquer tempo e grau de jurisdição, não se submetendo à preclusão processual. A jurisprudência de nossos tribunais apenas impede a apresentação de exceção depois de escoado o prazo para os embargos quando o executado pretende na via incidental tratar de matérias próprias da ação de conhecimento, o que efetivamente não seria de se admitir. (Montenegro Filho, Misael, *Curso de Direito Processual Civil*, v. II, p. 584.)

Dessa feita, os temas de ordem pública, bem como de nulidade da execução, já foram em parte relacionados. Dentre as outras causas, destacamos:

- Causas impeditivas: imunidade, isenção e anistia.

> Comprovada a situação de ocorrência de prescrição, decadência, remissão, anistia, isenção, imunidade, sem dúvida, desde que previamente comprovadas, considerando a situação em que encontra a Justiça, deve ser conhecida em sede de exceção de pré-executividade. (Ichihara, Yoshiaki, *Processo judicial tributário*, p. 272.)

- Causas extintivas: aquelas previstas no CTN:

Art. 156 – Extinguem o crédito tributário:

I – o pagamento;

II – a compensação;

III – a transação;

IV – a remissão;

V – a prescrição e a decadência;

VI – a conversão de depósito em renda;

VII – o pagamento antecipado e a homologação do lançamento nos termos do disposto no art. 150 e seus §§ 1.º e 4.º;

VIII – a consignação em pagamento, nos termos do disposto no § 2.º do art. 164;

IX – a decisão administrativa irreformável, assim entendida a definitiva na órbita administrativa, que não mais possa ser objeto de ação anulatória;

X – a decisão judicial passada em julgado;

XI – a dação em pagamento em bens imóveis, na forma e condições estabelecidas em lei.

- Causas modificativas: parcelamento.

HIPÓTESES DE CABIMENTO EM EXCEÇÃO DE PRÉ-EXECUTIVIDADE				
Nulidade da execução	Temas de ordem pública	Causas impeditivas do crédito	Causas extintivas do crédito	Causas modificativas do crédito

Outrossim, um tema muito comum na seara tributária também enseja entendimentos discrepantes na doutrina e na jurisprudência. Trata-se da defesa fundamentada na ilegitimidade do executado, ou, em outras palavras, quando a tese estiver pautada na responsabilidade tributária.

O STJ firmou entendimento de que não se admite a utilização da exceção de pré-executividade para argüir-se a prescrição, uma vez que não pode ser esta reconhecida de ofício, bem como não cabe a exceção de pré-executividade para discutir a ilegitimidade passiva do sócio. (Paulsen, Leandro e Ávila, René Bergmann, *Direito Processual Tributário*, p. 307.)

Ou ainda:

A chamada "exceção de pré-executividade" não comporta a discussão de questões que dependem de aprofundada investigação sobre matéria de fato, como é o caso da responsabilidade dos sócios na liquidação das sociedades de pessoas, ou da responsabilidade dos diretores, gerentes ou representantes por atos praticados com excesso de poderes ou infração à lei, do contrato social ou estatutos. (Fernandes, Odmir *et al.*, *Lei de Execução Fiscal comentada e anotada*, p. 305.)

Todavia, há situações específicas em que a questão da responsabilidade poderá ser levada por meio de exceção de pré-executividade, como na seguinte jurisprudência:

Execução fiscal. Exceção de pré-executividade. Responsabilidade do sócio. CTN. Art. 13, da Lei n.º 8.620/93. Constitucionalidade. Ilegitimidade passiva. Prova. Honorários. É inconstitucional o art. 13, da Lei n.º 8.620/93, na parte em que estabelece "e os sócios das empresas por cotas de responsabilidade limitada", por invadir área reservada à lei complementar, violando, dessa forma, o art. 146, III, *b*, da CF. Portanto, a responsabilidade dos sócios deve ser orientada pelas disposições do CTN. *Cabível a exclusão do sócio do pólo passivo, mediante exceção de pré-executividade, sem a garantia do juízo*, e posterior a interposição de embargos, pois a ilegitimidade passiva foi cabalmente comprovada. Embora não tenham sido opostos embargos, o INSS deverá arcar com o ônus da sucumbência. (*Apud* Marins, James, *Direito Processual Tributário brasileiro – administrativo e judicial*, nota 85, p. 640 – destaque nosso.)

Exceção de pré-executividade e embargos à execução

Como desfecho das modalidades de defesa em execução fiscal, optamos por confrontar os embargos e a exceção de pré-executividade para visualizarmos com maior exatidão as diferenças entre eles.

A primeira diz respeito ao prazo para a apresentação de ambos. No caso dos embargos à execução, o prazo previsto pela Lei 6.830/80 será de 30 dias contados após a garantia do juízo, seja por meio do depósito, da penhora ou da carta de fiança bancária (art. 16, I, II e III).

Quando a alternativa escolhida for a exceção de pré-executividade, justamente por se tratar de medida decorrente de construção doutrinária, não há prazo previsto em lei, de forma que o momento para sua apresentação e o lapso temporal que deverá observar não são identificados por nossos tribunais, muito embora seja corriqueiro o protocolo da exceção dentro do prazo de cinco dias que o executado tem para pagar ou garantir a execução após sua citação.

Aliás, quando se fala em garantia do juízo, esta é condicionante dos embargos (art. 16, § 1.º, LEF). Justamente o contrário acontece com a exceção de pré-executividade, pois, por se tratar de meio de defesa que visa a frear a execução antes que o executado seja prejudicado (por meio da constrição judicial), não há que se exigir a garantia do juízo quando a opção for a via excepcional.

Outro ponto que merece censura é trazer como óbice à exceção de pré-executividade a suposta necessidade de estar garantido o juízo. Tal entendimento confunde realidades diversas, pois toma a conseqüência de uma execução válida – garantia do juízo – como óbice à defesa em uma execução juridicamente inexistente, por ausentes seus requisitos. (Marins, James, *Direito Processual Tributário brasileiro – administrativo e judicial*, p. 636-7.)

Protocolada a defesa, os embargos seguirão em apenso à execução (art. 736, CPC), assim então tratados como dependentes dos autos principais. Diferentemente é o que acontece com a exceção, porque, para tal alternativa, o executado estará invocando seu direito de petição e livre acesso ao Poder Judiciário, de modo que essa via será encartada nos próprios autos da execução.

Indubitavelmente, ambos reivindicam a não obrigação do executado, obrigação essa objeto do processo principal. Contudo, opostos os embargos, a execução fiscal será suspensa até posterior decisão do magistrado acerca da defesa utilizada. Já se a defesa se deu pela via excepcional, não há unanimidade quanto à suspensão do processo.

> Muito embora o tema não seja pacífico na doutrina, pensamos que a apresentação da exceção de pré-executividade pelo executado tem o poder de suspender o curso da execução, até sua efetiva apreciação pelo juízo. Deveras, caso prosseguisse a execução, seria forçado o executado a oferecer bens à penhora para garantia do juízo, quando, então, ofereceria embargos, e, em conseqüência, o instituto da exceção de pré-executividade se revelaria inútil, na medida em que seu objetivo é travar, de plano, execução que não poderá culminar com desfecho favorável ao exeqüente. (Cais, Cleide Previtalli, *O processo tributário*, p. 644-5.)

Por derradeiro, o julgador analisará os argumentos trazidos pelo executado, seja por meio dos embargos, seja pela exceção de pré-executividade. Na primeira forma de defesa, toda a matéria útil pode e deve ser alegada, inclusive por dilação probatória, algo que é impensado na exceção, visto que suas hipóteses de cabimento são restritas e não se admite a produção de provas, pois, se estas fossem necessárias, caberiam tão-somente embargos.

COMPARAÇÃO ENTRE EMBARGOS À EXECUÇÃO E EXCEÇÃO DE PRÉ-EXECUTIVIDADE

	Embargos à execução	**Exceção de pré-executividade**
Base legal	Art. 16, LEF.	Art. 5.°, XXXIV, *a*, CF.
Momento processual adequado	Após a garantia do juízo.	Após a citação.
Prazo	30 dias.	Não possui.
Encartados	Em apenso.	Nos autos principais.
Matéria alegada	Toda matéria útil à defesa.	Matérias de ordem pública, de nulidade processual, extintivas, modificativas ou impeditivas do crédito.
Provas	Comporta dilação probatória.	Não comporta dilação probatória.

NÃO ESQUEÇA

1. Os embargos à execução constituem ação autônoma, muito embora devam seguir em apenso à ação principal, qual seja, a execução fiscal.
2. Assim sendo, o juiz competente para o julgamento dos embargos é o mesmo que acolheu a via executória.
3. De acordo com a Lei 6.830/80, os embargos apenas poderão ser opostos após a garantia do juízo. Uma vez garantido, o embargante terá 30 dias de prazo para apresentar os embargos.
4. A garantia poderá se dar por meio da carta de fiança bancária, da penhora ou do depósito judicial. Apresentada a carta de fiança, o prazo será contado da juntada do documento que comprove a fiança aos autos da execução. Se o juízo vier garantido pela penhora, o prazo terá início na data da intimação da penhora. Quando a garantia se der por depósito, o prazo será contado do dia em que o depósito foi efetuado, atingindo o valor integral da dívida.
5. Opostos os embargos, estes serão recebidos com efeito suspensivo, desde que a requerimento do embargante e atendidos os requisitos do § 1º, do art. 739-A, do CPC, de modo que a execução fiscal ficará paralisada até que o juiz se manifeste a respeito da procedência ou improcedência dos embargos. Quando os embargos forem parciais, a execução prosseguirá quanto à parte não embargada. Se o oferecimento dos embargos se der por apenas um dos devedores, este não suspenderá a execução contra os que não embargaram quando o respectivo fundamento disser respeito exclusivamente ao embargante.
6. Dois são os pedidos nos embargos: a extinção da execução fiscal ou a exclusão do embargante do pólo passivo. São pedidos colidentes e, portanto, não podem ser confundidos. O pedido de extinção deve ser apresentado se o objetivo é demonstrar nulidade do título executivo. Se o título está adequado, mas a pessoa citada não possui responsabilidade pelo pagamento da dívida, então o pedido é para excluí-lo do pólo passivo, de modo que a execução fiscal terá seguimento quanto aos corretos devedores.
7. Embora a Lei de Execução Fiscal não indique qual é o valor da causa nos embargos, utilizando subsidiariamente o CPC pode-se dizer que o valor a ser representado deve ser equivalente ao montante exigido pela execução fiscal.
8. Do julgamento dos embargos serão cabíveis os recursos de apelação, embargos declaratórios ou embargos infringentes. Estes últimos caberão apenas das sentenças provenientes do julgamento dos embargos cujo valor da causa não ultrapasse 50 OTN.

9. Ainda sem garantir o juízo é possível se defender nos autos da execução. Trata-se de via excepcional, denominada objeção de pré-executividade ou exceção de pré-executividade.
10. Em sede de embargos à execução, pode-se alegar toda matéria útil à defesa, mesmo produzida por testemunhas. Porém, em sede de exceção de pré-executividade, é possível apenas alegar matérias relacionadas à nulidade da execução, extintivas, impeditivas ou modificativas do crédito ou ainda quanto a temas de ordem pública.

Passo a Passo

1. Certifique-se da pretensão de seu cliente (não pagar o tributo ou apenas pagar o que entende devido).
2. Verifique se o contribuinte foi citado nos autos da execução fiscal.
3. Certifique-se de que o juízo foi garantido (depósito judicial, carta de fiança bancária ou penhora).
4. Verifique a tempestividade (prazo de 30 dias, contados da garantia do juízo).
5. Identifique as razões da pretensão (causa de pedir).
6. Identifique a Justiça pela qual deve procurar (Justiça Federal ou Justiça Comum).
7. Procure identificar o foro competente para a propositura da ação (essa ação deverá seguir em apenso aos autos da ação de execução fiscal).
8. Confirme o endereçamento.
9. Tenha certeza em face de quem a ação será proposta.
10. Relate os fatos preponderantes.
11. Discrimine a fundamentação relacionada aos fatos.
12. Desenvolva o pedido principal, observando se satisfaz a pretensão do autor (o pedido está logicamente relacionado à pretensão). E não se esqueça da necessidade de requerimento para a concessão do efeito suspensivo.
13. Peça: a intimação da embargada, o apensamento dos embargos à execução correspondente, o levantamento da garantia do juízo.
14. Indique as provas que pretende produzir.
15. Determine o valor da causa (valor da execução fiscal).

Recursos na Esfera Judicial

Recursos: introdução, origem e conceito

A palavra "recurso" possui uma série de significados (*Dicionário enciclopédico Koogan Larousse Seleções*, p. 741). Em língua portuguesa, "recurso" pode elucidar um meio empregado para vencer uma dificuldade ou um embaraço (ex.: "Não lhe restava outro recurso senão vender a casa"), indicar uma ação pela qual se invoca o auxílio, o valimento, o socorro de alguém (ex.: "O contribuinte ainda pode pedir recurso ao banco"), significar condição de riqueza (ex.: "Pessoa de muitos recursos") e, ainda, ser tratado como faculdade, dote (ex.: "Os recursos técnicos do jogador").

O vocábulo provém do latim *recursus*, que significa curso retrógrado, caminho de volta, volta, volta ou meandro do rio (Cretella Jr., José e Cintra, Geraldo de Ulhôa, *Dicionário latino-português*, p. 968).

E, claro, há a acepção jurídica do termo de maneira ampla: remédio voluntário para proteção de um direito.

De todos os significados, acreditamos que o recurso, dentro de nosso estudo, realmente deve ser relacionado às três origens, destacando:

- Socorro – Quem perde uma demanda requererá auxílio de alguém, pedirá socorro.
- Caminho de volta – É tornar ao curso normal, pois quem recorre acredita que foi prejudicado porque o Direito saiu do seu leito normal.
- Remédio jurídico – É o meio que aquele que sucumbiu tem para ver seu prejuízo reapreciado e curado definitivamente.

Entretanto, em linguagem técnica, pode-se conceituar recurso como aquele que

> representa remédio processual de utilização voluntária da parte que tenha sido agravada por pronunciamento judicial de cunho decisório, possibilitando o seu reexame no âmbito da relação processual da qual se origina, sendo cognoscível pela própria autoridade que externou a decisão (como exceção) ou por órgão que lhe seja hierarquicamente superior (como regra). (Montenegro Filho, Misael, *Curso de Direito Processual Civil*, v. II, p. 38.)

O interessante é que um remédio jurídico que tem a finalidade de combater decisões jurisdicionais pode ser exemplificado como um recurso ou como uma ação autônoma. Ou seja, remédio jurídico é gênero, do qual decorrem duas espécies: recursos e ações autônomas.

A semelhança é que ambos têm o condão de remediar a decisão. A diferença é que, para as ações autônomas, a reforma acontecerá por meio de um novo processo e, para os recursos, dentro do mesmo processo em que há a decisão impugnada.

> Os recursos apenas dão prosseguimento ao processo no qual foi proferida a decisão causadora do inconformismo. Já as ações autônomas de impugnação dão ensejo à formação de uma nova relação processual, embora tenham como alvo *decisum* prolatado em processo anterior. (Souza, Bernardo Pimentel, *Introdução aos recursos cíveis e à ação rescisória*, p. 5.)

Exemplo de ação autônoma é a ação rescisória, e de recurso, a apelação.

REMÉDIO JURÍDICO

Ação autônoma	Recursos
Atacam decisões jurisdicionais.	
Forma um novo processo, diferente daquele em que consta a decisão atacada.	Prossegue no mesmo processo em que consta a decisão atacada.

Atos que podem ser atacados*

Observando com mais cuidado a Constituição Federal, extraímos dela que o Poder Judiciário possui vários segmentos, conforme segue:

> Art. 92 – São órgãos do Poder Judiciário:
>
> I – o Supremo Tribunal Federal;
>
> I-A – o Conselho Nacional de Justiça;
>
> II – o Superior Tribunal de Justiça;
>
> III – os Tribunais Regionais Federais e Juízes Federais;
>
> IV – os Tribunais e Juízes do Trabalho;
>
> V – os Tribunais e Juízes Eleitorais;
>
> VI – os Tribunais e Juízes Militares;
>
> VII – os Tribunais e Juízes dos Estados e do Distrito Federal e Territórios.

Todos eles são competentes para praticar uma série de atos, de cunho jurisdicional, legislativo e administrativo. Quais desses atos podem sofrer com a interposição de recursos? *Apenas os atos jurisdicionais*, os quais são encontrados no CPC. Os demais atos (legislativos e administrativos) são relacionados pela Constituição.

* A linha de raciocínio deste tópico segue o desenvolvimento apresentado por Bernardo Pimentel Souza, *Introdução aos recursos cíveis e à ação rescisória*, p. 9-14.

> Art. 96 – Compete privativamente:
>
> I – aos tribunais:
>
> a) eleger seus órgãos diretivos e elaborar seus regimentos internos, com observância das normas de processo e das garantias processuais das partes, dispondo sobre a competência e o funcionamento dos respectivos órgãos jurisdicionais e administrativos;
>
> b) organizar suas secretarias e serviços auxiliares e os dos juízes que lhes forem vinculados, velando pelo exercício da atividade correicional respectiva;
>
> c) prover, na forma prevista nesta Constituição, os cargos de juiz de carreia da respectiva jurisdição;
>
> d) propor a criação de novas varas judiciárias;
>
> e) propor, por concurso público de provas, ou de provas e títulos, obedecido o disposto no art. 169, parágrafo único, os cargos necessários à administração da Justiça, exceto os de confiança assim definidos em lei;
>
> f) conceder licença, férias e outros afastamentos a seus membros e aos juízes e servidores que lhes forem imediatamente vinculados.

A alínea *a* corresponde a um ato legislativo (elaborar o regimento interno); as demais, a atos administrativos (ex.: organização das secretarias). *Esses atos podem ser impugnados por vias processuais, mas não por vias recursais.*

Contudo, não podemos fazer confusão entre atos jurisdicionais e processuais. Todos os atos estão evidentes no Código de Processo Civil, porém os jurisdicionais são apenas um tipo dos atos processuais. Estes correspondem a:

- atos das partes (arts. 158 a 161, CPC);
- atos do juiz (arts. 162 a 165, CPC);
- atos do escrivão ou do chefe de secretaria (arts. 166 a 171, CPC).

Dos atos que cabem ao juiz praticar, no entanto, não são todos passíveis de recursos. Vejamos:

> Art. 162 – Os atos do juiz consistirão em sentenças, decisões interlocutórias e despachos.

Apenas os atos que tiverem conteúdo decisório e, além disso, causarem gravame às partes é que estarão sujeitos a serem impugnados por meio de recursos. Quando se fala em sentença, o conteúdo decisório e a característica de gravame são muito claros, porém, tratando-se de decisões interlocutórias e despachos, talvez esses requisitos não sejam tão evidentes. Ainda assim, a jurisprudência ratifica:

> A diferença entre eles reside na existência ou não de conteúdo decisório e de gravame. Enquanto os despachos são pronunciamentos meramente ordinatórios, que visam impulsionar o andamento do processo, sem solucionar controvérsia, a decisão interlocutória, por sua vez, ao contrário dos despachos, possui conteúdo decisório e causa prejuízo às partes. (REsp 195848 – MG, 4.ª Turma do STJ, rel. min. Sálvio Figueiredo Teixeira, j. 20/11/2001, *DJ* 18/2/2002, p. 448). (Jurisprudência relacionada por Misael Montenegro Filho, *Curso de Direito Processual Civil*, v. II, p. 39-40.)

Ademais, cabe aqui lembrar que pronunciamentos com conteúdo decisório e possível gravame serão dados pelo juiz singular, bem como pelos órgãos colegiados. Na ocasião em que o julgamento é proferido pelos tribunais, a denominação adequada será acórdão (art. 163, CPC).

Sentença	Decisões interlocutórias	Despachos
Gravame. Conteúdo decisório.	Gravame. Conteúdo decisório.	Não possui gravame. Não possui conteúdo decisório.
Cabe recurso.	Cabe recurso.	Não cabe recurso.

Objetivos dos recursos

A opção por um recurso se apresenta genericamente toda vez que alguém se vê prejudicado após um pronunciamento jurisdicional com conteúdo decisório.

A razão do recurso está na faculdade da parte prejudicada de querer seja a matéria revista por instância superior, possibilitando daí a confirmação da decisão *a quo* ou sua retificação, agora pelo juízo *ad quem*.

Dependendo da decisão proferida pelo juiz ao tribunal, em síntese, é possível relacionar três objetivos (disposição semelhante foi assentada por Misael Montenegro Filho, *Curso de Direito Processual Civil*, v. II, p. 43):

- **Reforma da decisão** – Em razão de o pronunciamento não estar de acordo com o ordenamento jurídico em vigor; em outras palavras, a decisão ficou calcada por injustiças.
- **Anulação da decisão** – O equívoco, nesse caso, se deu por inobservância às regras de procedimento. Por algum motivo o processo não caminhou nos trilhos dispostos pela legislação.

- **Esclarecimento da decisão** – São exemplos o pronunciamento que deixou de abarcar parte da matéria suscitada, mostrando-se, assim, incompleta, e a decisão de difícil entendimento, decorrente da confusão de idéias ou mesmo do confronto entre elas.

Esses objetivos variam, portanto, de acordo com o vício apresentado em uma decisão jurisdicional. Por meio desse raciocínio, consagrada doutrina expõe as decisões do juiz ou tribunal a dois possíveis defeitos (classificação apontada pelos professores Ugo Rocco e Amâncio Ferreira, *apud* Souza, Bernardo Pimentel, *Introdução aos recursos cíveis e à ação rescisória*):

- ***Error in procedendo*** – Infração a alguma norma processual que disciplina os atos que perfazem um procedimento.
- ***Error in judicando (iudicando)*** – Violação a norma do direito substantivo, opção inoportuna da regra aplicável ao caso em concreto.

Apesar de histórica a utilização dessa classificação (*error in procedendo* – vício de direito processual; *error in judicando* – vício de direito material), atualmente os estudiosos do Direito distinguem a natureza do erro não de acordo com o tipo de norma violada, como aqui apontado, mas conforme a maneira pela qual o ato injusto foi cometido.

> Note-se que não há *error in iudicando* apenas quando a declaração errônea da vontade da lei refere-se a normas de direito material, mas também quando o erro incide sobre normas de direito processual [...]. Situação diversa é a que se tem quando o recurso é interposto sob o fundamento de a decisão impugnada ter sido proferida com *error in procedendo*. Este é um vício de forma, ao contrário do anterior, em que se tinha um vício de conteúdo. O *error in procedendo* está sempre ligado ao descumprimento de uma norma de natureza processual, e consiste em vício formal da decisão, que acarreta sua nulidade. Nesta hipótese, o objeto do recurso não será a reforma da decisão recorrida, mas sua invalidação. (Câmara, Freitas, *apud* Souza, Bernardo Pimentel, *Introdução aos recursos cíveis e à ação rescisória*, nota 38, p. 21.)

Efeitos dos recursos

Classicamente, os efeitos dos recursos lembrados em primeiro plano são o suspensivo e o devolutivo. Entretanto, outros efeitos também foram selecionados pela doutrina, como o obstativo, o regressivo, o de retratação, o translativo, o substitutivo e o extensivo.

> O efeito translativo está consubstanciado na apreciação oficial pelo órgão julgador do recurso de questões cujo exame é obrigatório [...]. O efeito substitutivo está previsto no artigo 512 [do CPC]: a decisão recorrida geralmente é substituída pela proferida no julgamento do recurso [...]. Já o efeito extensivo consiste na expansão do julgamento além da decisão recorrida e do recorrente [...]. (Bernardo Pimentel Souza completa a explicação sobre todos esses efeitos em sua obra *Introdução aos recursos cíveis e à ação rescisória*, p. 17.)

Tendo em vista o fio condutor deste trabalho, vamos nos apegar a apenas quatro efeitos: obstativo, devolutivo, regressivo e suspensivo.

Efeito obstativo

É intrínseco a todos os recursos. Assim, uma vez interposto o recurso, seu primeiro efeito é impedir a formação da coisa julgada. A presença do recurso é óbice à coisa julgada, pois, depois de recorrer de uma decisão, a parte interessada sabe que, enquanto estiver em julgamento o remédio jurisdicional, a coisa julgada não poderá ser formada.

Ilibada doutrina chega a admitir que esse é o primeiro e mais importante dos efeitos. É função do recurso fazer permanecer as condições para que a decisão seja modificada, ou seja, impedir a preclusão e o trânsito em julgado da decisão. (Greco Filho, Vicente, *Direito Processual Civil brasileiro*, v. II, p. 280.)

Efeito devolutivo

Decorre do efeito obstativo, pois este libera competência do tribunal *ad quem*. Isso ocorre em razão da pluralidade de graus de jurisdição, visto que, enquanto não houver a decisão em primeira instância e até que o recurso seja interposto, a instância superior não tem como interferir por falta de competência. (*Idem*, p. 280-1.)

O efeito devolutivo é a regra aplicada aos recursos, de modo que, uma vez interposto o recurso ante uma decisão do *a quo*, a competência para a apreciação será do juízo *ad quem*. Trata-se da transferência de competência para a apreciação da matéria.

A só interposição do recurso já transfere ao órgão competente a prerrogativa de reapreciar a decisão, com a possibilidade de modificá-la no seu conteúdo ou na sua forma, seja para invalidá-la, para esclarecê-la, para integrá-la ou para reformá-la, sendo estes os objetivos dos recursos. (Montenegro Filho, Misael, *Curso de Direito Processual Civil*, v. II, p. 121.)

Efeito regressivo

Não obstante o efeito devolutivo seja a regra, para alguns recursos se faz presente o efeito regressivo. Para este, a matéria impugnada ou permanece para ser reexaminada pelo mesmo juiz que prolatou a decisão, ou poderá o magistrado se valer do juízo de retratação (também conhecido como efeito de retratação).

É certo que predomina o efeito devolutivo no Direito brasileiro. Todavia, algumas espécies recursais produzem efeito regressivo, sem devolutivo (*verbi gratia*, embargos de declaração e embargos infringentes de alçada). Ainda que também sejam exceções, outras espécies produzem efeitos de retratação e devolutivo (*ad exemplum*, apelação do artigo 296 e os agravos em geral). Portanto, os efeitos regressivo e devolutivo não podem ser confundidos, tendo em vista as diferentes conseqüências jurídicas ocasionadas por cada um. (Souza, Bernardo Pimentel, *Introdução aos recursos cíveis e à ação rescisória*, p. 17.)

Efeito suspensivo

Esse tipo de efeito paralisa a execução da decisão até que o recurso seja julgado. Nem mesmo provisoriamente a decisão pode ser cumprida. A eficácia da decisão estará contida pela interposição do recurso e assim permanecerá até seu julgamento.

É certo que a ausência do efeito suspensivo *ex vi legis* pode ser suprida pela concessão judicial, conforme combinação dos artigos 497, 520 e 558, todos do Código [de Processo Civil]. (Souza, Bernardo Pimentel, *Introdução aos recursos cíveis e à ação rescisória*, p. 16.)

Se os efeitos obstativo e devolutivo são regra, o mesmo não se pode dizer do suspensivo, pois apenas quando a lei determinar é que um recurso poderá ser caracterizado como tal. Para realimentar tal afirmação, trazemos as precisas palavras de Vicente Greco Filho:

Têm, de regra, efeito suspensivo a apelação (salvo os casos do art. 520) [...] e os embargos infringentes. Não têm efeito suspensivo, permitindo, portanto, que a decisão produza efeitos e prosseguindo o processo, o agravo, o recurso especial e o recurso extraordinário. Em virtude de suas particularidades, também acabam tendo efeito suspensivo os embargos de declaração. (*Direito Processual Civil brasileiro*, v. II, p. 281.)

Juízo de admissibilidade e juízo de mérito

Os efeitos descritos só poderão surgir quando atendidos os requisitos do juízo de admissibilidade. Quer dizer, primeiro, o recurso atenderá ao juízo de admissibilidade; depois, será julgada a matéria nele versada (juízo de mérito); e somente então os efeitos respectivos serão produzidos.

Claro que existem requisitos específicos para alguns recursos (a serem demonstrados nos tópicos respectivos), porém, neste momento, trataremos apenas daqueles comuns a todos os recursos.

O juízo de admissibilidade em geral é duplo, ou seja, o primeiro a verificar se o recurso é admissível será o próprio tribunal ou juiz que teve sua decisão recorrida. Ultrapassada essa etapa, o mesmo tribunal ou juiz encaminhará o recurso para a instância superior, de modo que esta analisará novamente se estão presentes os requisitos de admissibilidade.

Observe-se que em nenhum momento o mérito foi analisado – primeiro, o juízo de admissibilidade; depois, o juízo de mérito.

Antes, portanto, de examinar o pedido contido no recurso, que é de reforma, anulação, esclarecimento ou integração, o tribunal verifica se estão presentes os pressupostos dos recursos, não se chegando a examinar o seu conteúdo se faltarem os pressupostos de admissibilidade. (Greco Filho, Vicente, *Direito Processual Civil brasileiro*, v. II, p. 272.)

A dupla admissibilidade deixa bem claro que não é porque o *a quo* entendeu estarem presentes os requisitos de admissibilidade que o *ad quem* entenderá da mesma forma. O entendimento de um não interfere no entendimento do outro. Ainda assim, o juízo de admissibilidade não é definitivo. A última apreciação dos requisitos será feita por aqueles que verificarão o mérito da questão. Nesse sentido, Misael Montenegro Filho:

Neste instante, e após a apresentação do relatório, pode o órgão fracionário do tribunal (Turma, Câmara, Grupo de Câmaras, etc.) chegar à conclusão de que o recurso é intempestivo, que há deserção na espécie, que falta interesse ou legitimidade ao recorrente, etc., deixando de dele conhecer, o que impede a análise das suas questões de mérito. (*Curso de Direito Processual Civil*, v. II, p. 67.)

A não observância dos requisitos de admissibilidade determinará que o *a quo* não receba o recurso. Já quando a falta dos requisitos for verificada no *ad quem*, este não conhecerá do recurso.

A praxe na interposição dos recursos proporciona ao *a quo* recebê-lo, processá-lo e remetê-lo ao tribunal superior. Nas mãos do *ad quem*, este deverá conhecer do recurso e, naturalmente, julgá-lo, dando provimento ou não ao pedido.

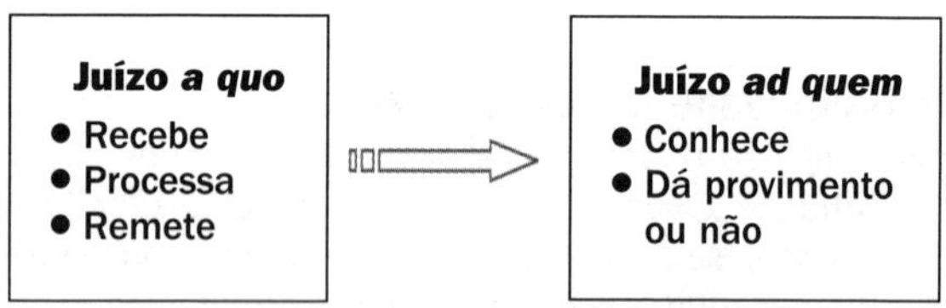

Caso o recurso não seja recebido pelo *a quo*, tem a parte prejudicada meios de que essa decisão seja reapreciada, de modo a dar prosseguimento ao recurso. Estamos falando da interposição de agravos. Agravo em sentido genérico, pois, dependendo do recurso que não foi recebido, a fundamentação legal do agravo variará.

Não recebimento	Recurso	Fundamentação (CPC)
Apelação	Agravo de instrumento	Art. 522
Embargos infringentes	Agravo regimental	Arts. 531 e 532
Embargos de divergência	Agravo regimental	Art. 557, § 1.º
Recurso especial	Agravo de instrumento	Art. 544
Recurso extraordinário	Agravo de Instrumento	Art. 544

Entretanto,

se é certo afirmar que a regra está consubstanciada na existência de duplo juízo de admissibilidade, é igualmente correta a conclusão de que existem exceções, marcadas pelo juízo único de admissibilidade, realizado apenas no órgão julgador do recurso. (Souza, Bernardo Pimentel, *Introdução aos recursos cíveis e à ação rescisória*, p. 26.)

São exceções:

- embargos de declaração (art. 535, CPC);
- embargos infringentes de alçada – "embarguinhos" (art. 34, LEF).

Tempestividade

A tempestividade indica o lapso temporal dentro do qual o recurso deverá ser interposto. Se desobedecido, o prazo precluirá ou, caso já exista definição sobre o mérito, formar-se-á a coisa julgada.

A legislação processual praticamente unificou o prazo dos recursos, facilitando sua aplicação pelos operadores do Direito.

> Art. 508 – Na apelação, nos embargos infringentes, no recurso ordinário, no recurso especial, no recurso extraordinário e nos embargos de divergência, o prazo para interpor e para responder é de 15 (quinze) dias.

Importante destacar que o dispositivo legal não só determinou o prazo para a interposição da maioria dos recursos, bem como deixou claro o prazo para que se possa providenciar sua defesa. Isso significa que tanto recorrente como recorrido devem obedecer ao mesmo prazo para as razões ou contrarazões do recurso.

Embora o Código de Processo Civil tenha reunido os prazos em um mesmo artigo, a providência se deu para a maioria dos recursos, mas não para todos. O quadro a seguir apresenta os recursos e seus respectivos prazos.

Recurso	Prazo	Fundamentação
Apelação	15 dias	Art. 508, CPC
Embargos infringentes	15 dias	Art. 508, CPC
Embargos de divergência	15 dias	Art. 508, CPC
Recurso ordinário	15 dias	Art. 508, CPC
Recurso especial	15 dias	Art. 508, CPC
Recurso extraordinário	15 dias	Art. 508, CPC
Agravo retido ou de instrumento	10 dias	Art. 522, CPC
Embargos de declaração	5 dias	Art. 536, CPC

Para o início da contagem dos respectivos prazos, devemos ficar atentos ao seguinte (Greco Filho, Vicente, *Direito Processual Civil brasileiro*, v. II, p. 274-5):

- Se a leitura da sentença se deu em audiência, conta-se da data da leitura.
- Se a sentença não foi proferida em audiência, conta-se da data da intimação às partes.

- Ou conta-se da data da publicação do dispositivo do acórdão no órgão oficial.

Entretanto, o *dies a quo* não é computado para o início da contagem dos prazos. A regra vem expressa no artigo 184 do CPC, que consiste na exclusão do primeiro dia (*dies a quo*) e na inclusão do dia do vencimento (*dies ad quem*).

> Art. 184 – Salvo disposição em contrário, computar-se-ão os prazos, excluindo o dia do começo e incluindo o do vencimento.

Misael Montenegro Filho esclarece que os prazos dos recursos, como dispostos no CPC, têm natureza peremptória, isto é, não estão sujeitos a modificação, seja na data do início, seja na do fim. Portanto, esses prazos não podem ser expandidos, ainda que ambas as partes tenham o mesmo desejo. Para distinguir perempção e dilação, o autor se vale das palavras de Sérgio Sahione Fadel:

> O prazo que pode ser prorrogado ou ampliado é aquele que cabe ao juiz fixar. Não é o prazo legal, peremptório, que a lei estabelece. O prazo para recurso é sempre prazo peremptório e por isso não pode ser dilargado pelo juiz, nem com o assentimento das partes. (*Curso de Direito Processual Civil*, v. II, p. 73.)

A regra, portanto, prevalece, a menos que a parte ou o advogado da parte faleça, bem como por motivo de força maior o curso normal do processo seja suspenso; nesses casos, o prazo do recurso será restituído em proveito da parte, do sucessor ou do herdeiro, recomeçando a ser contado por completo, a partir da intimação dos interessados.

> Art. 507, CPC – Se, durante o prazo para a interposição do recurso, sobrevier o falecimento da parte ou de seu advogado, ou ocorrer motivo de força maior, que suspenda o curso do processo, será tal prazo restituído em proveito da parte, do herdeiro ou sucessor, contra quem começará a correr o prazo novamente depois da intimação.

Preparo

Esse requisito de admissibilidade corresponde aos encargos financeiros que comportam o recurso; trata-se não só das custas de processamento dos recursos nos tribunais, mas também dos valores correspondentes aos portes de remessa e retorno (Souza, Bernardo Pimentel, *Introdução aos recursos cíveis e à ação rescisória*, p. 108).

ENCARGOS RECURSAIS	
Custas processuais	Portes de remessa e retorno

O preparo não é requisito de admissibilidade coadjuvante, pois sua falta implicará a pena de deserção, o que significa a desistência do recurso, seu abandono, conforme o próprio vocábulo sugere.

Embora pareça finalizada a explicação, ainda assim é preciso insistir na leitura do artigo correspondente no CPC:

> Art. 511 – No ato de interposição do recurso, o recorrente comprovará, quando exigido pela legislação pertinente, o respectivo preparo, inclusive porte de remessa e de retorno, sob pena de deserção.

Salta aos olhos a primeira frase do artigo em questão: "No ato de interposição do recurso". Em outras palavras, percebe-se que para cumprir o requisito do preparo há momento adequado, qual seja, no ato da interposição do recurso.

Portanto, é preciso atenção redobrada, pois, não obstante um recurso seja interposto no início do prazo, isso não significa haver a possibilidade de o preparo ser efetuado até o fim do período; repisamos, este deverá ocorrer no ato da interposição. Destaque-se a Súmula 19 do Tribunal de Justiça do Distrito Federal:

> O preparo do recurso há de ser comprovado no momento de sua interposição, ainda que remanesça parte do prazo para seu exercitamento, sob pena de deserção. (Souza, Bernardo Pimentel, *Introdução aos recursos cíveis e à ação rescisória*, p. 110.)

Ou, ainda, a conclusão a que se chegou no 9.º Encontro dos Tribunais de Alçada quando de uma interpretação literal do dispositivo processual:

> O não preparo do agravo, concomitante à sua interposição, embora feito dentro do prazo recursal, determina deserção. (*Idem, ibidem.*)

Assim, todo cuidado é pouco: efetuar o preparo quando da interposição do recurso é essencial, mesmo que ele não seja feito no valor integral; no entanto, daí, cumpre apreciar novamente o artigo 511 do CPC:

> § 2.º – A insuficiência no valor do preparo implicará deserção, se o recorrente, intimado, não vier a supri-lo no prazo de 5 (cinco) dias.

Veja-se que a deserção somente ocorrerá se, e somente se, depois de intimado, o recorrente não providenciar e comprovar o recolhimento da diferença relativa aos encargos recursais. Segundo Luiz Rodrigues Wambier, é preciso atenção, pois,

> com a vigência da nova lei, deve-se ter cuidado ao conceituar-se o depósito incompleto ou insuficiente. Como parâmetro mínimo parece poder-se eleger que o que há de ser tido como complementação de um preparo insuficiente há de ser, sempre e necessariamente, menor do que o que foi recolhido. Assim, por exemplo, sendo o valor das custas de R$ 60,00, tendo sido pagos R$ 40,00, pode-se considerar serem os R$ 20,00 restantes uma "complementação" do preparo; o inverso, todavia, não pode ocorrer. (*Apud* Montenegro Filho, Misael, *Curso de Direito Processual Civil*, v. II, p. 95.)

Comentando o assunto do CPC, observa Edson Cosac Bortolai:

> Tal disposição legal veio na esteira jurisprudencial que o pressuposto da deserção é a falta de preparo, e não a sua insuficiência (STJ, 1.ª T, AI 98.082 RJ, Ag. Reg., rel. min. Milton Luiz Pereira, *DJU* 24/6/1996, p. 22.744). (*Manual de prática forense civil*, p. 240.)

Portanto, diante de todas essas explanações, pode-se dizer que o preparo é regra comum a todos os recursos, a menos que o próprio Código de Processo Civil ou a legislação pertinente (o próprio artigo 511 do CPC assim dispõe: "No ato de interposição do recurso, o recorrente comprovará, *quando exigido pela legislação pertinente*, o respectivo preparo [...]" – destaque nosso) contemplem exceções, como nos seguintes casos:

- recursos interpostos pelo Ministério Público, pela União, pelos Estados, pelos Municípios e por suas respectivas autarquias (art. 511, § 1.º, CPC);
- embargos de declaração (art. 536, CPC);
- agravo retido (art. 522, parágrafo único, CPC);
- embargos infringentes;
- agravos regimentais (a necessidade de preparo, contudo, está condicionada aos regimentos dos tribunais);
- agravos de instrumento da não admissão dos recursos especial e extraordinário (art. 544, § 2.º, CPC).

Quanto aos embargos infringentes, Theotonio Negrão e José Roberto F. Gouvêa apontam que,

> se a legislação pertinente não o exigir, estão dispensados de preparo. Assim: "Não há incompatibilidade entre o CPC e as normas contidas na legislação local, refletidas nos regimentos internos dos tribunais estaduais, que exigem preparo na interposição de embargos infringentes" (STJ – 3.ª Turma, Ag. 389.578-MG-Ag-Rg, rel. min. Antônio de Pádua Ribeiro, j. 18/9/2001, negaram provimento, v.u., *DJU* 15/10/2001, p. 263). (*Código de Processo Civil e legislação processual em vigor*, p. 582.)

Regularidade formal

É a lei a responsável por estabelecer a forma como um recurso deverá ser apresentado perante o juiz ou tribunal ao qual é dirigido. Em outras palavras, por inúmeras vezes o CPC estabelece que um recurso deve ser interposto por meio de petição, como podemos observar para a apelação ("A apelação, interposta por petição dirigida ao juiz..." – art. 514), para o agravo de instrumento ("O agravo de instrumento será dirigido diretamente ao tribunal competente, através de petição..." – art. 524) ou mesmo para os embargos de declaração ("Os embargos serão opostos, no prazo de 5 (cinco) dias, em petição..." – art. 536). (No mesmo sentido assinalou Misael Montenegro Filho, *Curso de Direito Processual Civil*, v. II, p. 98.)

Assim, é o formato da petição que também rege os recursos, de modo que se deve demonstrar a que juiz e a qual tribunal o recurso é dirigido, o nome das partes, a denominação do recurso, bem como os motivos que ensejaram sua interposição e o conseqüente pedido. (Pelos mesmos trilhos caminha Vicente Greco Filho, *Direito Processual Civil brasileiro*, v. II, p. 275.)

Todavia, aqui também há exceção. É o caso do agravo retido das decisões interlocutórias proferidas em audiência, que pode ser interposto oralmente, desde que as razões que justifiquem o pedido de nova decisão sejam expostas sucintamente (art. 523, § 3.º, CPC).

Apesar de a regularidade formal ser um dos requisitos de admissibilidade, ela possui particularidades referentes a cada recurso, detalhes que serão analisados nos capítulos dedicados a cada espécie recursal.

Adequação

Nesse outro requisito de admissibilidade, é importante frisar que não basta que o recorrente esteja às voltas com ato de conteúdo decisório e que gere gravame; deve ele se atentar à via recursal adequada para reverter os efeitos da decisão.

A escolha do recurso em cada caso é estudo imprescindível que o recorrente deve fazer, sob pena de o remédio recursal interposto não ser recebido pelo tribunal *a quo* ou não ser conhecido pelo tribunal *ad quem*.

Dessa feita, pontualmente podemos descrever que, para as decisões que põem fim ao processo na primeira instância, ou seja, sentenças proferidas em primeiro grau, são adequados os seguintes recursos:

- apelação (arts. 513 a 521, CPC);
- embargos de declaração (arts. 535 a 538, CPC).

Para as decisões provenientes de órgãos colegiados, reconhecidas, portanto, como acórdãos, poderão ser interpostos:

- embargos de declaração (arts. 535 a 538, CPC);
- embargos infringentes (arts. 530 a 534, CPC);
- recurso ordinário (arts. 539 e 540, CPC);
- recurso especial (arts. 541 a 545, CPC);
- recurso extraordinário (arts. 541 a 545, CPC);
- embargos de divergência (art. 546, CPC).

Por fim, para as decisões que não põem fim ao processo, porém ainda assim decidem e podem causar gravame, as chamadas interlocutórias, caberá agravo (arts. 522 a 529, CPC).

Além do agravo de instrumento e do agravo retido fundamentados nos artigos descritos, o agravo regimental ou agravo interno também se faz presente, porém em situações específicas e com fundamentação processual própria.

Interesse para recorrer

O interesse para recorrer precisa ser observado em conjunto com o proveito que o recurso seria capaz de trazer ao recorrente. O binômio necessidade–utilidade, como bem asseveram a doutrina e a jurisprudência majoritariamente, tem de estar presente, pois, caso não fique clara a vantagem que o recorrente terá ao empregar o recurso, poderá ele ser considerado carecedor de interesse recursal. Em outras palavras, o recurso não pode ser mero meio protelatório; deve ser um caminho utilizado pelo recorrente para obter alguma vantagem que a decisão jurisdicional não contemplou inicialmente.

Ao que tudo indica, quem recorre é o vencido, aquele que se viu prejudicado. Basta, portanto, um prejuízo qualquer, pouco importando que seja de grande monta ou irrisório. Nesse sentido, assevera Bernardo Pimentel Souza:

> É irrelevante se a derrota foi total, parcial ou mínima. Em todos os casos, o vencido tem interesse recursal nos limites da sucumbência, ou seja, em relação ao que deixou de obter em seu favor. (*Introdução aos recursos cíveis e à ação rescisória*, p. 46.)

Ficou claro que é o derrotado, o vencido, o sucumbente que possui interesse para recorrer, mas e a parte vencedora, aquela que recebeu a decisão a seu favor, poderia ter interesse em recorrer?

Apesar de parecer contraditório, o mesmo autor demonstra que sim:

> Como regra, tem-se que é inadmissível recurso interposto pela parte vitoriosa, pleiteando a simples modificação da fundamentação da decisão que lhe foi favorável. Entretanto, tal asserção não vale para a totalidade dos casos. É que mesmo o vencedor pode ter interesse recursal em impugnar *decisum* favorável. Basta que, em tese, a decisão do órgão julgador do recurso possa ser ainda mais vantajosa ao vencedor, sob o ponto de vista prático. [Por exemplo:] com efeito, ainda que vitorioso, o réu pode ter interesse recursal em impugnar julgado extintivo do processo sem julgamento do mérito. Geralmente há a possibilidade do ajuizamento de nova ação por parte do autor, nos termos do artigo 268. Ora, desejando ver-se livre de futura ação do autor, o réu pode recorrer objetivando a extinção do processo com julgamento do mérito. É que a coisa julgada material impede a propositura de nova ação, conforme disposto nos §§ 1.º e 2.º do artigo 301. (*Idem*, p. 47.)

Legitimidade para recorrer

O Código de Processo Civil destaca por si só quem são os legitimados para interpor recursos: as partes, o terceiro prejudicado e o Ministério Público.

No que diz respeito às partes, os primeiros delineamentos já foram feitos no tópico anterior, porém vale destacar o disposto no artigo 500 do CPC, em sua primeira parte, sobre o chamado recurso adesivo:

> Cada parte interporá o recurso, independentemente, no prazo e observadas as exigências legais. Sendo, porém, vencidos autor e réu, ao recurso interposto por qualquer deles poderá aderir a outra parte.

Tal recurso deve ser interposto perante a mesma autoridade que recebe o recurso principal e o prazo para sua admissão será equivalente ao da resposta do recurso principal (art. 500, I, CPC). Pode-se dizer, ainda, que as regras do recurso adesivo serão as mesmas do principal (art. 500, parágrafo único, CPC).

Aliás, a própria legislação processual restringe a possibilidade do recurso adesivo aos casos em que forem interpostos apelação, embargos infringentes, recurso extraordinário e especial (art. 500, II, CPC). Denota-se daí que o prazo para o recurso adesivo será de 15 dias, pois é esse o prazo para os recursos sujeitos a ele.

Em síntese, o recurso adesivo se faz presente quando ambas as partes se vêem prejudicadas pela decisão jurisdicional, cabendo às duas recorrerem.

Entretanto, quando uma recorre antecipadamente em relação à outra, esta última, além de responder ao recurso interposto, terá direito a expor seu inconformismo em razão da decisão.

> Apesar do nome, não se trata de um recurso específico, mas de modalidade de defesa recursal, consistente em um contra-ataque, voltado contra o recorrente, em recursos de apelação, embargos infringentes, recurso especial e recurso extraordinário. É como se fora, *mutatis mutandis*, uma reconvenção recursal. (Bortolai, Edson Cosac, *Manual de prática forense civil*, p. 259.)

Cumpre lembrar também que, se o recurso principal for considerado deserto ou inadmissível ou o recorrente desistir de sua interposição, não será conhecido o recurso adesivo (art. 500, III, CPC).

Voltando à lista daqueles que têm legitimidade para recorrer, o terceiro, desde que prejudicado pela decisão, poderá interpor recurso para defender seus interesses. Aliás, cumpre ao terceiro demonstrar o nexo de interdependência entre seu interesse de intervir e a relação jurídica submetida à apreciação judicial (art. 499, § 1.º, CPC).

> A rigor não é bem o nexo de interdependência entre o interesse e a relação jurídica que deve ser demonstrado; o que deve ser demonstrado é o nexo de interdependência entre as relações jurídicas (a discutida e a de que o terceiro é titular), daí decorrendo o interesse de recorrer. (Greco Filho, Vicente, *Direito Processual Civil brasileiro,* v. II, p. 276-7.)

Por fim, o Ministério Público também foi legitimado pela legislação pátria, não só quando for parte do processo, mas quando se apresentar como fiscal da lei.

> Ao erigir o Ministério Público como garantidor e fiscalizador da separação de poderes e, conseqüentemente, dos mecanismos e controles estatais (CF, art. 129, II), o legislador constituinte conferiu à Instituição função de resguardo ao *status* constitucional do cidadão, armando-o de funções, garantias e prerrogativas que possibilitassem o exercício daquelas e a defesa destes. (Moraes, Alexandre de, *Direito Constitucional*, p. 543.)

Não se pode esquecer, ao se falar do Ministério Público, o que dispõe o Código de Processo Civil:

> Art. 188 – Computar-se-á em quádruplo o prazo para contestar e em dobro para recorrer quando a parte for a Fazenda Pública ou o Ministério Público.

Apesar de o artigo indicar os benefícios apenas quando Fazenda Pública ou Ministério Público forem partes, não é assim que a jurisprudência vem entendendo:

> Se o art. 499, § 2.º, do CPC confere ao Ministério Público legitimidade para recorrer, assim nos processos em que é parte, como naqueles em que oficia como fiscal da lei, não é possível, na exegese do art. 188, do CPC, estabelecer distinção, quanto ao prazo em dobro, que nesse dispositivo se garante ao Ministério Público, conforme seja parte ou assuma a posição de fiscal da lei (RE n. 94.064/SP, 1.ª Turma do STF, rel. min. Néri da Silveira, *in RTJ*, v. 106, p. 217). (*Apud* Souza, Bernardo Pimentel, *Introdução aos recursos cíveis e à ação rescisória*, p. 38.)

ORGANOGRAMA DO PODER JUDICIÁRIO*

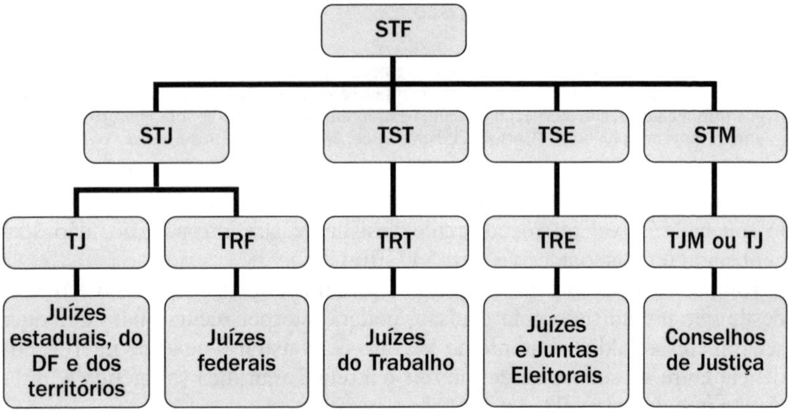

* Organograma semelhante observa-se na obra de Pedro Lenza, *Direito Constitucional esquematizado*, p. 319.

NÃO ESQUEÇA

1. Recursos são cabíveis de manifestações singulares ou colegiadas que apresentem ao mesmo tempo conteúdo decisório e causem gravame a uma das partes.
2. Assim sendo, recursos inevitavelmente cabem de sentenças, de acórdãos ou de decisões interlocutórias. Jamais caberão recursos de meros despachos, haja vista que estes não possuem conteúdo decisório nem causam gravame às partes.
3. Com a interposição dos remédios recursais, o recorrente estará objetivando, em princípio, uma revisão do julgado por instância superior a fim de reformar, anular ou esclarecer o conteúdo da decisão.
4. Vários são os efeitos dos recursos, entre os quais destacam-se o obstativo, o devolutivo, o regressivo e o suspensivo.
5. O efeito obstativo visa a impedir a formação da coisa julgada. O efeito devolutivo está atrelado à garantia constitucional do duplo grau de jurisdição. Já o regressivo indica que alguns recursos são apreciados pelo mesmo julgador responsável pela decisão recorrida. E, quando um recurso for recebido também no efeito suspensivo, isso implica dizer que a execução da decisão não pode ser iniciada até que se julgue o recurso interposto.
6. Para que os recursos produzam tais efeitos, no entanto, é imprescindível que antes eles superem o juízo de admissibilidade.
7. Entre os requisitos de admissibilidade, um dos mais comentados é a tempestividade. A maior parte dos recursos depende de um prazo de 15 dias (art. 508, CPC); outros, de 10 dias (art. 522, CPC) ou até de 5 dias (art. 536, CPC).
8. Outro dos requisitos quanto ao juízo de admissibilidade diz respeito ao custo que envolve movimentar o Poder Judiciário para uma revisão de decisão já proferida. O preparo envolverá custas processuais e porte de remessa e retorno.
9. O preparo deve ser realizado no ato da interposição do recurso, pois, caso isso não aconteça, implicará deserção (art. 511, CPC).
10. Não se deve confundir juízo de admissibilidade com juízo de mérito. O primeiro será realizado tanto pelo juízo *a quo* como pelo juízo *ad quem* e está relacionado aos pressupostos dos recursos. O segundo (juízo de mérito) será verificado apenas pelo juiz ou tribunal competente para reformar, anular ou esclarecer a decisão.

Passo a Passo

1. Lembre-se de que apenas cabem recursos de atos do juiz, portanto é preciso identificar se o ato praticado foi realmente do magistrado. Ainda assim, o recurso apenas será cabível se a manifestação do juiz tiver conteúdo decisório e se puder gerar gravame às partes.
2. Identifique qual é a modalidade recursal mais adequada para impugnar a decisão judicial.
3. Confirme o prazo para apresentar o recurso selecionado.
4. Verifique se a decisão recorrida é total ou parcialmente contrária aos interesses do cliente.
5. Destaque a matéria que pretende impugnar.
6. Observe para onde deve ser direcionado o recurso. Confirme o endereçamento.
7. Atente-se para os efeitos do recurso. Nem todos são recebidos no duplo efeito (suspensivo e devolutivo).
8. Se o recurso, a rigor, não é recebido no efeito suspensivo, verifique sobre a possibilidade de solicitá-lo.
9. Confirme se o pedido do recurso está adequado à pretensão.
10. Certifique-se quanto ao pagamento dos encargos recursais (custas e porte de remessa e retorno).

APELAÇÃO

As disposições legais que desenham o recurso de apelação encontram-se nos artigos 513 a 521 do Código de Processo Civil. No primeiro deles (art. 513), vê-se de pronto que a apelação é recurso adequado quando de uma sentença.

Interessante notar que o próprio Código Processual remete aos artigos 267 e 269. Também não poderia ser diferente, pois em ambos há a confirmação de outra regra:

> Art. 162, § 1.º – Sentença é o ato do juiz que implica algumas das situações previstas nos artigos 267 e 269 desta lei.

Denota-se que não importa se o juiz verificou o mérito ou extinguiu o processo sem que o mérito fosse analisado. Tanto em uma como em outra situação a apelação será cabível. Importante é que o processo esteja extinto.

> Assim, há de se ter em vista não qualquer incidente ou ação embutida no processo (*v.g.*, reconvenção), mas o *processo principal*. Extinto este, cabe apelação; decidida qualquer questão, mas continuando o processo em andamento para o exame do mérito, caberá agravo. (Bortolai, Edson Cosac, *Manual de prática forense civil*, p. 269.)

Como visto, a legislação processual não traz óbice à apelação caso o mérito tenha sido discutido ou não. Para a doutrina, nesse sentido, a sentença poderá ser classificada em duas modalidades: definitiva ou terminativa (conforme magistério de Vicente Greco Filho, *Direito Processual Civil brasileiro*, v. II, p. 239).

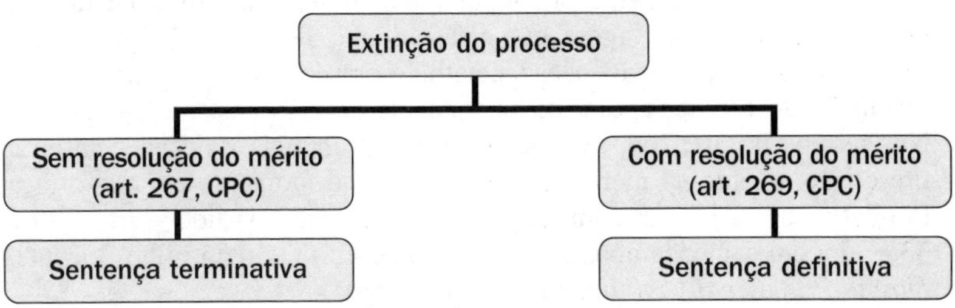

Vale destacar que dentre as causas que ensejam a extinção do processo sem o julgamento do mérito, há o indeferimento da petição inicial, o qual merece ser destacado.

Como já apontado no início deste trabalho, a petição inicial possui uma série de exigências que devem coadunar com os elementos e as condições da ação, pois, caso isso não ocorra, o indeferimento será iminente.

Assim, o indeferimento da inicial acontecerá (art. 295, CPC):

- **Quando for inepta** – A inépcia da inicial ocorrerá no momento em que o magistrado perceber a falta de pedido ou causa de pedir. Ora, sabendo o juiz que sua sentença estará limitada ao pedido feito pelo autor, como pode o magistrado decidir o feito sem que os parâmetros lhe sejam dados? Não pode; logo, a petição será indeferida.
  Restará presente a inépcia também quando da narração dos fatos não decorrer logicamente a conclusão. Imagine-se a situação em que o autor informa que um crédito tributário está prestes a ser constituído equivocadamente e, portanto, ele alega violação ao princípio da ampla defesa, pois não tem como garantir a dívida e se defender da execução fiscal. Soou estranho? Sem dúvida. Não há relação lógica entre o desenvolvimento do mérito e a conclusão, causa essa que resultará na inépcia da inicial.
  A inicial será inepta, ainda, quando o pedido for juridicamente impossível – para que o magistrado resolva a demanda, o pedido feito pelo autor deve estar amparado em alicerces legais, dando possibilidade de o juiz seguir seu convencimento e fundamentar sua decisão – ou quando houver pedidos incompatíveis entre si – não poderia, por exemplo, o autor pedir para consignar um valor em pagamento e ao mesmo tempo pedir para declarar a obrigação tributária inexistente; ou se quer pagar, ou não se quer pagar.
- **Quando a parte for manifestamente ilegítima** – O autor tem de demonstrar que possui interesses na questão e estes estão em conflito com os interesses do réu; caso não consiga convencer o juiz disso, poderá ser considerado parte ilegítima.
- **Quando o autor carecer de interesse processual** – Intimamente ligado ao tópico anterior, o autor precisa deixar claro que sem a presença do Poder Judiciário a lide não se resolveria voluntariamente. Afinal, o Judiciário não é órgão consultivo, devendo ser provocado apenas quando há necessidade, e, mesmo assim, a provocação deverá ocorrer por meio adequado.
- **Quando o juiz verificar, desde logo, a decadência ou a prescrição** – "É de observar-se, apenas, agora, que o caso do inc. IV do art. 295 (quando o juiz verificar desde logo a decadência ou a prescrição) é de extinção com resolução do mérito, apesar de se tratar de decisão bastante antecipada. Nos termos do art. 269, IV, quando o juiz pronuncia a decadência ou a prescrição, decide no mérito, não importando o momento em que o faça (ao despachar a inicial, com julgamento antecipado da lide – arts. 329 e 330 – ou em sentença após a dilação probatória)" (Greco Filho, Vicente, *Direito Processual Civil brasileiro*, v. II, p. 66).

- **Quando o tipo de procedimento escolhido pelo autor não corresponder à natureza da causa ou ao valor da ação, caso em que só não será indeferida se puder adaptar-se ao tipo de procedimento legal** – Um exemplo em matéria tributária é quando o autor impetra mandado de segurança, porém se verifica a necessidade de produção de provas periciais. Para o MS, a prova é pré-constituída e, para o caso em questão, seria uma ação do rito ordinário a mais adequada a ser proposta, tendo em vista o procedimento proporcionar a dilação probatória, o que no *writ* não é possível.
- **Quando não atendidas as prescrições dos artigos 39, parágrafo único, primeira parte, e 284** – As prescrições aqui exigidas dizem respeito aos requisitos da petição inicial (art. 282, CPC), bem como à necessidade de o advogado informar o endereço no qual receberá as intimações referentes ao processo. Em ambos os casos há a possibilidade de emenda da inicial: para o primeiro (descumprimento aos requisitos da inicial), o prazo será de 10 dias; para o segundo (desinformação acerca do endereço do advogado), de somente 48 horas.

Diante dessa introdução, é comum afirmar que o binômio sentença–apelação é a regra nos remédios jurisdicionais. Contudo, não é qualquer decisão, e sim, mais precisamente, sentença proveniente de magistrado que ocupa a instância primária. Conforme observa Nelson Luiz Pinto:

> É, pois, recurso cabível exclusivamente contra decisões (sentenças) de primeiro grau, não sendo cabível contra acórdãos, decisões colegiadas de tribunal, ainda que conteúdo de sentença (arts. 267 e 269 do CPC) e ainda que proferidos em processo de competência originária de tribunal, como, por exemplo, a ação rescisória. (*Manual dos recursos cíveis*, p. 100.)

Todavia, atenção redobrada é preciso ter mesmo quando o próprio Código de Processo Civil intitula uma decisão como sentença, porém desta não repercute a extinção do processo. Seria o caso do disposto no artigo 790, que assevera que, no pedido de remição de bens, o juiz o deferirá por meio de sentença.

> No entanto, tudo indica que tal pronunciamento é mera decisão interlocutória, já que não extingue o processo de execução. Realmente, não sendo sentença o pronunciamento que resolve a remição de bens, o recurso próprio não é o de apelação. Aliás, é o que se infere do artigo 558, preceito que revela o cabimento de agravo de instrumento contra decisão interlocutória que versa sobre *remição de bens*. [...] como há divergência doutrinária e jurisprudencial acerca do recurso cabível, toma-se inadequada apelação como se fosse o agravo do artigo 522, em respeito ao princípio da fungibilidade recursal. (Souza, Bernardo Pimentel, *Introdução aos recursos cíveis e à ação rescisória*, p. 279-80.)

Apesar da afirmação de que é o binômio sentença–apelação que predomina, excepcionalmente em três casos distintos, mesmo com a presença de uma sentença, não será a apelação o recurso cabível:

- Nas causas em que forem partes, de um lado, Estado estrangeiro ou organismo internacional e, do outro, Município ou pessoa residente ou domiciliada no país, da sentença caberá *recurso ordinário* (art. 105, II, *c*, CF) – prazo de 15 dias.

- Das sentenças proferidas em sede de execução fiscal cujo valor da dívida não seja superior a 50 OTN (cerca de R$ 500,00) caberão *embargos infringentes* (art. 34, LEF) – prazo de 10 dias.
- Das sentenças decorrentes de processos julgados nos Juizados Especiais Cíveis caberá *recurso inominado* (art. 41, Lei 9.099/95) – prazo de 10 dias.

Retratação do juízo *a quo* e julgamento do juízo *ad quem*

A apelação é vista como o recurso que melhor exemplifica o efeito devolutivo, pois a matéria impugnada será apreciada pelo tribunal hierarquicamente superior. Em outras palavras, isso significa que, após a decisão monocrática, não cabe mais ao juiz de primeira instância se pronunciar sobre a matéria de fato ou de direito.

Entretanto, com o advento da Lei 8.952/94, alterando o artigo 296 do CPC, foi conferido o chamado "juízo de retratação", o qual propicia ao juiz singular reformar sua decisão que indeferiu a petição inicial.

Nota-se que o indeferimento da inicial resulta na extinção do processo sem resolução do mérito, extinção essa que poderia advir das causas enumeradas pelo artigo 295 do CPC. Em todas elas, exceto naquela em que a parte deixa de emendar a inicial no prazo fixado, o autor não tem a possibilidade de retificar sua petição inicial, pois

> o fato de ter proposto a demanda além do prazo decadencial previsto em lei, por exemplo, é vício que não pode ser espancado com a emenda da inicial, o que justifica o seu indeferimento de pronto, afastando a regra do art. 284 do CPC. (Montenegro Filho, Misael, *Curso de Direito Processual Civil*, v. II, p. 146-7.)

Daí se percebe que, se a extinção se deu sem a resolução do mérito, o réu tampouco foi citado e, portanto, é esse o único momento para o juízo de retratação (exemplo 1), uma vez que, se o processo foi extinto sem resolução do mérito em virtude de argumentação do réu em sua resposta à inicial, não poderá o autor requerer a retratação por parte do juiz (exemplo 2). (*Idem*, p. 147.)

Exemplo 1

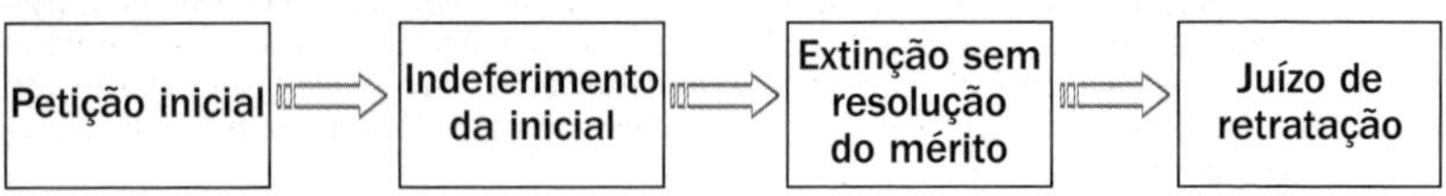

Exemplo 2

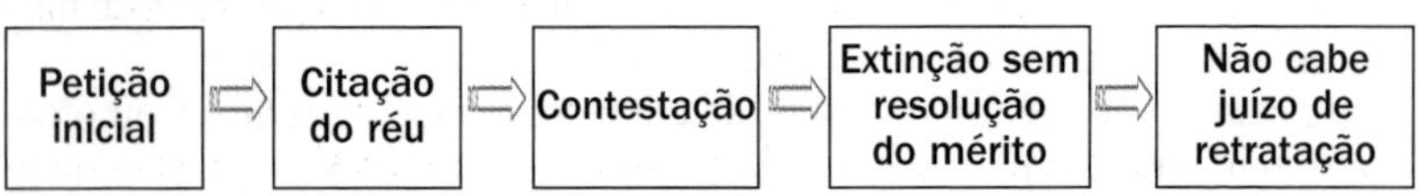

O prazo para o juiz singular reformar sua decisão será de 48 horas, e é de bom alvitre deixar bem claro: indeferida a petição inicial, cabe apelação e *não* agravo. Além do mais, *o juiz não se retratará de ofício; o pedido de retratação deve ser feito exatamente no recurso de apelação.*

Bernardo Pimentel Souza já pedia atenção para o juízo de retratação, ao descrever em sua obra:

> Convém destacar que o juízo de retratação está condicionado à interposição de apelação, não podendo ser efetuado *ex officio* pelo juiz *a quo*, nem por mero pedido de reconsideração. É que tal juízo é acionado por força do efeito regressivo, que é produzido em virtude da interposição – *rectius*, da admissibilidade – do apelo. (*Introdução aos recursos cíveis e à ação rescisória*, p. 297.)

Caso a decisão permaneça a mesma, ou seja, caso o juiz não reforme a sentença, os autos serão imediatamente encaminhados ao tribunal competente (art. 296, parágrafo único, CPC).

Quando os autos em definitivo estiverem com o tribunal, seja por causa da imutabilidade da decisão no juízo de retratação, seja porque o autor apelou em razão da extinção do processo sem resolução do mérito, o § 3.º do artigo 515 do CPC, incluído pela Lei 10.352/2001, possibilita ao apelante requerer a resolução do mérito pelo próprio tribunal.

Assim, embora o juiz monocrático não tenha sequer apreciado o mérito, portanto extinguindo o processo sem a sua resolução, na apelação o recorrente poderá pedir ao juízo *ad quem* não só perceber o equívoco cometido pelo magistrado anterior, bem como, se a causa versar questão exclusivamente de direito, resolver o mérito suprindo a primeira instância.

Misael Montenegro Filho segue no mesmo raciocínio e ainda relembra que:

> Antes do acréscimo do parágrafo transcrito, e deparando o tribunal com o processo que foi extinto sem o julgamento do mérito, em vista da ilegitimidade do autor, por exemplo, em sendo dado provimento ao apelo, com o afastamento da conclusão emanada do 1.º Grau de Jurisdição, devolvia-se o processo para a instância inferior, a fim de que o magistrado prolatasse decisão de mérito. (*Curso de Direito Processual Civil*, v. II, p. 149.)

Portanto, mais uma vez chama-se a atenção do leitor: para que o tribunal competente resolva o mérito, apesar de este não ter sido apreciado pelo juiz de primeiro grau, é recomendável o pedido expresso no recurso de apelação.

> Por fim, uma última palavra sobre adoção de estratégia relativa à apelação: quando a mesma decorrer do acolhimento de alguma preliminar que encerrou o processo sem exame do mérito, é conveniente pedir nas razões que, reformada a sentença para desacolher-se a preliminar, avance o tribunal no exame do mérito – desde que tenha havido produção de provas – sem o risco de haver a chamada supressão de grau jurisdicional, pois pode o apelado aceitar expressa ou tacitamente o exame do mérito em sua resposta, com evidente ganho de tempo, e atendimento ao princípio da economia processual; entretanto, se tal não for pleiteado, alternativa não se deixará ao tribunal que não a de devolver os autos ao juiz para prosseguir no exame do mérito, gerando futura apelação, novamente. (Bortolai, Edson Cosac, *Manual de prática forense civil*, p. 271.)

Com o acréscimo do § 4.° ao artigo 515 pela Lei 11.276, de 7 de fevereiro de 2006, abriu-se também a possibilidade de o tribunal sanar nulidades processuais no âmbito da apelação, garantindo o prosseguimento desse recurso. Para tanto, as partes serão intimadas a fim de que os interessados cumpram a diligência resolvendo a nulidade sanável.

> Art. 515, § 4.° – Constatando a ocorrência de nulidade sanável, o tribunal poderá determinar a realização ou renovação do ato processual, intimadas as partes; cumprida a diligência, sempre que possível prosseguirá o julgamento da apelação.

Nesse sentido, é bom deixar claro que,

> como o § 4.° do art. 515 menciona determinação a ser tomada pelo *tribunal*, entende-se que a deliberação deve ser decidida pelo órgão competente para a apreciação do recurso, ou seja, o próprio colegiado (art. 555 do CPC). Tem-se, no caso, decisão interlocutória proferida pelo tribunal, passível, em tese, de recurso extraordinário ou especial (ficando, em regra, "retido nos autos", conforme o art. 542, § 3.°, acrescentado pela Lei 9.756/98). (Garcia, Gustavo Filipe Barbosa, *Terceira fase da reforma do Código de Processo Civil*, v. II, p. 22.)

Regularidade formal e processamento

Para a interposição da apelação, o interessado deve observar o prazo de 15 dias, conforme disposto no artigo 508 do CPC. A seguir, insta lembrar que a apelação tem efeito devolutivo, de modo que o recurso será recebido pelo juiz singular, o qual fará uma primeira vista dos pressupostos de admissibilidade e, depois, remeterá ao tribunal competente.

Cabe ressalvar que o juiz não receberá o recurso de apelação quando a sentença estiver em conformidade com súmula do Superior Tribunal de Justiça ou do Supremo Tribunal Federal (art. 518, § 1°, CPC, acrescentado pela Lei 11.276/2006).

A petição encaminhada será a de interposição, na qual deverão constar (art. 514, CPC):

- os nomes e a qualificação das partes;
- os fundamentos de fato e de direito; e
- o pedido de nova decisão

Como observa Nelson Luiz Pinto,

> a qualificação das partes pode ser dispensada se estas já estiverem devidamente qualificadas nos autos. Normalmente as partes elaboram suas razões de apelação em peça à parte, dirigida ao órgão *ad quem*, que é anexada à petição de interposição, dirigida ao juízo *a quo*, onde apenas se requer o recebimento e o processamento do recurso. Trata-se de procedimento usual e rotineiro, mas não é necessário, inexistindo a obrigatoriedade de que as razões de apelação constem de peça distinta da petição de interposição, podendo ser elaborada uma única petição. (*Manual dos recursos cíveis*, p. 103.)

Recebida a apelação, de pronto o juiz declarará seus efeitos, ou seja, geralmente receberá a apelação em seus efeitos devolutivo e suspensivo, a não ser que se esteja recorrendo de sentença que: homologa a divisão ou demarcação; condena à prestação de alimentos; julga a liquidação de sentença; decide o processo cautelar; rejeita liminarmente embargos à execução ou os julga improcedentes; julga procedente o pedido de instituição de arbitragem; e/ou confirma a antecipação dos efeitos da tutela (art. 520, CPC).

> Muito se discutiu quanto ao recurso que seria cabível contra decisão que recebe a apelação apenas no efeito devolutivo quando entende o recorrente que seria caso de recebimento da apelação no duplo efeito. De acordo com o que dispunha o texto do art. 523, § 4.º, do CPC, seria sempre retido o agravo das decisões anteriores à sentença, salvo caso de inadmissão da apelação. Assim, de acordo com essa regra, restaria ao recorrente manejar o recurso de agravo retido contra a decisão. (Pinto, Nelson Luiz, *Manual dos recursos cíveis*, p. 108.)

Todavia, não teria sentido a interposição do agravo retido, uma vez que este só será apreciado no tribunal, quando o que se almeja é exatamente a suspensão da eficácia da apelação durante o julgamento da apelação.

> É evidente, pois, que nesses casos somente a interposição do agravo de instrumento protege adequadamente o direito recursal da parte, permitindo que o relator, constatando o erro do juiz, imprima à apelação o efeito suspensivo negado em primeiro grau. Por essa razão, já vinha entendendo a jurisprudência que o mais adequado seria admitir a interposição do agravo de instrumento nessas hipóteses. (*Idem, ibidem.*)

Para os casos excepcionados pelo CPC, quando a apelação é recebida apenas em seu efeito devolutivo, o apelado poderá promover a execução, ainda que provisória, da sentença (art. 521, CPC). Caso o recurso não seja admitido pelo *a quo*, caberá a interposição de agravo de instrumento (art. 522, c/c art. 523, § 4.º, CPC) dirigido ao juízo *ad quem*. É bom lembrar que a Lei 11.276/2006 acrescentou o § 1.º ao artigo 518 do CPC, que afirma:

> O juiz não receberá o recurso de apelação quando a sentença estiver em conformidade com súmula do Superior Tribunal de Justiça ou do Supremo Tribunal Federal.

Afirma Gustavo Filipe Barbosa Garcia:

> Cabe reiterar que essa medida tem por fundamento o ideal de celeridade processual, buscando atender ao comando do inciso LXXVIII da CF, no sentido de assegurar "a razoável duração do processo", bem como "os meios que garantem a celeridade de sua tramitação". (*Terceira fase da reforma do Código de Processo Civil*, v. II, p. 25.)

Por outra via, recebida a apelação, não cabe agravo. Conforme as lições de Vicente Greco Filho,

> a decisão que recebe a apelação é irrecorrível, mas será reexaminada pelo tribunal, segundo o princípio de que o juízo de admissibilidade do juízo *a quo* é sempre provisório, cabendo o juízo de admissibilidade definitivo sempre ao tribunal *ad quem* competente também para o exame do mérito do recurso. (*Direito Processual Civil brasileiro*, v. II, p. 298.)

O apelado deve aguardar intimação para no prazo adequado responder ao recurso, atacando o mérito ou mesmo os pressupostos de admissibilidade. Desse modo, como bem ensina Edson Cosac Bortolai, a petição do apelado

> acompanha a forma da petição do apelante: é dirigida ao juiz da causa, requerendo a juntada de anexa resposta; nesta peça, titulada de "resposta" ou "contra-razões", discrimina-se a parte apelada e a apelante, dando-se, em seguida, os motivos pelos quais deve ser mantida a decisão recorrida. (*Manual de prática forense civil*, p. 270.)

Remetidos os autos à instância superior, o recurso, depois de registrado (art. 547, CPC), será encaminhado a uma das câmaras ou turmas (art. 548, CPC) e, conseqüentemente, sortear-se-á um juiz para figurar como relator (art. 549, CPC).

Por se tratar de recurso de apelação, os autos serão conclusos ao revisor (será revisor o juiz que se seguir ao relator na ordem descendente de antigüidade – art. 551, § 1.º, CPC).

Solicitada data de julgamento pelo próprio revisor, os autos serão levados ao presidente da câmara ou turma, que marcará dia para o julgamento (art. 552, CPC). Contudo, poderá o próprio relator solicitar a inclusão do recurso em pauta de julgamento quando se tratar de apelação referente a sentença em processo de execução fiscal (art. 35, LEF).

Entretanto, como relembra Bernardo Pimentel Souza,

> quando existe agravo de instrumento pendente, a apelação não pode ser incluída em pauta, e muito menos julgada, antes daquele recurso. É o que revelam o *caput* e o parágrafo único do artigo 559. A inversão na ordem do julgamento configura *error in procedendo*, vício que pode ser denunciado em embargos declaratórios e em posterior recurso especial. (*Introdução aos recursos cíveis e à ação rescisória*, p. 311.)

Na sessão de julgamento da apelação (e também na do agravo), a decisão será tomada pelo voto de três juízes (art. 555, CPC), isso após a exposição da causa pelo relator, sendo permitido ao presidente conceder a palavra ao recorrente e ao recorrido para sustentarem oralmente suas razões no prazo máximo de 15 minutos (art. 554, CPC). (A sustentação oral não acontecerá em casos de embargos de declaração e agravo de instrumento – art. 554, CPC.)

Por fim, exteriorizados os votos, o presidente anunciará o resultado do julgamento, cabendo ao relator redigir o acórdão, ou, na hipótese de este ser o voto vencido, a função será desempenhada pelo autor do primeiro voto vencedor (art. 556, CPC).

Recurso inadmissível, improcedente ou prejudicado

Mesmo depois de analisado (juízo de admissibilidade) pelo juiz em primeiro grau, pode acontecer de o tribunal (relator), na sessão de julgamento, negar seguimento ao recurso sob a alegação de que ele é inadmissível (falha nos requisitos de admissibilidade), improcedente (mérito infundado), prejudicado ou em confronto com súmula ou com jurisprudência dominante do respectivo tribunal ou mesmo do STF ou STJ.

Da decisão do relator que negar seguimento ao recurso cabe agravo regimental, a ser interposto dentro de cinco dias (art. 557, § 1.°, CPC). Já se realmente a decisão recorrida estiver em manifesto confronto com súmula ou jurisprudência dominante do Supremo Tribunal Federal ou de tribunal superior, há a possibilidade de o próprio relator dar provimento ao recurso de apelação (art. 557, § 1.°-A, CPC).

Tal agravo será endereçado ao órgão competente para analisá-lo, conforme dispuser o regimento interno do tribunal. No entanto, antes do encaminhamento, o relator poderá se retratar. Havendo a retratação ou provido o agravo, os autos serão encaminhados ao revisor, que solicitará dia para o julgamento do recurso, prosseguindo o processo nos mesmos moldes descritos anteriormente.

Por outro lado,

> mantendo-se a decisão, encaminha-se o recurso de agravo ao Colegiado ao qual se encontra o relator vinculado (Turma, Câmara, etc.), que examinará o acertamento ou não da decisão de trancamento por ele proferida. Em sendo confirmada através de acórdão, admite-se a interposição do recurso de embargos de declaração (sendo omisso, obscuro ou contraditório o pronunciamento) ou de recurso especial e/ou de recurso extraordinário, devendo o prejudicado pela decisão observar os requisitos específicos de cada espécie. (Montenegro Filho, Misael, *Curso de Direito Processual Civil*, v. II, p. 153.)

Interessante notar que a legislação processual se posicionou contra a prática protelatória nesse caso. Confirmando-se a interposição infundada ou manifestamente inadmissível do agravo, o agravante estará sujeito a multa de 1% a 10% do valor da causa, condicionando-se, ainda, o conhecimento de outros recursos ao depósito do valor de multa aplicado (art. 557, § 2.º).

Tal exigência do depósito pode e deve ser aplicada às pessoas jurídicas de direito público, condicionando seus respectivos recursos à comprovação do cumprimento da penalidade (Negrão, Theotonio e Gouvêa, José Roberto F., *Código de Processo Civil e legislação processual em vigor*, nota 10a, p. 672).

Perfil esquemático da apelação

PETIÇÃO DE INTERPOSIÇÃO

ENDEREÇAMENTO: Idêntico ao da ação principal.

↕ 10 cm

Processo n.º ...
Ação de origem

QUALIFICAÇÃO
VERBO: *INTERPOR*.
FUNDAMENTAÇÃO PROCESSUAL: art. 513 e seguintes do CPC.
PRAZO: 15 dias.

INDICAR O PREPARO.

PEDIDO: Requerer seja o recurso *recebido, processado e remetido* ao tribunal competente.

RAZÕES DA APELAÇÃO

Apelante: ...
Apelado: ...

Egrégio Tribunal

Colenda Câmara/Turma

Ínclitos Julgadores

HISTÓRICO

FUNDAMENTOS JURÍDICOS

PEDIDO: Requerer seja *conhecido e provido* a fim de...

...anular a sentença (quando da extinção do processo sem a resolução do mérito – art. 267, CPC).	...reformar a sentença (quando da extinção do processo com a resolução do mérito – art. 269, CPC). Exceção: decadência e prescrição. Nesse caso, pede-se para anular.

PROCEDIMENTO EM PRIMEIRO GRAU

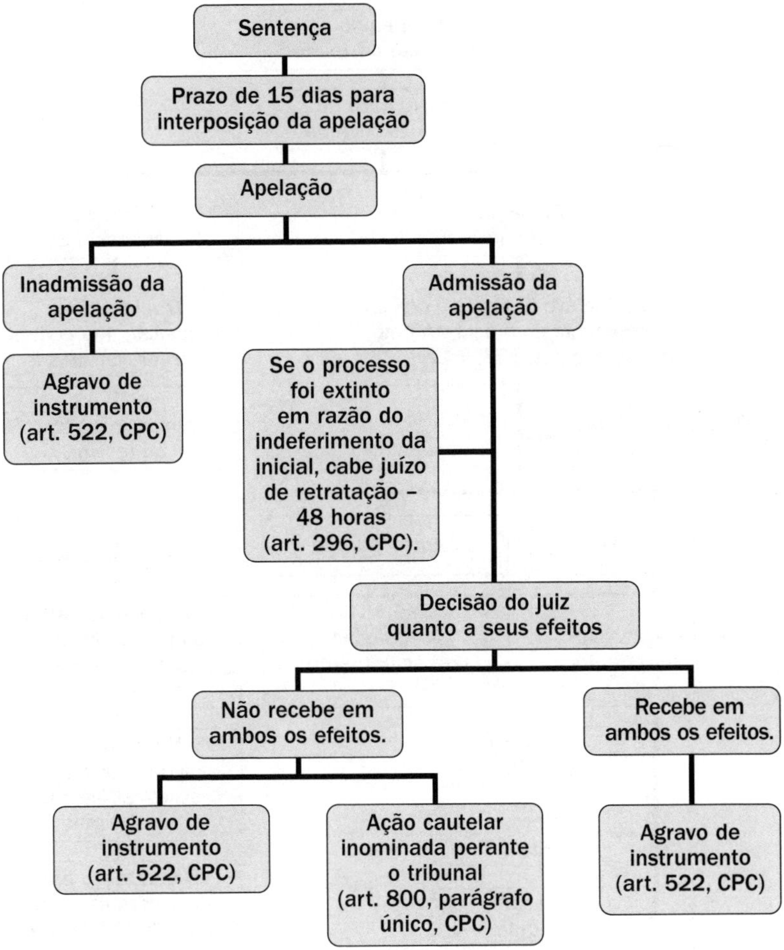

PROCEDIMENTO EM SEGUNDO GRAU

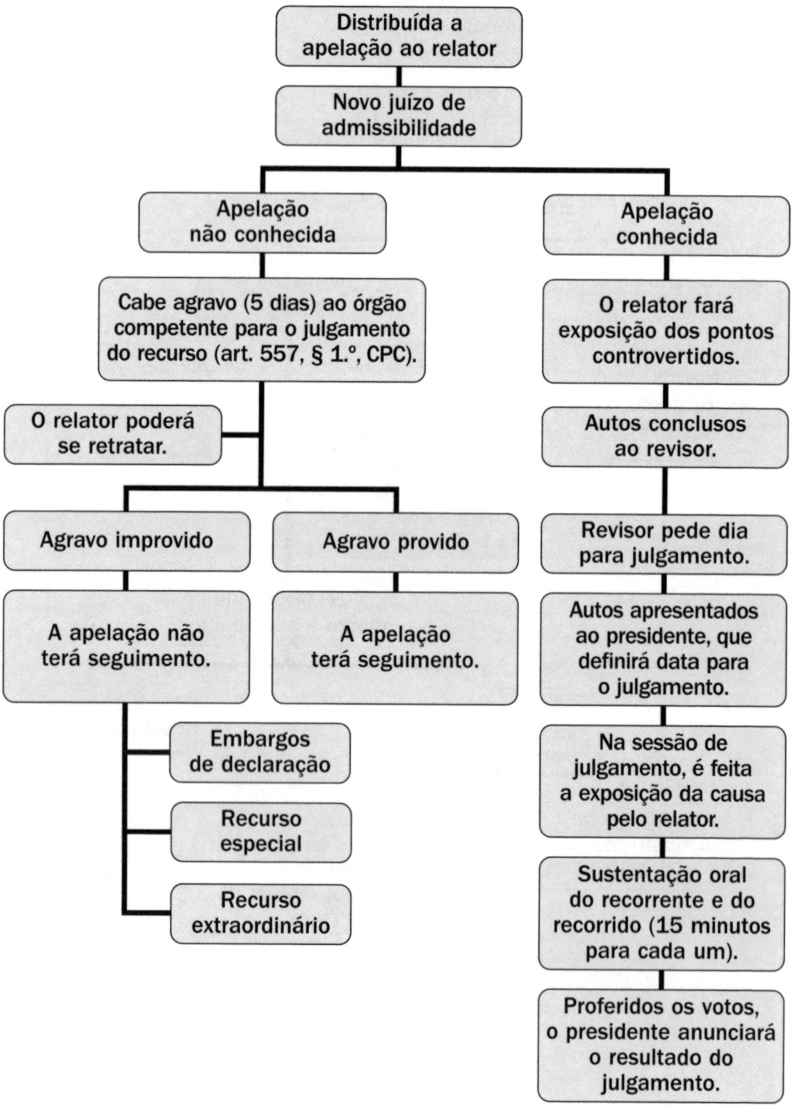

NÃO ESQUEÇA

1. A apelação é o recurso cabível quando da decisão final prolatada por um juiz singular, seja extinguindo o processo com resolução do mérito ou sem resolução do mérito.
2. Nos casos de extinção do processo sem resolução do mérito, o tribunal pode julgar desde logo a lide, se a causa versar questão exclusivamente de direito e estiver em condições de imediato julgamento (art. 515, § 3.°, CPC).
3. O recurso de apelação é recebido em duplo efeito: suspensivo e devolutivo. Cabe ao juiz (*a quo*) que receber o recurso declarar em quais efeitos está admitindo a apelação.
4. Excepcionalmente, a apelação será recebida apenas no efeito devolutivo. No artigo 520 do CPC estão enumeradas as situações em que a apelação é recebida somente no devolutivo. No entanto, essa lista não é taxativa, pois legislação esparsa também pode vir a restringir os efeitos da apelação (ex.: sentença que concede o mandado de segurança pode ser executada provisoriamente – art. 12, parágrafo único, Lei 1.533/51).
5. O juiz não receberá o recurso de apelação quando a sentença estiver em conformidade com súmula do Superior Tribunal de Justiça ou do Supremo Tribunal Federal (art. 518, § 1.°, CPC, acrescentado pela Lei 11.276/06).
6. Da decisão do juiz que não admitir a apelação ou quanto aos efeitos em que é recebida cabe agravo de instrumento, a ser interposto diretamente ao tribunal.
7. A apelação deve ser interposta dentro de 15 dias, e as contra-razões ao recurso devem observar o mesmo prazo. Apresentada a resposta, é facultado ao juiz o reexame dos pressupostos de admissibilidade do recurso.
8. O juízo de admissibilidade será feito tanto pelo juízo *a quo* como pelo juízo *ad quem*, e haverá um terceiro e último juízo de admissibilidade quando do julgamento da apelação.
9. Se o desembargador relator (*ad quem*) negar seguimento ao recurso, dessa decisão poderá ser interposto agravo retido no prazo de cinco dias (art. 557, § 1.°, CPC).
10. Caso esteja pendente agravo retido, este não será conhecido se o agravante não requerer sua apreciação pelo tribunal nas razões ou contra-razões do recurso de apelação.

PASSO A PASSO

1. Analise se a manifestação do juiz tem conteúdo decisório e se causa gravame à parte interessada.
2. Certifique-se de que a decisão colocou fim ao processo (sentença).
3. Não se esqueça do prazo para a interposição do recurso: 15 dias contados da leitura da sentença em audiência ou, quando a sentença não for proferida em audiência, da intimação às partes.
4. Identifique se a decisão foi total ou parcialmente improcedente, ou, ainda que procedente, se poderia atribuir mais e melhores benefícios à parte.
5. Destaque a matéria que pretende impugnar.
6. Verifique se a sentença *não* está em conformidade com súmulas do STJ ou STF.
7. Identifique quem foi o julgador responsável pela decisão e qual o tribunal competente para apreciar seu recurso.
8. Lembre-se de que a petição de interposição é dirigida ao juiz *a quo*, que, por sua vez, remeterá as razões ao juiz *ad quem*.
9. Confirme o endereçamento.
10. Identifique e analise em que efeitos o recurso deve ser recebido (por regra, a apelação é recebida no duplo efeito).
11. Verifique se a sentença extinguiu o processo com a resolução do mérito ou sem a resolução do mérito.
12. Certifique-se se almeja reformar ou anular a decisão.
13. Lembre-se de que, nos casos de extinção do processo sem resolução do mérito, o tribunal pode desde logo julgar a lide, se a causa versar questão exclusivamente de direito e estiver em condições de imediato julgamento (art. 515, § 3.°, CPC).
14. Não se esqueça de efetuar o preparo (custas e porte de remessa e retorno).

AGRAVO

O agravo é mais uma modalidade dos recursos previstos no artigo 496, II, do CPC. Nota-se que a legislação processual simplesmente denominou essa modalidade recursal de agravo de modo genérico.

> O agravo é recurso cabível contra decisões interlocutórias proferidas no processo (arts. 522 e 162, § 2.º), tanto no de conhecimento como no de execução e no cautelar, de jurisdição contenciosa ou voluntária, qualquer que seja o procedimento e qualquer que seja a fase em que o processo se encontre. (Pinto, Nelson Luiz, *Manual dos recursos cíveis*, p. 142-3.)

Assim, caberá agravo de ato do juiz que resolve questão incidental no curso do processo, ou, em outras linhas, caberá agravo de decisões interlocutórias, lembrando que o Código acabou por determinar por exclusão o que é decisão interlocutória: se não for sentença (ato que põe fim ao processo) nem despacho de mero expediente (ato que dá o andamento natural ao processo), será decisão interlocutória, conforme assinalaram Theotonio Negrão e José Roberto F. Gouvêa (*Código de Processo Civil e legislação processual em vigor*, art. 522:2, p. 603).

Como dito, o agravo está disposto genericamente pelo artigo que enumera os recursos, porém, nos meandros da legislação processual, encontram-se várias espécies de agravo. Para facilitar o estudo e a compreensão das espécies de agravo, optamos por dividi-lo em três modalidades (valemo-nos da classificação utilizada por Nelson Luiz Pinto em sua obra *Manual dos recursos cíveis*, pois acreditamos ser a mais didática para tal matéria):

- agravo de instrumento;
- agravo retido;
- agravo (simplesmente).

Tanto a primeira como a segunda espécies podem ser utilizadas para atacar decisões interlocutórias proferidas no primeiro grau de jurisdição. O recurso tem como fundamento o artigo 522 do Código de Processo Civil e deverá ser examinado por instância superior.

Contudo, foi o agravo em sua forma retida o recurso que, após o advento da Lei 11.187/2005, tornou-se regra para a legislação processual em vigor, uma vez que na disposição anterior o agravo apenas permaneceria retido caso o agravante optasse por tê-lo retido nos autos principais, por acolhimento do tribunal ou quando a lei assim estabelecesse. Atualmente, ressalte-se, o agravo deverá ser retido e apenas excepcionalmente seguirá por instrumento.

O último dos agravos é simplesmente denominado agravo, pois para ele não há necessidade de adjetivação, uma vez que será interposto no mesmo processo no qual há a decisão recorrida.

> José Horácio Cintra Gonçalves, enumerando os agravos em geral, alude aos agravos dos arts. 557, 532 e 545 como sendo agravos inominados. Pensamos, todavia, que são *nominados*, já que são agravos. O que a lei não fez foi referir-se de modo expresso, por meio de um adjetivo ou de uma locução adjetiva, a seu procedimento. (Wambier, Teresa Arruda Alvim, *Os agravos no CPC brasileiro*, p. 547.)

A decisão recorrida, aliás, é a proferida pelos tribunais, e não pelo juiz de primeiro grau.

> É o caso, por exemplo, do chamado agravo "regimental" ou "agravinho", interposto contra decisão do relator, que tem seu processamento previsto em regimento interno do tribunal e que prescinde da formação do instrumento, eis que os autos onde é interposto já se encontram no tribunal onde será apreciado pela câmara ou turma julgadora, sem necessidade de deslocamento físico do recurso para outro tribunal. (Pinto, Nelson Luiz, *Manual dos recursos cíveis*, p. 143-4.)

Não é demais deixar claro que a troca de um agravo por outro constitui grande erro, impedindo inclusive a aplicação do princípio da fungibilidade. Aliás, a interposição errônea de um agravo pode implicar até endereçamento equivocado, de modo que a admissibilidade do recurso estará prejudicada. (Bernardo Pimentel Souza urge pela atenção redobrada na aplicação das espécies de agravos e, portanto, sustenta a mesma opinião de que um agravo em lugar de outro "*geralmente* configura erro grosseiro". *Introdução aos recursos cíveis e à ação rescisória*, p. 371.)

Agravo de instrumento

Remontando a tópicos anteriores, a interposição de agravo de instrumento tem como alvo decisão interlocutória (art. 522, CPC). Sem dúvida, a decisão interlocutória explicita conteúdo decisório, bem como pode ser acompanhada de gravame a uma das partes.

Ora, ato jurisdicional que comporta conteúdo decisório somado a gravame é passível de recurso e, nesse caso, fala-se do agravo. Isso porque, se na decisão o processo é considerado extinto, cabe o recurso de apelação. Se a decisão ocorre, mas se dá continuidade ao processo, certamente o agravo é o recurso adequado.

Especificamente, a decisão interlocutória que pode ser atacada por meio de agravo de instrumento é aquela praticada no âmbito do juízo monocrático. No entanto, uma decisão prolatada em órgão colegiado que não implique extinção do processo também poderá ser atacada por agravo, porém não mais por instrumento, e sim pelo simples agravo, reconhecido pela doutrina e pela jurisprudência como agravo interno ou agravo regimental. (Bernardo Pimentel

Souza dispõe nesse sentido em sua obra *Introdução aos recursos cíveis e à ação rescisória*, p. 372-3.)

Entrementes, hoje, o agravo de instrumento constitui exceção à regra, pois, para a atual legislação, das decisões interlocutórias caberá agravo na forma retida. Trata-se de alteração proveniente da Lei 11.187, de 19 de outubro de 2005, cuja entrada em vigor ocorreu somente 90 dias após sua publicação, ou seja, 18 de janeiro de 2006.

O intuito do legislador ordinário era amenizar a interposição desenfreada de agravo de instrumento aos tribunais toda vez que uma decisão interlocutória, por menor prejuízo que causasse, fosse atacada por meio do recurso em questão. Para tanto, ele apontou que o recurso de agravo continua sendo cabível, mas, por regra, deve caminhar na forma retida.

Em quais situações, então, é possível o agravo seguir direto para os tribunais, caminhando na forma de instrumento? Coube à parte final do artigo 522 do CPC elencar as possibilidades para tanto.

> Art. 522 – Das decisões interlocutórias caberá agravo, no prazo de 10 (dez) dias, na forma retida, salvo quando se tratar de decisão suscetível de causar à parte lesão grave e de difícil reparação, bem como nos casos de inadmissão da apelação e nos relativos aos efeitos em que a apelação é recebida, quando será admitida a sua interposição por instrumento.

Verifica-se pela letra desse artigo que apenas três são as hipóteses em que o agravante poderá interpor o agravo de instrumento, pois fora dessas alternativas o agravo deverá permanecer retido nos autos. Assim, cabe agravo de instrumento quando a decisão interlocutória:

- puder causar à parte lesão grave e de difícil reparação;
- inadmitir o recurso de apelação;
- referir-se aos efeitos em que a apelação é recebida.

Em resumo, o agravo de instrumento é recurso cabível apenas em tais hipóteses e no caso de decisão interlocutória prolatada pelo *juiz de primeiro grau*, não importando a natureza, o procedimento ou a fase do processo.

Explica Misael Montenegro Filho:

> O agravo do art. 522, objeto de nossas atenções, é o único, dentre os apresentados, que é interposto contra decisões proferidas no 1.º Grau de Jurisdição (juiz de direito da Justiça Comum Estadual, juiz federal), sendo as demais espécies voltadas para o combate de decisões proferidas pelos integrantes da instância recursal. (*Curso de Direito Processual Civil*, v. II, p. 162.)

Todavia, não caberá agravo de instrumento:

- da decisão do magistrado que afastar a pena de deserção, tendo em vista comprovado o justo impedimento (art. 519, CPC) – aliás, tal decisão é irrecorrível (art. 519, parágrafo único). Verifica-se que, apesar de se tratar de decisão interlocutória proferida pelo juiz monocrático, o agravo não é admitido, mas por expressa determinação legal. (*Atenção:* da decisão que *afastar* a pena de deserção não cabe agravo, mas da decisão que *decretar* a deserção o agravo de instrumento poderá ser interposto.);

- da decisão nos tribunais que não admitir recurso especial ou recurso extraordinário (art. 544, CPC). Assim, mesmo não se tratando de decisão interlocutória monocrática, a legislação, por bem, fixou o cabimento de agravo de instrumento e não de um simples agravo.

Retornando às razões de aplicar tal agravo, este recebeu a adjetivação de "instrumento" porque, em regra, o recurso tem de ser autuado em separado, com várias peças anexas (obrigatórias e facultativas), para que, então, o tribunal que o receber consiga julgá-lo adequadamente. Veja-se que essas características são comuns ao agravo de instrumento. Para as demais espécies de agravo, os autos principais já se encontram no próprio tribunal julgador, o que torna despicienda a formalização do "instrumento".

De inúmeras decisões interlocutórias que podem ocorrer no processo, inclusive em um mesmo processo, relacionamos algumas das mais corriqueiras em matéria tributária (o rol de decisões também foi proposto por Misael Montenegro Filho, *Curso de Direito Processual Civil*, v. II, p. 163-4, e por Theotonio Negrão e José Roberto F. Gouvêa, *Código de Processo Civil e legislação processual em vigor*, p. 603):

- deferimento ou indeferimento de liminar em ação cautelar;
- deferimento ou indeferimento de liminar em mandado de segurança;
- concessão ou denegação de tutela antecipada;
- decisão de atualização de cálculos no processo de execução (Súmula 118, STJ);
- decisão que determina a prestação de caução;
- decisão que defere ou indefere a realização de perícia judicial;
- decisão que exclui um dos litigantes do processo, reconhecendo sua ilegitimidade passiva ("A decisão que exclui do processo um dos litisconsortes, sob o fundamento de ilegitimidade passiva *ad causam*, é impugnável por meio de agravo, uma vez que não põe termo à relação processual (REsp 364339-SP, 1.ª Turma do STJ, rel. min. Humberto Gomes de Barros, j. 20/5/2004, *DJ* 21/6/2004, p. 163, em transcrição parcial)." Jurisprudência citada por Misael Montenegro Filho, *Curso de Direito Processual Civil*, v. II, p. 164);
- decisão que defere ou indefere produção de provas;
- decisão que determina nova avaliação do bem penhorado;
- decisão que decreta a deserção;
- decisão que fixa os efeitos do recebimento da apelação (art. 524, § 4.º, CPC).

Efeito suspensivo e tutela recursal

É notória a importância do agravo de instrumento na atual legislação processual, mesmo depois das últimas mudanças em suas regras, especialmente na seara do Direito Tributário. Aliás, esse remédio constitucional foi ganhando mais relevo por força de duas leis que marcaram sua utilização.

Em princípio, até 1995, optava-se por impetrar mandado de segurança toda vez que uma decisão interlocutória pudesse proporcionar dano irreparável ou de difícil reparação. A impetração do *mandamus* tinha o condão de tentar suspender os efeitos dessa decisão, uma vez que o recurso do agravo não dava a possibilidade de evitar a eficácia da decisão interlocutória.

Com o advento da Lei 9.169, de 30 de novembro de 1995, foi atribuída ao agravo a possibilidade de requerer a suspensão da eficácia da decisão interlocutória, o conhecido efeito suspensivo, de modo que o agravo solitariamente passou a fazer as vezes do mandado de segurança para esses casos, desafogando o Judiciário de incontáveis processos que só eram formados para suspender os efeitos de decisão que não punha fim à demanda.

Em linhas mestras, Nelson Luiz Pinto comenta o assunto:

> A larga utilização especialmente do mandado de segurança para imprimir artificial efeito suspensivo ao recurso de agravo assoberbava os tribunais, a par de gerar verdadeiro desprestígio a tão importante instrumento constitucional de garantia dos direitos individuais, coletivos e da cidadania, que passava a ser tratado como apêndice de um recurso processual "menor".
>
> Essa anomalia processual levou a que se concebesse um novo mecanismo de processamento para o agravo, de forma a tornar desnecessária a utilização daquele instrumento constitucional, passando o recurso a ter procedimento semelhante ao do mandado de segurança. Praticamente mescla-se o agravo com o mandado de segurança, com vistas a permitir que o recurso seja eficaz contra decisões cujos efeitos imediatos sejam prejudiciais à parte, bem como auto-suficiente. (*Manual dos recursos cíveis*, p. 148.)

Embora a situação processual tivesse melhorado muito, surgiu outro problema a ser dirimido. Quando, por exemplo, requer-se a liminar em ação cautelar e o juiz deixa de concedê-la acreditando não observar os requisitos do *fumus boni iuris* e do *periculum in mora*, está claro que caberá o agravo de instrumento, mas faltaria nexo para o pedido de efeito suspensivo. Ora, se a liminar não foi concedida (decisão de cunho negativo), em que aproveitaria o autor se a decisão interlocutória tivesse seus efeitos suspensos? Não haveria proveito algum. Se a liminar foi pedida, é porque algo o autor quer que seja feito; assim, suspender uma decisão que indeferiu tal pedido é o mesmo que manter a situação do jeito que era, ou seja, sem que nada tenha sido feito.

Manifestações exsurgiram indicando a fragilidade da nova disposição legal, levando os tribunais a entender que o efeito suspensivo (art. 558, CPC) poderia atingir também essas decisões negativas.

Em outras palavras, seria como se o tribunal, ao apreciar o pedido do agravo, pudesse efetivamente conceder a liminar, portanto não só suspendendo os efeitos da decisão interlocutória do juízo *a quo*, como, mais do que isso, propiciando atividade a uma situação inerte. Trata-se do efeito suspensivo ativo.

Nesses termos, as melhores doutrinas esclarecem:

> Os tribunais passaram a entender que o artigo 558 do Código de Processo Civil também poderia ser estendido para as decisões negativas, como no caso do indeferimento de liminar. Nestas hipóteses, o efeito suspensivo passaria a ser ativo e o relator do recurso funcionaria

como preparador do agravo para julgamento da Câmara ou da Turma, conforme o caso. Ao deferir o efeito suspensivo ativo estará, na prática, concedendo a liminar no lugar do juízo recorrido, sem que, com isso, esteja sendo suprimido um grau de jurisdição, conforme previsão expressa do artigo 558 do Código de Processo. (Nunes, Cleucio Santos, *Teoria e prática do processo tributário*, p. 289-90.)

Ou mesmo a jurisprudência:

O chamado efeito suspensivo "ativo" ao agravo de instrumento, criação doutrinária baseada em interpretação teleológica do art. 558 do CPC, vem sendo aceito por esta Corte, conforme inúmeras decisões liminares já proferidas por seus integrantes (Ag. N. 3.037.985/SP. 2.ª Turma do TRF da 3.ª Região, desembargadora Sylvia Steiner, *DJ* 20/11/1996, p. 88.993). (*Apud* Souza, Bernardo Pimentel, *Introdução aos recursos cíveis e à ação rescisória*, nota 855, p. 413.)

Vejamos o artigo tão enunciado:

Art. 558 – O relator poderá, a requerimento do agravante, nos casos de prisão civil, adjudicação, remição de bens, levantamento de dinheiro sem caução idônea e em outros casos dos quais possa resultar lesão grave e de difícil reparação, sendo relevante a fundamentação, suspender o cumprimento da decisão até o pronunciamento definitivo da turma ou câmara.

Diante da transcrição do dispositivo processual, não podemos deixar de notar que é preciso fazer o requerimento ao relator para que o efeito suspensivo (ou efeito suspensivo ativo) seja concedido, ou seja, tal efeito, nesses termos, não será concedido de ofício.

Portanto, a Lei 9.169/95 se consolidou na primeira grande alteração para o agravo. A segunda alteração da legislação processual foi marcada apenas seis anos depois, por intermédio da Lei 10.352, de 26 de dezembro de 2001.

Essa lei, entre outras alterações, modificou a redação do inciso III do artigo 527 do CPC*, que atualmente estabelece:

Art. 527 – Recebido o agravo de instrumento no tribunal, e distribuído incontinenti, o relator:

[...]

III – poderá atribuir efeito suspensivo ao recurso (art. 558), ou deferir, em antecipação de tutela, total ou parcialmente, a pretensão recursal, comunicando ao juiz sua decisão.

Desse modo, podemos asseverar que o até então chamado *efeito suspensivo ativo* passou a se apresentar com nova roupagem, agora como *tutela antecipada recursal*.

Entendemos que a previsão expressa do art. 527, inc. III, do CPC deve ser considerada mero desdobramento do instituto previsto no art. 273 do CPC, razão pela qual os requisitos a serem observados pelo relator deverão ser aqueles referidos neste dispositivo legal. O mesmo se

* "A norma em tela soluciona algum resquício de dúvida sobre a possibilidade do alcunhado efeito suspensivo ativo. Assim, pode o relator entregar a prestação jurisdicional não concedida pelo juízo de primeiro grau imediatamente." (Nunes, Cleucio Santos, *Teoria e prática do processo tributário*, p. 291.)

> pode dizer do art. 558 do CPC, como já se ressaltou na jurisprudência. (Wambier, Teresa Arruda Alvim, *Os agravos no CPC brasileiro*, p. 400.)

Para que seja concedida a tutela antecipada, caberá ao agravante demonstrar os requisitos dispostos no Código de Processo Civil:

> Art. 273 – O juiz poderá, a requerimento da parte, antecipar, total ou parcialmente, os efeitos da tutela pretendida no pedido inicial, desde que, existindo prova inequívoca, se convença da verossimilhança da alegação e:
>
> I – haja fundado receio de dano irreparável ou de difícil reparação; ou
>
> II – fique caracterizado o abuso de direito de defesa ou o manifesto propósito protelatório do réu.
>
> [...]
>
> § 2.º – Não se concederá a antecipação da tutela quando houver perigo de irreversibilidade do provimento antecipado.

Dessa feita, combinando os artigos 273, 527, III, e 558 do CPC, temos a certeza da possibilidade de no agravo de instrumento ser requerida a tutela antecipada, pedido esse que fará as vezes do tão utilizado efeito suspensivo ativo.

Nossa argumentação apóia-se em grande parte da doutrina, especialmente, nesse caso, em Misael Montenegro Filho:

> A redação do inciso III do art. 527 do CPC positivou reclamos da doutrina, que intitulavam de efeito ativo do recurso o que foi denominado pelo legislador de antecipação da tutela recursal. Para o deferimento da providência, necessário que o recorrente preencha requisitos mais rígidos do que os vistos na hipótese que se refere à atribuição do efeito suspensivo, que se apóiam tão-somente no *fumus boni juris* e no *periculum in mora*. [...] Deverá o sucumbente observar os requisitos do art. 273 do CPC, ou seja, ratificar a existência de prova inequívoca da verossimilhança da alegação e do *periculum in mora* **ou** (requisito alternativo) do manifesto propósito protelatório do réu (ver art. 273, *caput*, e incisos I e II). (*Curso de Direito Processual Civil*, v. II, p. 177.)

E a mais ilibada doutrina, nas palavras de Bernardo Pimentel Souza, completa:

> Ao revés, não é possível a concessão de efeito suspensivo a agravo retido. Como o agravo *retido* fica encartado nos próprios autos do processo, a atribuição do efeito suspensivo poderia prejudicar – e até paralisar – o processamento da ação na Justiça de origem. Além do mais, a possibilidade da concessão do efeito suspensivo está restrita ao agravo *de instrumento,* conforme revela combinação dos artigos 497, segunda parte, 527, III, e 558, *caput*, todos do Código de Processo Civil vigente. (*Introdução aos recursos cíveis e à ação rescisória*, p. 415.)

Mais recentemente, a Lei 11.187/2005 trouxe novas disposições para o recurso do agravo, entre as quais a explícita regra que não autoriza recurso da decisão do relator referente à tutela antecipada recursal ou mesmo quanto ao efeito suspensivo, visto que uma possível reforma apenas ocorreria no momento do julgamento do agravo ou nos casos em que o próprio relator reconsiderar sua decisão (art. 527, parágrafo único, CPC).

Finalizando, não se pode esquecer também que daquela decisão do desembargador relator que converter o agravo de instrumento em agravo retido *não cabe recurso*. Muita atenção aqui, pois, com a Lei 11.187/2005, não é mais possível interpor outro agravo contra a decisão do relator que converte agravo de instrumento em agravo retido.

CABIMENTO DO AGRAVO

Antes		Depois
Da decisão do relator que convertia o agravo de instrumento em agravo retido cabia agravo regimental.	**Lei 11.187/2005**	Da decisão do relator que converter o agravo de instrumento em agravo retido *não* cabe recurso.

Apesar da clareza ao interpretar as novas lições do Código de Processo Civil, achamos por bem reafirmar o novo ordenamento pelas palavras de Teresa Arruda Alvim Wambier:

> Atualmente, em razão das modificações oriundas da Lei 11.187/2005, a decisão do relator que determina a conversão do agravo de instrumento em agravo retido, assim como aquela relativa à concessão de efeito suspensivo ou antecipação da tutela recursal (art. 527, incs. II e III), são irrecorríveis. (*Os agravos no CPC brasileiro*, p. 254.)

Formalidades do agravo de instrumento

Conhecendo as finalidades do agravo de instrumento, devemos prestar atenção aos requisitos exigidos pela lei processual para que o recurso seja interposto em conformidade com todos os pressupostos formais.

Antigamente, o agravo era interposto ao juiz singular, o qual o encaminhava ao órgão colegiado para apreciação; aliás, era possível, na falta de qualquer peça, juntar em outro momento os documentos necessários ("A falta de peças de traslado obrigatório será suprida com a conversão do agravo de instrumento em diligência" – Súmula 235, TFR).

Como visto, hoje já não é mais assim. O agravo será encaminhado diretamente ao tribunal competente, comportando:

- a exposição do fato e do direito;
- as razões do pedido de reforma da decisão; e
- o nome e o endereço completo dos advogados, constantes do processo.

Teresa Arruda Alvim Wambier esclarece que

> tanto o agravo de instrumento quanto o agravo retido devem ser acompanhados de razões (art. 523, § 3.º, *in fine*). [...] O momento adequado para a fundamentação do agravo, em ambos seus possíveis regimes, é o da interposição. (*Os agravos no CPC brasileiro*, p. 257.)

A autora, ainda, como é de sua perspicácia, chama a atenção para que se observe que a lei atual não faz referência a que a parte, além de fazer constar da petição do agravo as razões em virtude das quais pede a reforma da decisão, deve, por óbvio, também formular o próprio pedido de reforma da decisão (art. 524, I e II). [...] O mesmo cochilo era cometido no texto anterior à Reforma de 1995 (art. 523, I e II). (*Idem, ibidem.*)

Fazendo um paralelo do agravo com a petição inicial, percebemos que ambos possuem os mesmos requisitos. A falta desses pressupostos, para o caso de indeferimento da petição inicial, implica extinção do processo sem resolução do mérito e, para o caso do agravo, seu não conhecimento.

Ressalte-se que, apesar da exigência legal, a jurisprudência vem ponderando a regra processual:

Dispensa-se a indicação dos nomes e dos endereços dos advogados, quando da interposição do agravo de instrumento, se nas cópias das procurações juntadas se podem claramente verificar tais registros. Em se tratando de comarca na qual a intimação se faz pela imprensa, dispensável até mesmo o requisito do endereço do advogado (RSTJ 110/327). (*Apud* Pinto, Nelson Luiz, *Manual dos recursos cíveis*, p. 159.)

Apesar de parte do posicionamento jurisprudencial ser maleável quanto à aplicabilidade do dispositivo do CPC, é de bom alvitre não se esquecer de indicar o endereço e o nome dos advogados, por mais redundante que possa parecer.

Adicionado aos requisitos anteriores, o instrumento do respectivo agravo deve ser formado com a junção de peças obrigatórias, informadas pelo Código de Processo Civil, e outras que o agravante entender necessárias para o bom processamento do recurso. As peças que obrigatoriamente são integrantes do instrumento do agravo estão arroladas no inciso I do artigo 525 do CPC:

- cópia da decisão agravada;
- cópia da certidão da intimação referente à decisão; e
- cópia das procurações dos advogados do agravante e do agravado.

As demais peças são facultativas (art. 525, II, CPC), muito embora seja bastante comum o agravante relacionar a cópia da petição inicial para que o órgão colegiado compreenda toda a situação levada à demanda.

Apesar de o Código explicitar peças obrigatórias (necessárias ao conhecimento do recurso) e facultativas (não obstariam o conhecimento do recurso), a jurisprudência admite que a falta de peças essenciais à compreensão do agravo de instrumento, ainda que facultativas, poderia ensejar o não conhecimento.

O agravo de instrumento deve ser instruído com as peças obrigatórias e também com as necessárias ao exato conhecimento das questões discutidas. A falta de qualquer delas autoriza o relator a negar seguimento ao agravo ou, à Turma Julgadora, o não conhecimento dele. (*Apud* Souza, Bernardo Pimentel, *Introdução aos recursos cíveis e à ação rescisória*, p. 399.)

Essa maleabilidade conferida pelos tribunais também está presente no Superior Tribunal de Justiça, no que tange, por exemplo, à não inclusão da cópia da intimação da decisão a fim de conferir se o recurso é tempestivo ou não. Nesses casos, adverte o tribunal que o recurso poderá ter seguimento se facilmente constatada a obediência ao prazo para interposição do agravo. O ministro Fernando Gonçalves, como relator do REsp 573065 – RS, em decisão da 4.ª Turma publicada no *DJ* de 26/4/2004 (p. 176), assim fixou:

> Embora a certidão de publicação da decisão agravada constitua peça obrigatória na instrução do agravo de instrumento (art. 525 do CPC), a sua ausência pode ser relevada *quando patente a tempestividade* do recurso. (*Apud* Negrão, Theotonio e Gouvêa, José Roberto F., *Código de Processo Civil e legislação processual em vigor*, em anotação ao art. 525, nota 2a, p. 610 – destaque nosso.)

De modo que, ponderando ou não essas regras processuais, depois de interposto o recurso, o agravante ainda deve cumprir com o disposto no artigo 526 do CPC, sob pena de o agravo ser inadmissível.

> Art. 526 – O agravante, no prazo de 3 (três) dias, requererá juntada, aos autos do processo, de cópia da petição do agravo de instrumento e do comprovante de sua interposição, assim como a relação de documentos que instruíram o recurso.
>
> Parágrafo único – O não cumprimento do disposto neste artigo, desde que argüido e provado pelo agravado, importa inadmissibilidade* do agravo.

Mais uma exigência processual muito bem colocada pela Lei 9.139/95 (o parágrafo único foi acrescentado pela Lei 10.352/2001); afinal, como o agravo de instrumento é interposto diretamente no tribunal, se não existisse a necessidade de comunicar ao juiz *a quo* que uma decisão interlocutória sua foi agravada, o magistrado não teria sequer como se valer do juízo de retratação.

Na prática, portanto, o agravante primeiro interpõe o recurso perante o tribunal; depois, de posse da cópia do protocolo do recurso em mãos, fará nova petição, agora dirigida ao juiz monocrático, informando da decisão agravada. Invariavelmente o tribunal requererá que o agravante comprove que atendeu ao dispositivo do artigo 526, dando prosseguimento ao recurso.

Se essas providências não forem tomadas (comunicação ao *a quo* no prazo máximo de três dias), caberá ao agravado se manifestar e provar que o recurso é carente da exigência processual. Outro não é o entendimento dos nossos superiores tribunais:

> Para o não conhecimento do agravo, é indispensável que o descumprimento do art. 526 seja "argüido e provado pelo agravado, não se admitindo o conhecimento da matéria de ofício, mesmo não tendo os agravados procurador constituído nos autos" (STJ – 3.ª Turma, REsp 577.655, rel. min. Carlos Filho, j. 7/10/2004, deram provimento, v.u., *DJU* 22/11/2004, p. 337). (*Apud* Negrão, Theotonio e Gouvêa, José Roberto F., *Código de Processo Civil e legislação processual em vigor*, p. 612.)

* Embora a letra da lei explicite "inadmissibilidade", a expressão mais adequada seria "não conhecimento", pois é o tribunal que apreciará o agravo.

Ademais, vale ressaltar que, mesmo tendo comunicado ao juiz que sua decisão foi agravada, caso essa petição tenha sido juntada aos autos principais extemporaneamente, ou seja, em prazo superior aos três dias indicados pelo CPC, o agravo de instrumento não será conhecido.

Descumpre o art. 526, § ún., do CPC, não só quem deixa de juntar aos autos do processo a cópia da petição do agravo de instrumento, mas também quem requer essa juntada fora do prazo (STJ – 3.ª Turma, Med. Caut. 6.449-SP-Ag-Rg, rel. min. Ari Pargendler, j. 27/5/2003, deram provimento, v.u., *DJU* 4/8/2003, p. 289). (*Idem, ibidem.*)

Perfil esquemático do agravo de instrumento

O agravo de instrumento poderá apresentar-se tal qual um recurso de apelação, portanto com petição de interposição e razões do agravo (minuta do agravo), ou, tendo em vista não haver regra processual nesse sentido, ser redigido em peça única.

A peça poderá ser deduzida diretamente com as razões, de forma seqüencial, como também através de petição autônoma de interposição, em que se requer sejam recebidas e julgadas as razões do recurso. (Nunes, Cleucio Santos, *Teoria e prática do processo tributário*, p. 281.)

O esquema apresentado a seguir é de peça única.

ENDEREÇAMENTO: Encaminhado ao desembargador presidente do Tribunal de Justiça (agravados: Estado/Município) ou do Tribunal Regional Federal (agravado: União)

---

10 cm

Processo de origem (indicar a ação)
N.º ...

QUALIFICAÇÃO
VERBO: *INTERPOR*.
FUNDAMENTAÇÃO PROCESSUAL: art. 522 e seguintes do CPC.
PRAZO: 10 dias.

INDICAR O PREPARO.

HISTÓRICO

FUNDAMENTOS JURÍDICOS/MINUTA DO AGRAVO

EFEITO SUSPENSIVO OU TUTELA ANTECIPADA

PEDIDO: Requerer seja o agravo *recebido e conhecido* a fim de...

...conceder o efeito suspensivo a fim de...	...conceder a tutela antecipada a fim de...

AO FINAL SEJA DADO PROVIMENTO AO RECURSO, REFORMANDO A DECISÃO INTERLOCUTÓRIA EM DEFINITIVO.

REQUERER A JUNTADA DAS PEÇAS.

Obrigatórias:	Facultativas:
• cópia da decisão agravada; • cópia da intimação da decisão; • cópia das procurações dos advogados de ambas as partes.	• as peças necessárias e úteis para a compreensão do agravo (ex.: cópia da petição inicial).

O agravante, nos termos do artigo 526 do CPC, informará ao juízo *a quo* sobre a interposição do recurso de agravo de instrumento.

Agravo retido

Tal qual o agravo de instrumento, o agravo retido também pode ser interposto quando de uma decisão interlocutória do juiz monocrático, dentro de um prazo de 10 dias, conforme expõe o artigo 522 do CPC.

Nos mesmos moldes das demais espécies recursais, o agravo retido deverá ser apresentado na forma escrita; todavia, segundo o § 3.º do artigo 523, caso a decisão interlocutória seja proferida em audiência, necessariamente é o agravo retido que deverá ser interposto, imediatamente e de forma oral, desde que, claro, o agravante sucintamente exponha seu inconformismo e justifique os motivos que o levam a requerer uma nova decisão.

A Lei 11.187/2005 também trouxe mudança ao parágrafo anteriormente citado. Na letra do CPC, admitia-se o agravo retido oralmente, porém tratava-se de mera opção do agravante, pois podia ele preferir externar sua irresignação na forma escrita, atendendo ao prazo de 10 dias, contados do primeiro dia útil subseqüente à data da audiência.

Em qualquer dos casos, teria o magistrado a possibilidade de se retratar, seja no momento da audiência, depois de ouvidas as razões do agravante, seja logo que recebesse o agravo retido por petição, não se esquecendo, contudo, de oferecer a oportunidade ao agravado de se insurgir contra os motivos apresentados. (O mesmo raciocínio é desenvolvido por Misael Montenegro Filho, *Curso de Direito Processual Civil*, v. II, p. 168.)

Para que não persistam dúvidas, reafirme-se que hoje, para as decisões interlocutórias proferidas nas audiências de instrução e julgamento, necessariamente, caso uma das partes entenda-se prejudicada, imediatamente deverá interpor o agravo (que ficará retido) na forma oral.

> Evidentemente, o regime de retratação, tendo sido o agravo interposto oralmente na audiência de instrução e julgamento, não será o do art. 523, § 2.º. O juiz ouvirá, em seguida, a outra parte *e na própria audiência deverá, se for o caso, retratar-se*. (Wambier, Teresa Arruda Alvim, *Os agravos no CPC brasileiro*, p. 269.)

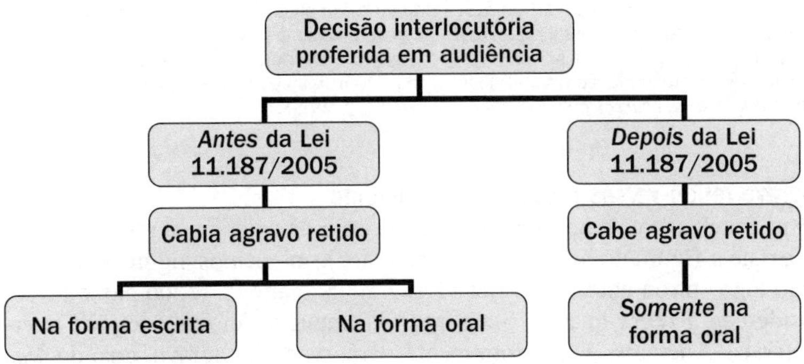

Tendo em vista que o agravo em questão permanecerá retido nos próprios autos principais, ou seja, não exigindo a tarefa de encaminhá-lo à instância superior, logo, não há a necessidade de preparo para que o recurso seja recebido. Embora pareça lógica a conclusão, ainda assim o Código de Processo Civil preferiu em suas linhas explicitar a regra:

> Art. 522, parágrafo único – O agravo retido independe de preparo.

Caso, então, a parte que interpôs o remédio jurisdicional venha a sucumbir na sentença em primeira instância, certamente o recurso de apelação será apresentado e, para que o agravo que ficou retido nos autos venha a ser conhecido, é imprescindível que o apelante (quem tinha agravado anteriormente uma decisão interlocutória) solicite a apreciação do agravo outrora interposto. O apelado também poderá nas contra-razões requerer o conhecimento do agravo que ele teria interposto no curso do processo principal.

Art. 523, § 1.º – Não se conhecerá do agravo se a parte não requerer expressamente, nas razões ou na resposta da apelação, sua apreciação pelo Tribunal.

Segundo raciocínio de Bernardo Pimentel Souza, o agravo retido não está sujeito ao juízo de admissibilidade pelo juiz monocrático.

É tradicional em nosso Direito a orientação de que o prolator da decisão agravada não pode impedir o acesso do agravo ao órgão julgador do recurso. [O autor, com bastante esmero, ainda completa:] Há outro argumento em prol da inexistência de juízo de admissibilidade do agravo retido na Justiça de origem. Segundo a técnica processual, existe uma diferença terminológica, dependendo da ocorrência de juízo negativo de admissibilidade no órgão *a quo* ou no tribunal *ad quem*. Sem dúvida, quando existe duplo juízo de admissibilidade e o recurso sofre juízo negativo na origem, tem-se que houve "*inadmissão*", ou seja, o recurso nem sequer foi *recebido*. É o que se extrai dos artigos 518, *caput*, 520, 521, 523, § 4.º, 532, 533, *caput*, 542, § 2.º, e 544, *caput*, todos do Código de Processo Civil. Ao revés, quando o juízo negativo ocorre no órgão julgador, o recurso não é conhecido. É o que revelam os artigos 544, § 1.º, e 560, *caput*. Feita a distinção terminológica, já é possível analisar o preceito que trata do agravo retido, qual seja, o artigo 523. Tanto no *caput* como no § 1.º há o verbo *conhecer*, o qual, como estudado, possui significado próprio, diverso do dos verbos *admitir* e *receber*. Portanto, a expressão "*não se conhecerá do agravo*", inserta no § 1.º do art. 523, revela a existência de juízo de admissibilidade apenas no tribunal, com a ausência na origem. (*Introdução aos recursos cíveis e à ação rescisória*, p. 397-8.)

Agravo retido *versus* agravo de instrumento

Para aqueles que se perguntam sobre a razão de existir o agravo retido, já que existe a figura do agravo de instrumento, esmiucemos algumas regras.

Tão logo entrou em vigor a Lei 11.187/2005, o agravo retido passou a ser considerado a regra quando o assunto é a impugnação das decisões interlocutórias. Ademais, obrigatoriamente será retido o agravo quando *das decisões interlocutórias proferidas na audiência de instrução e julgamento*.

Apesar do enunciado em dispositivo processual, Edson Cosac Bortolai demonstrou sua insatisfação com o exarado no artigo 523, § 4.º, do CPC (agora revogado), o qual dispunha que o agravo deveria ser retido também em relação às decisões interlocutórias *posteriores* à sentença.

Parece evidente que o legislador trocou a palavra, que deveria ser "anteriores" à sentença, e pela lógica chega-se a essa conclusão, pois após a sentença o processo não mais subirá ao tribunal (salvo raríssimas exceções, como a ação de prestação de contas para exigi-las), já que é a sentença que motiva a apelação, e esta, por sua vez, é o veículo que torna possível o exame do agravo retido, cujo exame o mesmo legislador exige seja requerido preliminarmente naquela peça (apelação). Por isso também ressalvou o legislador no mencionado § 4.º caber agravo de instrumento quando for inadmitida a apelação, vale dizer, quando o veículo que possibilitaria o exame do agravo retido for inadmitido. (*Manual de prática forense civil*, p. 280.)

Preferimos elucidar um exemplo para identificar a utilização do recurso em modo retido.

O juiz decide por não acolher o pedido de perícia contábil nos documentos juntados aos autos principais requerido pelo contribuinte. Em princípio, o autor da ação (contribuinte) acredita estar prejudicado pela decisão interlocutória (embora não imagine ser de grande relevância); assim, por precaução, interpõe o agravo retido. O recurso estará retido nos autos e apenas será apreciado caso o processo seja encaminhado ao tribunal de segunda instância, desde que requerido em grau de apelação ou contra-razões.

Excepcionalmente, ainda que decisões interlocutórias provenientes das situações acima descritas, o *agravo de instrumento* será o meio judicial hábil. Isso ocorrerá:

- nos casos de lesão grave e de incerta reparação;
- nos casos de inadmissão da apelação; e
- nos casos relativos aos efeitos em que a apelação é recebida.

Daí, concluímos que o interessado em agravar, em qualquer outra hipótese que não as arroladas, terá de se contentar com a interposição do agravo retido.

Indubitavelmente, o agravo de instrumento será escolhido quando o recorrente se vir diante de iminente prejuízo, sobretudo com a possibilidade de, ainda, requerer a tutela antecipada, nos termos do artigo 527, III, do CPC. Por outro lado, mesmo que o recorrente vislumbre prejuízo, mas não acredite ser ele tão próximo, apenas para se precaver poderá interpor o agravo retido.

Cumpre destacar que, se o agravante insistir na apresentação do agravo de instrumento, porém o recurso acaba por ser convertido em agravo retido, pois entendeu o relator não haver necessidade para apreciação do tribunal naquele instante, o agravante não poderá se valer de outro agravo. Na disposição processual anterior existia a possibilidade de interpor agravo regimental ao próprio tribunal do qual o relator fazia parte.

Conforme bem elucida Teresa Arruda Alvim Wambier,

> o relator poderá, em decisão irrecorrível (cf. art. 527, parágrafo único, na redação da Lei 11.187/2005), converter o agravo de instrumento em agravo retido, caso não se convença da urgência do julgamento do recurso; infere-se que, atualmente, *o agravo deve observar o regime de retenção, admitindo-se o regime de instrumento somente nos casos em que se demonstre a necessidade de julgamento urgente*. (*Os agravos no CPC brasileiro*, p. 262.)

Outra é a situação quando o relator negar seguimento a agravo de instrumento. De acordo com o artigo 557, *caput*, do CPC, cabe ao relator negar seguimento a recurso manifestamente inadmissível, improcedente, prejudicado ou em confronto com súmula ou com jurisprudência dominante do respectivo tribunal, do Supremo Tribunal Federal ou de tribunal superior. Para esses casos, existe a possibilidade de a parte prejudicada interpor novo agravo, cujo procedimento estará previsto no regimento interno do respectivo tribunal.

O novo agravo é o regimental (art. 557, § 1.º, CPC), que deverá ser interposto no prazo de cinco dias e ser encaminhado diretamente ao órgão competente para o julgamento do recurso (tribunal), a não ser que o relator que negou o prosseguimento do agravo de instrumento se retrate, dando, aí sim, seguimento ao recurso por via instrumental.

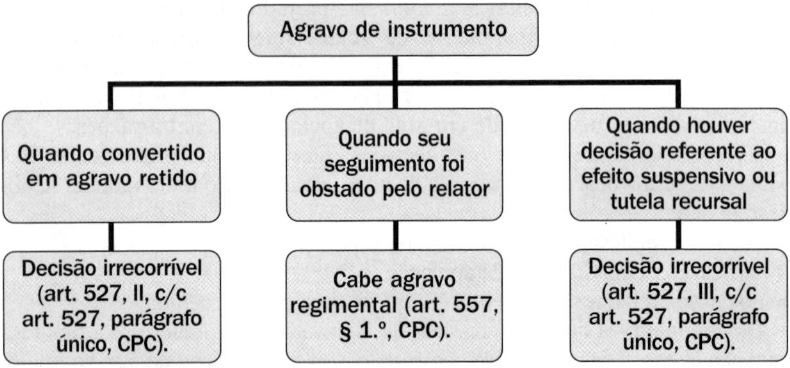

COMPARAÇÃO ENTRE AGRAVO RETIDO E AGRAVO DE INSTRUMENTO

Agravo retido	**Agravo de instrumento**
Escrito ou oral.	Escrito.
Prazo: 10 dias.	Prazo: 10 dias.
Encaminhado ao juízo *a quo*.	Encaminhado ao juízo *ad quem*.
Independe de preparo.	Depende de preparo (exceto quando o tribunal isente do pagamento).
Para impugnar qualquer decisão interlocutória, inclusive nas audiências de instrução e julgamento.	Cabimento apenas nos casos: • de decisão suscetível de causar à parte lesão grave e de difícil reparação; • de inadmissão da apelação; • relativos aos efeitos em que a apelação é recebida.
Presença de prejuízo potencial.	Presença de prejuízo imediato.
Depende, para ser conhecido, de requerimento expresso em apelação ou contra-razões.	Não depende de outro recurso para ser conhecido.

Agravo (simples)

Como comentado no início deste capítulo, optamos por classificar o agravo em três espécies: agravo de instrumento, agravo retido e, simplesmente, agravo. Este último recebe muitas denominações, dependendo do caso em que caiba o recurso: agravo interno, agravo regimental, agravinho, agravo de mesa, agravo por petição, agravo inominado.

Vários são os momentos processuais que ensejam a interposição desse agravo, entre os quais destacamos:

- "Havendo jurisprudência dominante do tribunal sobre a questão suscitada, o relator poderá decidir de plano o conflito de competência, cabendo agravo, no prazo de 5 (cinco) dias, contado da intimação da decisão às partes, para o órgão recursal competente" (art. 120, parágrafo único, CPC) – Trata-se de situação que envolve conflito de competência quando dois ou mais juízes se consideram competentes, quando dois ou mais juízes se consideram incompetentes ou quando entre dois ou mais juízes surge controvérsia acerca da reunião ou separação de processos (art. 115, CPC). Tal conflito será suscitado ao presidente do tribunal competente (art. 118, CPC); por isso, caso haja jurisprudência dominante acerca do conflito suscitado, o relator já pode decidir sobre a questão, cabendo dessa decisão agravo.
- "Da decisão que não admitir os embargos caberá agravo, em 5 (cinco) dias, para o órgão competente para o julgamento do recurso" (art. 532, CPC) – Da decisão do relator do órgão colegiado que não admitir embargos infringentes, decorrente de acórdão não unânime ou de acórdão que julgar procedente ação rescisória, caberá a interposição de agravo ao órgão do tribunal competente no prazo máximo de cinco dias.
- "Da decisão do relator que não admitir o agravo de instrumento, negar-lhe provimento ou reformar o acórdão recorrido, caberá agravo no prazo de 5 (cinco) dias, ao órgão competente para o julgamento do recurso, observado o disposto nos §§ 1.º e 2.º do art. 557" (art. 545, CPC) – Trata-se das situações em que, não conhecido o recurso extraordinário ou especial, poderá ser interposto agravo de instrumento, e, se o relator não admitir o recurso, negar-lhe provimento ou reformar o acórdão outrora recorrido, a parte interessada terá a possibilidade de interpor outro agravo, desde que dentro do prazo de cinco dias.

As hipóteses relacionadas dizem respeito aos agravos que não dependem de instrumento e não são retidos, portanto aqui denominados simplesmente como *agravos*, sem nenhuma adjetivação. Tais quais esses, outros já foram demonstrados no bojo deste trabalho, como o da decisão de relator que monocraticamente der provimento a recurso de decisão manifestamente em confronto com súmula ou jurisprudência dos tribunais superiores (art. 557, §§ 1.º-A e 1.º, CPC).

Assim, o importante desses agravos é reconhecer que para nenhum deles é necessário o deslocamento do recurso de um tribunal para outro. Isso porque o órgão capacitado por julgar o agravo faz parte do mesmo tribunal que proferiu a decisão agravada.

Para concluir o assunto, trazemos as esclarecedoras palavras de Bernardo Pimentel Souza, que ratifica:

> Com efeito, o que importa para o cabimento do agravo interno é ter sido a decisão monocrática proferida por um magistrado de tribunal, seja de corte de segundo grau ou de tribunal superior. Realmente, as decisões *individuais* prolatadas pelos membros dos tribunais locais, regionais e superiores são passíveis de impugnação por meio de agravo regimental. (*Introdução aos recursos cíveis e à ação rescisória*, p. 422-3.)

E, para que não restem dúvidas acerca da matéria, o mesmo autor completa:

> A legislação de regência do agravo interno indica que o recurso só é cabível contra decisão monocrática de autoria de membro de tribunal. Por tal razão, *acórdão* não pode ser impugnado por meio de agravo regimental. (*Idem, ibidem*.)

Agravos *versus* mandado de segurança

Não pretendemos aqui novamente discutir o cabimento ou não de mandado de segurança contra ato judicial, mesmo porque isso já foi feito no capítulo apropriado. Uma vez que confirmamos ser cabível mandado de segurança contra ato do juiz, a questão agora a ser suscitada é se contra decisão interlocutória poderia ser impetrada a ação mandamental.

Acreditamos ser possível a impetração do *writ*, ainda que haja recurso previsto contra a prática do ato judicial. Claro que não queremos dizer que o mandado de segurança funciona como substituto recursal. Ao contrário, cremos que a via mandamental nesses casos ocorre de maneira extraordinária; trata-se de prática incomum, que, porém, não encontra óbice constitucional.

Haja vista que o objetivo do mandado de segurança é proteger direito líquido e certo, quando impetrado contra ato judicial, seus efeitos não poderiam ir além do que impedir a eficácia do ato atacado. Em hipótese alguma, quando o ato judicial permitir recurso, poderia o *writ* fazer as vezes do recurso cabível.

Valendo-se das mesmas bases sobre as quais nos apoiamos é que Lúcia Valle Figueiredo denomina o mandado de segurança contra ato judicial de atípico,

> porque sua finalidade é apenas uma: suspender temporariamente a eficácia da decisão, provisória ou definitiva, da primeira instância ou, eventualmente, de um tribunal. [...] E por que suspender a eficácia da decisão? Exatamente porque não se coloca a possibilidade de mandado de segurança contra ato judicial, como já enfatizado, se remédio houver impeditivo da executoriedade da liminar, como também da sentença, desde logo executável. (*Mandado de segurança*, p. 71.)

Desse modo, quando o intuito da parte interessada for reformar a decisão do juiz, apenas o recurso processualmente previsto será admitido. Contudo, se o que se pretende é somente evitar a produção dos efeitos da decisão, o mandado de segurança poderá ser impetrado concomitantemente com o recurso cabível, a fim de que a decisão seja por derradeiro reformada.

Nesse sentido, a inexorável doutrina de Hely Lopes Meirelles sobre o tema:

> Inadmissível é o mandado de segurança como substitutivo do recurso próprio, pois por ele não se reforma a decisão impugnada, mas apenas se obtém a sustação de seus efeitos lesivos ao

direito líquido e certo do impetrante, até a revisão do julgado do recurso cabível. Por isso mesmo, a impetração pode – e deve – ser concomitante com o recurso próprio (apelação, agravo, correição parcial), visando unicamente a obstar à lesão efetiva ou potencial do ato judicial impugnado. Se o impetrante não interpuser, no prazo legal, o recurso adequado, tornar-se-á carecedor da segurança, por não se poder impedir indefinidamente, pelo *mandamus*, os efeitos de uma decisão preclusa ou transitada em julgado, salvo se a suposta "coisa julgada" for juridicamente inexistente ou inoperante em relação ao impetrante. (*Mandado de segurança*, p. 43-4.)

Ponderando os apontamentos sobre a questão, o mesmo autor assevera que o fato de coexistir recurso cabível não faz óbice ao mandado de segurança, caso a medida recursal não seja suficiente para afastar de pronto iminente lesão ao direito do impetrante. Ele justifica seu posicionamento ao lembrar que a função do *writ* é exatamente proteger o indivíduo contra abusos das autoridades, entre elas a judiciária. E conclui:

Se os recursos comuns revelam-se ineficazes na sua missão protetora do direito individual ou coletivo, líquido e certo, pode seu titular usar, excepcional e concomitantemente, o *mandamus*. (*Idem*, p. 45.)

Essas primeiras linhas de raciocínio são importantíssimas para o que se vai concluir adiante, pois, como visto, a Lei 11.187/2005 acabou por determinar três grandes vedações à nova aplicação do agravo. Primeiro: deixou de existir a possibilidade de agravar a decisão do relator que converter o agravo de instrumento em agravo retido. Segundo e terceiro: veda-se explicitamente a recorribilidade da decisão relativa à concessão do efeito suspensivo ou da tutela recursal, uma vez que o parágrafo único do artigo 527 do CPC indica que tais decisões somente são passíveis de reforma no momento do julgamento do agravo ou se o relator as reconsiderar.

Diante dessas constatações, a parte eventualmente prejudicada por quaisquer das decisões não poderia ficar à mercê da avaliação pessoal e imediata do relator ou aguardando ulterior julgamento. Para evitar dano ao direito da parte, insurge-se perfeitamente cabível a impetração do mandado de segurança. Esclarece Teresa Arruda Alvim Wambier que tal prática é anterior à Lei 11.187/2005, porém, com as alterações que se assentam, o número de ações mandamentais em face das situações apresentadas tende a crescer. (*Os agravos no CPC brasileiro*, p. 406-7.)

Encerramos o presente tópico com as magistrais palavras da mesma autora, tendo a certeza de que as modificações descritas como irrecorríveis após a reforma pronunciada pela Lei 11.187/2005 estarão protegidas pela via mandamental.

Esse é, a nosso ver, exata e precisamente, o raciocínio que o intérprete deve continuar a realizar em face das alterações pelas Reformas: *estando preenchidos, na situação concreta, os requisitos de natureza constitucional (ato ilegal ou abusivo, que ofenda direito líquido e certo) e não oferecendo, o sistema da lei ordinária, solução eficaz, eficiente, operativa, pode a parte lançar mão do mandado de segurança para impugnar a decisão judicial.* (*Idem*, p. 408-9 – destaque original.)

AGRAVOS

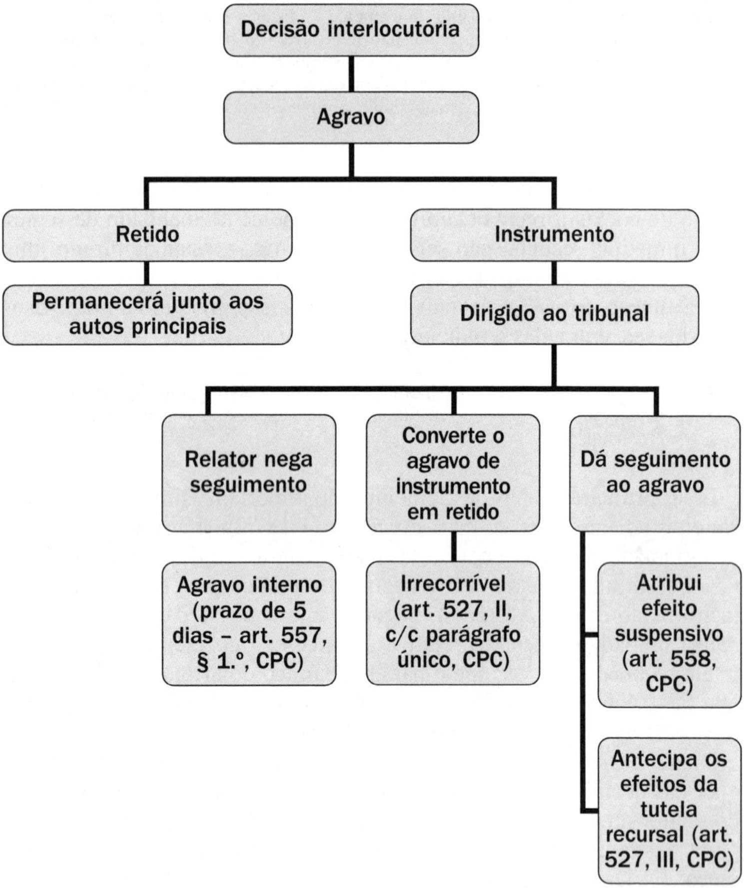
Decisão interlocutória
Agravo
Retido
Instrumento
Permanecerá junto aos autos principais
Dirigido ao tribunal
Relator nega seguimento
Converte o agravo de instrumento em retido
Dá seguimento ao agravo
Agravo interno (prazo de 5 dias – art. 557, § 1.º, CPC)
Irrecorrível (art. 527, II, c/c parágrafo único, CPC)
Atribui efeito suspensivo (art. 558, CPC)
Antecipa os efeitos da tutela recursal (art. 527, III, CPC)

Não Esqueça

1. O agravo é remédio recursal adequado a impugnar decisão que resolve questão incidental no processo, ou seja, é recurso cabível de decisões interlocutórias.
2. Existem três modalidades de agravo: o retido, o de instrumento (prazo de 10 dias) e o inominado (agravo interno ou regimental – prazo de cinco dias).
3. Todos cabem apenas de decisões interlocutórias, porém a rigor os agravos retido e de instrumento caberão de decisão interlocutória proferida pelo juiz de primeira instância. No caso do agravo interno ou regimental, a decisão interlocutória terá sido proferida em segunda instância ou instância superior.
4. Após o advento da Lei 11.187/2005, ao impugnar uma decisão interlocutória, a regra é interpor o agravo em sua forma retida e apenas excepcionalmente o recurso deverá seguir acompanhado por instrumento.
5. Da decisão do desembargador relator que converter o agravo de instrumento em agravo retido não há mais recurso previsto pelo atual Código de Processo Civil.
6. Atualmente, o agravo de instrumento somente caberá nos casos: de decisão suscetível de causar à parte lesão grave e de difícil reparação; de inadmissão da apelação; e relativos aos efeitos em que a apelação é recebida.
7. O agravo de instrumento é recebido apenas no efeito devolutivo. Contudo, existe a possibilidade de o relator do recurso atribuir efeito suspensivo ou antecipar os efeitos da tutela recursal (art. 527, III, CPC).
8. Para que o efeito suspensivo seja atribuído, deve-se comprovar que da decisão possa resultar lesão grave e de difícil reparação. Já para que o relator conceda antecipadamente os efeitos da tutela, é preciso demonstrar a prova inequívoca da verossimilhança da alegação, o dano irreparável ou de difícil reparação e a reversibilidade da medida.
9. Se o relator decidir por não conceder o efeito suspensivo ou a antecipação da tutela, apesar dos requisitos demonstrados, não caberá nenhum outro recurso, havendo a possibilidade apenas de impetrar mandado de segurança.
10. De ato do juiz cabe mandado de segurança, entretanto a ação não pode servir como substituta ao recurso, pois apenas o recurso adequado é que terá condições de reformar a decisão do juiz, enquanto o mandado de segurança somente paralisa os efeitos da decisão.

Passo a Passo

1. Analise se a manifestação do juiz tem conteúdo decisório e se causa gravame à parte interessada.
2. Certifique-se de que a decisão não colocou fim ao processo (decisão interlocutória).
3. Não se esqueça do prazo para a interposição do recurso: 10 dias (art. 522, CPC).
4. Identifique o gravame causado pela decisão interlocutória.
5. Tratando-se de prejuízo em potencial, o agravo é o retido; se a decisão puder resultar em lesão grave e de difícil reparação, o de instrumento.
6. Destaque a matéria que pretende impugnar.
7. Identifique quem foi o julgador responsável pela decisão e qual o tribunal competente para apreciar seu recurso.
8. Lembre-se de que o agravo é estruturado em peça única. Se for agravo retido, ele deve ser encaminhado ao juiz que prolatou a decisão; se for agravo de instrumento, direto ao tribunal hierarquicamente competente para rever as decisões do juiz monocrático.
9. Confirme o endereçamento.
10. Identifique e analise em que efeitos o recurso deve ser recebido.
11. Se for o caso, verifique a possibilidade de pedir o efeito suspensivo (art. 558, CPC) ou a tutela antecipada recursal (art. 527, III, CPC).
12. Anexe as peças obrigatórias e, eventualmente, outras que entender necessárias para a melhor apreciação do recurso.
13. Não se esqueça de efetuar o preparo (custas e porte de remessa e retorno).
14. No caso de agravo de instrumento, lembre-se de cumprir a regra do artigo 526 do CPC, segundo a qual o agravante deve informar ao juiz que sua decisão foi agravada (prazo de três dias).

EMBARGOS INFRINGENTES

Os embargos infringentes constituem a terceira modalidade de recurso na ordem apresentada pelo artigo 496 do CPC. Por força do artigo 508 do mesmo diploma legal, o prazo para sua interposição, bem como para a respectiva resposta, é de 15 dias.

Assim, após o incremento da Lei 10.352/2001, a disposição processual sobre os embargos infringentes vigora com as seguintes palavras:

> Art. 530 – Cabem embargos infringentes quando o acórdão não unânime houver reformado, em grau de apelação, a sentença de mérito, ou houver julgado procedente ação rescisória. Se o desacordo for parcial, os embargos serão restritos à matéria objeto da divergência.

Do texto legal, cumpre destacar as expressões para reconhecer o cabimento dos embargos:

CABIMENTO DOS EMBARGOS INFRINGENTES

Primeira situação	Segunda situação
a) Acórdão não unânime	a) Acórdão não unânime
b) que houver reformado	b) que houver julgado procedente
c) em grau de apelação	c) ação rescisória
d) sentença de mérito	

Acórdão não unânime

Antes de qualquer outra informação, percebemos que os embargos infringentes cabem sempre de decisão não unânime proferida em acórdão, ou seja, decisões atribuídas a órgãos colegiados, advindas, portanto, dos tribunais. Isso nos leva a concluir que o presente recurso não caberá das decisões de juiz singular, por razões óbvias até, visto que a decisão é conferida a apenas um magistrado.

Basta que um dos julgadores tenha seu voto vencido para que a parte interessada interponha embargos infringentes. Parece claro que o recorrente apresenta o remédio jurisdicional adequado para tentar convencer que é o voto vencido que deve prevalecer em detrimento dos demais.

O desacordo entre os juízes apura-se pela *conclusão* do pronunciamento de cada votante, não pelas razões que invoque para fundamentá-lo. Pode ocorrer que um ou mais juízes divirjam quanto à argumentação, mas não quanto à conclusão. Neste caso não existe a divergência que possa ensejar os embargos infringentes. (Moreira, Barbosa, *apud* Greco Filho, Vicente, *Direito Processual Civil brasileiro*, v. II, p. 320.)

Por outro lado, caso o acórdão seja unânime, vê-se que não cabem embargos infringentes, ou seja, quando não houver votos divergentes, o processo poderá prosseguir sem ser obstaculizado pela apresentação desse recurso.

Súmula 295, STF – São inadmissíveis embargos infringentes contra decisão unânime do Supremo Tribunal Federal em ação rescisória.

Outras súmulas do STF referentes à matéria:

Súmula 293 – São inadmissíveis embargos infringentes contra decisão em matéria constitucional submetida ao plenário dos tribunais.

Súmula 294 – São inadmissíveis embargos infringentes contra decisão do Supremo Tribunal Federal em mandado de segurança.

Súmula 296 – São inadmissíveis embargos infringentes sobre matéria não ventilada pela turma no julgamento do recurso extraordinário.

Oportunamente destacamos o posicionamento de Edson Cosac Bortolai quanto ao acórdão não unânime. Segundo o autor, não basta apenas a presença de voto vencido na decisão colegiada; é preciso que o acórdão não unânime tenha *reformado* decisão anterior, em virtude da apelação, ou julgado *procedente* ação rescisória.

Desse modo, acórdão não unânime, mantendo a sentença recorrida ou julgando improcedente ação rescisória, não mais autoriza interposição de embargos infringentes. (*Manual de prática forense civil*, p. 295.)

"Reformada" apelação

Ao se falar em reforma da decisão em virtude de apelação, logo se chega à conclusão de que o mérito foi atacado, pois, se assim não o fosse, estaríamos falando em anulação da decisão e não em sua reforma.

Como já explicitado em capítulo específico sobre o tema, a apelação é cabível quando de uma sentença que põe fim ao processo, com resolução do mérito (art. 269, CPC) ou sem resolução do mérito (art. 267, CPC).

Se não há a resolução do mérito, o pedido adequado em razão da apelação será sua anulação, dependendo do caso, possibilitando, aliás, ao tribunal julgar desde logo a demanda. Por outro lado, caso o juiz aprecie a demanda e decida contrariamente às pretensões do autor (por exemplo), em grau de apelação caberá o pedido de reforma da decisão proferida.

A letra do artigo 530 é bastante clara em indicar o cabimento dos embargos infringentes somente da decisão de reforma resultante de apelação.

> Assim, se a sentença reformada não houver apreciado o mérito do processo (sentença terminativa), não cabe a interposição de recurso de embargos infringentes, devendo a parte, mesmo com a discrepância de votos (ausência de unanimidade), de logo interpor recurso especial e/ou extraordinário contra o pronunciamento do tribunal. (Montenegro Filho, Misael, *Curso de Direito Processual Tributário*, v. II, p. 185.)

Entretanto, opiniões de renomados autores discordam da afirmação anterior, apontando que há manifestas divergências em relação às diferenças entre *error in iudicando* (decisão que necessitaria de reforma) e *error in procedendo* (decisão que necessitaria de anulação) e que o Código de Processo Civil é silente em relação a tais discrepâncias. Tendo em vista esses argumentos, uma corrente doutrinária preza por uma interpretação mais abrangente do artigo 530, de modo que o cabimento dos embargos infringentes poderia se dar tanto quando um acórdão venha a reformar como quando venha a anular decisão monocrática.

Bernardo Pimentel Souza é um dos autores que defendem a interposição dos embargos infringentes quando o acórdão estiver se referindo a decisões com resolução do mérito ou sem resolução do mérito; contudo, reconhece a prevalência jurisprudencial em relação ao cabimento do recurso somente nos casos em que houver a reforma e não a anulação.

> Todavia, é preciso reconhecer que a tendência da jurisprudência deve ser em prol da interpretação literal do novel artigo 530, a fim de admitir os embargos apenas quando o provimento do recurso apelatório ocasionar a reforma, em homenagem à colenda comissão de atualização do Código de Processo Civil brasileiro. (*Introdução aos recursos cíveis e à ação rescisória*, p. 508.)

Portanto, a sentença do juiz *a quo* deve ter se insurgido no mérito, primeiramente, para que depois, em grau de apelação, caso o acórdão não seja unânime, a parte interessada esteja autorizada a interpor embargos infringentes. Ou seja, se a sentença do juiz singular nem sequer apreciou o mérito, tendo em vista vício processual, a apelação apresentada surgiu para anular a decisão e, nesse sentido, provido o recurso apelatório, mesmo que por acórdão não unânime, não haverá a possibilidade para os embargos infringentes.

<table>
<tr><th colspan="4">SENTENÇA MONOCRÁTICA</th></tr>
<tr><td colspan="2">com resolução do mérito</td><td colspan="2">sem resolução do mérito</td></tr>
<tr><td colspan="4">caberá apelação</td></tr>
<tr><td colspan="2">para reformar a decisão</td><td colspan="2">para anular a decisão</td></tr>
<tr><td colspan="4">Acórdão dando provimento</td></tr>
<tr><td>Unânime</td><td>Não unânime</td><td>Unânime</td><td>Não unânime</td></tr>
<tr><td>Não cabem embargos infringentes</td><td>Cabem embargos infringentes</td><td>Não cabem embargos infringentes</td><td>Não cabem embargos infringentes</td></tr>
</table>

"Julgada procedente" ação rescisória

Comparativamente ao tópico anterior – os embargos infringentes só podem ser interpostos quando de um acórdão não unânime que houver reformado sentença singular em grau de apelação –, aqui, para a ação rescisória, só caberão embargos de acórdão não unânime que houver julgado procedente ação rescisória.

Antes de qualquer argumento, é preciso lembrar que o julgamento de ação rescisória se dará originariamente nos tribunais (Tribunais de Justiça, Tribunais Regionais Federais ou tribunais superiores), de modo que sua decisão ocorrerá necessariamente por órgão colegiado.

Assim, o acórdão proveniente do julgamento de uma ação rescisória poderá prolatar a procedência ou improcedência do pedido. Para que caiba o recurso dos embargos infringentes, o acórdão deve atribuir procedência ao pedido. No entanto, os embargos só serão admissíveis se a decisão de procedência não advier de votação unânime, ou seja, somente se julgada procedente a ação rescisória por acórdão não unânime haverá a possibilidade para interpor embargos.

É bom que fique bem claro também que, embora existam outras ações de competência originária dos tribunais (*habeas corpus*, revisão criminal, *habeas data*, mandado de injunção, mandado de segurança), seja dos tribunais superiores, dos Tribunais de Justiça ou dos Tribunais Regionais Federais, os embargos infringentes, conforme o artigo 530 do CPC, só serão admitidos daquelas ações de natureza rescisória (art. 485, CPC).

TABELA 1 – AÇÕES DE COMPETÊNCIA ORIGINÁRIA DOS TRIBUNAIS*

Mandado de segurança	Mandado de injunção	*Habeas corpus*	*Habeas data*	Ação rescisória
Não cabem embargos infringentes	**Não cabem** embargos infringentes.	**Não cabem** embargos infringentes.	**Não cabem** embargos infringentes.	**Cabem** embargos infringentes.

* Trata-se de rol meramente exemplificativo. Outras ações de competência originária dos tribunais podem ser encontradas nos artigos 102 (para o STF), 105 (para o STJ) e 108 (para os TRFs).

TABELA 2 – AÇÃO RESCISÓRIA

Julgada **procedente**	Julgada **improcedente**
Cabem embargos infringentes.	**Não cabem** embargos infringentes.

TABELA 3 – AÇÃO RESCISÓRIA JULGADA PROCEDENTE

Acórdão **unânime**	Acórdão **não unânime**
Não cabem embargos infringentes.	**Cabem** embargos infringentes.

Observação

Uma tabela completa a outra. Portanto, os embargos infringentes somente serão admitidos quando: ação rescisória (1) for julgada procedente (2) por meio de acórdão não unânime (3).

Regularidade formal e processamento

Os embargos infringentes serão apresentados ao mesmo tribunal que julgou a apelação ou a ação rescisória, cabendo o primeiro juízo de admissibilidade ao desembargador relator do acórdão não unânime (art. 531, CPC). Portanto, a petição de interposição será dirigida a ele. Essa regra prevalecerá ainda que haja intervenção da União no processo, pois em relação a esse assunto o STF já se pronunciou:

Súmula 518 – A intervenção da União, em feito já julgado pela segunda instância e pendente de embargos, não desloca o processo para o Tribunal Federal de Recursos.

De acordo com as regras gerais aplicadas aos recursos, o prazo de interposição dos embargos será de 15 dias, contados do primeiro dia útil subseqüente ao da data da publicação do acórdão (art. 184, CPC).

Caso os embargos não sejam recebidos e conhecidos, dessa decisão caberá agravo regimental dirigido a órgão superior no mesmo tribunal conforme dispuser o regimento interno. O prazo para a interposição desse agravo será de cinco dias (art. 532, CPC).

A inadmissibilidade pode decorrer da falta dos pressupostos, como preparo, qualificação das partes, razões ou pedido do recurso.

É certo que o embargante pode e deve enaltecer os fundamentos do voto vencido no acórdão, demonstrando que o supedâneo jurídico que deve prevalecer é do voto minoritário em detrimento da maioria, ou, se preferir, pode relacionar raciocínio diferente ao proferido no voto, desde que as razões estejam adstritas à matéria objeto da divergência.

Como toda petição recursal, a dos embargos infringentes também precisa conter a qualificação das partes, as razões recursais e o pedido de novo julgamento. O embargante pode repisar o voto vencido nas razões recursais, sustentar fundamento jurídico diferente, bem como veicular argumento novo, desde que respeite os limites da divergência e da causa de pedir, já que incide a vedação do parágrafo único do artigo 264. (Souza, Bernardo Pimentel, *Introdução aos recursos cíveis e à ação rescisória*, p. 542.)

Por outra via, admitidos os embargos, estes serão julgados por câmara ou turma competente do tribunal, sendo o relator, quando possível, outro desembargador que não aquele que tenha participado do julgamento anterior (arts. 533 e 534, CPC).

Quanto aos efeitos dos embargos infringentes, será o obstativo (evitando a formação da coisa julgada), devolutivo (pois a matéria será apreciada por órgão hierárquico superior, ainda que do mesmo tribunal) e suspensivo.

Com relação à decisão apelada, os embargos infringentes prolongarão os mesmos efeitos da apelação, ou seja, se a apelação que resultou no acórdão embargado tiver sido recebida no efeito suspensivo, esse efeito se prolongará durante o julgamento dos infringentes. Caso contrário, também os infringentes serão recebidos apenas no efeito devolutivo, em relação à decisão apelada. (Pinto, Nelson Luiz, *Manual dos recursos cíveis*, p. 166.)

Para o caso de embargos supervenientes à procedência da ação rescisória, não há dúvida de que os efeitos serão os mesmos: obstativo, devolutivo ou suspensivo.

Perfil esquemático dos embargos infringentes

PETIÇÃO DE INTERPOSIÇÃO

ENDEREÇAMENTO: Dirigido ao desembargador relator da decisão embargada.

↕ 10 cm

Processo n.º ...
Ação de origem

QUALIFICAÇÃO
VERBO: *INTERPOR*.
FUNDAMENTAÇÃO PROCESSUAL: art. 530 e seguintes do CPC.
PRAZO: 15 dias.

INDICAR O PREPARO (quando houver).

PEDIDO: Requerer seja *recebido* e *remetido* ao órgão competente para análise (conforme regimento interno do tribunal).

RAZÕES

Embargante: ...
Embargado: ...

Egrégio Tribunal

Colenda Câmara/Turma

Ínclitos Julgadores

HISTÓRICO

FUNDAMENTOS JURÍDICOS

PEDIDO: Requerer seja *conhecido e provido* a fim de...

...*reformar a decisão* do acórdão de modo a fazer prevalecer a votação minoritária tendo em vista...

Não Esqueça

1. Os embargos infringentes constituem recurso que só pode ser interposto quando de um acórdão cuja decisão for não unânime.
2. Contudo, não é de qualquer decisão não unânime. Cabem os embargos de acórdão não unânime que houver reformado em grau de apelação sentença de mérito ou julgado procedente ação rescisória.
3. Não cabem embargos infringentes de acórdão, ainda que não unânime, que houver anulado por força de uma apelação sentença de primeiro grau.
4. Assim, quando se tratar de sentença terminativa que tiver sido anulada por apelação conforme acórdão unânime ou não unânime, é caso de pensar direto em recurso especial ou extraordinário.
5. Pelo mesmo raciocínio, não cabem embargos infringentes de acórdão, mesmo que não unânime, que houver julgado improcedente ação rescisória.
6. Assim, quando se tratar de acórdão unânime ou não unânime que tiver julgado improcedente ação rescisória, é caso de pensar direto em recurso especial ou extraordinário.
7. Os embargos infringentes ficarão restritos à matéria objeto de divergência, quando o desacordo for parcial.
8. A divergência que dá azo à interposição dos embargos deve ser em relação à conclusão da demanda. Isso significa que, se a divergência se der somente quanto à argumentação ou à fundamentação, essas situações não são suficientes para autorizar impugnação por meio dos embargos infringentes.
9. A competência para o julgamento dos embargos infringentes é do próprio tribunal do qual foi emanado o acórdão.
10. Interpostos os embargos, caso o relator não conheça do recurso, é possível agravar a decisão dentro de cinco dias, quando então será encaminhado a órgão do tribunal para o julgamento deste último.

Passo a Passo

1. Analise se a manifestação prolatada pelos tribunais tem conteúdo decisório e se causa gravame à parte interessada.
2. Certifique-se de que a decisão colocou fim ao processo (acórdão).
3. Identifique se o acórdão foi não unânime.
4. Além de a decisão ser não unânime, verifique se o acórdão reformou em grau de apelação sentença de mérito ou se julgou procedente ação rescisória.
5. Não se esqueça do prazo para a interposição do recurso: 15 dias.
6. Identifique se a decisão foi total ou parcialmente improcedente. Não se esqueça de que os embargos são restritos à matéria objeto de divergência.
7. Lembre-se de que a petição de interposição é dirigida ao desembargador relator, que, por sua vez, remeterá as razões ao órgão especial competente do próprio tribunal para o julgamento do recurso.
8. Confirme o endereçamento.
9. Identifique e analise em que efeitos o recurso deve ser recebido.
10. Certifique-se de que suas razões estarão baseadas no voto perdedor, o qual, de acordo com seu recurso, deveria prevalecer.
11. Não se esqueça de efetuar o preparo (custas e porte de remessa e retorno). No entanto, é preciso consultar o regimento interno de cada tribunal para ter certeza da necessidade do preparo.

Embargos de Declaração

Os embargos de declaração ou embargos declaratórios constituem mais uma das espécies recursais e têm o condão, em princípio, de tornar compreensível manifestação do magistrado, seja ele singular, seja em órgão colegiado.

Trata a legislação processual dos motivos que ensejam os embargos, bem como sobre quais manifestações jurisdicionais poderão recair.

> Art. 535 – Cabem embargos de declaração quando:
>
> I – houver, na sentença ou no acórdão, obscuridade ou contradição;
>
> II – for omitido ponto sobre o qual devia pronunciar-se o juiz ou tribunal.

Verifica-se que o artigo apenas menciona o cabimento de embargos para sentenças e acórdãos, desde que, claro, contenham ponto omisso, obscuro ou contraditório. Todavia, jurisprudência e doutrina em peso tendem pela interpretação extensiva do dispositivo legal, de modo que, além de sentença ou acórdão, decisão interlocutória também poderá ser alvo dos embargos de declaração.

Nesse sentido, trazemos decisão da Corte Especial do Superior Tribunal de Justiça:

> **Decisão interlocutória.** Os embargos declaratórios são cabíveis contra qualquer decisão judicial e, uma vez interpostos, interrompem o prazo recursal. A interpretação meramente literal do art. 535 do CPC atrita com a sistemática que deriva do próprio ordenamento processual, notadamente após ter sido erigido a nível constitucional o princípio da motivação das decisões judiciais. (*Apud* Negrão, Theotonio e Gouvêa, José Roberto F., *Código de Processo Civil e legislação processual em vigor*, nota 11c, p. 625.)

Como exemplo de doutrina, apresentamos as marcantes palavras de Nelson Luiz Pinto:

> Apesar de o art. 535 do CPC referir-se apenas aos embargos de declaração contra sentença ou acórdão, admitem-se também contra decisão interlocutória, tendo em vista a própria natureza e finalidade deste recurso, que é a de sanar contradição, obscuridade ou omissão, que podem ocorrer em qualquer espécie de decisão, pois lhe impedem ou dificultam a compreensão, impossibilitando a recorribilidade. (*Manual dos recursos cíveis*, p. 177.)

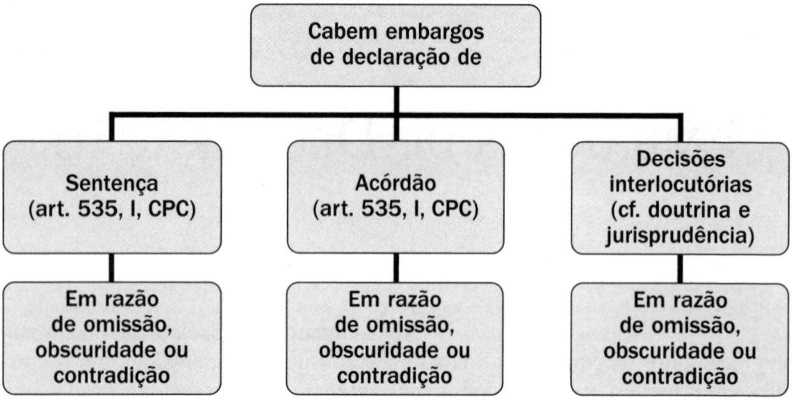

Interessante apontar que parte da doutrina não aceitava os embargos declaratórios como espécie recursal. Isso ocorria porque o recurso

> apresenta-se como espécie intermediária, situando-se entre a sentença judicial e a apelação ou entre o acórdão do tribunal e o recurso especial e/ou extraordinário, razão pela qual tem a sua natureza recursal negada por parte da doutrina. É, portanto, preparatório da interposição do recurso principal (apelação ou especial e/ou extraordinário), sem afastar a possibilidade de ser interposto contra decisão de natureza interlocutória. (Palavras de Misael Montenegro Filho, que lembra, em nota de rodapé, que Cândido Rangel Dinamarco é exemplo de um dos ilustres autores que não reconhecem os embargos declaratórios como espécie recursal própria. *Curso de Direito Processual Civil*, v. II, p. 191.)

Como se sabe, a sentença de mérito é o momento que cumpre e acaba o ofício jurisdicional, não podendo o juiz alterá-la, a não ser nas seguintes exceções (art. 463, CPC):

- para corrigir, de ofício ou a requerimento da parte, inexatidões materiais ou retificar erros de cálculo;
- por meio de embargos de declaração.

Hipóteses de cabimento

Não é preciso esforço para identificar que os motivos que podem ensejar a revisão da sentença, acórdão ou decisão interlocutória por meio de embargos são três: obscuridade, contradição e omissão. A presença de qualquer uma dessas características em uma decisão jurisdicional prejudicará o exato entendimento da manifestação do magistrado e, conseqüentemente, fragilizará a argumentação das partes em eventuais recursos posteriores.

Para que não restem dúvidas sobre cada um dos elementos indicados, transcrevemos os ensinamentos do mestre Vicente Greco Filho sobre a matéria.

> **Obscuridade** – É o defeito consistente na difícil compreensão do texto da sentença e pode decorrer de simples defeito redacional ou mesmo de má formulação de conceitos. Há obscuri-

dade quando a sentença está incompreensível no comando que impõe e na manifestação de conhecimento e vontade do juiz. A obscuridade da sentença como os demais defeitos corrigíveis por meio de embargos de declaração prejudicando a intelecção da sentença prejudicarão a sua futura execução.

Contradição – É a afirmação conflitante, quer na fundamentação, quer entre a fundamentação e a conclusão. Nesses casos, a correção da sentença em princípio não levaria a uma verdadeira modificação da sentença, mas apenas a um esclarecimento de seu conteúdo. Todavia, a conta de esclarecer, eliminar uma dúvida, obscuridade ou contradição, já tem havido casos de serem proferidas novas sentenças. De fato, se a contradição é essencial, ao se eliminar a contradição praticamente se está proferindo uma nova decisão.

Omissão – No caso de omissão, de fato, a sentença é complementada, passando a resolver questão não resolvida, ganhando substância, portanto. As questões que devem ser resolvidas pelo juiz são todas as relevantes postas pelas partes para a solução do litígio, bem como as questões de ordem pública que o juiz deve resolver de ofício, como, por exemplo, a coisa julgada. Nesse caso, os embargos podem ter efeito modificativo. (*Direito Processual Civil brasileiro*, v. II, p. 241-2.)

Elucidadas as hipóteses de cabimento, cabe assinalar que a jurisprudência, em uma série de decisões, exemplificou alguns casos em que não será possível a interposição dos embargos. Assim, serão *incabíveis* os embargos declaratórios (a lista é exemplificativa e foi apresentada por Theotonio Negrão e José Roberto F. Gouvêa, *Código de Processo Civil e legislação processual em vigor*, art. 535, n. 4, p. 622):

- para corrigir os fundamentos de uma decisão;
- com a indevida finalidade de instaurar nova discussão sobre controvérsia jurídica já apreciada;
- para correção de equivocada apreciação de prova, alterando o resultado do julgamento;
- para o reexame de matéria sobre a qual a decisão embargada havia se pronunciado;
- para apreciar questão nova, não suscitada antes dos embargos;
- para alegar, como matéria nova, a prescrição;
- para corrigir exagero ou excesso no percentual da verba honorária.

Embargos de declaração e prequestionamento

Na abertura deste capítulo foi dito que, preliminarmente, os embargos de declaração têm como objetivo revelar a exata interpretação jurisdicional a respeito da matéria trazida à lide. Essa é uma de suas finalidades, porém outra, largamente utilizada em ramos diversos do Direito, também deve ser indicada, qual seja, os embargos como forma de prequestionar matéria a ser levada em eventual recurso especial ou extraordinário.

Sobre a matéria, explica Vicente Greco Filho:

É importante lembrar apenas que os embargos de declaração contra acórdão podem ter a função, aqui essencial, de obrigar o tribunal a se pronunciar sobre ponto que deveria ter sido objeto de exame, provocando, então, o prequestionamento da questão, que é requisito indispensável à interposição do recurso extraordinário. Em primeiro grau tal problema não existe porque a apelação pode, em princípio, abranger toda a matéria cuja reforma se deseja, mas em segundo grau, se a matéria não for examinada no acórdão, não poderá ser objeto de recurso extraordinário ao Supremo Tribunal Federal. (*Direito Processual Civil brasileiro*, v. II, p. 323.)

Não falta jurisprudência apoiando a utilização do recurso:

Acórdão obscuro ou omisso não se expõe, de imediato, a recurso especial. O recurso específico, para suprir tais deficiências, é o de embargos declaratórios (RSTJ 63/389).

Seria, portanto, o caso típico de interpor embargos declaratórios, tendo em vista a ausência de análise de um ponto crucial pelo tribunal, ponto esse que a parte interessada pretende levar aos tribunais superiores. Ora, se faltou analisar algum ponto, é porque o acórdão deixou de se manifestar a respeito, ou seja, há omissão em relação à matéria. Para suprir essa falta, a fim de se socorrer ao STF ou STJ, é necessário que haja um prequestionamento nos Tribunais de Justiça ou Tribunais Regionais Federais, e o meio para conseguir isso são os embargos de declaração por omissão do acórdão.

As súmulas a seguir sustentam a linha de raciocínio:

Súmula 356, STF – O ponto omisso da decisão, sobre o qual não foram opostos embargos declaratórios, não pode ser objeto de recurso extraordinário, por faltar o requisito do prequestionamento.

Súmula 98, STJ – Embargos de declaração manifestados com notório propósito de prequestionamento não têm caráter protelatório.

Daí exsurge que trazer a lume o prequestionamento é prática reiterada e, portanto, não implica a pena disposta pelo artigo 538, parágrafo único, do CPC:

Art. 538, parágrafo único – Quando manifestamente protelatórios os embargos, o juiz ou tribunal, declarando que o são, condenará o embargante a pagar ao embargado multa não excedente de 1% (um por cento) sobre o valor da causa. Na reiteração de embargos protelatórios, a multa é elevada a até 10% (dez por cento), ficando condicionada a interposição de qualquer outro recurso ao depósito do valor respectivo.

Ainda assim, para que os embargos possam trazer esse efeito, a matéria objeto do recurso deverá ter sido suscitada em momento anterior, pois os embargos não serão conhecidos se se tratar de assunto colocado à baila apenas em sede de embargos declaratórios. Afinal, o presente recurso tem cabimento quando a omissão é da sentença ou do acórdão e não quando a omissão se deu por conta do embargante.

Ademais,

se, apesar da omissão existente no acórdão a respeito de uma questão federal sobre a qual devesse o órgão julgador se manifestar, forem os embargos de declaração rejeitados, não se poderá ingressar com recurso especial versando aquela questão federal, por falta de prequestionamento, pois este requisito não estaria suprido com a mera interposição dos embargos. É nesse sentido o teor da Súmula 211 do STJ: "Inadmissível recurso especial quanto à questão que, a despeito da oposição de embargos declaratórios, não foi apreciada pelo tribunal *a quo*". (Pinto, Nelson Luiz, *Manual dos recursos cíveis*, p. 179.)

Por fim, mesmo que os embargos tenham sido interpostos, se o juiz ou tribunal ainda não tiver sanado o defeito da decisão (omissão, obscuridade ou contradição), caberá a apresentação de novos embargos declaratórios, porém, agora, atacando a falha da decisão dos primeiros embargos.

Súmula 317, STF – São improcedentes os embargos declaratórios, quando não pedida a declaração do julgado anterior em que se verificou a omissão.

Regularidade formal e processamento

Os embargos de declaração constituem recurso objetivamente isento do pagamento de custas, o que impede, portanto, que a pena de deserção seja aplicada. Aliás, há lógica na regra processual que exclui a necessidade e preparo para esse recurso, pois cabe ao próprio juiz ou relator que prolatou a decisão receber e conhecer os embargos.

O prazo para interposição é de cinco dias e deverá o recurso ser apresentado em petição escrita, conforme regra explicitada pelo Código de Processo Civil.

Art. 536 – Os embargos serão opostos, no prazo de 5 (cinco) dias, em petição dirigida ao juiz ou relator, com indicação do ponto obscuro, contraditório ou omisso, não estando sujeitos a preparo.

Como a letra da lei aponta que a competência para apreciar os embargos declaratórios é do próprio juiz ou relator que pronunciou a decisão, percebe-se, então, que não se está falando do efeito devolutivo, mas sim do efeito regressivo, pois a matéria não é transferida para a análise de outro órgão hierarquicamente superior; ao contrário, a verificação é feita pelo mesmo magistrado que teve a decisão embargada.

O efeito suspensivo caminha em conjunto, visto que, enquanto os embargos de declaração não são julgados, a execução da decisão não pode ser cumprida. Desse modo, percebe-se o efeito de impedir a formação da coisa julgada (efeito obstativo).

O julgamento do recurso tende a ser célere, uma vez que, em regra, não existe o contraditório. Assim, como preceitua o artigo 537 do CPC, o juiz julgará os embargos em cinco dias e, nos tribunais, o relator apresentará os embargos na sessão seguinte.

Interrupção dos prazos recursais

Dispõe o CPC:

Art. 538 – Os embargos de declaração interrompem o prazo para a interposição de outros recursos, por qualquer das partes.

A interposição do recurso, além de evitar a formação da coisa julgada e suspender os efeitos da sentença ou acórdão, também interrompe o prazo para a apresentação dos demais recursos. Dessa feita, depois de julgados os embargos e feita a intimação aos interessados, ser-lhe-ão devolvidos os prazos para os recursos que entenderem cabíveis.

A regra processual nos parece acertada, pois,

> a não se interromper o prazo toda vez que se verificar a inexistência, ainda que manifesta, de omissão ou contradição (o que acontece na maior parte dos casos), a parte embargante, sem poder contar com a certeza de acolhimento dos seus embargos, teria que interpor o recurso futuro praticamente junto com os embargos, o que vem a contrariar o intuito legislativo e a organicidade processual (min. César Asfor Rocha, REsp 153.324/RS, STJ, 4.ª Turma, v.u., Ac. de 29/4/1998, *DJU* 22/6/1998). (*Apud* Montenegro Filho, Misael, *Curso Direito Processual Civil*, v. II, nota 258, p. 197.)

Contudo, a interrupção aqui descrita somente ocorrerá quando os embargos forem recebidos e conhecidos, não importando se julgados procedentes ou improcedentes. O importante a destacar é que, para a interrupção dos prazos recursais, os embargos declaratórios devem atender aos requisitos de admissibilidade, especialmente prazo e indicação do ponto omisso, obscuro ou contraditório; caso contrário, ocorrerá inadmissibilidade e, na mesma esteira, não haverá interrupção.

> Os embargos de declaração intempestivos não interrompem o prazo para a interposição de outros recursos (5.ª Turma do STJ, REsp 227.820-CE, rel. min. Felix Fischer, j. 26/10/1999, não conheceram, v.u., *DJU* 22/11/1999, p. 191; STJ – RT 777/239).

Perfil esquemático dos embargos declaratórios

ENDEREÇAMENTO: Encaminhado ao juiz singular (sentença) ou desembargador (acórdão). Portanto, encaminhado ao mesmo órgão de onde se proferiu a decisão.

↕ 10 cm

QUALIFICAÇÃO: Já existe a qualificação. Lembrando, o recurso será encartado nos autos.
VERBO: *INTERPOR*.
FUNDAMENTAÇÃO PROCESSUAL: art. 535 e seguintes do CPC.
PRAZO: 5 dias.

NÃO HÁ PREPARO.

HISTÓRICO: Breve relato sobre a decisão.

RAZÕES: Indicar o vício da decisão (omisso, obscuro ou contraditório).

PEDIDO: Requerer seja o recurso *recebido, conhecido e provido* a fim de dirimir o ponto omisso, obscuro ou contraditório.

Não Esqueça

1. Apesar de o Código de Processo Civil mencionar que cabem embargos de declaração de sentença ou de acórdão, não há motivos para que o recurso não seja interposto também de decisão interlocutória.
2. As características das decisões que fomentam a interposição desse recurso são três: omissão, obscuridade ou contradição, bastando demonstrar qualquer uma delas para que o recurso seja conhecido.
3. Não cabem embargos declaratórios para, por exemplo, corrigir os fundamentos da decisão ou para apreciar questão nova, não suscitada antes dos embargos.
4. O prazo para sua interposição é de cinco dias e, independentemente de preparo, a petição deve ser dirigida ao próprio juiz ou relator que proferiu a decisão, pois são eles que têm competência para reformá-la.
5. Interpostos os embargos, estará interrompido o prazo para todos os demais recursos, por qualquer das partes. Isso significa que, após o resultado dos embargos, o prazo para os demais recursos será devolvido integralmente.
6. Não basta o mero protocolo dos embargos para a interrupção dos prazos recursais; é preciso que sejam ao menos conhecidos, não importando se lhes foi dado provimento ou improvimento.
7. Se o juiz ou tribunal entender que os embargos são protelatórios, ao recorrente será aplicada multa equivalente a até 1% do valor da causa. Quando reincidente a protelação, a multa pode ser majorada para até 10% do valor da causa, ficando condicionada a interposição dos demais recursos ao depósito do valor respectivo.
8. Outra virtude dos embargos é que eles funcionam como meio de garantir o prequestionamento da matéria essencial aos recursos especial e extraordinário.
9. Eventualmente, se um acórdão que se pretenda impugnar perante os superiores tribunais apresentar omissão, obscuridade ou contradição, não se pode interpor direto o recurso especial ou extraordinário. É preciso anteriormente interpor os embargos de declaração para suprir as falhas.
10. No entanto, a última afirmação não significa que a interposição dos embargos de declaração é requisito para o conhecimento dos recursos especial e/ou extraordinário. Requisito de admissibilidade é o prequestionamento e não os embargos declaratórios.

Passo a Passo

1. Analise se a manifestação do juiz ou desembargador tem conteúdo decisório e se causa gravame à parte interessada.
2. Identifique se a decisão é omissa, obscura ou contraditória.
3. Fique atento ao prazo para os embargos, que é de apenas cinco dias.
4. Destaque o trecho da decisão que pretende ver corrigido (esclarecido) ou informe o segmento do pedido que deixou de ser apreciado.
5. Cuide para deixar bem claro que os embargos não têm condão protelatório, pois, caso o juiz assim entenda, ele poderá aplicar multa baseada no valor da causa.
6. Não se esqueça de que os embargos declaratórios são estruturados em peça única e encaminhados ao próprio juiz ou desembargador que proferiu a decisão.
7. Confirme o endereçamento.
8. Lembre-se de que os embargos interrompem o prazo para os demais recursos.
9. Identifique o pedido mais adequado: se pretende esclarecer a decisão, se pretende suprir a omissão ou se pretende dirimir a contradição.
10. Não se esqueça de que os embargos declaratórios *independem* de preparo.

Recurso Ordinário

Pela Constituição Federal anterior (art. 119, II), o recurso ordinário seria encaminhado ao Supremo Tribunal Federal caso se tratasse de causas cíveis envolvendo Estado ou organismo estrangeiro e Município ou pessoa domiciliada ou residente no Brasil. Todavia, pela atual Carta Magna, o presente recurso poderá ser encaminhado tanto ao Supremo Tribunal Federal como ao Superior Tribunal de Justiça, além de terem sido aumentadas as hipóteses para sua interposição.

Assim, em conformidade com o artigo 102, II, alínea *a*, da Constituição, caberá ao STF julgar em recurso ordinário, se denegatória a decisão:

- o *habeas corpus*;
- o *habeas data*;
- o mandado de segurança;
- o mandado de injunção

Isso desde que as ações tenham sido decididas em única instância pelos tribunais superiores, quais sejam: Superior Tribunal de Justiça (STJ), Superior Tribunal Militar (STM), Tribunal Superior do Trabalho (TST) e Tribunal Superior Eleitoral (TSE). Vale lembrar que também caberá recurso ordinário de decisão de crime político (art. 102, II, *b*, CF).

Já ao Superior Tribunal de Justiça caberá a apreciação de recurso ordinário da decisão denegatória proferida pelos tribunais dos Estados, Distrito Federal ou Territórios ou Tribunais Regionais Federais (art. 105, II, *b* e *c*) em sede de:

- mandado de segurança, desde que este tenha sido julgado em única instância;
- *habeas corpus*, desde que este tenha sido julgado em única ou última instância.

Diante dessas primeiras palavras sobre o mencionado recurso, cumpre destacar que, seja em mandado de segurança, *habeas corpus*, *habeas data* ou mandado de injunção, a decisão deverá ser *denegatória*, decisão, portanto, que não atribui procedência aos pedidos nas ações mencionadas.

A Constituição Federal utiliza o vocábulo "denegatória" da mesma forma que o Código de Processo Civil se vale em seu artigo 539. Tudo leva a crer, nesse sentido, que, uma vez deferido (logo, não denegado) o pedido do mandado de segurança, *habeas corpus*, *habeas data* ou mandado de injunção, não haverá a possibilidade de interpor recurso ordinário, porque seu cabimento depende do julgamento improcedente (decisão denegatória). Desse modo, concedido o pedido, poderá o interessado interpor recurso especial ou recurso extraordinário, porém jamais recurso ordinário. Assim já se posicionou o STF:

Súmula 272 – Não se admite como recurso ordinário, recurso extraordinário de decisão denegatória de mandado de segurança.

Ademais, rechaçando quaisquer dúvidas, queremos deixar claro que uma decisão denegatória pode significar que o mérito foi apreciado ou mesmo que o processo foi extinto sem julgamento do mérito. Em ambos os casos (com ou sem julgamento do mérito), a decisão exarada será denegatória.

Avaliando o mesmo entrecho sobre a faculdade de interpor o recurso ordinário, Misael Montenegro Filho destaca:

> A expressão "denegatória" refere-se à apreciação do mérito da ação, numa visão meramente gramatical. Não obstante a constatação, deixamos registrado que doutrina e jurisprudência são unânimes no sentido de admitir o cabimento da espécie também quando a decisão do tribunal resultar rejeição liminar da ação, ou na hipótese de ser extinta sem apreciação do mérito. Mais uma vez, e em todas as situações, encontramo-nos diante de pronunciamentos que causaram prejuízo ao autor, garantindo-se a abertura da via para o uso do recurso ordinário. (*Curso de Direito Processual Civil*, p. 205.)

Finalmente, não se pode esquecer que também caberá ao STJ julgar recurso ordinário interposto da decisão proferida em primeira instância federal,

condizente à demanda entre, de um lado, Estado estrangeiro ou organismo internacional e, do outro, Município ou pessoa residente ou domiciliada no país (art. 105, II, *c*, CF).

Em síntese, em um primeiro raciocínio para fixar a compreensão sobre o recurso ordinário, podemos dizer que este funciona como uma apelação, mas trata-se de recurso de acórdão e não de sentença monocrática.

Recurso ordinário e apelação

Semelhanças e diferenças sempre existiram entre o recurso ordinário e a apelação, mesmo na legislação constitucional que precedeu à Carta Magna de 1988.

Nessa esteira, Vicente Greco Filho comenta sobre o recurso ordinário:

> Esse recurso tinha a natureza de apelação, ou seja, tinha os mesmos pressupostos que o recurso de apelação de primeiro para segundo grau, atuando o Supremo Tribunal Federal como instância ordinária, em substituição aos tribunais estaduais ou ao antigo Tribunal Federal de Recursos. Aliás, no Regimento Interno do Supremo Tribunal Federal esse recurso era denominado "apelação cível", distinguindo-se do recurso ordinário propriamente dito, cabível somente em matéria criminal. (*Direito Processual Civil brasileiro*, v. II, p. 330-1.)

Portanto, a comparação entre ambos os recursos é inevitável. A apelação é recurso de sentença proferida no juízo singular e o recurso ordinário é como se fosse apelação de sentença proveniente de órgão colegiado, ou seja, proveniente de acórdão. Claro que tal afirmativa só se torna verdadeira por completo se atendidas também as peculiaridades já apresentadas.

Aliás, a própria jurisprudência corriqueiramente aproxima o recurso ordinário da apelação para que o processamento do recurso seja compreendido de forma mais fácil.

> O recurso ordinário em mandado de segurança é apelo que possui natureza similar à apelação, devolvendo ao tribunal o conhecimento de toda a matéria alegada na impetração, independentemente de eventual análise pelo tribunal de origem, principalmente quando se tratar de matéria de ordem pública, que pode ser reconhecida a qualquer tempo (RMS 12.425-RJ-AgRg., rel. min. Gilson Dipp, 5.ª Turma do STJ, j. 27/8/2002, *DJU* 23/9/2002, p. 370). (*Apud* Parizatto, José Roberto, *Prática do recurso especial, extraordinário e ordinário*, p. 358.)

Os tribunais que apreciam o mandado de segurança, o *habeas corpus*, o *habeas data* ou o mandado de injunção tomam, aqui, as características de primeira instância, pois trata-se de casos em que essas ações são encaminhadas direto ao órgão colegiado e não ao juízo monocrático. Por conseguinte, em sede de recurso ordinário, se os tribunais acabam por funcionar como primeira instância, podemos dizer, então, que o STF e o STJ figuram como

> verdadeiras cortes de segundo grau quando julgam recurso ordinário, realizando o duplo grau de jurisdição. Daí a explicação para a possibilidade de o Superior Tribunal de Justiça e o Supremo Tribunal Federal reexaminarem até mesmo questões de fato em sede de recurso ordinário.

> Realmente, a apreciação do recurso ordinário não está sujeita às restrições existentes quando as mencionadas cortes atuam como tribunais superiores propriamente ditos. Por tal razão, os óbices insertos nos enunciados 5, 7 e 211 da Súmula do Superior Tribunal de Justiça e nos verbetes 279, 280, 282, 356, 389, 399, 454 e 636 da Súmula do Supremo Tribunal Federal não alcançam o recurso ordinário. É que tais enunciados estão relacionados à atuação daquelas cortes enquanto tribunais superiores – o que não ocorre no julgamento de recurso ordinário. (Souza, Bernardo Pimentel, *Introdução aos recursos cíveis e à ação rescisória*, p. 560-1.)

Mais semelhanças podem ser indicadas, tendo em vista que o Código de Processo Civil assim dispõe sobre o recurso ordinário:

> Art. 540 – Aos recursos mencionados no artigo anterior aplica-se, quanto aos requisitos de admissibilidade e ao procedimento no juízo de origem, o disposto nos Capítulos II e III deste Título, observando-se, no Supremo Tribunal Federal e no Superior Tribunal de Justiça, o disposto nos seus regimentos internos.

Ora, os capítulos II e III enunciados no artigo são exatamente os que tratam da apelação e do agravo de instrumento. Ou seja, o recurso ordinário percorrerá os mesmos caminhos traçados para a apelação, e da inadmissão de recurso ordinário interposto nos casos em que há o envolvimento de Estado ou organismo estrangeiro contra Município ou pessoa aqui residente ou domiciliada caberá agravo, nos moldes do agravo de instrumento (prazo de 10 dias).

> A remissão significa que o recurso ordinário se processa como apelação, e o agravo, previsto no art. 539, § ún., segue o mesmo procedimento do agravo comum. (Negrão, Theotonio e Gouvêa, José Roberto F., *Código de Processo Civil e legislação processual em vigor*, nota 13b, p. 637.)

Seguindo esses parâmetros, é de afirmar que o recurso ordinário produzirá, portanto, os mesmos efeitos da apelação; em outras palavras, seu efeito devolutivo será amplo (Greco Filho, Vicente, *Direito Processual Civil brasileiro*, v. II, p. 331), tal qual o da apelação.

Naturalmente, então, surge a questão: tem o recurso ordinário efeito suspensivo? Na maioria das possibilidades em que cabe o recurso, a resposta é negativa. Vejamos o exemplo do mandado de segurança:

> Art. 12, Lei 1.533/51 – Da sentença, negando ou concedendo o mandado, cabe apelação.
>
> Parágrafo único – A sentença, que conceder o mandado, fica sujeita ao duplo grau de jurisdição, podendo, entretanto, ser executada provisoriamente.

De acordo com o CPC, uma vez que o recurso ordinário segue o procedimento da apelação e a Lei 1.533/51 (Lei do Mandado de Segurança) dispõe quais serão os efeitos da apelação interposta da decisão do *mandamus*, conclui-se que da decisão concessiva do mandado de segurança, interposto o recurso ordinário, este só terá efeito devolutivo, como se denota do parágrafo único acima transcrito ao indicar que a sentença poderá ser executada provisoriamente.

De outro lado, o recurso ordinário será recebido nos dois efeitos (devolutivo e suspensivo) nas já citadas causas internacionais, pois não há lei que ressalve a regra, a não ser que a causa internacional esteja compreendida em alguma das situações excetuadas pelo CPC em seu artigo 520.

Após essa breve comparação entre os recursos, apontando a similaridade entre eles, reafirme-se que um não substitui o outro, ou seja, as causas de cabimento do recurso ordinário não ensejam a interposição da apelação e, nas hipóteses em que cabe apelação, não cabe recurso ordinário.

Dessa forma, apesar de inúmeras semelhanças, cada recurso tem suas particularidades, as quais os fazem diferentes um do outro. Assim, recurso ordinário e apelação discrepam, por exemplo, um do outro nos seguintes elementos:

QUADRO COMPARATIVO

Espécie recursal	**Recurso ordinário**	**Apelação**
Cabimento	Acórdão.	Sentença.
Interposição	Não pode ser adesivo.	Pode ser adesiva.
Juízo *a quo*	Tribunal.	Juiz singular.
Juízo *ad quem*	STF e STJ.	TRFs e TJs.
Procedimento *ad quem*	Segundo regimento interno.	Segundo CPC.

Regularidade formal e processamento

Em alusão ao artigo 540, a regularidade do recurso ordinário será idêntica à da apelação, inclusive em relação aos requisitos de admissibilidade, bem como ao procedimento do recurso no juízo de origem.

Dessa feita, o prazo para interpor o recurso ordinário é aquele previsto no artigo 508 do CPC, ou seja, de 15 dias. O recorrido, portanto, também se valerá do mesmo prazo para a apresentação das contra-razões.

Não se admite a interposição do recurso ordinário por simples cota, de modo que é a petição escrita, encaminhada ao presidente ou vice-presidente do tribunal recorrido, a forma permitida pela legislação processual. No entanto, nos casos internacionais, será juiz federal monocrático o juízo *a quo* e não o Tribunal Regional Federal.

Não recebido o recurso, por entender o juízo *a quo* faltar algum dos pressupostos de admissibilidade, dessa decisão caberá agravo de instrumento.

Abalizada doutrina segue pelos mesmos trilhos, embora haja opiniões diferentes.

> Questão muito controvertida é a que diz respeito ao recurso cabível contra a decisão de inadmissão de recurso ordinário. Há precedente jurisprudencial do Superior Tribunal de Justiça indicando o cabimento de agravo regimental contra a decisão do presidente da corte de origem que não recebe o recurso ordinário. Autorizada doutrina defende o cabimento do agravo de instrumento de que cuida o artigo 544. No entanto, o recurso adequado na hipótese não parece ser o agravo regimental, nem o agravo de instrumento do artigo 544, mas, sim, o agravo de instrumento previsto nos artigos 522, 523, § 4.º, *in fine*, e 524, todos do Código de Processo Civil. (Souza, Bernardo Pimentel, *Introdução aos recursos cíveis e à ação rescisória*, p. 569.)

Ainda assim, João Roberto Parizatto, por exemplo, ratifica:

> Se o recurso não for admitido pelo Tribunal recorrido, caberá agravo de instrumento para o STJ ou STF, a ser interposto no prazo de dez (10) dias, contados da publicação do despacho inadmitindo o recurso ordinário. (*Prática do recurso especial, extraordinário e ordinário*, p. 360.)

Por outro lado, admitido o recurso, será este encaminhado ao tribunal competente: Superior Tribunal de Justiça e Supremo Tribunal Federal.

Conforme o regimento do STJ, o recurso ordinário, após sua distribuição, terá vista aberta ao Ministério Público e, depois, "subirão" os autos conclusos ao relator. Caso este, de pronto, indefira o recurso ordinário, pois, como se sabe, existe o duplo juízo de admissibilidade, da decisão proferida caberá agravo regimental no prazo de cinco dias.

Ultrapassada mais essa etapa de admissibilidade, o relator terá a incumbência de verificar se a decisão recorrida conflita com jurisprudência ou súmula dos tribunais superiores, situação que ensejaria provimento do recurso (art. 557, § 1.º-A, CPC). Se o recurso interposto estiver em confronto com jurisprudência ou súmula, o relator negará seu seguimento, decisão da qual o agravo interno é cabível, dentro de cinco dias, encaminhado ao órgão competente dentro do mesmo tribunal. Não sendo esse o caso, o relator solicitará dia para julgamento, apresentando breve relatório a respeito do recurso, conforme exigência do regulamento do tribunal.

> Convém observar que tanto no Superior Tribunal de Justiça como no Supremo Tribunal Federal a apresentação prévia do relatório e, por conseqüência, a entrega das respectivas cópias aos demais ministros dificilmente ocorrem na prática. (Souza, Bernardo Pimentel, *Introdução aos recursos cíveis e à ação rescisória*, p. 571.)

Marcada a data e relacionado o recurso na pauta do julgamento, ao se iniciar a sessão, após exposição da causa do recurso pelo relator, o presidente concederá a palavra aos advogados das partes para que sustentem, dentro de 15 minutos, cada um suas razões (art. 554, CPC).

Proferidos os votos dos ministros, o presidente anunciará o resultado, cabendo ao relator (se não for voto vencido) ou ao autor do primeiro voto vencedor redigir o acórdão (art. 556, CPC). Lavrado o acórdão, serão suas conclusões publicadas no órgão oficial no prazo de 10 dias (art. 564, CPC).

FLUXOGRAMA

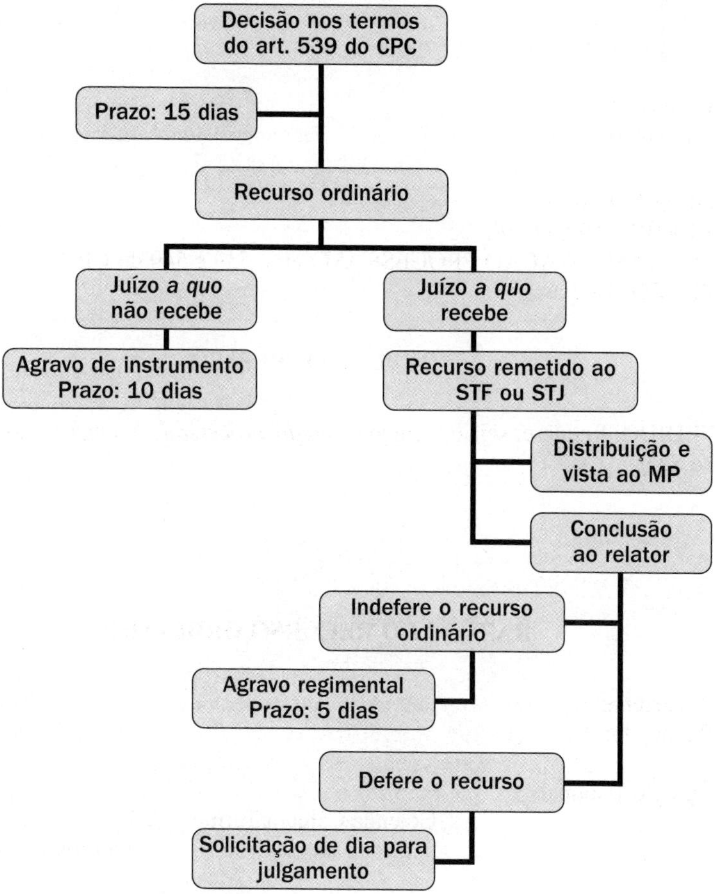

Perfil esquemático do recurso ordinário

PETIÇÃO DE INTERPOSIÇÃO

ENDEREÇAMENTO: Idêntico ao da ação principal.

↕ 10 cm

Processo n.º ...
Ação de origem

QUALIFICAÇÃO
VERBO: *INTERPOR*.
FUNDAMENTAÇÃO PROCESSUAL: arts. 539 e 540 do CPC.
PRAZO: 15 dias.

INDICAR O PREPARO.

PEDIDO: Requerer seja o recurso *recebido, processado e remetido* ao STJ ou ao STF.

RAZÕES DO RECURSO ORDINÁRIO

Recorrente: ...
Recorrido: ...

Egrégio Tribunal

Colenda Câmara/Turma

Ínclitos Julgadores

HISTÓRICO

FUNDAMENTOS JURÍDICOS

PEDIDO: Requerer seja *conhecido e provido* a fim de...

...anular a sentença ou acórdão (quando da extinção do processo sem resolução do mérito – art. 267, CPC).	...reformar a sentença ou acórdão (quando da extinção do processo com resolução do mérito – art. 269, CPC).

Não Esqueça

1. Coube ao Código de Processo Civil disciplinar os requisitos de admissibilidade e o procedimento no juízo de origem do recurso ordinário.
2. O recurso ordinário se assemelha ao recurso de apelação. Os requisitos de admissibilidade, bem como o procedimento no juízo *a quo*, são os mesmos dos da apelação. Apenas o procedimento do recurso ordinário no juízo *ad quem* cumpre o regimento interno do tribunal disciplinar competente.
3. Também os efeitos dos recursos ordinário e de apelação são semelhantes, de modo que o primeiro, naturalmente, deve ser recebido no efeito devolutivo. Como do julgamento de mandado de segurança cabe apelação somente no devolutivo, logo, o recurso ordinário acompanhará a mesma regra quando da denegação do *mandamus*.
4. Contudo, a apelação não pode ser interposta em substituição ao recurso ordinário, e a recíproca também é válida.
5. Quanto às hipóteses de cabimento, deve-se verificar a Constituição Federal, que indica quando o julgamento do recurso ordinário será de competência do Superior Tribunal de Justiça ou do Supremo Tribunal Federal.
6. A competência é do STJ para julgar recurso ordinário interposto contra decisão de única ou última instância por Tribunal de Justiça ou Tribunal Regional Federal que houver denegado *habeas corpus* ou mandado de segurança ou quando o recurso tiver sido interposto da sentença de causas que envolvam, de um lado, Estado estrangeiro ou organismo internacional e, do outro, Município ou pessoa residente ou domiciliada no país.
7. A competência é do STF para julgar recurso ordinário interposto contra decisão de única instância por tribunal superior que houver denegado *habeas corpus*, *habeas data*, mandado de segurança ou mandado de injunção. Também cabe ao STF julgar, em recurso ordinário, crime político.
8. Uma decisão denegatória pode significar que o mérito foi apreciado ou mesmo que o processo foi extinto sem resolução do mérito. Em ambos os casos (com ou sem resolução do mérito), a decisão exarada será denegatória.
9. Quando o recurso ordinário não for admitido pelo tribunal *a quo*, dessa decisão é cabível agravo de instrumento, a ser interposto dentro de 10 dias ao STJ ou STF.
10. Quando recebido o recurso ordinário pelo tribunal de origem, porém não conhecido pelo STJ ou STF, é cabível agravo interno, a ser interposto perante os tribunais superiores no prazo de cinco dias.

Passo a Passo

1. Analise se a manifestação do desembargador tem conteúdo decisório e se causa gravame à parte interessada.
2. Verifique se diz respeito a: decisão (acórdão) denegatória de mandado de segurança, *habeas corpus*, *habeas data* ou mandado de injunção julgados originariamente nos tribunais superiores; de decisão denegatória de mandado de segurança ou *habeas corpus* julgados originariamente pelos Tribunais Federais ou Estaduais; ou decisão de causa que envolva Estado estrangeiro ou organismo internacional em face de Município ou pessoa residente ou domiciliada no país.
3. Não se esqueça do prazo para a interposição do recurso: 15 dias.
4. Identifique se a decisão foi total ou parcialmente improcedente ou, ainda que procedente, se poderia atribuir mais e melhores benefícios à parte.
5. Destaque a matéria que pretende impugnar.
6. Se o acórdão do qual se recorre foi prolatado por tribunal superior, lembre-se de que é o STF que tem competência para julgar o recurso ordinário. Já se o acórdão tiver sido prolatado por Tribunal Federal ou Estadual ou se tratar de decisão envolvendo Estado estrangeiro ou organismo internacional em face de Município ou pessoa residente ou domiciliada no país, a competência é do STJ.
7. Identifique quem foi o julgador responsável pela decisão e qual o tribunal competente para apreciar seu recurso.
8. Lembre-se de que a petição de interposição é dirigida ao desembargador *a quo*, que, por sua vez, remeterá as razões ao STJ ou STF (*ad quem*).
9. Confirme o endereçamento.
10. Identifique e analise em que efeitos o recurso deve ser recebido (a rigor, o recurso ordinário possui os mesmos efeitos do recurso de apelação).
11. Verifique se o acórdão extinguiu o processo com resolução do mérito ou sem resolução do mérito.
12. Certifique-se se almeja reformar ou anular a decisão.
13. Não se esqueça de efetuar o preparo (custas e porte de remessa e retorno).

Recurso Especial

Neste capítulo, trataremos dos recursos que serão analisados em última e decisiva instância, ou seja, da competência dos tribunais superiores, que funcionam como os órgãos do Poder Judiciário que têm o condão de manter a ordem jurídica no país. Assim, o Supremo Tribunal Federal e o Superior Tribunal de Justiça serão os tribunais aos quais nos referiremos mais amiúde daqui em diante, especialmente, agora, o STJ, pois é ele o responsável pelo julgamento de um eventual recurso especial, aliás, exclusivamente.

O STJ é órgão resultante de disposição constitucional de 1988, de modo que sua implementação, em parte, desafogou o Supremo Tribunal Federal, uma vez que lhe foram atribuídas competências que no ordenamento anterior pertenciam ao STF. Aliás, com a extinção do Tribunal Federal de Recursos, o STJ chegou até a ser conhecido como tribunal sucessor àquele estruturalmente, absorvendo-lhe competências.

Se o STF era e ainda é chamado de guardião da Constituição, o STJ, comparativamente, cumpre a função de resguardar o ordenamento jurídico federal.

Como chegar ao Superior Tribunal de Justiça? Por força da ordem constitucional, em seu artigo 105, reconhecemos dois caminhos: um que representa sua competência originária, e outro, sua competência recursal. (O paralelo feito entre os tribunais superiores e a classificação das competências tem apoio, entre outros, em Moraes, Alexandre de, *Direito Constitucional*, p. 512.)

A competência originária abriga o processamento e o julgamento, por exemplo, nos crimes comuns, de governadores de Estado/Distrito Federal, desembargadores dos Tribunais de Justiça, Tribunais Regionais Federais, Tribunais Regionais Eleitorais e Tribunais Regionais do Trabalho. Cabe, ainda, originariamente ao STJ julgar mandado de segurança, *habeas data* e *habeas corpus* contra atos praticados por autoridades públicas de elevado posto hierárquico, entre outros casos expressamente destacados pela Constituição Federal.

Já a competência recursal lhe é atribuída quando da interposição de recurso ordinário e recurso especial, também explicitados pela Carta Magna.

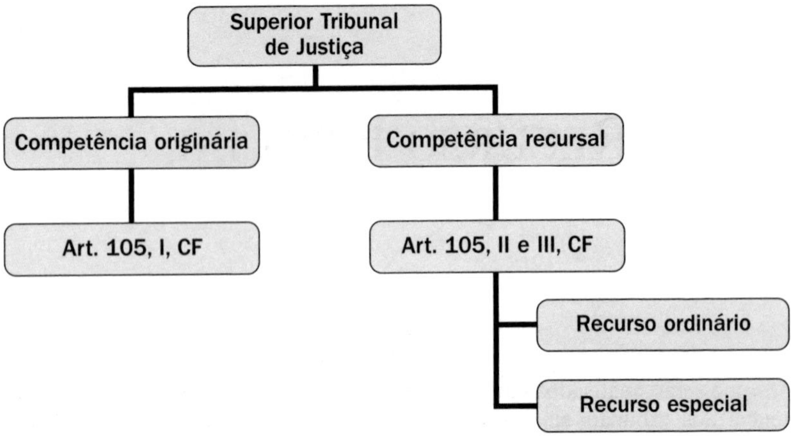

Para o ministro do STJ Sálvio de Figueiredo Teixeira, o recurso especial poderia ser classificado como

> modalidade de recurso extraordinário *lato sensu*, destinado, por previsão constitucional, a preservar a unidade e autoridade do direito federal, sob a inspiração de que nele o interesse público, refletido na correta interpretação da lei, deve prevalecer sobre os interesses das partes. Ao lado do seu objetivo de ensejar o reexame da causa, avulta sua finalidade precípua, que é a defesa do direito federal e a unificação da jurisprudência. Não se presta, entretanto, ao exame de matéria de fato, e nem representa terceira instância. (*Apud* Moraes, Alexandre de, *Direito Constitucional*, p. 514.)

Hipóteses de cabimento

Como visto, o recurso especial tem suas hipóteses de cabimento elencadas pela Constituição Federal, de modo que ao Código de Processo Civil cumprirá apenas dissertar sobre o procedimento para esse recurso.

O Superior Tribunal de Justiça é o único órgão que apreciará o mérito do recurso especial, mas, quanto ao juízo de admissibilidade, caberá primeiramente ao *a quo* e depois, definitivamente, ao *ad quem*.

> Assim, as hipóteses de cabimento desses recursos correspondem exatamente ao tipo de vício que pode ser apontado na decisão contra a qual se pretende recorrer, de forma que sua admissibilidade fica condicionada não à demonstração, que corresponde ao próprio mérito do recurso, mas à alegação, ao apontamento dessas espécies de vício. (Pinto, Nelson Luiz, *Manual dos recursos cíveis*, p. 194.)

Determina a Constituição:

> Art. 105 – Compete ao Superior Tribunal de Justiça:
>
> [...]

> III – julgar, em recurso especial, as causas decididas em única ou última instância, pelos Tribunais Regionais Federais ou pelos tribunais dos Estados, do Distrito Federal e Territórios, quando a decisão recorrida:
>
> a) contrariar tratado ou lei federal, ou negar-lhes vigência;
>
> b) julgar válido ato de governo local contestado em face de lei federal;
>
> c) der a lei federal interpretação divergente da que lhe haja atribuído outro tribunal.

O primeiro ponto que merece destaque é que o texto é bastante claro ao indicar que somente as causas decididas (com ou sem julgamento do mérito) em *única* ou *última instância pelos tribunais* é que poderão ensejar a interposição do recurso especial. Podemos entender por "única instância" as causas que originariamente pertencem ao STJ, como se ele fizesse as vezes de um juízo em primeiro grau. Sua competência originária está descrita nas alíneas *a* até *i* do inciso I do artigo 105 da Constituição.

A expressão "causas decididas em última instância" significa que terminaram os meios recursais do recorrente, restando-lhe unicamente a alternativa do recurso especial. Confirma o raciocínio a Súmula 207 do STJ:

> É inadmissível recurso especial quando cabíveis embargos infringentes contra acórdão proferido no tribunal de origem.

E a doutrina não pensa diferente:

> Por força do texto constitucional, apenas os julgados proferidos em "única ou última instância" estão sujeitos a ataque por meio de recurso especial. É que o cabimento do especial está condicionado ao esgotamento das vias recursais cabíveis. [...]. Pelo mesmo motivo, não cabe recurso especial contra decisão monocrática de magistrado de tribunal regional ou local sujeita a agravo regimental. (Souza, Bernardo Pimentel, *Introdução aos recursos cíveis e à ação rescisória*, p. 597.)

Contudo, de nada adianta uma causa ser decidida em única ou em última instância se a decisão não for proveniente de tribunal. Mais uma vez o texto da Constituição é pontual, condicionando a interposição do recurso especial à decisão de *tribunal* em única ou última instância, e esse é nosso segundo ponto de análise.

Não cabe recurso especial: das decisões finais em primeira instância; das decisões de segunda instância que ainda comportem algum outro meio recursal; das decisões proferidas, nos limites de sua competência, por órgão de segundo grau dos Juizados Especiais (Súmula 203, STJ).

Essas causas decididas em única ou última instância pelos tribunais constituem requisitos gerais completados por requisitos específicos, visto que é função do STJ, essencialmente, zelar pela legislação federal. Assim, a decisão recorrida deve: contrariar tratado ou lei federal; julgar válido ato do governo no local contestado em face de lei federal; ou dar a lei federal interpretação diversa da já suscitada em outro tribunal.

"Quando a decisão recorrida contrariar tratado ou lei federal, ou negar-lhes vigência"

Disposta na alínea *a* do inciso I do artigo 105, a regra foi redesenhada pela atual Constituição a fim de abraçar qualquer decisão que venha a confrontar a legislação federal. No ordenamento constitucional anterior, a hipótese de cabimento era *negar vigência*. Contudo, contrariar tratado ou lei federal tem sentido muito mais amplo e abrangente que negar vigência.

"Contrariar" pode significar aplicar de forma equivocada, inadequada, incoerente o texto de lei. Conforme Alexandre de Moraes,

> contrariar a lei é, em última análise, o mesmo que tê-la por inexistente, negar-lhe vigência, deixar de aplicá-la ou violá-la. Na interposição do recurso especial com base nesse fundamento, é obrigatória a indicação do dispositivo legal (tratado ou lei federal) supostamente violado. (*Direito Constitucional*, p. 515.)

Portanto, somos pela inaplicabilidade da Súmula 400 do STJ para o atual recurso especial:

> Decisão que deu razoável interpretação à lei, ainda que não seja a melhor, não autoriza o recurso extraordinário pela letra "a" do art. 101, III, da Constituição Federal.

Observe-se que essa súmula se referia à Constituição antecessora, quando a regra da época se restringia à negativa de vigência. Como demonstrado, os horizontes se abriram e, portanto, aplicar a Súmula 400 do STJ ao recurso especial atual é rechaçar o novo ordenamento constitucional, cerceando o direito de defesa do cidadão. (Com a mesma opinião, Souza, Bernardo Pimentel, *Introdução aos recursos cíveis e à ação rescisória*, p. 609-10.)

"Quando a decisão recorrida julgar válido ato do governo local contestado em face de lei federal"

Vale lembrar que tais palavras decorreram de alteração da Emenda Constitucional 45/2004. Anteriormente, a alínea apresentava o seguinte texto: "julgar válida *lei* ou *ato* do governo local contestado em face de lei federal".

Atentemos ao fato de que, segundo o texto originário da Constituição, decisão que julgava lei local válida em detrimento de lei federal ensejava a interposição de recurso especial. Entretanto, invariavelmente, lei local contestada em face de lei federal é assunto pertinente a um possível conflito de competência entre os entes políticos. E, sabendo que conflito de competência é matéria regulada pela própria Constituição, restava a dúvida: caberia, nesse caso, recurso especial ou recurso extraordinário?

Infindáveis discussões foram travadas ao longo dos anos, apesar de prevalecer na jurisprudência que o recurso adequado seria o extraordinário e não o especial (Souza, Bernardo Pimentel, *Introdução aos recursos cíveis e à ação rescisória*, p. 612-3.)

Pois bem, a EC 45/2004 veio a encerrar os combates doutrinários e jurisprudenciais, retirando da Lei Maior o vocábulo "lei", tendo em vista que o julgamento válido de lei local contrariamente a lei federal gera conflito de competência federativa, matéria de cunho constitucional e, portanto, sob a guarda do Supremo Tribunal Federal. (Nesse mesmo sentido, Moraes, Alexandre de, *Direito Constitucional*, p. 515.)

Dessa feita, recurso especial, para essa hipótese, somente se houver decisão que entender válido ato praticado pelo governo local (municipal ou estadual) contestado em face de lei federal. Ressalte-se que basta que tenha o ato sido contestado em face de lei federal, não importando se a decisão foi acertada ou não. O mérito da causa caberá ao Superior Tribunal de Justiça, mas, para que o recurso seja recebido e conhecido, faz-se necessário demonstrar a contestação do ato ante a lei federal.

Se, no entanto, a decisão fez prevalecer lei federal, tornando inválido ato do governo local, isso não dá cabimento ao recurso especial pela hipótese correspondente. (Raciocínio semelhante foi desenvolvido por Nelson Luiz Pinto, *Manual dos recursos cíveis*, p. 200.)

"Quando a decisão recorrida der a lei federal interpretação divergente da que lhe haja atribuído outro tribunal"

Para demonstrar que a interpretação outorgada por uma decisão é discrepante de outra, caberá ao recorrente comprovar a discordância por meio de documentos que representem a legitimidade das alegações. Conforme o Código de Processo Civil, para essa situação, serão recebidas como provas do dissídio jurisprudencial a certidão da divergência, a cópia autenticada ou a citação do repertório de jurisprudência, oficial ou credenciado, em que tiver sido publicada a decisão divergente, mencionando as circunstâncias que identifiquem ou assemelhem os casos confrontados (art. 541, parágrafo único).

Apesar do enredo da legislação, o Regimento Interno do STJ (RISTJ) admite que a declaração de autenticidade das citações divergentes esteja por conta do próprio advogado recorrente, sob sua inteira responsabilidade (art. 255, § 1.º, *a*, RISTJ, *apud* Souza, Bernardo Pimentel, *Introdução aos recursos cíveis e à ação rescisória*, p. 617).

Claro que, perante essa situação, deve o recorrente persuadir o Superior Tribunal a entender que a interpretação mais acertada foi aquela prolatada por decisão pelo outro tribunal e não a interpretação da decisão que ensejou o recurso. Nesses termos, o recorrente deve indicar que, embora as interpretações sejam diferentes, ambas decorrem de uma mesma situação fática, sob pena de o recurso não ser conhecido. Bernardo Pimentel Souza cita a Súmula 296 do TST:

> A divergência jurisprudencial ensejadora da admissibilidade, do prosseguimento e do conhecimento do recurso há de ser específica, revelando a existência de teses diversas na interpretação de um mesmo dispositivo legal, embora idênticos os fatos que as ensejaram. (*Introdução aos recursos cíveis e à ação rescisória*, p. 616.)

E, finalizando a análise dessa hipótese de cabimento do recurso especial, vejamos a Súmula 13 do STJ:

A divergência entre julgados do mesmo Tribunal não enseja recurso especial.

Fica claro que as interpretações exaradas em contraste tenham sido evocadas, também, por tribunais diferentes, ou seja, interpretações dadas por Tribunais Regionais Federais e Tribunais de Justiça, ou mesmo quando ainda existiam os Tribunais de Alçada. Nas palavras do aplaudido ministro Sálvio de Figueiredo Teixeira temos uma didática lição a esse respeito:

Situa-se a mais importante função do recurso especial uniformizar a interpretação do direito federal no País, quando haja manifesta divergência envolvendo tribunais diferentes, um dos quais poderá ser o próprio Superior Tribunal de Justiça, podendo o dissenso ocorrer também entre tribunais de um mesmo Estado (*verbi gratia*, de Justiça e de Alçada) e mesmo com julgados de tribunais não mais competentes na matéria (exemplifique-se com a jurisprudência do STF no sistema constitucional anterior, em matéria infraconstitucional). Não se admite a divergência, entretanto, se o entendimento trazido à colação como paradigma já se encontra superado no tribunal que a proferiu ("Recurso especial". *Revista de Informação Legislativa*. Brasília, ano 27, n. 107 jul./set. 1990, p. 147-160. *Apud* Moraes, Alexandre de, *Direito Constitucional*, p. 515.)

Regularidade formal e processamento

Pode-se dizer que a estruturação do recurso especial segue as mesmas linhas dos demais recursos, devendo ele comportar: a exposição do fato e do direito, a demonstração do cabimento do recurso interposto e as razões do pedido de reforma da decisão recorrida (art. 541, I a III, CPC). Essas mesmas regras são válidas para o recurso extraordinário, pois o CPC trata de ambos sob uma mesma seção e, ainda, explicita que as regras processuais são atinentes aos dois.

O preparo, obviamente, não pode faltar. Aliás, o CPC não informa nada nesse sentido, cabendo, portanto, ao regulamento interno do tribunal indicar a necessidade ou não. Interessante que, para o recurso especial, por muito tempo prevaleceu isenção para as custas processuais (art. 112, RISTJ), o que, após a Lei 11.363/07, já não ocorre mais. Ou seja, desde o fim do mês de março de 2008, o Superior Tribunal de Justiça se iguala aos demais tribunais do país e passa a cobrar as custas processuais, sem prejuízo do porte de remessa e retorno. O recolhimento do preparo, o qual é composto pelas custas, bem como o porte de remessa e retorno deverá ser feito no tribunal de origem, perante suas secretarias e no prazo de sua interposição.

Súmula 187, STJ – É deserto o recurso interposto para o Superior Tribunal de Justiça, quando o recorrente não recolhe, na origem, a importância das despesas de remessa e retorno dos autos.

Tal preparo seguirá em conjunto com a petição de interposição encaminhada ao tribunal (ao presidente ou vice-presidente, conforme art. 541, *caput*, CPC) que teve sua decisão recorrida, o qual fará o primeiro juízo de admissibilidade remetendo os autos ao STJ.

Sem dúvida, um dos primeiros pressupostos de admissibilidade a ser observado é o prazo de 15 dias, contados do primeiro dia útil seguinte à data da intimação da decisão.

Art. 498, CPC – Quando o dispositivo do acórdão contiver julgamento por maioria de votos e julgamento unânime, e forem interpostos embargos infringentes, o prazo para recurso extraordinário ou especial, relativamente ao julgamento unânime, ficará sobrestado até a intimação da decisão dos embargos.

Parágrafo único – Quando não forem interpostos embargos infringentes, o prazo relativo à parte unânime da decisão terá como dia de início aquele em que transitar em julgado a decisão por maioria de votos.

Recebidas a petição e as razões pela secretaria (*a quo*), intimar-se-á o recorrido para apresentar contra-razões, observando o mesmo prazo de 15 dias (art. 542, *caput*, CPC). Apenas depois de encerrado esse prazo é que definitivamente os autos estarão conclusos, cabendo ao presidente ou vice-presidente admitir o recurso ou não.

Se a decisão for pela inadmissão do recurso, o recorrente poderá interpor agravo de instrumento no prazo não superior a 10 dias, a ser encaminhado ao STJ – se fosse recurso extraordinário, ao STF (art. 544, CPC). Contudo, a petição, independente do preparo, deve ser dirigida ao presidente do tribunal recorrido (art. 544, §§ 1.º e 2.º, CPC).

O agravo de instrumento deverá contar com a apresentação de cópias:

- do acórdão recorrido;
- da certidão da respectiva intimação;
- da petição de interposição do recurso denegado;
- das contra-razões;
- da decisão agravada;
- da certidão da respectiva intimação;
- das procurações do agravante e do agravado

Por outro lado, admitido o recurso (tanto o especial como o extraordinário), será ele recebido no efeito devolutivo (art. 542, § 2.º, CPC). Dessa forma, não há efeito suspensivo, o que possibilita a execução provisória do acórdão recorrido.

Não se deve esquecer que, dependendo da situação fática, podem ambos os recursos (especial e extraordinário) ser interpostos ao mesmo tempo, como também, apesar de admitidos, ficar retidos nos autos.

Trataremos, primeiro, da situação em que cabem o especial e o extraordinário. Não se quer dizer que ambos podem ser feitos em uma mesma petição; ao contrário, fisicamente devem estar dispostos em petições autônomas e independentes, mesmo porque o recurso especial segue para o STJ, e o extraordinário, para o STF. Contudo, com a apresentação dos dois recursos, os autos devem ser remetidos ao STJ. Somente após o julgamento no STJ é que os autos seguem para o STF.

Quando da interposição dos dois recursos, a jurisprudência vem assim entendendo:

Assentando-se o acórdão do Tribunal inferior em duplo fundamento, impõe-se à parte interessada o dever de interpor tanto o recurso especial para o STJ (para o exame da controvérsia de caráter meramente legal) quanto o recurso extraordinário para o STF (para apreciação do litígio de índole essencialmente constitucional), sob pena de, em não se deduzindo qualquer desses recursos, o recorrente sofrer as conseqüências indicadas na Súm. 283/STF, motivadas pela existência de fundamento inatacado, apto a dar, à decisão recorrida, condições suficientes para subsistir autonomamente. A circunstância de o STJ haver examinado o mérito da causa, negando provimento ao recurso especial – e, assim, resolvendo a controvérsia de mera legalidade instaurada nessa via excepcional – não prejudica o conhecimento do recurso extraordinário, que, visando à solução de litígio de índole essencialmente constitucional, foi interposto, simultaneamente, pela mesma parte recorrente, contra acórdão por ela também impugnado em sede recursal especial. (STF – RT 783/212, maioria). (*Apud* Negrão, Theotonio e Gouvêa, José Roberto F., *Código de Processo Civil e legislação processual em vigor*, nota 4, referente ao art. 541 do CPC, p. 639.)

Todavia, caso seja verificado pelo ministro-relator do STJ que o julgamento do recurso especial estará prejudicado pelo recurso extraordinário (art. 543, § 2.º, CPC), o julgamento no STJ restará sobrestado e os autos serão encaminhados ao STF para julgar o recurso extraordinário. Da decisão de remeter os autos primeiro ao STF não cabe recurso.

Na hipótese de o relator do STF entender não ser o recurso extraordinário prejudicial ao julgamento do recurso especial, os autos serão devolvidos ao STJ. Dessa decisão também não cabe recurso (art. 543, § 3.º, CPC).

Sob outro enfoque, os recursos poderão ficar retidos nos autos principais nas situações descritas pelo Código de Processo Civil.

Art. 542, § 3.º – O recurso extraordinário, ou o recurso especial, quando interpostos contra decisão interlocutória em processo de conhecimento, cautelar, ou embargos à execução, ficará retido nos autos e somente será processado se o reiterar a parte, no prazo para interposição do recurso contra a decisão final, ou para as contra-razões.

A razão do dispositivo é evidente, pois, apesar de a decisão interlocutória ser capaz de causar gravame à parte interessada, pode ser, segundo entendimento do magistrado que prolatou a decisão, que, no desenrolar do processo originário, sua manifestação interlocutória seja irrelevante, desde que a sentença tenha sido proferida em favor daquele que tinha agravado a decisão interlocutória.

E assim elucida a doutrina, por exemplo, nos casos em que o juiz nega direito do autor em produzir determinada modalidade de prova.

Evidente que a sentença judicial espancou o interesse da parte de que o processo seja anulado a partir de certo momento, com apoio na alegação do cerceamento do direito de defesa. É por esta razão, e como forma de eliminar o processamento de recursos especiais e de recursos extraordinários sem a certeza de que a decisão final do processo virá ou não a confirmar os termos do pronunciamento que os originou, que o § 3.º do art. 542 determina que as espécies extremas permaneçam retidas nos autos, somente sendo processadas na hipótese de a parte insistir no seu conhecimento por ocasião da interpretação de igual recurso porventura interposto contra pronunciamento final tomado no processo, ou mesmo na hipótese que envolve a oferta de contra-razões. (Montenegro Filho, Misael, *Curso de Direito Processual Civil*, p. 233-4.)

Nesses casos, o próprio tribunal responsável (presidente ou vice-presidente) pelo primeiro juízo de admissibilidade é que reterá nos autos principais os recursos especial e/ou extraordinário (STJ – 2.ª Seção, Rcl. 674-MG, rel. min. Waldemar Zveiter, j. 22/3/2000, v.u., *CJU* 26/6/2000, p. 132).

Como seria possível, então, reverter a situação? Ou seja: o que fazer para que os recursos especial e/ou extraordinário não fiquem retidos nos autos e sejam, portanto, apreciados de pronto pelos tribunais superiores?

A jurisprudência tem se manifestado no sentido de que a medida cautelar é o meio adequado para a apreciação dos recursos. O entendimento pode ser observado perante o STF, bem como perante o STJ.

> Através de simples petição ao STF, que é processada no tribunal como medida cautelar, pode o interessado pedir a apreciação imediata do recurso extraordinário interposto contra decisão interlocutória, cuja retenção foi determinada pelo presidente ou vice-presidente do tribunal recorrido.
>
> "Se busca o recorrente afastar a norma insculpida no art. 542, § 3.º, do CPC, cabe o ajuizamento de medida cautelar, para que seja processado o recurso especial, não, porém, a interposição de agravo, eis que não foi proferido juízo de admissibilidade pelo Presidente do Tribunal de Apelação, o qual apenas cumpre disposição legal" (STJ – 2.ª Turma, Ag. 266.834-PR – AgRg, rel. min. Eliana Calmon, j. 22/2/2000, negaram provimento, v.u., *DJU* 20/3/2000, p. 68). (Negrão, Theotonio e Gouvêa, José Roberto F., *Código de Processo Civil e legislação processual em vigor*, nota 19b, p. 642-3.)

Claro que, para ocorrer a subida dos autos, é inevitável a demonstração do receio de dano irreparável ou de difícil reparação, identificando, portanto, a urgência em apreciar desde logo o recurso especial ou extraordinário. (Nesse sentido a 1.ª Turma do STJ, AGA 497194-SP, rel. min. Denise Arruda, j. 27/4/2004, *DJ* 31/5/2004, p. 183.)

Convém finalmente, a título exemplificativo, relacionar alguns casos em que o recurso especial *não* deve permanecer retido nos autos, segundo a jurisprudência (transcrição parcial de lista elaborada por Theotonio Negrão e José Roberto F. Gouvêa, *Código de Processo Civil e legislação processual em vigor*, nota 19d, p. 644):

- se interposto contra acórdão que defere liminar;
- se "tem por finalidade pleitear o conhecimento de agravo de instrumento que não foi conhecido no tribunal *a quo*";
- se interposto contra acórdão que determinou o processamento de apelação, considerada intempestiva pelo recorrente;
- se interposto contra decisão sobre o valor da causa;
- se ataca decisão que concedeu ou denegou tutela antecipada;
- se interposto contra acórdão que decide sobre competência;
- se interposto contra decisão interlocutória proferida em mandado de segurança.

Medida cautelar e recurso especial

Conforme a Lei 8.950, de 13 dezembro de 1994, que determinou a redação do § 2.º do artigo 542 do CPC, o recurso especial será recebido apenas no efeito devolutivo, o que, *a contrario sensu,* nos leva a concluir que o efeito suspensivo restará afastado.

Entretanto, a suspensão dos efeitos do acórdão recorrido poderá ser conseguida e o meio hábil para essa concessão será a propositura de medida cautelar. Assim, o recurso especial não tem efeito suspensivo, mas tal efeito a ele poderá ser atribuído por meio de requerimento expresso em medida cautelar dirigida ao tribunal. Dispõe o Código de Processo Civil:

> Art. 800 – As medidas cautelares serão requeridas ao juiz da causa; e, quando preparatórias, ao juiz competente para conhecer da ação principal.
>
> Parágrafo único – Interposto o recurso, a medida cautelar será requerida diretamente ao tribunal.

Não obstante o CPC nada dispor sobre os requisitos para confirmar a medida acautelatória, resta claro que a concessão da medida dependerá da demonstração do *fumus boni iuris* e do *periculum in mora* (Negrão, Theotonio e Gouvêa, José Roberto F., *Código de Processo Civil e legislação processual em vigor*, nota 10, p. 851).

> Em determinadas hipóteses, concorrendo os pressupostos da aparência do bom direito (= alta probabilidade de que o recurso venha a ser provido) e do perigo de grave dano ao patrimônio jurídico do recorrente enquanto pendente a inconformidade, tem sido admitida, consoante o art. 800, parágrafo único, do CPC, a concessão da liminar em ação cautelar incidental, com o objetivo de suspender a eficácia do aresto impugnado. (Carneiro, Athos Gusmão, *apud* Pinto, Nelson Luiz, *Manual dos recursos cíveis*, p. 208.)

Pela letra da lei, é o Superior Tribunal de Justiça o órgão competente para analisar a medida cautelar, desde que o recurso já tenha sido interposto.

> No período entre a publicação da sentença e a distribuição do recurso no tribunal, a competência para apreciar medida cautelar é do juiz de primeiro grau (RJTJERGS 163/221). (*Apud* Negrão, Theotonio e Gouvêa, José Roberto F., *Código de Processo Civil e legislação processual em vigor*, nota 1a, p. 850.)

Conforme Bernardo Pimentel Souza (*Introdução aos recursos cíveis e à ação rescisória*, p. 630), a mera interposição do recurso já é suficiente para transferir ao STJ a competência para apreciar a medida cautelar. O autor completa o raciocínio asseverando que, "antes da interposição do especial, a ação cautelar deve ser ajuizada no tribunal de origem"; depois, a interposição seguirá para o tribunal *ad quem*. Concordamos com o autor, embora exista uma tênue diferença quando o assunto é tratado pelo Supremo Tribunal Federal.

> Súmula 634 – Não compete ao Supremo Tribunal Federal conceder medida cautelar para dar efeito suspensivo a recurso extraordinário que ainda não foi objeto de juízo de admissibilidade na origem.

Como é possível observar, para o STF, mesmo depois de interposto o recurso, mas antes do juízo de admissibilidade do *a quo*, a medida cautelar deverá ser encaminhada ao tribunal recorrente e não ao recorrido. Por essas linhas, recomenda-se atenção quando se estiver recorrendo ao STF.

Perfil esquemático do recurso especial

PETIÇÃO DE INTERPOSIÇÃO

ENDEREÇAMENTO*
Exmo. Sr. Dr. Desembargador Presidente do Egrégio Tribunal Regional Federal da ... Região
ou
Exmo. Sr. Dr. Desembargador Presidente do Egrégio Tribunal de Justiça do Estado de ...

↕ 10 cm

Processo n.º ...
(Indicar o recurso.)

QUALIFICAÇÃO
VERBO: *INTERPOR*.
FUNDAMENTAÇÃO PROCESSUAL: art. 105, III, alínea *a*, *b* ou *c*, da CF e art. 541 e seguintes do CPC.
PRAZO: 15 dias.

INDICAR O PREPARO.

PEDIDO: Requerer seja o recurso *recebido, processado e remetido* ao STJ.

* Indicamos os endereçamentos mais comuns, embora caiba petição de interposição endereçada, por exemplo, ao juiz da Vara de Execuções Fiscais, no caso de improvimento dos embargos infringentes atinente ao artigo 34 da Lei 6.830/80.

RAZÕES DO RECURSO ESPECIAL

Recorrente: ...
Recorrido: ...

Egrégio Tribunal

Colenda Câmara/Turma

Ínclitos Julgadores

HISTÓRICO

DO CABIMENTO
Art. 105, III, CF

DO PREQUESTIONAMENTO

FUNDAMENTOS JURÍDICOS

Demonstração do cabimento do recurso	Razões para a reforma

PEDIDO: Seja o presente recurso *conhecido e provido* a fim de reformar* o acórdão prolatado em instância inferior.

* Nos casos em que a hipótese de cabimento do recurso especial ocorrer em razão de a decisão recorrida dar a lei federal interpretação divergente da que lhe haja atribuído outro tribunal, "o pedido de reforma da decisão judicial refere-se ao provimento do recurso a fim de que a causa que envolve o recorrente seja julgada da mesma forma como desatada(s) a(s) causa(s) trazida(s) ao conhecimento do STJ, originária(s) de outros tribunais da federação, assentada(s) nas mesmas bases fáticas". (Montenegro Filho, Misael, *Curso de Direito Processual Civil*, v. II, p. 224.)

Não Esqueça

1. O recurso especial apenas poderá ser apresentado quando já tiverem se esgotado todas as demais vias recursais, por isso descreve a Constituição Federal que esse tipo de recurso caberá nas causas decididas em única ou última instância.
2. O recurso especial será sempre interposto de um acórdão, jamais de uma sentença, haja vista que a decisão da qual se recorre deverá ter sido proferida pelos Tribunais Regionais Federais ou pelos tribunais dos Estados, do Distrito Federal e dos Territórios.
3. O procedimento para interposição do recurso especial está delineado pelo Código de Processo Civil, enquanto as hipóteses de cabimento estão enumeradas no texto constitucional.
4. As hipóteses de cabimento referem-se ao vício presente na decisão da qual se recorre. Como requisito de admissibilidade é preciso apontar qual foi exatamente o vício identificado na decisão de última ou única instância. Demonstrar os motivos que levaram ao vício é mérito; a admissibilidade exige apenas o mero apontamento.
5. Além dos já conhecidos requisitos de admissibilidade, como tempestividade (15 dias) e esgotamento das vias recursais, é necessário apontar o prequestionamento, ou seja, demonstrar que a matéria objeto do recurso especial já foi anteriormente inquirida nos tribunais inferiores.
6. Caso justamente a matéria que ensejaria a interposição de recurso especial falte na disposição da decisão de única ou última instância, cumpre interpor embargos declaratórios para suprir essa omissão, garantindo o prequestionamento.
7. Para que o Superior Tribunal de Justiça venha a julgar recurso especial, é preciso demonstrar que o acórdão: contrariou tratado ou lei federal, ou negou-lhes a vigência, julgou válido ato do governo local contestado em face de lei federal ou deu a lei federal interpretação divergente da que lhe haja atribuído outro tribunal.
8. Por força do CPC, o recurso especial deve ser estruturado em duas peças (interposição e razões), de modo que a petição de interposição seja dirigida ao presidente ou vice-presidente do tribunal recorrido.
9. Não admitido o recurso especial pelo juízo *a quo*, caberá agravo de instrumento no prazo de 10 dias, a ser dirigido à presidência do tribunal de origem e cujo julgamento ficará a cargo do Superior Tribunal de Justiça.
10. O recurso especial é recebido somente no efeito devolutivo (art. 542, § 2.°, CPC), abrindo-se a possibilidade de ingressar com medida cautelar para suspender os efeitos do acórdão recorrido até o julgamento final do recurso.

Passo a Passo

1. Analise se a manifestação do tribunal tem conteúdo decisório e se causou gravame à parte.
2. Certifique-se de que se esgotaram as vias recursais.
3. Confirme se se trata de causa decidida em única ou última instância pelos tribunais.
4. Identifique o motivo que ensejou a interposição do recurso especial (deve ser qualquer um dos previstos pelo art. 105, III, CF).
5. Não se esqueça do prazo para a interposição do recurso: 15 dias.
6. Certifique-se de que a matéria foi prequestionada.
7. Destaque a matéria que pretende impugnar.
8. Lembre-se de que a petição de interposição é dirigida ao tribunal *a quo*, que, por sua vez, remeterá as razões ao STJ (*ad quem*).
9. Confirme o endereçamento.
10. Não se esqueça de quc o recurso especial é recebido somente no efeito devolutivo.
11. Verifique a necessidade de suspender a eficácia do acórdão do qual se recorre.
12. Não se esqueça de efetuar o preparo (custas e porte de remessa e retorno).

Recurso Extraordinário

Para a análise do recurso extraordinário, relembramos que, embora seja ele apreciado pelo Supremo Tribunal Federal, sua regularidade formal e processamento serão os mesmos dos já vistos no capítulo sobre o recurso especial. As regras são as mesmas porque foi assim que o Código de Processo Civil reservou em sua Seção II do Capítulo VI, especialmente no artigo inaugural da disposição acerca dos recursos constitucionais.

> Art. 541 – O recurso extraordinário e o recurso especial, nos casos previstos na Constituição Federal, serão interpostos perante o presidente ou o vice-presidente do tribunal recorrido, em petições distintas, que conterão:
>
> I – a exposição do fato e do direito;
>
> II – a demonstração do cabimento do recurso interposto;
>
> III – as razões do pedido de reforma da decisão recorrida.

Assim, as observações sobre o recurso especial – seu procedimento, sua estrutura, os meios para lhe conceder efeito suspensivo, o recurso cabível quando do não recebimento deste – valem também para o recurso extraordinário, de modo que, para não sermos repetitivos, sugerimos ao leitor aplicar o exarado para o recurso especial ao recurso extraordinário.

Justificada está, então, nossa intenção de apenas discorrermos a respeito das hipóteses elencadas pela Constituição Federal para o cabimento do recurso extraordinário.

Hipóteses de cabimento

O recurso extraordinário, cujo prazo é de 15 dias, caberá nas causas decididas em única ou última instância, segundo as hipóteses constitucionais, e será encaminhado ao Supremo Tribunal Federal.

O STF é composto de 11 ministros, com idade entre 35 e 65 anos, escolhidos pelo presidente da República. Contudo, a aprovação deles depende de sabatina do Senado Federal, pela maioria absoluta de seus membros (art. 101, *caput* e parágrafo único, CF).

O tribunal é dividido em duas turmas de mesma hierarquia, com cinco membros cada uma. O 11.º membro será o presidente do STF, o qual participará apenas das sessões em plenário. (Segundo ensinamentos de Alexandre de Moraes, *Direito Constitucional*, p. 483.)

Sua competência também é descrita pela Constituição Federal, na qual podemos verificar:

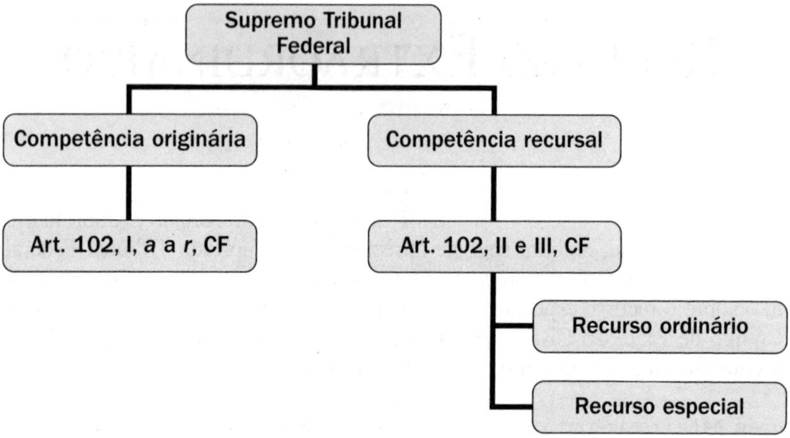

A *competência originária* pode facilmente ser verificada em casos de julgamento dos seguintes remédios constitucionais (estão elencados apenas os casos da competência originária cível, uma vez que o STF também deve, originariamente, julgar e processar infrações penais comuns, todas descritas no artigo 102 da Constituição):

- mandado de segurança contra atos do presidente da República, das Mesas da Câmara dos Deputados e do Senado Federal, do Tribunal de Contas da União, do procurador-geral da República ou do próprio Supremo;
- *habeas data* contra atos do presidente da República, das Mesas da Câmara dos Deputados e do Senado Federal, do Tribunal de Contas da União, do procurador-geral da República ou do próprio Supremo;
- *habeas corpus* quando o paciente for ministro de Estado, comandante das Forças Armadas, membro dos tribunais superiores, do Tribunal de Contas da União, chefe de missão diplomática permanente, membro do Congresso Nacional, ministro do STF, o procurador-geral da República, o presidente ou o vice-presidente;
- mandado de injunção quando a elaboração da norma regulamentadora for atribuição do presidente da República, do Congresso Nacional, da Câmara dos Deputados, do Senado Federal, das Mesas de uma das Casas Legislativas, do Tribunal de Contas da União, de um dos Tribunais Superiores ou do próprio Supremo Tribunal Federal.

Entretanto, devemos nos atentar à competência recursal do STF, especialmente a de cunho extraordinário, uma vez que já vimos a competência recursal ordinária (recurso ordinário) em capítulo próprio.

Assim, dispõe a Constituição Federal:

Art. 102 – Compete ao Supremo Tribunal Federal, precipuamente, a guarda da Constituição, cabendo-lhe:

[...]

III – julgar, mediante recurso extraordinário, as causas decididas em única ou última instância, quando a decisão recorrida:

a) contrariar dispositivo desta Constituição;

b) declarar a inconstitucionalidade de tratado ou lei federal;

c) julgar válida lei ou ato do governo local contestado em face desta Constituição;

d) julgar válida lei local contestada em face de lei federal.

Antes de nos insurgirmos em cada uma das hipóteses, destacamos as precisas lições de Alexandre de Moraes sobre o tema:

A Constituição Federal, ao prever o recurso extraordinário de causas decididas em única ou última instância, permite seu cabimento de decisões interlocutórias, desde que presentes os demais requisitos constitucionais.

Saliente-se que somente será cabível a interposição do recurso extraordinário se esgotados todos os meios ordinários. Além disso, na petição de encaminhamento do recurso extraordinário, deverá, obrigatoriamente, ser indicada a hipótese constitucional permissiva. (*Direito Constitucional*, p. 500.)

O aplaudido autor ainda conclui que, para que o recurso extraordinário seja conhecido, inevitavelmente, além das hipóteses constitucionais, três requisitos devem vir estampados (*idem*, p. 502):

- **Prequestionamento** – Necessidade de a matéria ter sido suscitada em tribunal de grau inferior e de ter sido explicitamente disposta no acórdão.
- **Ofensa direta e frontal à Constituição Federal** – Somente será cabível o presente recurso quando a questão afrontar diretamente a disposição constitucional, independentemente da necessidade de interpretação de legislação infraconstitucional, ou seja, "a ofensa é direta e frontal, nunca por via reflexa".
- **Repercussão geral das questões constitucionais** – Trata-se de nova exigência acrescentada pela Emenda Constitucional 45/2004, que trouxe para o texto da Carta Magna o § 3.º ao artigo 102: "No recurso extraordinário o recorrente deverá demonstrar a repercussão geral das questões constitucionais discutidas no caso, nos termos da lei, a fim de que o Tribunal examine a admissão do recurso, somente podendo recusá-lo pela manifestação de dois terços de seus membros".

Alexandre de Moraes cita, ainda, as palavras do ministro Carlos Velloso:

Esta é, para nós, uma solução realmente inovadora: exigir que seja de alta relevância a questão federal suscitada, para se admitir recurso. (*Idem, ibidem.*)

Portanto, esses requisitos darão ensejo à interposição do recurso extraordinário, desde que aliados a qualquer um dos permissivos do artigo 102, III, da Constituição Federal, os quais veremos a seguir com mais detalhes.

"Quando a decisão recorrida contrariar dispositivo desta Constituição"

A primeira nota que devemos fazer está relacionada à expressão "desta Constituição". Somos pelo entendimento de que a ela não possui caráter temporal, ou seja, não se quis restringir a interposição de recurso extraordinário a apenas aquelas decisões que contrariarem dispositivo da Carta Magna de 1988. Ao contrário, pode acontecer de uma decisão final prolatada nos dias atuais se basear no texto constitucional anterior.

E se a decisão for contrária às regras constitucionais em vigor naquela época? Será que não se poderá recorrer ao STF para se manifestar a respeito? A melhor interpretação, parece-nos, será a de admitir o recurso extraordinário, pois, quando a atual Lei Maior indicou que a contrariedade deve se insurgir contra esta Constituição, quis dizer Constituição Federal, afastando o cabimento do recurso extraordinário quando houver contradição à Constituição de um Estado membro ou à lei orgânica do Distrito Federal. (Souza, Bernardo Pimentel, *Introdução aos recursos cíveis e à ação rescisória*, p. 657-8.)

É nesse sentido, aliás, o entendimento do Supremo Tribunal Federal:

Súmula 280 – Por ofensa a direito local não cabe recurso extraordinário.

Ademais, conveniente lembrar que basta a alegação devidamente fundamentada de que uma decisão contrariou permissivo constitucional para dar azo ao recurso extraordinário. Se realmente houve a contrariedade, isso é questão de mérito, de modo que o tribunal superior poderá ou não dar provimento ao recurso.

Para concluir esse tópico, podemos afirmar que se trata da hipótese constitucional mais genérica para a interposição do recurso, de modo que as demais descritas no inciso III do artigo 102 acabam por se tornar espécies desta. (*Idem*, *ibidem*, p. 657.)

"Quando a decisão recorrida declarar a inconstitucionalidade de tratado ou lei federal"

É de conhecimento de todos que o controle de constitucionalidade de atos normativos, de forma bastante simplificada, pode ser observado por meio do controle difuso e do controle concentrado.

O *controle concentrado* é exercido por um único tribunal, qual seja, o Supremo Tribunal Federal, pela ação direta de inconstitucionalidade (ADIn), pela ação declaratória de constitucionalidade (ADECon) ou mesmo pela argüição de descumprimento de preceito fundamental (ADPF – art. 102, § 1.º, CF). Todavia, para essa possibilidade de interposição do recurso extraordinário, vê-se de forma mais clara a presença do *controle difuso* de constitucionalidade, que poderá ser realizado por qualquer juízo ou tribunal do Judiciário.

Por essa via, havendo questão incidente em um processo, remetido ao tribunal, sobre a constitucionalidade de lei,

> suscita-se uma *questão de ordem* e a análise da constitucionalidade é remetida ao *pleno* ou *órgão especial* do tribunal, para resolver aquela questão suscitada. (Lenza, Pedro, *Direito Constitucional esquematizado*, p. 97.)

No entanto, para que seja declarada inconstitucional uma lei ou um ato normativo, apenas com a votação absoluta dos membros do órgão especial ocorrerá a confirmação de sua validade ou não, diante dos preceitos constitucionais (art. 97, CF). Assim, conforme o artigo 102, III, *b*, o presente recurso somente será cabível diante de decisão de tribunal que declarar a inconstitucionalidade da lei e não ao contrário.

Além do mais, trata-se de inconstitucionalidade de lei ou tratado federais. Para compreender o conceito de lei federal, decisão do Superior Tribunal de Justiça dá maior amplitude ao tema:

> Na expressão *lei federal* estão compreendidos apenas a lei, o decreto, o regulamento e o direito estrangeiro, não se incluem a portaria, a resolução, a instrução normativa, a circular, o ato normativo, o regimento interno e o provimento da OAB (decisão da 1.ª Turma do STJ no Ag. 21.337-1-DF, rel. min. Garcia Vieira, j. 10/6/1992, *DJU* 3/8/1992, p. 11.261). (*Apud* Parizatto, João Roberto, *Prática do recurso especial, extraordinário e ordinário*, p. 298.)

E, para o conceito de tratado, recordamos que "tratar" é acordar, é impor deveres e obrigações para ambas as partes envolvidas – claro que sempre observando os parâmetros constitucionais.

"Quando a decisão recorrida julgar válida lei ou ato do governo local contestado em face desta Constituição"

Por vezes pode acontecer que lei do governo local, seja ele estadual ou municipal, prevaleça sobre dispositivo da Carta Magna, embora a validade da lei tenha sido contestada. Ocorrendo situações como essa, decididas em única ou última instância, é caso de interpor recurso extraordinário, a fim de que o Supremo Tribunal Federal se manifeste a respeito.

Ampliando os horizontes dessa alínea, se ato do governo local, mesmo que contestado em face da Constituição, for julgado válido, mais uma vez será o recurso extraordinário o remédio constitucional adequado, entendendo-se como atos aqueles provenientes dos três poderes (Executivo, Legislativo e Judiciário), salvo os atribuídos aos juízes da Justiça Comum, uma vez que existem outros meios processuais adequados para esses casos.

"Quando a decisão recorrida julgar válida lei local contestada em face de lei federal"

Atenção redobrada neste tópico, pois tal hipótese ensejava a interposição de recurso especial, de competência do Superior Tribunal de Justiça.

No entanto, a partir de 8 de dezembro de 2004, com o advento da Emenda Constitucional 45, transferiu-se a competência da matéria ao Supremo Tribunal Federal, ou seja, atualmente, quando lei local contestada em face de lei federal for julgada válida, planeja-se a interposição de recurso extraordinário. O Superior Tribunal de Justiça, nesse ponto, apenas permaneceu com a competência de julgar recurso especial quando ato do governo local contestado em face de lei federal for julgado válido.

Antes		Depois	
Julgados válidos lei ou ato do governo local contestados em face de lei federal – competência do STJ.	**Emenda Constitucional 45/2004**	Julgado válido ato do governo local contestado em face de lei federal – competência do STJ.	Julgada válida lei local contestada em face de lei federal – competência do STF.

Essa nova hipótese de cabimento de recurso extraordinário reforçou o papel do Supremo Tribunal no controle da constitucionalidade das leis e atos normativos, pois o novo texto passou a entender como conflito de competência federativa o julgamento da validade de lei local contestada em face de lei federal, transferindo a antiga competência do Superior Tribunal de Justiça, em sede de recurso especial, para o STF. (Moraes, Alexandre de, *Direito Constitucional*, p. 500.)

Súmulas do STF e o recurso extraordinário

Com o intuito de facilitar a pesquisa sumular, relacionamos alguns entendimentos do Supremo Tribunal Federal acerca do recurso extraordinário (a lista é apresentada por Alexandre de Moraes, *Direito Constitucional*, p. 504-5):

Súmula 279 – Para simples reexame de prova não cabe recurso extraordinário.

Súmula 281 – É inadmissível o recurso extraordinário quando couber, na Justiça de origem, recurso ordinário da decisão impugnada.

Súmula 282 – É inadmissível o recurso extraordinário quando não ventilada, na decisão recorrida, a questão federal suscitada.

Súmula 283 – É inadmissível o recurso extraordinário quando a decisão recorrida assenta em mais de um fundamento suficiente e o recurso não abrange todos eles.

Súmula 284 – É inadmissível o recurso extraordinário quando a deficiência na sua fundamentação não permitiu a exata compreensão da controvérsia.

Súmula 286 – Não se conhece do recurso extraordinário fundado em divergência jurisprudencial quando a orientação do plenário do Supremo Tribunal Federal já se firmou no mesmo sentido da decisão recorrida.

Súmula 356 – O ponto omisso da decisão, sobre o qual não foram opostos embargos declaratórios, não pode ser objeto de recurso extraordinário, por faltar o requisito do prequestionamento.

Súmula 634 – Não compete ao Supremo Tribunal Federal conceder medida cautelar para dar efeito suspensivo a recurso extraordinário que ainda não foi objeto de juízo de admissibilidade na origem.

Súmula 635 – Cabe ao Presidente do Tribunal de origem decidir o pedido de medida cautelar em recurso extraordinário ainda pendente do seu juízo de admissibilidade.

Súmula 636 – Não cabe recurso extraordinário por contrariedade ao princípio constitucional da legalidade, quando a sua verificação pressuponha rever a interpretação dada a normas infraconstitucionais pela decisão recorrida.

Súmula 637 – Não cabe recurso extraordinário contra acórdão de Tribunal de Justiça que defere pedido de intervenção estadual em Município.

Súmula 638 – A controvérsia sobre a incidência, ou não, de correção monetária em operações de crédito rural é de natureza infraconstitucional, não viabilizando o recurso extraordinário.

Súmula 639 – Aplica-se a Súmula 288* quando não constarem do traslado do agravo de instrumento as cópias das peças necessárias à verificação da tempestividade do recurso extraordinário não admitido pela decisão agravada.

Súmula 640 – É cabível recurso extraordinário contra decisão proferida por juiz de primeiro grau nas causas de alçada, ou por turma especial de juizado especial cível e criminal.

Súmula 727 – Não pode o magistrado deixar de encaminhar ao Supremo Tribunal Federal o agravo de instrumento interposto da decisão que não admite recurso extraordinário, ainda que referente à causa instaurada no âmbito dos juizados especiais.

Súmula 728 – É de três dias o prazo para a interposição de recurso extraordinário contra decisão do Tribunal Superior Eleitoral, contado, quando for o caso, a partir da publicação do acórdão, na própria sessão de julgamento, nos termos do art. 12 da Lei 6.055/74, que não foi revogado pela Lei 8.950/94.

Súmula 733 – Não cabe recurso extraordinário contra decisão proferida no processamento de precatórios.

Súmula 735 – Não cabe recurso extraordinário contra acórdão que defere medida liminar.

Perfil esquemático do recurso extraordinário

PETIÇÃO DE INTERPOSIÇÃO

ENDEREÇAMENTO**

Exmo. Sr. Dr. Desembargador Presidente do Egrégio Tribunal Regional Federal da ... Região

ou

Exmo. Sr. Dr. Desembargador Presidente do Egrégio Tribunal de Justiça do Estado de ...

* Súmula 288, STF – Nega-se provimento a agravo para a subida de recurso extraordinário, quando faltar no traslado o despacho agravado, a decisão recorrida, a petição de recurso extraordinário ou qualquer peça essencial à compreensão da controvérsia.

** Indicamos os endereçamentos mais comuns, embora caiba petição de interposição endereçada, por exemplo, ao juiz da Vara de Execuções Fiscais, no caso de improvimento dos embargos infringentes atinente ao artigo 34 da Lei 6.830/80.

10 cm

Processo n.º ...
(Indicar o recurso.)

QUALIFICAÇÃO
VERBO: *INTERPOR*.
FUNDAMENTAÇÃO PROCESSUAL: art. 102, III, alínea *a*, *b*, *c* ou *d*, da CF e art. 541 e seguintes do CPC.
PRAZO: 15 dias.

INDICAR O PREPARO.

PEDIDO: Requerer seja o recurso *recebido, processado e remetido* ao STF.

RAZÕES DO RECURSO EXTRAORDINÁRIO

Recorrente: ...
Recorrido: ...

Egrégio Tribunal

Colenda Câmara/Turma

Ínclitos Julgadores

HISTÓRICO

DO CABIMENTO
Art. 102, III, CF

DO PREQUESTIONAMENTO

REPERCUSSÃO GERAL DAS QUESTÕES CONSTITUCIONAIS
Art. 102, § 3.º, CF

FUNDAMENTOS JURÍDICOS	
Demonstração do cabimento do recurso	Razões para a reforma

PEDIDO: Seja o presente recurso *conhecido e provido* a fim de reformar o acórdão (decisão) prolatado(a) em instância inferior.

Recurso especial e recurso extraordinário: semelhanças e diferenças

O Código de Processo Civil dispôs em uma mesma seção acerca dos recursos encaminhados aos tribunais superiores. Os recursos especial e extraordinário, portanto, adotarão processualmente um mesmo procedimento, salvo uma ou outra hipótese tratada de forma distinta pelos regimentos internos do Superior Tribunal de Justiça e do Supremo Tribunal Federal.

Aliás, não só o procedimento será igual; a estrutura de ambos seguirá a mesma formalidade.

> Art. 541 – O recurso extraordinário e o recurso especial, nos casos previstos na Constituição Federal, serão interpostos perante o presidente ou vice-presidente do tribunal recorrido, em petições distintas, que conterão:
>
> I – a exposição do fato e do direito;
>
> II – a demonstração do cabimento do recurso interposto;
>
> III – as razões do pedido de reforma da decisão recorrida.

Dessa feita, pode-se dizer que apenas os pressupostos constitucionais são distintos; os demais, expostos pela legislação processual civil, são idênticos.

Quais, então, os requisitos (pressupostos) para o cabimento de ambos os recursos? De acordo com a inteligência jurisprudencial e do CPC, são:

- **Tempestividade** – Quinze dias é o prazo para interpor tanto o recurso extraordinário como o recurso especial, contagem que terá início no primeiro dia útil seguinte à data da intimação do acórdão. Para o oferecimento das contra-razões, o prazo é o mesmo.
- **Esgotamento das vias recursais** – Somente depois de se valer de todos os recursos possíveis, inclusive embargos infringentes, é que existirá a possibilidade de interpor os recursos aos tribunais superiores.
- **Questões de mérito e processuais** – O cabimento poderá advir, por regra, de acórdãos proferidos em grau de apelação, agravo de instrumento, embargos infringentes, ação rescisória ou ação de competência originária dos tribunais.

- **Prequestionamento** – A matéria objeto dos recursos deve ter sido anteriormente analisada pelos tribunais de instância inferior.

Contudo, apesar das semelhanças, ainda assim existem outros pressupostos que particularizam cada um dos recursos, entre eles os indicados no quadro a seguir.

Recurso especial	Recurso extraordinário
Decisão recorrida necessariamente proferida por tribunal.	Decisão recorrida pode advir de juiz singular (ex.: decisão dos embargos infringentes, conforme artigo 34 da Lei 6.830/80).
Contrariar tratado ou lei federal.	Contrariar dispositivo constitucional.
Julgar válido ato do governo local em face de lei federal.	Julgar válida lei local em face de lei federal.

Prequestionamento

Esse requisito de admissibilidade para os recursos especial e extraordinário não está explicitamente amparado por regra constitucional ou processual. Contudo, nem sempre foi assim, especialmente ao observarmos a Constituição Federal de 1891, quando, pela primeira vez, foi exigido o questionamento da matéria nos tribunais inferiores para somente então subir aos tribunais de hierarquia máxima.

> Art. 59, III – Das sentenças das Justiças dos Estados, em última instância, haverá recurso para o Supremo Tribunal Federal:
>
> a) quando se *questionar* sobre a validade ou aplicação de tratados e leis federais e a decisão do tribunal dos Estados for contra ela. (Destaque nosso.)

A origem do prequestionamento se deu na legislação norte-americana, mais de um século antes de surgir no dispositivo constitucional brasileiro. Portanto, é inevitável concluir que tal exigência é característica natural do recurso,

> inclusive no Direito comparado, não sendo invenção ou mecanismo criado pelo nosso STF como forma de reduzir o número de recursos admitidos, como pode parecer para alguns.*

Assim, muito embora, insiste-se, não exista regra codificada a respeito do prequestionamento, não podemos afastar sua exigência para o recebimento

* As notas introdutórias para o entendimento deste tópico, bem como a última afirmação, são de autoria de Nelson Luiz Pinto, exceto quanto à constatação da origem mundial do prequestionamento, que se deve a Alfredo Buzaid: "A idéia do prequestionamento, tal como foi constatada nos cânones constitucionais acima citados, tem sua origem na Lei Judiciária (*Judiciary Act*) norte-americana, de 24 de setembro de 1789". (*Manual dos recursos cíveis*, p. 289.)

dos recursos de ordem constitucional. Nesse sentido, Cássio Scarpinella Bueno assevera:

> Que a Constituição Federal não fala expressamente em prequestionamento não há dúvidas. Tampouco a legislação infraconstitucional. Dele se ocupam, apenas, as Súmulas do Supremo Tribunal Federal e do Superior Tribunal de Justiça [...]. Mas a Constituição Federal é bastante clara nos incisos III dos arts. 102 e 105 quanto à circunstância de a questão constitucional ou legal dever ter sido decidida pelas instâncias locais ou regionais. É expresso o texto constitucional neste sentido quanto a causas decididas. Somente causas decididas, presentes ao menos uma das hipóteses da alíneas dos arts. 102, III, e 105, III, é que podem ser desafiadas pelos recursos extraordinário e especial, respectivamente. ("Quem tem medo de prequestionamento?", *Jus Navigandi*, Teresina, a. 6, n. 57, jul. 2002. Disponível em: www1.jus.com.br/doutrina/texto.asp?id=3024. Acesso em 23/11/2004.)

O que seria, então, prequestionar? Conceitua-se como discussão de matéria nos tribunais de hierarquia inferior, antecedendo a apreciação dos tribunais superiores. Trata-se de tornar conhecido assunto nas primeiras instâncias para, somente depois, caso não atendidos os interesses das partes, voltar a se insurgir contra matéria perante o STJ ou STF. Em outras palavras, João Roberto Parizatto afirma:

> Prequestionar é discutir previamente, é controverter, é inquirir, é indagar a matéria, tornando-a suscetível de ser apreciada pelo recurso especial ou extraordinário, justamente por já ter sido determinada matéria veiculada em razões recursais, impondo-se o debate e a decisão prévios e, portanto, a adoção de entendimento explícito, pelo órgão investido do ofício judiciante, sobre a matéria, conforme decisão do STF no AgRg. 135.005, rel. min. Marco Aurélio, *DJU* 26/10/90, p. 11.979. (*Prática do recurso especial, extraordinário e ordinário*, p. 88 e 303.)

Nesse sentido, embora o prequestionamento seja pressuposto de admissibilidade para ambos os recursos constitucionais, nossos tribunais superiores não se valem do mesmo critério para identificar se há a presença do prequestionamento ou não.

> **Processo Civil. Recurso especial. Recurso extraordinário. Prequestionamento.** O Supremo Tribunal Federal e o Superior Tribunal de Justiça estabeleceram critérios diferentes para a identificação do prequestionamento no recurso extraordinário (STF – Súmula 356) e no recurso especial (STJ – Súmula 211). A orientação consolidada na Súmula 211 do Superior Tribunal de Justiça não ofende as garantias constitucionais da ampla defesa, do acesso ao Judiciário e do devido processo legal, nos termos do que foi decidido no Agravo Regimental em Agravo de Instrumento n.º 198.631-1, relator o ministro Sepúlveda Pertence (*DJU*, 19/12/97, p. 48). Embargos de declaração. (*Apud* Bueno, Cássio Scarpinella, "Quem tem medo de prequestionamento?", *Jus Navigandi*, Teresina, a. 6, n. 57, jul. 2002. Disponível em: www1.jus.com.br/doutrina/texto.asp?id=3024. Acesso em 23/11/2004.)

Para justificar o posicionamento, apresentamos as súmulas:

> Súmula 211, STJ – Inadmissível recurso especial quanto à questão que, a despeito da oposição de embargos declaratórios, não foi apreciada pelo tribunal *a quo*.

> Súmula 356, STF – O ponto omisso da decisão, sobre o qual não foram opostos embargos declaratórios, não pode ser objeto de recurso extraordinário, por faltar o requisito do prequestionamento.

É de notar, portanto, que, para um recurso especial ser conhecido pelo STJ, será identificado o prequestionamento quando este se fizer presente na decisão do tribunal de instância inferior; caso contrário, ainda que a questão tenha sido suscitada em sede de embargos de declaração, o recurso não será admitido, se o tribunal deixar de ventilar o assunto em seu pronunciamento final (Súmula 211, STJ). Ou seja, além de a matéria ter sido alvo de discussão no processo, o tribunal, necessariamente, deverá se pronunciar sobre ela no aresto.

Por outro lado, ao Supremo Tribunal Federal o prequestionamento se afigurará caso a matéria tenha sido suscitada no bojo do processo e, inegavelmente, assim, antes do acórdão prolatado pelos tribunais, segundo podemos extrair da Súmula 356. Afirma Cássio Scarpinella Bueno:

> O que é certo é que, se para a Súmula n.º 211 do Superior Tribunal de Justiça prequestionamento parece ser o conteúdo da decisão da qual se recorre, para a Súmula n.º 356 do Supremo Tribunal Federal prequestionamento pretende ser mais o material impugnado (ou questionado) pelo recorrente (daí a referência aos embargos de declaração) do que, propriamente, o que foi efetivamente decidido pela decisão recorrida. ("Quem tem medo de prequestionamento?", *Jus Navigandi*, Teresina, a. 6, n. 57, jul. 2002. Disponível em: www1.jus.com.br/doutrina/texto.asp?id=3024. Acesso em 23/11/2004.)

O mesmo autor expõe as palavras de Eduardo Ribeiro, que diz que o critério do prequestionamento acaba por possuir três correntes:

> É utilizada na doutrina e mesmo na jurisprudência traduzindo a necessidade de que a matéria tenha sido suscitada antes do julgamento recorrido. Para outros, entretanto, considera-se presente quando a questão não apenas é objeto de argüição pela parte, mas decidida pelo acórdão a ser impugnado. Por fim, uma terceira corrente estima que a exigência prende-se tão-só a essa última hipótese, ou seja, haver decisão, ainda que não se tenha verificado anterior debate. (*Idem*, nota 9.)

Entendimentos variados sobre o conceito de prequestionamento permeiam nossa doutrina e jurisprudência a ponto de José Miguel Garcia Medina, na destacada obra *O prequestionamento nos recursos extraordinário e especial* (p. 216-8), ao discorrer sobre o tema, relacionar três vertentes conceituais sobre o assunto. A primeira afirma ser o prequestionamento manifestação expressa dos tribunais no acórdão do qual se recorre. A segunda entende se formar o prequestionamento com a argüição e discussão anterior ao acórdão definitivo. E a terceira faz junção dos dois entendimentos anteriores, de modo que o prequestionamento restará comprovado com o prévio debate, acompanhado de explícita manifestação do tribunal recorrido.

Apesar de interessante conhecer as discussões pertinentes ao assunto, a função deste estudo é indicar um caminho a ser seguido ante tantas controvérsias. Desse modo, sugerimos consubstanciar o prequestionamento como a argüição da matéria no decorrer do processo e, ainda, zelando por sua apreciação na decisão recorrida.

Caso, embora havida a discussão, o tribunal de segunda instância não tenha explicitado a matéria em sua manifestação final, surge a possibilidade de apresentar embargos de declaração justamente para suprir a omissão no julgamento e garantir a interposição de um futuro recurso especial ou extraordinário. (Nesse sentido, Parizatto, João Roberto, *Prática do recurso especial, extraordinário e ordinário*, p. 87.)

FLUXOGRAMA

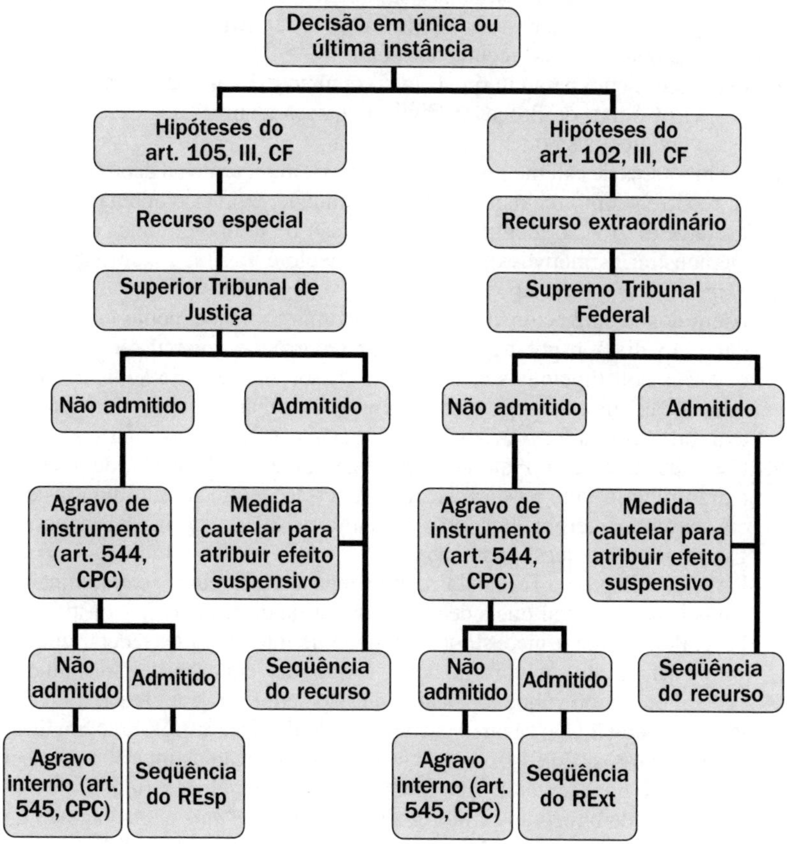

Não Esqueça

1. O recurso extraordinário apenas poderá ser apresentado quando já tiverem se esgotado todas as demais vias recursais, por isso descreve a Constituição Federal que esse tipo de recurso caberá nas causas decididas em única ou última instância.
2. O recurso extraordinário poderá ser interposto de um acórdão ou até mesmo de uma sentença, haja vista que a Constituição Federal não previu que a decisão necessariamente tenha de ser proferida pelos tribunais, como acontece para o recurso especial.
3. O procedimento para interposição do recurso extraordinário está delineado pelo Código de Processo Civil, enquanto as hipóteses de cabimento estão enumeradas no texto constitucional.
4. As hipóteses de cabimento referem-se ao vício presente na decisão da qual se recorre. Como requisito de admissibilidade, é preciso apontar qual foi exatamente o vício identificado na decisão de última ou única instância. Demonstrar os motivos que levaram ao vício é mérito; a admissibilidade exige apenas o mero apontamento.
5. Além dos já conhecidos requisitos de admissibilidade, como tempestividade (15 dias), esgotamento das vias recursais e repercussão geral das questões constitucionais discutidas no caso, é necessário apontar o prequestionamento, ou seja, demonstrar que a matéria objeto do recurso extraordinário já foi previamente inquirida nas instâncias inferiores.
6. Caso justamente a matéria que ensejaria a interposição de recurso extraordinário falte na disposição da decisão de única ou última instância, cumpre interpor embargos declaratórios para suprir essa omissão, garantindo o prequestionamento.
7. Para que o Supremo Tribunal Federal venha a julgar recurso extraordinário, é preciso demonstrar que a decisão: contrariou dispositivo da Constituição Federal, declarou a inconstitucionalidade de tratado ou lei federal, julgou válida lei ou ato do governo local contestado em face da Constituição Federal ou julgou válida lei local contestada em face de lei federal.
8. Por força do CPC, o recurso extraordinário deve ser estruturado em duas peças (interposição e razões), de modo que a petição de interposição seja dirigida ao presidente ou vice-presidente do tribunal recorrido.
9. Não admitido o recurso extraordinário pelo juízo *a quo*, caberá agravo de instrumento no prazo de 10 dias, a ser dirigido à presidência do tribunal de origem e cujo julgamento ficará a cargo do Supremo Tribunal Federal.
10. O recurso extraordinário é recebido somente no efeito devolutivo (art. 542, § 2.°, CPC), abrindo-se a possibilidade de ingressar com medida cautelar para suspender os efeitos do acórdão recorrido até o julgamento final do recurso.

Passo a Passo

1. Analise se a manifestação do juiz ou tribunal tem conteúdo decisório e se causou gravame à parte.
2. Certifique-se de que se esgotaram as vias recursais.
3. Confirme se se trata de causa decidida em única ou última instância pelos tribunais ou por juiz singular.
4. Identifique o motivo que ensejou a interposição do recurso extraordinário (deve ser qualquer um dos previstos pelo art. 102, III, CF).
5. Não se esqueça do prazo para a interposição do recurso: 15 dias.
6. Certifique-se de que a matéria foi prequestionada.
7. Destaque a matéria que pretende impugnar.
8. Lembre-se de que a petição de interposição é dirigida ao tribunal ou juiz *a quo*, que, por sua vez, remeterá as razões ao STF (*ad quem*).
9. Confirme o endereçamento.
10. Não se esqueça de demonstrar a repercussão geral das questões constitucionais discutida no caso (art. 102, § 3.°, CF).
11. Lembre-se de que o recurso extraordinário é recebido somente no efeito devolutivo.
12. Verifique a necessidade de suspender a eficácia do acórdão do qual se recorre.
13. Não se esqueça de efetuar o preparo (custas e porte de remessa e retorno). É preciso consultar o regimento interno do STF e verificar se há alguma isenção quanto aos encargos recursais.

Embargos de Divergência

Para muitos doutrinadores, os embargos de divergência são conhecidos como a derradeira espécie recursal de um processo que nasceu com a petição inicial, percorreu a primeira e segunda instâncias e, chegando aos tribunais superiores, tendo em vista o acórdão prolatado, fez florescer uma última possibilidade de rever a decisão.

Misael Montenegro Filho assevera:

> O recurso em comento é praticamente a última espécie possível na realidade de uma ação que percorreu todas as suas etapas desde a sua formação, que coincide com o ingresso da petição inicial em juízo, permanecendo em estado de *hesitação* até que seja efetivada a citação do réu, ato que se qualifica como *pressupostos de constituição do processo*. (*Curso de Processo Civil*, v. II, p. 235.)

Curiosamente, ao ser relacionado como espécie recursal, também é apresentado em último lugar na lista estabelecida pelo artigo 496 do CPC, especificamente em seu inciso VIII, acrescentado em 1990 pela Lei 8.038.

Coube ao Código de Processo Civil disciplinar as hipóteses de cabimento desse remédio jurisdicional, e o fez, justamente, dentro da mesma seção que trata dos recursos especial e extraordinário.

> Art. 546 – É embargável a decisão da turma que:
>
> I – em recurso especial, divergir do julgamento de outra turma, da seção ou do órgão especial;
>
> II – em recurso extraordinário, divergir do julgamento da outra turma ou do plenário.

Aliás, o Código Processual se limitou às duas hipóteses de cabimento indicando no parágrafo único do mesmo artigo que a dinâmica e as formalidades do recurso restarão fixadas pelo regimento interno de cada um dos tribunais superiores, exceto quanto ao prazo de 15 dias, já padronizado pelo artigo 508 do mesmo diploma.

É fácil notar que os tribunais competentes para a apreciação dos embargos de divergência, ou embargos divergentes, são os que possuem, logicamente, competência para julgar o recurso especial e o recurso extraordinário, quais sejam, o Superior Tribunal de Justiça e o Supremo Tribunal Federal, respectivamente. Por isso, preferimos, em princípio, tratar dos embargos divergentes em cada um dos tribunais citados separadamente e, depois, cuidar das regras que seguem uniformes independentemente do tribunal que analise o recurso.

Embargos de divergência no Superior Tribunal de Justiça

Poderão ser interpostos embargos divergentes da decisão prolatada em sede de recurso especial, portanto processo que estava sob análise do STJ, que divergir do julgamento de outra turma, de outra seção ou do órgão especial do mesmo tribunal.

Contudo, antes de diretamente desenvolvermos as questões atinentes ao recurso em si, precisamos conhecer a estrutura do STJ, mesmo porque a hipótese de cabimento está atrelada a divergência identificada entre os diversos órgãos que o compõem.

O STJ, com sede na capital federal, é composto de 33 ministros, número mínimo determinado pela Constituição Federal, em seu artigo 104, para que ele exerça a atividade jurisdicional. Funciona em Plenário e por meio de seu órgão especial*, denominado Corte Especial, ambos presididos pelo presidente do STJ. O Plenário comporta a totalidade dos ministros (33), e a Corte Especial, 21 ministros, sendo obrigatoriamente integrantes o vice-presidente do tribunal, o coordenador-geral da Justiça Federal (segundo o § 1.º do artigo 3.º do RISTJ, o presidente, o vice-presidente e o coordenador-geral da Justiça Federal integram apenas o Plenário e a Corte Especial) e os seis ministros mais antigos de cada seção, lembrando que o STJ é dividido em três seções especializadas, e estas, em turmas especializadas.

A matéria que for levada para apreciação na Corte Especial não está sujeita à especialização, como se dá nas seções e nas turmas, cujas competências são fixadas de acordo com a natureza da relação jurídica litigiosa.

A especialização de cada uma das seções é estabelecida pelo Regimento Interno do Superior Tribunal de Justiça (RISTJ), especificamente no artigo 9.º, em cada um de seus parágrafos. O quadro a seguir permite visualizar melhor a estrutura do STJ.

SUPERIOR TRIBUNAL DE JUSTIÇA	
FUNCIONAMENTO	
Plenário	**Corte Especial**
Seções especializadas	
Turmas especializadas	

Continua

* Art. 93, XI, CF – Nos tribunais com número superior a vinte e cinco julgadores, poderá ser constituído órgão especial, com o mínimo de onze e o máximo de vinte e cinco membros, para o exercício das atribuições administrativas e jurisdicionais delegadas da competência do tribunal pleno, provendo-se metade das vagas por antigüidade e a outra metade por eleição pelo tribunal pleno.

Continuação

<table>
<tr><th colspan="6">HIERARQUIA E INTEGRANTES</th></tr>
<tr><td colspan="6">Integrantes: 33 ministros.
Presidido por: presidente do tribunal.</td></tr>
<tr><th colspan="3">Plenário</th><th colspan="3">Corte Especial</th></tr>
<tr><td colspan="3">Integrantes: 33 ministros.
Presidido por: presidente do STJ.</td><td colspan="3">Integrantes: 21 ministros, dentre os quais obrigatoriamente o presidente do STJ, o vice-presidente do STJ, o coordenador-geral da Justiça Federal e os seis ministros mais antigos de cada seção.
Presidida por: presidente do STJ.</td></tr>
<tr><td colspan="2">1.ª Seção
Integrantes:
10 ministros.
Presidida por:
ministro mais antigo.</td><td colspan="2">2.ª Seção
Integrantes:
10 ministros
Presidida por:
ministro mais antigo.</td><td colspan="2">3.ª Seção
Integrantes:
10 ministros
Presidida por:
ministro mais antigo.</td></tr>
<tr><td>1.ª Turma
Integrantes: 5 ministros.
Presidida por: ministro mais antigo.</td><td>2.ª Turma
Integrantes: 5 ministros.
Presidida por: ministro mais antigo.</td><td>3.ª Turma
Integrantes: 5 ministros.
Presidida por: ministro mais antigo.</td><td>4.ª Turma
Integrantes: 5 ministros.
Presidida por: ministro mais antigo.</td><td>5.ª Turma
Integrantes: 5 ministros.
Presidida por: ministro mais antigo.</td><td>6.ª Turma
Integrantes: 5 ministros.
Presidida por: ministro mais antigo.</td></tr>
<tr><th colspan="6">RESUMO</th></tr>
<tr><td colspan="6">3 seções com 2 turmas cada uma = 6 turmas</td></tr>
<tr><td colspan="6">6 turmas com 5 ministros cada uma = 30 ministros</td></tr>
<tr><td colspan="6">Presidente do STJ, vice-presidente do STJ e coordenador-geral da Justiça Federal</td></tr>
<tr><td colspan="6">Total: 30 ministros + presidente do STJ + vice-presidente do STJ + coordenador-geral da Justiça Federal = 33 ministros</td></tr>
<tr><th colspan="6">Áreas de especialização e competência
(Art. 105, CF)</th></tr>
<tr><td colspan="6">Plenário e Corte Especial –
Suas competências não estão sujeitas à especialização.</td></tr>
<tr><td colspan="2">1.ª Seção
Especializada em:</td><td colspan="2">2.ª Seção
Especializada em:</td><td colspan="2">3.ª Seção
Especializada em:</td></tr>
<tr><td colspan="2">I – licitações e contratos administrativos;
II – nulidade ou anulabilidade de atos administrativos;
III – ensino superior;</td><td colspan="2">I – domínio, posse e direitos reais sobre coisa alheia, salvo quando se tratar de desapropriação;
II – obrigações em geral</td><td colspan="2">I – matéria penal em geral;
II – servidores públicos civis e militares;
III – benefícios previdenciários, inclusive</td></tr>
</table>

Continua

Continuação

IV – inscrição e exercício profissionais; V – direito sindical; VI – nacionalidade; VII – desapropriação, inclusive a indireta; VIII – responsabilidade civil do Estado; IX – tributos de modo geral, impostos, taxas, contribuições e empréstimos compulsórios; X – preços públicos e multas de qualquer natureza; XI – direito público em geral.*	de direito privado, mesmo quando o Estado participar do contrato; III – responsabilidade civil, salvo quando se tratar de responsabilidade civil do Estado; IV – direito de família e sucessões; V – direito do trabalho; VI – propriedade industrial, mesmo quando envolverem argüição de nulidade do registro; VII – constituição, dissolução e liquidação de sociedade; VIII – comércio em geral, inclusive o marítimo e o aéreo, bolsas de valores, instituições financeiras e mercado de capitais; IX – falências e concordatas; X – títulos de crédito; XI – registros públicos, mesmo quando o Estado participar da demanda; XII – direito privado em geral.**	os decorrentes de acidentes de trabalho; IV – locação predial urbana.

* Salvo os mencionados nos itens I, II e III do § 3.º do art. 9.º do RISTJ.
** Salvo os mencionados no item IV do § 3.º do art. 9.º do RISTJ.

Conhecida a estrutura do Superior Tribunal de Justiça, retornemos à disposição do Código de Processo Civil que possibilita a interposição de embargos divergentes do aresto prolatado por uma turma que divergir do julgamento de outra turma, da seção ou da Corte Especial (órgão especial do tribunal).

Quando turmas de uma mesma seção divergirem entre si ou quando a divergência se der com decisão da própria seção, caberá à seção especializada da qual a turma faz parte julgar os embargos divergentes. Já se a divergência for entre turmas de seções diversas ou entre turma e outra seção ou a Corte Especial, competirá a esta o julgamento dos embargos.

A questão da competência para o julgamento dos embargos, como o próprio Código de Processo Civil já indica, ficará a critério do Regimento Interno do STJ, que o faz em seu artigo 266, *caput*.

Decisão de turma que divergir, em recurso especial, do julgamento	
de outra turma da mesma seção ou da própria seção	de outra turma de outra seção, de outra seção ou da Corte Especial
a competência para julgar os embargos divergentes será	
da seção da qual a turma faz parte	da Corte Especial

Interpostos os embargos tempestivamente, o autor do recurso deverá comprovar a divergência, conforme o artigo 255 do RISTJ, por certidões ou cópias autenticadas dos acórdãos apontados divergentes, bem como pela citação de repositório oficial, autorizado ou credenciado, em que eles se achem publicados. Há a possibilidade, ainda, de o recorrente juntar documentos sem a autenticação dos tribunais, desde que o embargante declare a autenticidade, sob sua responsabilidade pessoal.

Outrossim, o mesmo regimento disciplina que o embargante, necessariamente, deverá transcrever os trechos dos acórdãos que configurem o dissídio, demonstrando pontualmente o conflito entre as decisões de forma bastante clara.

Embargos de divergência no Supremo Tribunal Federal

Quando decisão de uma turma, referente a recurso extraordinário, divergir do julgamento de outra turma do Plenário, haverá também a possibilidade de interpor embargos de divergência.

Ora, aqui a divergência se deu em sede de recurso extraordinário, logo, estamos falando da possibilidade de recorrer no Supremo Tribunal Federal. Para tanto, também é preciso conhecer, ainda que de forma incipiente, a estrutura do tribunal guardião da Constituição Federal.

Tal qual o STJ, o STF tem sede na capital federal e sua jurisdição alcança todo o território nacional. Conforme a Constituição (art. 101), o tribunal é composto de 11 ministros, portanto um terço do total de integrantes do STJ.

De acordo com seu Regimento Interno (RISTF), o STF possui apenas três órgãos: o Plenário, as turmas e o presidente do STF. As turmas são duas, compostas de cinco ministros cada uma, e o presidente de cada turma será seu ministro integrante mais antigo.

<table>
<tr><th colspan="4">SUPREMO TRIBUNAL FEDERAL</th></tr>
<tr><td colspan="4">Composição: 11 ministros.
Presidido por: presidente do STF.
Competência: art. 102, CF.</td></tr>
<tr><th colspan="4">ÓRGÃOS</th></tr>
<tr><td>Plenário
Competência: arts. 5.º a 8.º, RISTF.</td><td colspan="2">Turmas
Competência: arts. 8.º a 11, RISTF.</td><td>Presidente do STF
Competência: arts. 12 a 14, RISTF.</td></tr>
<tr><td>11 ministros</td><td>1.ª Turma
Integrantes: 5 ministros.
Presidida por: ministro integrante mais antigo.</td><td>2.ª Turma
Integrantes: 5 ministros.
Presidida por: ministro integrante mais antigo.</td><td>Eleito em conjunto com o vice-presidente por votação realizada entre os 11 ministros do próprio tribunal.</td></tr>
</table>

Por força do Código de Processo Civil, do pronunciamento final de uma das turmas do STF que divergir do julgamento de outra turma ou de julgamento do Plenário caberão embargos divergentes (art. 546).

Será o Plenário o órgão competente para o julgamento dos embargos, portanto a petição de interposição será dirigida ao próprio presidente do tribunal, competindo a ele a distribuição do recurso, conforme podemos verificar no artigo 13, IV, combinado com o artigo 76, ambos do RISTF.

> Art. 13 – São atribuições do Presidente:
>
> [...]
>
> IV – presidir as audiências de distribuição.
>
> Art. 76 – Se a decisão embargada for de uma Turma, far-se-á a distribuição dos embargos dentre os Ministros da outra; se do Plenário, serão excluídos da distribuição o Relator e o Revisor.

Para fundamentar a divergência, caberá ao embargante juntar certidão ou cópia autenticada, ou mediante citação do repositório de jurisprudência, oficial ou autorizada*, transcrevendo os trechos que configurem o dissídio, mencionadas as circunstâncias que identifiquem ou assemelhem os casos confrontados (art. 322 c/c art. 331, RISTF).

Características gerais dos embargos de divergência

Para o Código de Processo Civil, a razão desse recurso é eliminar as divergências que possam surgir de julgamentos referentes a um mesmo tema, prolatados entre uma turma e outra (no STF e no STJ), entre uma turma e uma seção (no

* Art. 322, parágrafo único, RISTF – Se o repositório de jurisprudência, embora autorizado, for de circulação restrita ou de difícil acesso, o Relator poderá mandar que a parte interessada junte cópia, cuja autenticidade se presumirá, se não for impugnada.

STJ), entre uma turma e a Corte Especial (no STJ) ou entre uma turma e o Plenário (no STF). Ou seja, o alvo do recurso é atacar as decisões divergentes, de modo que o embargante tentará, em um primeiro momento, demonstrar a discrepância, o conflito entre o julgado embargado e o julgado paradigma e, após esse desenvolvimento, indicar a decisão que se deve fazer prevalecer.

> Paradigma é o julgado proferido anteriormente capaz de revelar a ocorrência de dissídio jurisprudencial na solução *quaestio iuris*. [...] Todavia, ao contrário do aresto recorrido, que só é passível de impugnação por meio de embargos de divergência se foi proferido em julgamento de recurso especial, de recurso extraordinário, dos respectivos embargos declaratórios ou de agravo interno em recurso especial e extraordinário, o acórdão paradigma pode ter sido prolatado em julgamento de qualquer recurso, bem como de ação de competência originária do tribunal superior. É que o artigo 546 faz a distinção tão-somente no que diz respeito ao aresto impugnado, não quanto ao acórdão padrão. Em síntese, o aresto paradigma pode ter sido proferido em julgamento de qualquer recurso ou ação. (Souza, Bernardo Pimentel, *Introdução aos recursos cíveis e à ação rescisória*, p. 697-8.)

É bem possível que o artigo 546 do CPC, que trata dos embargos de divergência, tenha aguçado a inafastável vontade de querer justificativas para saber as razões das divergências nos tribunais superiores. Em primeiro lugar, os anos vão se passando, os tempos mudam, a convivência entre a sociedade se altera também. O Direito acompanha esse movimento socioeconômico e, invariavelmente, o entendimento dos tribunais vai se modificando ou, no mínimo, se adaptando aos novos relacionamentos. As divergências acabam sendo inevitáveis nesse processo global, de modo que os embargos divergentes se tornam um instrumento importante para consolidar um novo paradigma nos tribunais.

De outro ponto de vista, pode ocorrer de os ministros simplesmente trocarem seus posicionamentos acerca de determinada matéria, ou, segundo Misael Montenegro Filho, mais comum,

> pela situação que envolve a aposentadoria de alguns de seus membros, substituídos por outros julgadores que têm entendimento diferente do que era anteriormente externado pelo órgão, suficiente para alterar o seu modo de pensar. (*Curso de Direito Processual Civil*, v. II, p. 237.)

Entretanto, devemos deixar claro que não é o entendimento divergente de um único ministro que dará ensejo a interpor embargos de divergência ou o entendimento de um único ministro que pode ser trazido como paradigma (padrão); somente a decisão da turma que divergir é que abre a possibilidade de recorrer ou de ser levada como paradigma.

> Na hipótese de o recurso especial e de o recurso extraordinário terem chegado ao STJ ou ao STF e serem julgados monocraticamente pelo relator, o que pode ocorrer em vista da redação do art. 557 do CPC, [...] contra essa decisão não cabe o recurso de embargos de divergência, visto que o art. 546 do CPC exige que a decisão que lhe dá ensejo seja qualificada como acórdão de uma turma do STJ ou do STF. (Montenegro Filho, Misael, *Curso de Direito Processual Civil*, v. II, p. 235-6.)

Jurisprudência recente caminha pelo mesmos trilhos:

> Os embargos de divergência têm que ser interpostos contra decisão que julga o recurso especial, mas, com relação ao paradigma, a própria lei não se prende a recurso especial. Ela se reporta à decisão que tiver "divergido do julgamento de outra Turma, da Seção ou de Órgão Especial". A decisão paradigmada apenas tem que ser colegiada, não pode ser monocrática (STJ – Corte Especial, ED no REsp 235.723-SP, rel. min. Fontes de Alencar, j. 23/10/2003, receberam os embs., v.u., *DJU* 16/8/2004, p. 118; a citação é do voto vencedor do min. Carlos Rocha). (*Apud* Negrão, Theotonio e Gouvêa, José Roberto F., *Código de Processo Civil e legislação processual em vigor*, nota 5, p. 659.)

Contudo, em nenhum instante faz menção o Código de Processo Civil sobre a decisão colegiada ser unânime ou não unânime. Isso nos leva a afirmar que, mesmo que o pronunciamento do aresto se dê pela não unanimidade dos votos, o recurso adequado para sanar a divergência serão os embargos divergentes, e não os infringentes. Aliás, Theotonio Negrão já fizera esse apontamento em seus estudos, como se pode verificar nas linhas a seguir:

> O art. 546 cuida dos embargos de divergência, e não dos embargos infringentes. O acórdão em recurso extraordinário ou em recurso especial não admite embargos infringentes, mesmo que não seja unânime (RISTF 333 e RISTJ 260). (*Código de Processo Civil e legislação processual em vigor*, p. 658.)

Não obstante esteja claro no texto processual o cabimento dos embargos divergentes de decisão em grau de recurso extraordinário ou especial, os tribunais superiores convidam a um entendimento mais amplo.

Por exemplo, para o Supremo Tribunal Federal, caberão embargos de divergência da "decisão de turma que, em recurso extraordinário ou em agravo de instrumento, divergir de julgado de outra turma ou do Plenário *na interpretação do direito federal*" (art. 330, RISTF). No entanto, não podemos esquecer a Súmula 599 do mesmo tribunal: "São incabíveis embargos de divergência de decisão de turma em agravo regimental".

Vale ressaltar que Bernardo Pimentel Souza tem posição contrária ao cabimento de embargos divergentes:

> É certo que autorizada doutrina ainda defende o cabimento de embargos de divergência em agravo de instrumento. Porém tudo indica que tal orientação doutrinária está superada. Como já estudado, compete ao *relator* – e não à turma – julgar agravo de instrumento interposto contra decisão de inadmissão de recursos extraordinário e especial. É o que se infere no § 2.º do artigo 544 do Código. Além do mais, o artigo 496, inciso VIII, limita o cabimento dos embargos de divergência tão-somente contra acórdão proferido *em recurso especial e em recurso extraordinário*. E o artigo 546 reforça a limitação. A análise dos preceitos de regência revela que há silêncio eloqüente quanto ao agravo de instrumento. Na verdade, o artigo 330 do Regimento Interno do Supremo Tribunal Federal não substituiu ao advento da Lei 8.950, que deu novo tratamento à matéria. Por tudo, é possível concluir pela inadequação dos embargos de divergência em sede de agravo de instrumento. (*Introdução aos recursos cíveis e à ação rescisória*, p. 693-4.)

Já para o Superior Tribunal de Justiça, do acórdão fruto da decisão do ministro relator agravada regimentalmente (art. 557, § 1.º, CPC) caberão embargos de divergência.

Tendo sido julgado o recurso especial por decisão isolada do Relator e, dessa decisão, havido agravo regimental, esse acórdão é suscetível de ser atacado via embargos de divergência (STJ – Corte Especial, ED no REsp 172.821-SP – AgRg, rel. p. o. ac. min. César Rocha, j. 18/8/2001, deram provimento, três votos vencidos, *DJU* 17/3/2003, p. 168). (*Apud* Negrão, Theotonio e Gouvêa, José Roberto F., *Código de Processo Civil e legislação processual em vigor*, nota 3, p. 658.)

Apesar do entendimento, o STJ se faz claro que os embargos divergentes continuam a ser incabíveis contra decisão singular do ministro relator:

Não são admissíveis embargos de divergência contra decisão monocrática de Relator que julgar recurso especial, que deverá ser atacada via agravo interno, cujo julgamento – aí sim – poderá ser hostilizado pelos divergentes (STJ – Corte Especial, ED no REsp 295.902-SP – AgRg, rel. min. César Rocha, j. 11/4/2002, negaram provimento, v.u., *DJU* 22/4/2003, p. 190).

Tendo em vista todos esses argumentos, podemos concluir que o escopo desse recurso é mais que trazer justiça a um caso isolado; é uniformizar a jurisprudência interna do STF e do STJ (no mesmo sentido, Souza, Bernardo Pimentel, *Introdução aos recursos cíveis e à ação rescisória*, p. 684), padronizar o entendimento dos nossos superiores tribunais.

Regularidade formal e processamento no STF e no STJ

Como previsto no CPC, os embargos de divergência serão apreciados pelo Supremo Tribunal Federal ou pelo Superior Tribunal de Justiça, dependendo se o ponto divergente ocorreu em sede de recurso extraordinário ou em sede de recurso especial.

Pelo mesmo diploma legal, os embargos possuem o prazo de interposição igual ao da maioria dos recursos, ou seja, de 15 dias (art. 508, CPC), cuja contagem será iniciada na data da intimação a respeito do conteúdo do acórdão (art. 240, CPC).

É certo também que os embargos divergentes são caracterizados pelo efeito obstativo, de modo que sua interposição evitará a formação da coisa julgada, bem como pelo efeito devolutivo, pois, embora o recurso seja apresentado e apreciado pelo STF ou STJ, internamente o órgão responsável pelo julgamento será diferente daquele que pronunciou o aresto recorrido.

Bernardo Pimentel Souza informa que

é importante destacar que o efeito devolutivo está limitado ao tema decidido no acórdão embargado em desconformidade com o precedente de outro órgão colegiado do mesmo tribunal superior. Tanto a matéria que não foi impugnada pelo embargante como a que não foi objeto de divergência não são alcançadas pelo efeito devolutivo dos embargos. (*Introdução aos recursos cíveis e à ação rescisória*, p. 706.)

Quanto ao efeito suspensivo, o Regimento Interno do Superior Tribunal de Justiça é exemplar ao estabelecer, em seu artigo 266, § 2.º, que os embargos serão juntados aos autos independentemente de despacho e não terão efeito suspensivo. Norma mais explícita não poderia existir.

Aliás, somos pelo entendimento de que, mesmo que não existissem regras sobre a questão (como é o caso no STF), não haveria por que suscitar efeito suspensivo para os embargos divergentes, já que seu cabimento depende de divergência manifestada em acórdão fruto do julgamento dos recursos especial e extraordinário e, como já desenvolvido no bojo deste trabalho, ambos somente são recebidos no efeito devolutivo (art. 542, § 2.º, CPC).

Claro que, da mesma forma que nos recursos especial e extraordinário, a medida cautelar poderá ser intentada, cabendo seu julgamento, incidentalmente, ao STJ ou ao STF, seguindo disposição do parágrafo único do artigo 800 do CPC.

> Todavia, convém salientar que prevalece na doutrina e na jurisprudência a orientação de que os embargos de divergência produzem efeito suspensivo, em caso de *provimento* de recursos extraordinário ou especial. Ainda que muito respeitável, tal orientação não parece ser a melhor. É que não existe dispositivo legal – nem, ao menos, regimental – que faça tal distinção. (Souza, Bernardo Pimentel, *Introdução aos recursos cíveis e à ação rescisória*, p. 707.)

Portanto, caso até o julgamento dos embargos divergentes o acórdão fique impedido de ser executado, ainda que provisoriamente, isso ocorrerá em virtude de apreciação de medida cautelar incidental pelos tribunais superiores e não porque o recurso comporta, por regra, efeito suspensivo.

Após o breve desenvolvimento sobre os efeitos desse recurso, é justamente o efeito devolutivo que nos dá margem a orientar que os embargos de divergência serão interpostos, por meio de petição, ao ministro relator, uma vez que, segundo os regimentos internos de ambos os tribunais, é ele quem possui atribuição para se manifestar quanto à admissão ou inadmissão do recurso (art. 266, § 3º, RISTJ, e art. 335, *caput*, RISTF).

Como não poderia deixar de ser, o preparo deverá ser efetuado, exigência, neste caso, para a interposição dos embargos divergentes perante o Supremo Tribunal Federal (item IV, tabela B, da Tabela de Custas do STF).

A novidade para os Embargos de Divergência é a exigência de preparo agora também no Superior Tribunal de Justiça (Lei 11.636/07 – tabela B, inciso XXI), local onde, anteriormente, verificávamos isenção para essa espécie recursal.

Ultrapassados, também, os pressupostos básicos de admissibilidade, percebemos que a legislação processual em vigor transferiu aos tribunais superiores a atribuição de disciplinar acerca do processamento dos embargos.

Em resumo, após o protocolo do recurso, a distribuição é feita por sorteio, mediante sistema informatizado, acionado automaticamente, sendo os embargos recebidos por um ministro relator, que fará o primeiro juízo de admissibilidade (art. 266, § 3.º, RISTJ, e art. 335, RISTF). Caso o relator não receba o recurso, caberá ao embargante interpor agravo interno, dentro de cinco dias, nos termos do artigo 39 da Lei 8.038/90.

Na verdade, qualquer decisão monocrática proferida pelo relator durante o processamento dos embargos de divergência enseja agravo regimental. (Souza, Bernardo Pimentel, *Introdução aos recursos cíveis e à ação rescisória*, p. 713.)

Admitidos os embargos e apresentadas ou não as contra-razões, os autos restarão conclusos ao ministro relator, que solicitará data para incluir o recurso na pauta de julgamento.

Do acórdão proveniente dos embargos de divergência indubitavelmente caberão embargos declaratórios, desde que a omissão, a obscuridade ou a contradição se façam, qualquer uma delas, presentes.

Há, por que não, a possibilidade de interpor recurso extraordinário do julgamento fruto de embargos divergentes no Superior Tribunal de Justiça, desde que se esteja diante de qualquer uma das hipóteses do artigo 102, inciso III, da Constituição (art. 268, RISTJ).

Para o caso da decisão final sobre os embargos divergentes no Supremo Tribunal Federal, só há que se falar nos embargos de declaração, não ensejando, portanto, a interposição de novo recurso extraordinário.

Perfil esquemático dos embargos divergentes

PETIÇÃO DE INTERPOSIÇÃO

ENDEREÇAMENTO
Excelentíssimo Senhor Doutor Ministro Relator do REsp n.° .../RExt n.°... do Egrégio STJ/STF

↕ 10 cm

Processo n.° ...
Resp/RExt. n.° ...

QUALIFICAÇÃO
VERBO: *INTERPOR*.
FUNDAMENTAÇÃO PROCESSUAL: art. 546 do CPC.
PRAZO: 15 dias.

INDICAR O PREPARO.

PEDIDO: Requerer seja o recurso *recebido, processado e remetido* ao órgão especial competente deste Tribunal.

RAZÕES DOS EMBARGOS

Embargante: ...
Embargado: ...

Egrégio Tribunal

Colenda(o) Seção/Corte Especial/Plenário

Ínclitos Ministros

HISTÓRICO

FUNDAMENTOS JURÍDICOS: Demonstrar o acórdão prolatado pelo Tribunal que servirá como *paradigma* e indicar os pontos de divergência quanto ao acórdão do qual se recorre.

PEDIDO: Requerer seja conhecido e provido a fim de *reformar* o acórdão embargado, uniformizando o entendimento jurisprudencial.

FLUXOGRAMA

Decisão de turma em REsp ou RExt
Embargos de divergência - 15 dias
Juntada aos autos e sorteio do ministro relator
Remessa ao ministro relator
Vista ao MP, quando necessário
NÃO ADMITIDO
ADMITIDO
Agravo regimental (art. 39, Lei 8.038/90)
Intimação do recorrido para contra-razoar - 15 dias
Oferece impugnação
Não oferece impugnação
Conclusos ao relator, solicitará data para julgamento

NÃO ESQUEÇA

1. Os embargos de divergência são a última das espécies recursais. Quando um processo percorre todas as instâncias, inclusive os superiores tribunais, eles representam a derradeira opção recursal.
2. Poderão ser interpostos perante o Superior Tribunal de Justiça ou perante o Supremo Tribunal Federal.
3. Seu cabimento se dá quando do julgamento do recurso especial ou do recurso extraordinário, por isso se diz que tanto o STJ como o STF são competentes para apreciá-lo.
4. Para que caibam embargos divergentes ao STJ, é preciso que do julgamento do recurso especial exista divergência de entendimento entre turmas, entre turma ou seção ou entre turma e o órgão especial.
5. Caso a divergência se dê entre turmas de uma mesma seção ou entre turma e sua própria seção, então a competência para apreciar os embargos será da seção da qual a turma que apreciava o recurso especial faz parte.
6. Caso a divergência se dê entre turmas de seções diferentes, entre turma e outra seção ou entre turma e a Corte Especial, então a competência para apreciar os embargos será da Corte Especial.
7. Para que caibam embargos divergentes ao STF, é preciso que do julgamento do recurso extraordinário exista divergência entre turmas ou entre turma e o Plenário.
8. Quando, então, houver divergência entre as turmas do STF ou entre o entendimento da turma e do Plenário, caberá ao próprio Plenário apreciar os embargos divergentes.
9. O embargante deverá revelar qual o julgado que ele pretende ver reconhecido como o mais adequado. Por meio desse julgado paradigma é que se demonstrará o dissídio de entendimentos, cabendo a cada qual dos tribunais superiores uniformizar a jurisprudência.
10. O procedimento a ser observado para a interposição dos embargos de divergência será regulado pelos regimentos internos do STJ e do STF.

Passo a Passo

1. Analise se a manifestação do ministro tem conteúdo decisório e se causa gravame à parte interessada.
2. Identifique se a decisão foi prolatada como resultado do julgamento do recurso especial ou extraordinário.
3. Destaque a matéria presente na decisão que divergiu do entendimento de outra turma, seção, órgão especial ou plenário.
4. Identifique qual é a decisão que pretende utilizar como paradigma.
5. Lembre-se de que a petição de interposição é dirigida à turma que julgou o recurso especial/extraordinário *a quo*, que, por sua vez, remeterá as razões ao órgão especial ou Plenário (*ad quem*).
6. Confirme o endereçamento.
7. Identifique e analise em que efeitos o recurso pode ser recebido. Não se esqueça de que, a rigor, os embargos divergentes acompanham os efeitos do recurso especial ou extraordinário (apenas devolutivo).
8. Certifique-se de que o entendimento divergente que fundamenta seu recurso foi retirado de repertório oficial de jurisprudência.
9. Lembre-se de que o objetivo dos embargos de divergência para os superiores tribunais é justamente uniformizar o entendimento jurisprudencial.
10. Não se esqueça de efetuar o preparo (custas e porte de remessa e retorno). Verifique o Regimento Interno do STJ ou do STF para confirmar a necessidade dos encargos recursais.

Anexo

FLUXOGRAMA GERAL DOS RECURSOS

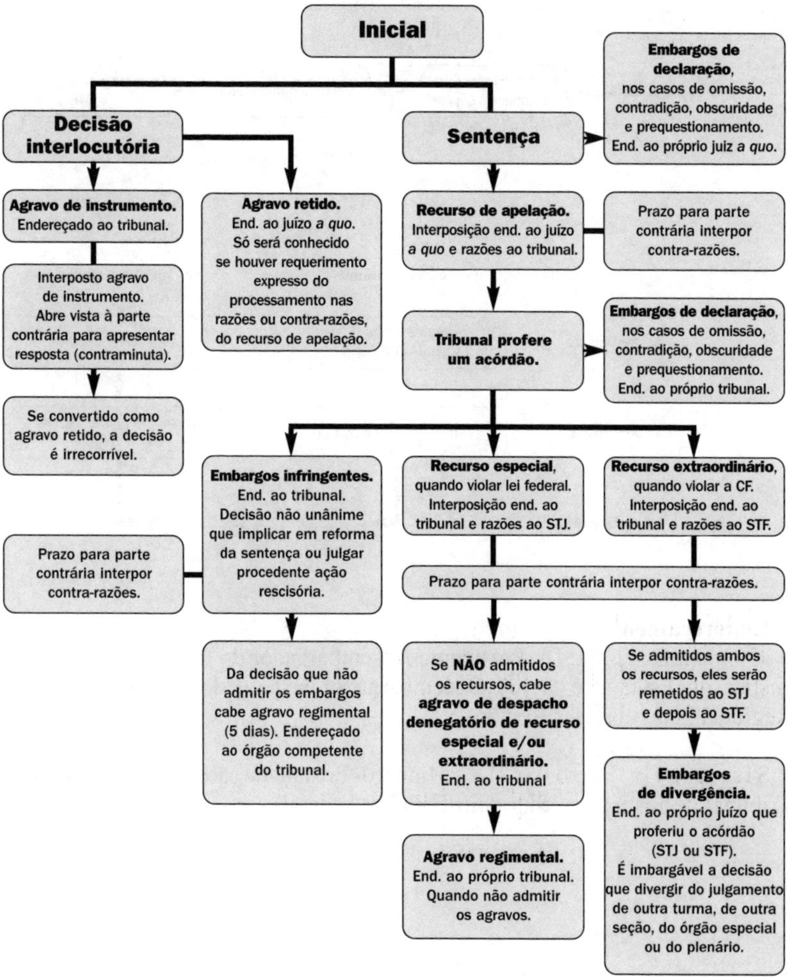

Recurso adesivo (art. 500, CPC)

Se a sentença for parcialmente procedente, o contribuinte não apelar e o ente público interpor recurso de apelação, abre-se prazo para o contribuinte apresentar contra-razões. Nesse momento, além das contra-razões, o contribuinte pode interpor recurso adesivo. Em outras palavras, seria uma apelação, só que interposta no prazo das contra-razões.

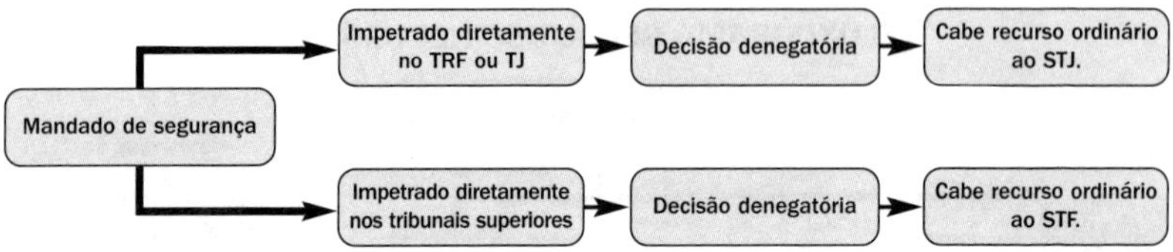

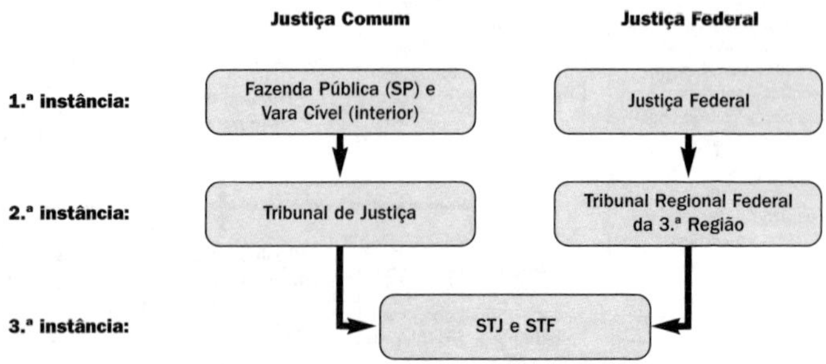

Endereçamento

Tribunal: Exmo. Sr. Dr. Presidente Desembargador do Egrégio Tribunal de Justiça do Estado de ... (ou Desembargador Federal do Egrégio Tribunal Regional Federal da 3.ª Região).

STJ ou STF: Exmo. Sr. Dr. Ministro Presidente do Egrégio Superior Tribunal de Justiça (ou Supremo Tribunal Federal).

* Colaboração da aluna Milene Prado de Oliveira

REFERÊNCIAS BIBLIOGRÁFICAS

ACCIOLY, Hildebrando; SILVA, Geraldo Eulálio do Nascimento. *Manual de Direito Internacional Público*. 15. ed. São Paulo: Saraiva, 2002.

ACQUAVIVA, Marcus Cláudio. *Dicionário básico de Direito Acquaviva*. 5. ed. São Paulo: RT, 2004.

AMARO, Luciano. *Direito Tributário brasileiro*. 12. ed. São Paulo: Saraiva, 2006.

AQUINO, Renato. *Português para concursos*. 2. ed. Niterói: Impetus, 2002.

ATALIBA, Geraldo. *Hipótese de incidência tributária*. 6. ed. São Paulo: Malheiros, 2005.

BALEEIRO, Aliomar. *Direito Tributário brasileiro*. 10. ed. Rio de Janeiro: Forense, 1995.

BARROSO, Carlos Eduardo Ferraz de Mattos. *Teoria geral do processo e processo de conhecimento*. 6. ed. São Paulo: Saraiva, 2006.

BORTOLAI, Edson Cosac. *Manual de prática forense civil*. 9. ed. São Paulo: RT, 2003.

BOTTALLO, Eduardo Domingos; BARRETO, Aires F. (coord.). *Curso de iniciação em Direito Tributário*. São Paulo: Dialética, 2004.

BUENO, Cássio Scarpinella. Quem tem medo de prequestionamento?. *Jus Navigandi*, Teresina, ano 6, n. 57, jul. 2002. Disponível em: www1.jus.com.br/doutrina/texto.asp?id=3024.

CAIS, Cleide Previtalli. *O processo tributário*. 4. ed. São Paulo: RT, 2004.

CAMPOS, Dejalma de. *Direito Processual Tributário*. 8. ed. São Paulo: Atlas, 2004.

CARRAZZA, Roque Antônio. *Curso de Direito Constitucional Tributário*. 22. ed. São Paulo: Malheiros, 2006.

CARVALHO, Paulo de Barros. *Curso de Direito Tributário*. 15. ed. São Paulo: Saraiva, 2003.

CASSONE, Vittorio; CASSONE, Maria Eugênia Teixeira. *Processo tributário – teoria e prática*. 7. ed. São Paulo: Atlas, 2006.

COELHO, Sacha Calmon Navarro. *Liminares e depósitos antes do lançamento por homologação – decadência e prescrição*. 2. ed. São Paulo: Dialética, 2002.

CONRADO, Paulo César (coord.). *Processo tributário analítico*. São Paulo: Dialética, 2003.

CRETELLA Jr., José; CINTRA, Geraldo de Ulhôa. *Dicionário latino-português*. São Paulo: Nacional, 1953.

DICIONÁRIO enciclopédico Koogan-Larousse-Seleções. Dirigido por Antônio Houaiss. Rio de Janeiro: Larousse do Brasil, 1978.

FERNANDES, Odmir *et al. Lei de Execução Fiscal comentada e anotada*. 4. ed. São Paulo: RT, 2002.

FIGUEIREDO, Lúcia Valle. *Mandado de segurança*. 4. ed. São Paulo: Malheiros, 2002.

GARCIA, Gustavo Filipe Barbosa. *Terceira fase da reforma do Código de Processo Civil*, v. II. São Paulo: Método, 2006.

GRECO FILHO, Vicente. *Direito Processual Civil brasileiro*, v. I, 17. ed.; v II, 16. ed. São Paulo: Saraiva, 2003.

LENZA, Pedro. *Direito Constitucional esquematizado*. 10. ed. São Paulo: Método, 2006.

MACHADO, Hugo de Brito. *Curso de Direito Tributário*. 27. ed. São Paulo: Malheiros, 2006.

______. *Mandado de segurança em matéria tributária*. 6. ed. São Paulo: Dialética, 2006.

MACHADO Segundo, Hugo de Brito. Execução fiscal e indisponibilidade de bens "on-line" (Art. 185-A do CTN). *In*: Rocha, Valdir de Oliveira (coord.). *Grandes questões atuais do Direito Tributário*, v. IX. São Paulo: Dialética, 2005.

______. *Processo tributário*. São Paulo: Atlas, 2004.

MARINS, James. *Direito Processual Tributário brasileiro – administrativo e judicial*. 4. ed. São Paulo: Dialética, 2005.

MARTINS, Ives Gandra da Silva (coord.). *Processo judicial tributário*. São Paulo: Quartier Latin, 2005.

MARTINS, Ives Gandra da Silva (org.). *Comentários ao Código Tributário Nacional*, v. II. 3. ed. São Paulo: Saraiva, 2002.

MEDINA, José Miguel Garcia. *O prequestionamento nos recursos extraordinário e especial*. 4. ed. São Paulo: RT, 2005.

MEIRELLES, Hely Lopes. *Mandado de segurança*. 28. ed. São Paulo: Malheiros, 2005.

MELO, José Eduardo Soares de. *Impostos*. Porto Alegre: Liv. do Advogado, 2004.

MONTENEGRO FILHO, Misael. *Curso de Direito Processual Civil*, v. II. São Paulo: Atlas, 2005.

MORAES, Alexandre de. *Direito Constitucional*. 12. ed. São Paulo: Atlas, 2002.

NEGRÃO, Theotonio; GOUVÊA, José Roberto F. *Código de Processo Civil e legislação processual em vigor*. 38. ed. São Paulo: Saraiva, 2006.

NUNES, Cleucio Santos. *Teoria e prática do processo tributário*. São Paulo: Dialética, 2002.

PARIZATTO, José Roberto. *Prática do recurso especial, extraordinário e ordinário*. São Paulo: Edipa, 2005.

PAULSEN, Leandro; ÁVILA, René Bergmann. *Direito Processual Tributário*. Porto Alegre: Liv. do Advogado/Esmafe, 2005.

PINTO, Nelson Luiz. *Manual dos recursos cíveis*. 3. ed. São Paulo: Malheiros, 2002.

SANTI, Eurico Marcos Diniz de (coord.). *Curso de especialização em Direito Tributário*. Rio de Janeiro: Forense, 2005.

SOUZA, Bernardo Pimentel. *Introdução aos recursos cíveis e à ação rescisória*. 3. ed. São Paulo: Saraiva, 2004.

WAMBIER, Teresa Arruda Alvim. *Os agravos no CPC brasileiro*. 4. ed. São Paulo: RT, 2006.